燧人氏
—— SUI REN SHI ——

为你钻取
智慧之火
Get the fire of wisdom for you

潮州传

C H A O Z H O U   P R E A C H

黄国钦 著

SPM
南方传媒 广东人民出版社

·广州·

图书在版编目（CIP）数据

潮州传 / 黄国钦著. -- 广州 : 广东人民出版社, 2022.1（2025.2 重印）
ISBN 978-7-218-15501-2

Ⅰ. ①潮… Ⅱ. ①黄… Ⅲ. ①潮州－地方史 Ⅳ. ① K296.53

中国版本图书馆 CIP 数据核字 (2021) 第 248119 号

CHAOZHOU ZHUAN

潮州传

黄国钦 著

出 版 人：肖风华

封面题签：陈平原
策划编辑：汪 泉
责任编辑：汪 泉 李展鹏
装帧设计：萨福书衣坊
责任技编：吴彦斌

出版发行：广东人民出版社
地 址：广州市越秀区大沙头四马路 10 号（邮政编码：510199）
电 话：(020) 85716809（总编室）
传 真：(020) 83289585
网 址：http://www.gdpph.com
印 刷：广东信源文化科技有限公司
开 本：880 毫米 ×1920 毫米 1/32
印 张：21.75 字 数：460 千
版 次：2022 年 1 月第 1 版
印 次：2025 年 2 月第 3 次印刷
定 价：98.00 元

如发现印装质量问题影响阅读，请与出版社（020-85716849）联系调换。
售书热线：(020) 87716172

潮州府谯楼——镇海楼（1900 年）

建成于1906年的潮州火车站

中国第一条商办民营铁路——潮汕铁路

潮汕号机车头

建成于 1906 年的潮州火车站

潮州凤凰塔 （1933 年）

潮州街巷老照片

潮州金山一瞥

潮州金山一瞥

潮州金山一瞥

东城墙上的城楼

东门城楼

城门旁看时事的人们

潮州老宅厝角

连片的潮州老宅

状元坊

柱史坊

铨曹冰鉴坊，俗称"四狮亭"

吴楚重镇坊

侍御坊

从西湖山南岩望去，城墙内是西北城区，远处是俗称时钟楼的天主堂

位于西湖墘的第一中学（1926 年）

湖光亭影的西湖山（1920 年）

西湖涵碧楼和湖心亭（1920 年）

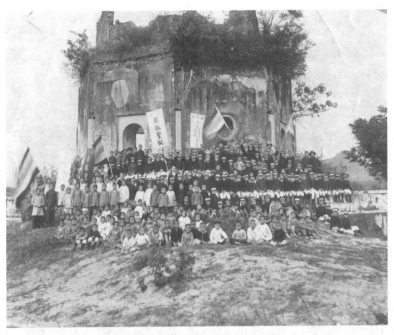

　　相信魁星点斗，267名"真光高小国民学校"和"育德女子小学"的童子军在崩塌的凤凰台魁星阁前留影（1920年）

广济桥（1937 年）

广济桥（1868年），英国摄影师约翰·汤姆逊摄

广济桥（1913年）

广济桥

韩江边用龙骨水车车水的农人

收工的农人和他们的农具

做木工的父子

开元寺藏经楼

开元寺大雄宝殿

开元寺天王殿殿后

　　虽是清末民初之交，有人拖着辫子，但上东堤一带，已经颇有现代气息

在笔架山上眺望广济桥和潮州城（1930 年）

20 世纪 30 年代早期，行驶于韩江上的"上海——香港——中央苏区"秘密交通线上的小火轮

目录

第一章 潮水往复

- 这里生活过陈桥人

- 有没有一个浮滨国

- 海枯石烂沧海桑田

- 且就在这里扎根吧

这里生活过陈桥人

陈桥，以前在潮州古城的西郊，现在，是潮州市区的中心。历史往往就是这样地别出心裁出其不意，给后人很多意想不到的新奇、惊讶和神妙。

6000多年以前吧，那个时候，陈桥还在海边，那是很大很大的一个海湾，后来有人叫潮州湾。海水清澈，细沙暖脚，有森林，茂茂密密地长着大树，阔叶的、细叶的，有根须的、缠藤蔓的，浓绿、深黛、暗青、苍翠，层层叠叠，太阳出来，炙热地照着海水，森林里腾起阵阵岚气、雾气。

陈桥人在海边安逸地居住着，潮汐一涨一退的涛声，海风吹过森林的啸声，彼此间问询对答心领神会的笑靥、眼神和手舞足蹈的呀呀声，让海边充满生气又弥漫着温馨。这是目前为止，确确凿凿能够找到的潮州的最早的第一批先民。他们站直身子，眺望四方，从远处的山上和河边找来石头，然后在森林的边缘，吹着海风，一边交换着目光、眼神，一边仔细地耐心地敲打着手里的石块，让它们渐渐地有了合适的、称心的形状和用途。有时候，兴致来了，还会把得意的、样子好看的、拿着趁手的石器，精心地，反反复复地，倒过来倒过去，一遍一遍地打磨。

地广人稀，物产丰富，气候宜人，使他们越来越觉得应该讲究起来，用心起来，日子不能混，不能得过且过，马马虎虎。他们互相指点，互相引导、比划、交流，把手中圆溜溜的河砾石、粉砂岩、细砂岩、矽质角岩，打制成手斧、石锛、蚝蛎啄、砍斫器、敲砸器。后来，想到还要打磨石器的边缘，把石斧、石锛磨薄开刃，把蚝蛎啄斫角取尖，他们又找来了粗砂岩，做成了表面像盘子一样的砺石。真聪明真厉害啊，这些人，6000 年前的蚝蛎啄，竟跟今天当地人铁制的蚝蛎啄大体相似。食蚝，是相当的鲜甜相当的美妙，把蚝肉从蚝壳里完美地撬出来，值得下大力气花心思，想想该怎么打造出一种合适的不会过时的工具。

日子过得无忧无虑。陈桥人开始琢磨应该做点别的什么了。不能每天只是食蚝、食蚬、食贝类、食带壳的啊，能食点别的什么吧。对，总食这些食腻了。他们想换换口味，改变改变饮食习惯，改变改变生活方式。于是，他们上山下海了，捕鱼，围猎，也学着驯化饲养家畜了。美哉，这样子生活，竟积蓄了好多动物骨骼，有牛的、猪的、鹿的、鱼的、龟的，堆在那里，多得不得了。刚开始对着这些骨头，有一点点茫然不知所措，不知道该怎么处置。咦，一个鬼精灵想到了，这些骨头，比河边比山上的石头好啊，用它们做骨器，比石器好用多了。大家想想，是啊，一个个兴高采烈起来。本来就是打制石器的行家里手，现在打制骨器，更加随心所欲，更加得心应手了。

大家开始忙碌起来，好心情使他们一个个脸上溢满着笑意。他们选取好的骨料，把碎骨和切割后的废骨料，拢起来，堆在一旁。

忙碌中有个人想了想，想到了一种新的用途——刀，这是以前用石头没办法做到的。按照心里的想法，他磨出了第一把骨刀，呈三角形，一侧为双面平刃，一侧为双面凸刃，专用于切割，现今，这把骨刀仍然锋利。

有几个人想到了骨锥，这也是石器没办法做到的。但他们的想法并不一样，有的人做的骨锥是扁平的，有的人做的骨锥是圆柱的，但不约而同，他们把尖端都磨成了圆锥状。这很好啊，用处大啊，完全可以用来给骨器、木器钻孔。天，他们的想法真够先进，这些骨锥的制作也真够精细。

每个人的想象力和创造力都调动起来了，过日子做营生需要什么，他们就想到了什么。有的人想到，捕鱼围猎要有称心趁手的工具，他们就想出了一种骨镞，这种镞呈扁平三角形，末端带铤，尖端钝圆，双翼宽大，一面带凹入的槽，可以投射，也可以刺插猎物。

多数的人还是念念不忘以前用过的斧，但是他们明显感觉到使用中的一些不便，也着手进行了某些改造和改良了。现在，他们磨制的骨斧，虽然都是扁平状，双面凸刃，可是，按照用途，已经将它们分门别类了，有长身的、短身的，还有有肩的。有肩的骨斧，还分双肩和单肩两种，肩都是钝角。这些有肩骨斧，都呈扁平长条形，两端有偏刃，平刃、凸刃都有，有的骨斧的阴面还微微向里凹。这种斧，形制、磨制工艺特殊，特别适宜于松土挖掘。看，看看，是不是已经迫不及待要走上农耕的道路了。

有的人特别有意思，他们想到的，已经不是生存、生产，他们想到的，是生活、生气。他们坐下来，犀利的目光在骨堆里梭巡。鱼骨，看到鱼骨，骨堆缝里的鱼骨，他们莫名地激动起来。七手八脚扒开搭架在鱼骨上面杂七杂八的骨头，小心翼翼把小小的不显眼的鱼骨拣出来。你猜他们要做什么？磨针。李白铁杵磨成针，是4000多年后的事情噢。5500多到6000年前，这些潮州先民就已经想到用鱼骨磨针了。他们把拣出来的鱼骨一根根摆放整齐，日光底下，月光底下，开始磨针。真棒！

亏他们想出来，这些骨针，尖的一端锋利，尾的一端穿孔，针还有笔直的和微弯的。有针，就要有线，有针有线，就可以缝制了，反正，兽皮、树皮、鲨鱼皮，有的是。嘿，可以遮体了，可以保暖了，日子啊，美哉，美哉！

现在，不好看、不方便、常常令人心烦意乱的就是蓬头乱发了。绾起来打个结的发髻，咚咚咚走几步，出下力，抬下东西，嘣一声就松开来散下来，让人不胜其烦。讨厌！有人笑嘻嘻地想到了办法，他磨出了细长条形的骨簪，有方形和圆形两种，方形的尖端磨出圆尖，圆形的尖端磨成方尖。簪身的前段呢，略粗一点点，后段呢，略细一点点，哇，那个精彩、精致。顺，头发绾住了。怎么摇头，怎么摆动，怎么跑、跳，都不掉了。

人们见面，眼珠子瞅过来瞅过去，你一眼我一眼地互相打量了，新鲜。有的人走过了，还要回过头，再瞅一眼，怎么簪上骨簪，人的形象、人的气质，就不一样了？

陈桥村的新石器时代贝丘遗址，是 1956 年冬，在陈桥村后人家沟北的一处冲积台地上被发现的。后人家沟这一片冲积台地其实是一个洼地，你看，在它西北面 2 到 4 公里处是连绵不绝的群山，群山的东南端就是韩江下游的起点竹竿山；洼地的东南面，是凤山，它的余脉沿着韩江从西北向东南延伸，形成了一条天然的堤坝，高出了韩江的水面有 8 到 15 米。西北、东南，都是山，贝丘遗址，就在这一个洼地的中央。

古往今来，潮州一直地处沿海，这里的原住民世世代代，起厝盖屋，都用贝灰。城北竹竿山一带，自古就有烧制贝灰的传统，北堤、北关、花园、凤山，韩江边这些古村落，烧贝灰的灰窑星罗棋布。韩江里的五肚船，是一种有五个船舱、三根桅杆的近海内河船，吃水深、运量大，人们用它把一船船撬开去肉的贝壳，从海边的渔村运到北堤头陈厝楼下的码头，再用板车转运到附近的这些烧制贝灰的灰窑。

1956 年 11 月 15 日，风和日丽，农闲的人无所事事，在家坐着也是坐着，找点什么事做吧。几个人心有灵犀，戴上斗笠，腰间扎上水布，拿起锄头簸箕、扁担竹筐，顺着村西南边那条蜿蜒的水沟，就下到了这处低洼地。这几个人老早就听说，这里的地底下，一层一层，堆积着好多能煅烧贝灰的贝壳层。果不其然。

最先得到消息的是潮安县第一中学的几个师生——黄家年、丘乐英、黄孝镇等。他们把包括第二年 1 月 8 日掘出的大量石器、骨器、陶片，还有人骨、兽骨，都收集保存起来。1957 年 2 月和 1960 年 6 月，广东省文化局文物工作队曾来陈桥作过调查和复查，参加复查的有莫稚，还有潮安县文化馆的柯鸿才。

陈桥贝丘遗址的发现十分引人注目，东西长 54 米，南北宽 18 米的范围内，竟发现了几十万斤软体动物的硬壳，其中以斧足类的蚝蛎为最多，其次是魁蛤、文蛤、海螺，也有一些淡水产的蚬和蚌；腹足类的以海螺和乌蛳为最多。把这些软体动物的肉吃掉了，壳，堆在那里，经年累月，就成了贝丘遗址。

从那几个挖贝壳烧贝灰的人的眼神看，遗址的范围还要更大一些。不过好了，知道了就可以了。不再挖了。

有的人还是好奇，这几十万斤的贝壳，意味着多少人居住在这里？又要居住多久呀？

比石器、骨器更吸引人的是那些陶片，你看，你看看，他们都懂得制陶烧陶了。虽然都是粗砂陶，陶土也未经淘洗，找到什么就是什么，灰土的灰胎、红土的红胎、黑土的黑胎，杂七杂八的什么都有，捏之可碎。但你看仔细了，这些陶器的表面全部都被磨得十分光滑。他们在制陶的时候，肯定也有好多想法，好多想象，好多想表达。在发现的陶片中，可以看出器型的，以罐和钵最多，有敞口的，也有敛口的。钵多是敛口，折腹，圆底。这些陶器，有的在口沿边，有的在器里，有的在颈部，有的在腹部，着有赭红的色彩，上面还装饰着螺丝划纹和线纹。完整的陶器也有，只有两件，都是粗砂红陶质地，着赭红的色彩。一件是小陶杯，直口，深腹，圆底，制作比较讲究、比较精致，高 3.7 厘米，口径 3.5 厘米，可以用来喝水和喝酒。一件是葫芦状的小压槌，是修饰陶器表面的一种工具，长 5 厘米，下部的直径 2 厘米。

细心的人看出来了，陈桥贝丘遗址出土的陶器，不论质料、形制、装饰，都和广东其他地区以及邻近省区一般新石器时代遗址的有所不同，这是为什么呢？好多人都在注意，在细究，也在思索。

参加过复查的广东省文化局文物工作队的专家莫稚说："陈桥村的贝丘遗址，就其性质而言，不属于东南沿海各省常见的一般几何印纹陶系统。"在别处都是选用几何印纹、绳纹、篮纹做装饰，陈桥人，为什么选择的是螺丝划纹和线纹？文化的与众不同、手工生产方式的别具一格、审美心理的差异，难道在这个时代或者更遥远的过去就烙下了？渗进了基因、骨髓，代代相传？

陈桥贝丘遗址，除了文化遗物，还有人骨、脊椎动物遗骨等自然遗物。人骨约为 10 个人的骨殖，各个部分的骨骼都有。从牙齿的磨蚀现象上看，男女老幼，性别年龄，都齐了。这些人骨，想必是属于墓葬的遗存，但毫无办法，葬式不明。遗骨呈黄白色，均有极轻微的石化。可以看出来，这些骨殖，大多染有一种暗红色，头骨、脊椎骨染色最多。化验后证明，这种暗红色是赤铁矿。用赤铁矿随葬，在中国见于旧石器时代末期的北京山顶洞人，现在，在广东还出现在新石器时代遗址中，这个倒新鲜。

脊椎动物遗骨数量最多的是偶蹄类哺乳动物牛、鹿、猪，以牙齿和肢胫骨居多。以 8 个肢胫关节骨作一头动物来计算，数量有百头以上。这么大群的牲畜，应该有豢养的了。兽骨跟人骨一样，亦呈黄白色，亦有极轻微的石化，部分骨骼亦染有赤铁矿。此外，还有为数极多的鱼骨和龟壳，那些鱼脊椎骨和翅骨巨大，大得你可以直截了当就判断是鲨鱼类无疑了，龟壳则可以分辨出是属于海龟和鳖。

莫稚在《广东潮安的贝丘遗址》就说了，陈桥的磨制骨器，使用非常广泛，表明了磨制技术很发达；陈桥出土的许多上彩、磨光、加纹饰的粗砂陶片，从制陶技术上，表明了陈桥的较为进步；陈桥的家畜饲养出现，表明了生产力有所提高。莫稚提到，陈桥贝丘遗址中，几次采集的遗物都已运存广州，出土的人骨，已送交中国科学院古脊椎动物与古人类研究所整理研究鉴定。莫稚的描述极详尽，既客观又细致。

潮州的学者则大不同，他们心有所寄，情有所牵，将这些曾经生活在这片土地上的遥远的先人，亲切地称呼为"陈桥人"。

陈桥人的发现是一件石破天惊的大事。以前岭南尤其是岭东这片土地上，在内地人的心目中，是没有什么史前文明或者史前文化的。空白，寥寂，夜色沉沉，地老天荒，白茫茫一片真干净。《山海经》里面的神话故事，想都没想到还有这么个地方。当时的黄河、长江流域，有大大小小一万余个部落，最大的部落有三个：黄帝、炎帝、蚩尤。炎帝处东边，蚩尤在南边，黄帝居中间。三强争霸，各逞其能。先是黄帝突然袭击，打败炎帝。而后黄帝挥师，大败蚩尤。蚩尤生性刚烈，认准道理而不顾名声，勇敢好胜而不认输。那时的争斗，天上人间，直打得天昏地暗，天崩地裂，飞沙走石，地动山摇，山愁水惨，日月无光。蚩尤死后，黄帝驱赶剿杀蚩尤的部落，蚩尤的子民们，也只是大致从江西迁徙流转到湘西、贵州一带。《山海经》的作者完全想不到，在江西之南的五岭之南，五岭之东，还有一片广袤的土地。

《山海经》的作者没有想到，古代的人们也没有想到，小草，会从土里生出；树苗，会从地里长出；鱼儿，会在水里生出；幼兽，会在地上长出。哪个地方，都会有植物、动物、都会有生命，有物种出现、出生、发育、演变、进化，岭南、岭东，怎么会例外呢？

好了，陈桥人的发现，陈桥贝丘遗址的发现，让人们重新认识，让人们重新认知，原来，哪里都会有人类的踪迹，哪里都会有史前文明、史前文化，哪里都会有未知，未明。

就像雨后春笋，陈桥贝丘遗址发现之后，接下来短短几年之间，潮州大地，就接连发现了一批贝丘遗址：先是1958年，在潮安庵埠梅林湖发现了一处面积8000平方米、堆积厚2.4米的贝丘遗址；还是1958年，在澄海十五乡，自梅陇至溪西，发现了10多公里长的贝丘带；1961年，又在潮安金石塔下石尾山、潮安意溪头塘海角山、揭阳地都洪岗桑浦山、澄海内地村、澄海苏北村，连续发现了贝丘遗址；1974年，在潮安枫溪池湖窑边岗，又发现了贝丘遗址。这一处处贝丘遗址，让人浮想联翩，让人遐想绵绵⋯⋯

潮安枫溪池湖窑边岗的贝丘遗址，又一次让人大感意外，又一次让人眼睛一亮。

池湖与陈桥相距不远，三四里地，都是在潮州城的西边，池湖偏南一点，在韩江西溪边上，离潮州城也不外五里地左右。历史上韩江多次决堤，给池湖留下了许多创伤，20世纪50年代，池湖的田里，还有无数韩江决堤留下的沙丘。农民诗人吴阿六的新民歌《池湖怎有田》，就描写了池湖人怎样坚忍不拔，意气风发，用扁担和簸箕挑走成片沙丘，改造出高产丰产良田。

池湖贝丘遗址是在窑边岗一个叫凤地的地方，面积有10000平方米，中心区面积2500平方米，在距地面约1.2米的的土层中，有大约 0.7 米的贝壳堆积层，还挖掘到粗石器、磨光石器、砺石、夹砂陶片、骨器，骨器有骨针、骨制刮削器，还有一些轻微石化的人骨，包括头盖骨、下颌骨、牙齿，同时还发现有火烧土。

嗨！人们为这次发现欢欣鼓舞，兴奋不已，这是又一处有人类骨殖的贝丘遗址。

兴奋的人们继续细心地工作，腰弯腰直，蹲上蹲下，他们对这次贝丘遗址的发掘发现称得上惊喜。就说这些贝丘吧，里面的贝壳，几乎都是河蚬壳，经碳 -14 测定，其年代距今约 4800 年。这与三四里外陈桥出土的，有很大的区别，不，可以说完全不同。陈桥出土的贝壳主要是蚝壳，蚝生于海水，这里出土的贝壳是蚬壳，蚬生于淡水。短短三四里距离，怎么差异这么大呢？

现在，我们当然知道这是海陆变化。古时候，地壳运动，气候变化，都会造成海陆变化，海变为陆，陆变为海，或者，还曾经有过好多次的变化。

陈桥贝丘遗址和池湖贝丘遗址，就是潮州这片土地上，这种海陆变化不经意间留下的痕迹。

不止是贝丘遗址，大量的新石器时代遗址，也不断地被发现。潮安归湖神山遗址、揭阳地都蜈蚣头遗址、揭阳玉湖湖岗遗址、揭阳玉湖关爷石遗址、揭阳埔田宝山遗址、揭阳埔田瓮内遗址、揭阳埔田岭后崀遗址、揭阳埔田牛角坷遗址、揭阳埔田金鸡崀遗址、揭阳磐霖南塘山遗址、揭阳新亨狮尾山遗址、揭阳玉窖官硕乌犁坑遗址、揭阳曲溪五堆村边园遗址、揭阳梅云石马山遗址、揭阳龙尾石榴坷遗址、揭阳东山黄岐山遗址、揭阳河婆北坑山岗遗址、揭阳五经富虎尾山遗址、潮阳仙城葫芦山遗址、潮阳仙城走水岭山遗址、潮阳仙城粪箕坑山遗址、潮阳仙城九斗尾山遗址、潮阳仙城左恭山遗址、潮阳贵屿流延腮山遗址、潮阳铜盂孤山遗址、潮阳金浦塔山内遗址、普宁下架山牛伯公山遗址、普宁广太牛母池山遗址、普宁广太虎头埔遗址、普宁池尾长塔埔后山遗址、澄海鼎脐山象鼻山遗址……

这么密集的新石器时代遗址被发现，文化遗物文化遗存不断出土不断出现，说明什么？说明史前这一片土地上，也并不荒芜、荒凉，并非鸟不拉屎，人迹罕至；说明历史有很多误会、很多想当然；说明有多少不确定的观念、印象、记忆、信息，应该被修改被订正。

不要以为这些出土的遗址都是小不拉几，小模小样，小不起眼，它们可都是庞然大物。告诉你一个晚近出土的遗址，普宁广太虎头埔新石器晚期窑群遗址。这是1982年6月文物普查时发现的。在普宁广太镇绵远村后平缓的山冈上，一共发掘清理出15座地穴式印纹陶石窑群。窑群可以分成三大类：第一类是长方形和方形窑，窑温较低，烧制的大多是橙红色、橙黄色的软陶，胎体较厚；第二类是圆形竖穴窑，窑温比较高，陶胎呈青灰色，以薄胎硬陶为主；第三类窑数量多，为平面呈"8"字形的横穴窑，有窑室、火道、火膛，窑内通风好，烧窑时火焰循"8"字形斜坡通向窑室，在窑台四周的火道中环绕烧制陶器。这种窑窑温也较高，烧制的是青灰色硬陶，印纹大多是条纹、方格纹、曲尺纹、重纹、间断纹，也有叶脉纹。

这么大型的窑群，出土的又都是清一式的矮圈足陶罐，这些先民们用它来做什么用呢？

储粮？储水？煮肉？煮汤？盛糜？盛羹？

好难猜，想破头壳也猜不透。反正就是十分讲究，矮圈足，吊起来可以烧，端出去可以放，总之比那些无足陶罐、圆底陶罐妙用之处多多了。

这些技术先进、构思巧妙、功能齐备、营造合理的窑炉，又是怎么来的呢？是当时当地的人们自己想出来的，还是从外边传进来的？假如是当地的人们想出来的，他们是怎么想到的？要经过多少漫长的岁月才悟出来呢？假如是从外边传进来的，那这个外边是哪里呢？好像没看到有类似于这种窑炉的记载。外边又是怎么传进来的？是这里的人走出去学习？还是外边的人过来传授？外边的人怎么知道在高高的五岭山后，又还有人类在生活呢？在那个还处于原始社会的年代，此地与彼地的人们，山高水长，荒山野岭，无路可走，他们又是怎么互通信息，互相交流，互知短长？外边的人怎么就知道这里的人们需要窑炉呢？

还有，这样大规模的窑群，这样称得上领先的生产技术，看来，那时已经有专业分工和专业生产了。几千年前，新石器时代末期，这里的人们，原始的农业和手工业，就已经有了某种程度的分工了？

真的可以肯定，先人是智慧的，分工是存在的，不然，何以解释。

应该说，人们是需要什么，必需什么，才会想到什么，发明什么。都是倒逼出来的。渔猎的时候，食贝的时候，有蚝蛎啄，有手斧，有砍斫器、敲砸器、砺石，就行了，可以了。后来，慢慢进入到农业耕作，这些工具不合适了，不好用了，人们，就只好放弃，转而再想其他的了。

揭阳地都蜈蚣头出土的石犁铲，揭阳曲溪五堆村边园出土的磨光穿孔石犁头，潮阳铜盂孤山出土的石锛，潮阳仙城葫芦山出土的石锛、石刀、石网坠还有陶纺轮，普宁池尾长塔埔后山出土的石锥、刻槽石磋磨器（这种磋磨器和石杵一样，都是谷物加工的工具），还有揭阳东山黄岐山出土的适用于贮藏的形制较大的陶缸、陶罐，都说明了当时潮州这一片地方，农业生产不但发育成型，而且已经有了较大的发展，占据了主要地位，因而才需要更大的贮藏器来贮藏谷物等农产品，才需要打造更合适的工具，以适用于生产。

迄今为止，陈桥贝丘遗址是潮州最先发现的贝丘遗址，"陈桥人"是潮州最早发现的先人。

从1956年陈桥村发现"陈桥人"开始，人们一直就在探索，潮州到底从什么时候开始有人类居住呢？

对于这一个问题，相信每一个人都想知道，都想有一个答案。

从考古和出土来看，新石器时期潮州就有人类居住，这是确定无疑的。但对于具体的年代，却有各种不同的看法。有 6000 年说，7000—8000 年说，9000 年说，10000 年以上说，等等。

王治功在史学电视片《潮人文化六千年》的解说词中认为：潮州的历史文化距今至少 6000 年，推测至万年以上。

杨式挺在《广东新石器时代文化及相关问题的探讨》一文中认为：潮州池湖、陈桥、石尾山和澄海内底诸遗址，属广东新石器时代中期前段，距今 6000 至 6500 年。

莫稚在《广东潮安的贝丘遗址》一文中认为：潮安石尾山贝丘遗址属广东新石器时代早期，距今 5000—7000 年。

李松年在《中国大百科全书·考古学》中认为：潮州陈桥村遗址为较早的新石器时代文化，距今 7000—9000 年间。

南京大学考古学教授张之恒在《中国新石器时代》一书中认为：潮州陈桥村下层文化属华南新石器时代早期中的第 2 段，距今 8000—9500 年。

王治功在《潮人文化至少六千年的科学依据》一文中，根据考古学家贾兰坡在尤玉柱主编的《漳州史前文化》一书的序言中，关于漳州"上层文化"距今 13000 至 9000 年的论述，推断"南澳县象山遗址与漳州'上层文化'相类似，系距今 1.3 万—0.9 万年的旧石器文化。佐之以揭阳新亨、埔田发现的两块打制旧石器，那么，潮人的历史文化随之可推至距今 1.3 万—0.9 万年"。

上面的各种论断，都各有各的依据，哪一种说法，更符合历史事实呢？

看来，只有留待今后的考古发现和科学鉴测来作出判断。

但是，有人等不及今后新的考古发现，他们笑言："陈桥人"，是潮州人的"老祖宗"；"池湖人"，是潮州人的"次祖宗"。

有没有一个浮滨国

北京天安门广场的国家博物馆，坐东朝西。从面向天安门广场的正门进去，首层大厅的"中国历史陈列"，就是从浮滨文化的一个大陶罐开始的。

潮水往复，州，就取名潮州。就是说，历史上，潮州就在海边？事实正是如此。外地人常常戏谑，当地人也经常自嘲，潮州，是"省尾国角"。是！打开全国地图，潮州在广东的最东，在中国东南沿海的最南。对，东海和南海，就在潮州交汇，或者说，东海和南海，就在潮州分界。

以前，地图上有一条细虚线，从潮州饶平的大埕湾伸出去，或者说标出去，然后，在虚线东边的某一处，用一行浅浅的粉红色的黑体小字标注着：东海和南海分界线。现在，地图上不作这样的标注了，不知道这是为什么。地理书上呢是这样写：东海与南海的分界线，是台湾岛的南端和福建、广东两省交界处的连线，具体来说，是广东省的南澳岛，和台湾岛南边的鹅銮鼻的连线。

中国社会科学院考古研究所的专家王仁湘，在发表于1999年第3期《文物季刊》的《考古学文化的命名原则与程序问题》一文中讲到，"考古发现的诸多史前遗存，有地域的不同，也有时代的区别，为了描述它们，研究它们，需要给它们进行命名，给一个合适的代号，这样就确立了考古学文化。"王仁湘接着说，"考古学文化的命名纯粹是考古学家的主观行为，常常表现出一定的随意性和不确定性，而且还会引发许多争论。为了避免分歧，达成共识，需要确立考古学文化命名的根本原则，还要设计体现这些原则的关键程序。"

考古学家夏鼐在更早的1959年第4期《考古》杂志上，发表了《关于考古学上文化的定名问题》，明确指出考古学文化，大多数是以第一次发现的典型的遗迹的小地名为名。此后在指导中国考古学文化命名的过程中，他一直反复地不断地强调这样一个国际考古学界的惯例。

考古学文化，真的是让人遐想，又让人专注，让人思绪放飞，又让人敛神屏息，让人驰骋在史前文化，又让人定格在当下现实。就像我们看考古发现，看考古展览，乍一看，都是石器、陶器，都一样，都差不多那个样子，都那么回事。但是，如果你仔细地观察，仔细地辨析，你就会惊讶地发现，哇，原来石器和石器之间，是不一样的；陶器和陶器之间，也是不一样的。

比如陶器，看到没有，器型有不同，纹饰有不同，颜色和材质也有不同，有的是红陶，有的是黑陶，有的是青灰陶，有软陶，有硬陶，有粗陶，有细陶，有红泥陶，有夹砂陶，有的上面是画了彩绘，有的是划了划纹、刻了刻纹，有的则是印了印纹，彩绘的花纹不一样，划纹、刻纹的花纹不一样，印纹的花纹也不一样。这些不一样，这些不同，就表明了差异，表明了差别，表明了你是你，我是我。

考古学文化就这样出其不意地让我们应接不暇，让我们耐心品咂，让我们感觉到、意识到、认识到某种神秘神奇，某种奇妙奥妙、某种难以言明的独有、独一和独特。

"浮滨文化"，就这样以独具一格、自成一家的面貌，出现在世人面前。这是迄今为止，广东地区继"西樵山文化"、"石峡文化"之后，可以给予命名的另一个考古学文化，也是广东地区首次给予命名的青铜文化。

浮滨文化的发现，说意外，其实也不意外。早先就有零星、零散、零落的发现，只是人们没有注意到，没有感觉到而已。确实也因为零星、零散、零落，当时人们把它们与其他遗物混为一谈，一般地划属于新石器青铜文化。

但是，冥冥中注定，它总归要冒出头，总归要面世，总归要高光亮相。

历史，在还没有揭开面纱之前，就这样在地底下潜行，直到这一时，这一刻。

1974 年，应该是农闲时刻，也应该是风日正好，气爽天高。农人在饶平县的浮滨和联饶平整土地的时候，在浮滨的桥头村塔仔金山发现了 16 座古墓。接着，在联饶深涂村顶大埔山又发现 5 座古墓。经过考古清理，这 21 座古墓，确认是青铜时期的文化遗存，属于距今 3000 多年的商代。

浮滨位于饶平的中部，距离潮州城 31 公里，联饶位于饶平的南部，与福建诏安交界。

在这两处遗址的 21 座古墓中，除 6 座因受到破坏，形制未明之外，其余均为长方形竖穴土墓。墓坑位置都是按山势地形而掘，墓向无一定规律，排列分布极不整齐。从这两处遗址出土的 300 多件遗物——其中发掘的 197 件，加上后来发现的——给了考古人员一个崭新的感觉，器物的那种组合形态，器型的那种设计样式，与其他类型的遗存，完全不同，令人耳目一新。

这么说吧，这 300 多件遗物，有这样几个特点：

在石器中，石戈均是两侧起刃，锋呈三角形；石锛以长身梯形为多；石凿则呈长条形。塔仔金山 6 号墓出土的石戈，长 25 厘米，内有一个圆孔，援较内略宽，前出收杀三角形锐锋，援部近锋一段隆脊。这反映了从无栏戈到有栏戈的发展过程，是中原地区所不曾见到的。

陶器造型多种多样，而且具有自己的特色。这两处遗址和古墓出土的陶器 160 多件，有大口尊、长颈陶罐、带把流陶壶、鸡形陶壶、陶豆、陶纺轮等等。基本的造型是敞口，小平底，或者圈足。施釉陶器已经较多地出现，并且多在尊、壶、豆上应用。

陶器的花纹主要是印纹，以条纹为主，也有编织纹、方格纹，还有绳纹，大多装饰在尊、壶的腹部。同类的器物、花纹，在饶平的多处古墓都有发现，在粤东和闽西南也有所发现，但没有浮滨和联饶这样集中和成套，这是区别于几何印陶纹的另一种文化类型，在其他地区还没有发现。

在塔仔金山 1 号墓出土的釉陶大尊，高 39.5 厘米，口径 23.7 厘米，为硬陶容器，大敞口，宽沿长颈，斜肩折腹，小平底，肩有三枚铆钉，肩与腹拍印直条纹，陶器的表面施有厚薄不匀的酱黑色釉，虽然已有部分脱落，但那种高贵典雅、不同凡俗，仍然让人过目不忘。此器造型高古独特，是难得一见的商代釉陶器。

塔仔金山 2 号墓出土的细陶把壶，是高 20 厘米、腹径 17 厘米的硬陶水器或酒器，敞口有流，圆腹圜底，与流口相对的另一侧，附有一个把手，肩部有三枚铆钉，腹部有拍印直条纹，刻划有一个"乂"记号，器内和器外均施上了肥厚的酱黑色釉。3000 多年前啊，遥远偏僻如此，那时候，这里的人们，也完全懂得了审美和享受。

让人念念不忘、心有所思的，是那 17 件陶器上刻的 17 个单字符号，计 13 种，分别为："[]""屮""二"")(""入""十""↑""川""王""Ħ""吕""仌""乂"。这种单字符号，很有仰韶文化半坡类型的那种简朴刻划的味道。

这些古朴的单字符号，蕴含着什么内涵？表达着什么意蕴？有什么特殊含义？昭示着什么心迹？啊，旷远的历史就这样迎面走来，来得让人有些措手不及，有些猝不及防。然而，这些实实在在已经摆在面前的物件、字符，又都让人沉不住气，稳不住心，急于去解读，急于去考释，急于去破译。对了，还有啊，这些刻有字符的陶器，是用器，还是礼器呢？也必须赶紧弄清楚。

青铜器也颇具特色。顶大埔山商墓出土的商代铜戈，长17.5厘米，援长13.3厘米，援狭窄，隆脊有棱，两侧有刃，无胡。援与内之间有一道不大明显的栏，内有一圆穿，援部栏侧亦有一圆穿。这是一件原始型铜戈，与中原地区的青铜戈，也有着明显的区别。

浮滨塔仔金山商墓的发现和出土着实令人瞩目，还来不及喘口气，旋即，出土的最大的陶器就上调到北京中国历史博物馆，也就是现在的中国国家博物馆。

浮滨文化的发现，犹如打开了一扇天窗，让我们看到了史前的这一片地方，是怎么样的一种别开生面，欣欣向荣。也让我们知道了，什么叫命中注定，什么叫一脉相承。原来，3000多年前，或者，在更加久远的以前，这一片地域的文化，就已经悄悄萌芽，扎根生成。说一方水土养一方人，水土养人，归根到底，就是文化基因传承。文化基因，是世代相传，改不了，洗不掉，刮不去的。

浮滨文化是指哪一个考古文化圈呢？1990年代，考古学界就已经取得了共识，明确浮滨文化是指分布于粤东、闽南区域内，具体就是韩江流域、榕江流域、九龙江流域、晋江流域，一处以长颈大口尊、圈足豆、带流壶等釉陶器，和直内戈、三角矛、凹刃锛等石器，以及少数几种青铜工具、兵器为基本组合的考古学文化。这是南方地区中，受到中原商周文化强烈影响的早期青铜文化。

最先发现浮滨文化遗物的，是意大利学者麦兆良神父。

麦兆良（1881 — 1953），1928年，他被派到香港传教。1934年，他跟随芬戴礼神父到粤东一带考古旅行。起先，麦兆良神父是协助芬戴礼神父作"福佬区域"的考古勘察的。"福佬区域"指的是粤东地区讲闽南方言 – 潮州话语系的一片区域。"福佬"这个称谓，最迟形成于明朝年间，它所指称的对象，是那些从中原辗转来到福建，在福建逗留一段时间，然后进入潮州一带，或者直接经由福建进入潮州一带定居的移民。后来泛指一切讲潮州话的人。直到20世纪70年代后期，随着清末民国出生的那一辈人逐渐离世，这个称谓才渐渐没人使用。

有人指出，秦始皇征岭南、汉武帝征南越，给潮州地区带来了第一批移民；接下来是西晋晋元帝年间五胡乱华，衣冠南渡，潮州，又来了一批移民。"衣冠南渡"，是唐朝史学家刘知几《史通》"邑里"篇首次提到的，说的是西晋末年，天下大乱，中原政权南迁，中原士族相随南逃。"永嘉之乱，衣冠南渡"，就成了一个人人皆知的熟典。衣冠南渡，潮州人的理解，其实与史书上的记载差不多，就是举族南迁，抱团南迁，这样，才有古汉语在潮州地区的保存和活用。不然，你单家独户，几丁人口，到一个说其他方言的地域，你还用你原来的方言，与人家怎么沟通交流？这样理解是很有道理的。

当下，潮州话日常使用的、天天挂在嘴边的口语里，古汉语就比比皆是，出口就来，比如：雅兮、好兮、嬲兮、兴兮、热兮、雅哉、好哉、恕哉，食糜、食酒、食香，行路、行船、行棋，滴茶、扣茶、冲茶，做饭叫煮食，茅厕叫东司，坏人叫孬人，坏透叫孬绝，抓到叫掠着，娶儿媳妇叫娶新妇，家公叫大官，家婆叫大家，女人叫姿娘，邻居叫厝边，家里叫厝内，盖房叫起厝，日出叫天光，早上叫眠起，黄昏叫日晏，晚上叫夜黯，上灯叫落夜，出门叫出街，点心叫物食，开水叫滚水，书本叫书册，学校叫书斋，洗澡叫洗浴，澡巾叫浴布，舞台叫戏棚，厨房叫灶间，停业叫歇戏，瞎子叫青盲，小偷叫贼子，衣服叫衫裤，理发叫铰毛，修脸叫挽面，坐月叫月内，撒尿叫小解，酒家叫店铺，丰盛叫滂沛，打闹叫粗耍，吵架叫相骂，啰唆叫沓缠，认怂叫受输，误事叫害事，娼妓叫花娘，伴娘叫青娘，负担叫担柶，淘气叫童习，农活叫种做，懒惰叫偷脚，晒衣叫晾衫，商店叫行铺，伙计叫落铺，老板叫头家，请到叫约着，坐诊叫行医，寻找叫撩撬，致意叫捧手，发火叫激气，请客叫摆桌，举止叫做派，商量叫参详，品尝叫试味，回顾叫想往，停止叫吊曝，咨询叫借问，让路叫借过，方正叫四直，冥币叫银纸，跳神叫弄铃，乱来叫无说，辨别叫听声，无脑叫柴头，挂记叫数念，细碎叫些微，告别叫相辞，吓着叫惊人，厉害叫难险，打架叫相搏，群殴叫斗刣，怒骂叫嗛叱，裁弯叫掠直，无视叫勿看，休息叫歇目，结束叫收煞，愉悦叫松快，暴晒叫曝日，饥饿叫肚困，冷暖叫凉热，相通叫直亘，游戏叫相耍，看上叫相悦，不玩叫勿嬲，怠工叫疲沓，推开叫撑掉，不从叫拒赐，学坏叫积恶，念咒叫做诀，中止叫叱停，来往叫行踏，摔倒叫躄落，纠结叫相袚，乩童叫闪师，神棍叫师公，道长叫治宫，遗失叫无去，有空叫闲了，工作叫做事、做食、赚食、讨赚，下班叫且歇、歇食、落工、收歇，勤劳叫力赚、拚做、落力、敢分，满意叫心适、合想、称心、如意，等等等等，无穷无尽，举不胜举。

潮州人的日常对话，直到现在，也还保留着古汉语中名词、动词、形容词糅合在一起使用的又典雅又生动的修辞手法，这在别的方言区，已经很难听到了。比如：流眼泪，说成"目汁四垂落"；亮堂，说成"灯光烛红"；出乎意料，说成"惊人惊鬼"；流口水，说成"涎流涎滴"，痛苦，说成"号天叫日"；叫嚷，说成"抽喉拔舌"；困厄，说成"艰世人苦"；眼神明亮，说成"双目金金"；害怕，说成"无声气出"；无畏，说成"骑龙致鼎"；做错事，说成"行差就错"；脸失色，说成"面乌嘴紫"；旱情，说成"溪干水涸"；出洋相，说成"淋头盖脑"；损害，说成"除青去白"；亲密，说成"欢头嬉笑"；打群架，说成"相捶斗搏"；邋遢，说成"擎衫哀裤"；出殡，说成"擎灵置轴"；纠缠，说成"裙裾相被"；几个团伙，说成"三四撮人"；温和，说成"宽心柔性"；慢慢走，说成"款款行"……

潮州人日常对话，大量使用古汉语中典雅的叠声叠字，别的方言区，也是很难听到了。比如：不讲理，用"无文无武"；干脆，用"敢斩敢截"；打架斗殴，用"擎槌擎棒"；胆小，用"惊生惊死"；生编硬造，用"无影无迹"；忙碌，用"人前人后"；乱来，用"拗情拗理"；摆谱，用"叱七叱八"；给脸色，用"鼻臭嘴臭"；好脸色，用"鼻笑嘴笑"；满出来，用"四淹四垂"；亲热，用"牵脚牵手"；马虎，用："邋疕邋被"；迅疾，用"猛脚猛手"；妆坏了，用"歪脂歪眉"……

这样的说话、对话，听起来恍如隔世，听起来犹如古昔……

闲下来，闭目想想，那时的举族南迁，率族南迁，抱团南迁，会不会蕴含着一种可能呢，就是迁来的，大都是一些富人、才人、能人？舍此，他们兴师动众，劳师千里，迁什么迁呢？又有什么胆量、能力迁呢？

这样想来，南迁来的，最有可能，会不会是这三种人？

一种是商人，商人营商，逐利而行，哪里有利哪里去，其固守一方的观念不是特别强；一种是官人、文化人，官是文官，绝对不会是武官，武官大都在中原坚持抗敌，他们具有与生俱来的英雄情结，文官、文人，不能等着杀头，他们比较散淡，懂得避乱避险，随遇而安，而且，潮州话的文雅典雅，应该就是他们带来的；再一种就是手艺人、种田人，春耕秋种，夏收冬闲，一手精到的田间管理，农谚农时农技，烂熟于心，走到哪里，都胸有成竹，大有作为，而薄技随身，艺高胆大，也不惧故乡他乡。潮州人善经商，重文化，精耕细作，工精艺巧，源头在此？

举族南迁还带来一个鲜明的特点，就是潮州人比较包容、宽容，不排外，不拒人，宋朝从福建来了多少移民啊。从唐朝时的地广人稀，到明朝时的地少人多，也就是一两个朝代的事，中间，还经历了宋末、元初的那次大杀戮。

居住在潮、梅交界，既讲潮州话，又讲客家话的，通常称为"半山客"，也称"半福佬"。语言是一种人们日常生活中，普遍能接触到的显性的表现，究其实，还有更为隐性的东西在起作用，"半福佬"的"半"，还是因为在他们的生活习惯里，一半是潮州文化习俗，一半是客家文化习俗。

历史人类学家陈春声在《地域社会史研究中的族群问题——以"潮州人"和"客家人"为例》一文中，对"潮州人"和"客家人"称谓的出现，曾作出一番独到的钩沉爬梳和分辨剖析。

可以看到，一直到20世纪40年代，"潮州人"还从来没有作为一个与"客家人"相对应的概念被使用。此前的"潮州人"，其实还一直包括被称为"客人"、"客顶"的那些人。"客"当然是外来者、后来者之意，"顶"是山上、山顶的意思。想一想也就明白了，传统上，中国人称一个人或者一群人为"潮州人"、"洛阳人"、"徽州人"或者"泉州人"，更多的是指他的郡望或者籍贯，而不是他的族类。在近代以前的历史文献中，"客"也从未作为一个族类的概念，与"潮州人"相区隔。倒是一直到清末的时候，韩江中下游地方讲客家话的人群中，有许多人仍自称"潮州人"。

1993年，在《潮学研究》创刊号上，历史学家饶宗颐发表了《潮州学在中国文化史上的重要性——何以要建立"潮州学"》，饶宗颐倡导的潮州学研究，实际上也是把"潮州学"的研究对象，定义为潮州地区的人文现象，而不仅仅是与"客家人"相对应的另一个方言群体——讲潮州话的人们。饶宗颐的意思很明确："在清雍正十年（1732）嘉应直隶州未设立之前，整个梅州原是潮州所辖的程乡（后分出镇平、平远），长期受到潮州统辖。大埔、丰顺二县，亦属潮州所管。北京的潮州八邑会馆，只有说客语的大埔没有加入，但大埔仍是潮属的一邑，至近时方才割出独立。所以研究雍正以前的潮州历史，梅州、大埔都应包括在内。"那20世纪40年代以前，广东地区的"客家人"，是如何被称呼的？

找找看。在此之前的数百年间，文献中对于讲客家话的人群的描述，以及与之相对应的讲其他方言的群体的描述，用词五花八门，不一而足。不过，细心地读过之后，综合起来看，大概也就用了两三套词组，"客人"、"土人"，"客民"、"土民"，"客族"、"土族"，客家人自称"客人"、"客民"、"客族"，对另一方则称"土人"、"土民"、"土族"。在雍正《揭阳县志》中，描写顺治二年（1645）六月，刘公显起义的"九军动乱"时，用的是"客贼"和"平洋人"，徐旭曾在惠州丰湖书院做山长时，针对当时土客争斗事件，向诸生论讲客家问题，后来整理成《丰湖杂记》，其中将嘉庆二十年（1815）与"客人"发生冲突的博罗、东莞讲广府话的人，称为"土人"；咸同年间，台山、开平、恩平、高州等地，客家人与当地土著发生大规模械斗，死伤数百万，这次广东西路"土客大械斗"，被描述为"客民"与"土民"之间的冲突；黄遵宪在《己亥杂诗》中，用的也是"客人"与"土人"；到了温廷敬写《潮嘉地理大势论》的时候，用来表达两个方言群体的词语是"客族"和"土族"。"客"是自称，所有对面方就都是"土"的一方，而不管这些人讲的是什么方言。

光绪三十三年（1907）以后，韩江流域的两个方言群体，开始被学界正式称为"客家"和"福佬"。这样的表达，就具有了比较清晰的以方言作为分类的标志。1933 年，兴宁人罗香林出版了《客家研究导论》一书，这本书在学术史上具有特殊的地位，也对"客家人"观念的形成和强化产生了深远的影响。罗香林为了表示客家仍属于汉族的一部分，不用"民族"这个词来定义客家人，而是发明了"民系"这个独特的术语，并且提出将广东人按其不同的方言，划分为"客家"、"福佬"、"本地"（广府）三个"民系"这样的分类方法。这个提法对在接近现代学术规范的基础上，表达的有关"客家"的观念，确实具有不一般的价值和意义。

但"福佬"一词，其实只是"客家人"对韩江下游讲闽南方言的人群的称呼。而这些被别人说成讲所谓"福佬话"的人群，并不以"福佬人"自称，他们把自己所讲的属于闽南语的方言，称为"白话"。就像一直到了 20 世纪 70 至 80 年代早期，潮州一带的人们，见面相互打招呼，还会问："你是说白话，还是说客话？"

芬戴礼神父 1936 年去世后，麦兆良便独自对粤东、闽西南进行考古调查。他先后发现了几十处遗址，采集到了大批的文物，撰写和发表了许多文章，为广东尤其是为粤东的考古研究，留下了一笔丰厚、可贵、无可代替的遗产。

麦兆良的文章，大多在新加坡发表，1975 年，香港考古学会整理出版了麦兆良《粤东考古发现》一书的英文版。在书中，麦兆良就讲到，20世纪40年代，他在粤东进行考古调查时，曾经在海丰、蕉岭等地，采集到石戈、釉陶器等遗物。1996年，汕头大学出版社出版了刘丽君翻译的《粤东考古发现》的中文版。

一个人的善意和修为，往往是在无意间、在意想不到的场合表现出来的。同样是在20世纪40年代，民族学家、人类学家杨成志，和考古学家顾铁符，到粤东一带考古，他们当面与麦兆良沟通、交涉，要求他把大部分文物留下来，捐赠给中山大学。麦兆良没有犹豫，他从中挑选了8大箱运送到中山大学去，但却因为日军侵华，这些文物不见了，只有一小部分还在中山大学。麦兆良把手里剩下的文物，都带到了香港去，至今也还留在香港，并没有带回意大利。

2009年，香港历史博物馆举办麦兆良神父南中国考古贡献展，表达对这位来自异国他乡，长年累月为粤东考古做出很大贡献的考古前辈的尊敬和感谢。

饶宗颐也是一位很早就关注"浮滨文化"的学者，他于1948年撰成，1950年在香港出版的《韩江流域史前遗址及其文化》一书中，也讲到，他在揭阳和普宁等好多地方，发现了一批考古遗存，其中，就包含了部分浮滨文化遗物。最早提出"浮滨文化"的，是学者何纪先生，1983年发表的他的一篇遗作中，指出"浮滨文化是近年发现的青铜文化，分布于福建南部和广东东部"。

当然，"浮滨文化"的命名，也是经过了一番争论。1986年，考古学家朱非素在《粤闽地区浮滨类型文化遗存的发现和探索》中，就提出，"对这一类遗址和遗物，暂且冠以'浮滨类型文化遗存'"。1993年，考古学家邱立诚在参加"第一届'潮州学'国际研讨会"时，在会上正式提出了"浮滨文化"的命名问题。接下来，不少考古学者纷纷响应，在撰写和发表的论文中，均以"浮滨文化"代替了先前使用的"浮滨类型文化"。1996年出版的《广东通史》（古代上册）一书，也采用了"浮滨文化"这一个命名。至此，"浮滨文化"得到了学界的确认。

浮滨时期的人，似乎都是能工巧匠，造屋、制陶、冶炼，一个个十分拿手。

居住在牛伯公山的那些人，他们把房子建成了圆形，还修起了排水沟，挖筑了蓄水坑。房子为什么建成圆形？是因为以前住惯了洞穴，刚开始建屋，习惯成自然了，想象的、接触的，都是那种形状，所以，房子就建成圆形的了。当初，牛伯公山遗址发掘，房子的柱洞，就曾引起人们的惊讶。从柱子洞的走向看，房子的平面形状是圆形的，有一处残存的活动硬面，也是近于圆形，这更是似乎在说明，房子确实是圆形的。

居住在墓林山的浮滨人，更加潇洒，他们直接利用天然岩壁，然后加筑石构墙，再加盖屋顶，这样盖房子，不会很费力。丰州狮子山的浮滨人，差不多也是这样子造屋，他们利用西面、北面的天然竖直岩壁做墙，然后再在南面和东面，用石块叠筑石墙。3000多年后，这种因地制宜的造屋方法，在一些僻远的山区，还有人在使用。

牛伯公山遗址中，生活区的排水沟和蓄水坑是相通的。他们居住在半山腰上，离河水差不多有 50 米，排水和蓄水都是生活里的必需，否则，下大雨了，或者雨季来临，山岗上的泻水，会来势汹汹，不可收拾。蓄水存用，是一着妙棋，对于居民来说，较之仅仅用罐、瓮之类陶器蓄水，是一件省心省力的美事。这种有蓄水功能的坑穴，在广东地区先秦考古中，是首次发现。

浮滨人的陶，相当惊艳。以前总是说，人类掌握了火，就有了烧陶的条件。还说，考古证明，最初的陶器，是在篝火中产生的，生活在河流边缘的人类，用泥土混合着贝壳，捏塑一些生活用品，壶啊，罐啊，还有他们崇拜的神明走兽。宋应星在《天工开物·陶埏》开篇讲到"百里之内，必产合用土色，供人居室之用"，而陶土选料，要"掘地验辨土色"。这说明在中国古代，制陶业很广泛，制陶用的泥土也很充足。

浮滨人制陶从不马马虎虎，应付了事。他们已经形成了聚落区、生活区，也有了制陶作坊和专门的陶工、窑场。在牛伯公山和南澳东坑仔两处遗址发掘，就采集到好多陶拍，即制陶时折印缠饰的印模。牛伯公山发现的 1 件还不足为奇，东坑仔一下子采集到 7 件，就有点出人意料了。烧陶是不能半途歇火的，半夜，山坳里升起熊熊的窑火，在那个时代，是惹人注目、浮想和久久不能入眠的。

浮滨人的陶器，不很讲究印纹，但特别注重器型。一个个陶工，总是凝神屏气，专注塑造，把器型捏塑得特别顺眼。他们还往往有神来之笔，在器物的肩腹部、豆把这些显眼的地方，刻划符号或者文字，是张扬个性，引人注目，还是另有意蕴？也有的工匠含蓄一些，选在口沿内侧、豆把内底、豆盘内底这些隐秘一点的地方刻符划字。现在，我们能见到的这些刻符，有"巳、〢、Ⅲ、川、八、王、T、✳、∧、三、丁、〶、][、二、Ⴘ、ⵖ、五、〰、十、×、刂、川、Ⅱ、○、米、⚏、艸、七、H、工、"等30种。

墓林山和大盈寨山的浮滨人更醉心于冶炼，他们的青铜器铸得炉火纯青。一套八件的铜铃，声声悦耳，袅袅不绝，可以用来载歌载舞了。

但是，浮滨人的生活并不全是悠哉游哉，也可能充满着风险，他们的墓葬中总是有戈、矛、箭、戚、匕首这些武器，虽然是狩猎动物的需要，是尚武的习俗，部落间的战争掠夺、械斗，看来也时有发生，也许是频繁出现。南靖三凤岭的一座墓，随葬的戈就有 10 件之多。

浮滨人玉器的选料有高岭岩、绿松石、翠玉，打造的多是玦、环、璜几样，也有玉戈。一些石戈的质料亦接近玉质。说明有的戈器，不是用来打仗、捕猎的，是用来摆架势、摆威仪的。揭阳仙桥和漳浦眉力出土了 3 件石璋，璋作为礼器的功用，甚为明显。

浮滨人的墓葬和随葬品也分得清清楚楚。墓葬都在山腰以上，大墓往往位于山岗顶部的平台，中小型墓则散布在山腰和山腰以上。大墓有二层台，即墓穴的四周有一个平台，中间为棺墓。迄今最大的墓穴是浮滨塔仔金山 1 号墓，有二层台，墓穴长 4.2 米，宽 2.9 米、深 3.6 米，棺室长 2.6 米、宽 1.18 米、深 1 米。

他们的随葬陶器，都是红泥陶，但是日用陶器，却全都是夹砂陶。专烧制随葬的陶器，看得出他们对葬礼、葬仪是多么看重和隆重。生活用器与随葬用器有区别，日常生活中等级和尊卑就有区别，有历史学家和考古学家据此作出大胆的推测和推断。有专家对浮滨陶器那些撩人心弦的刻符，作出了独到的解读，认为那些符号中有"王"的标记，并表明这个符号"似乎表示浮滨在殷周之际曾经是属于越族的一个王国"。

也有学者专门著文，指出浮滨文化的"地缘性与土著性十分鲜明。出现携带戈矛等武器的武装力量，说明掠夺性的战争及抵抗外族集团侵犯的战争都较频繁地发生。因此，浮滨人的戈类较之周邻地区都要发达。浮滨人的制陶业较之粤中、粤北地区也有进步的一面，一是出现形制巨大的陶器，如大口尊；二是首先使用施釉技术，这是原始瓷的萌芽。这些情况与社会生产力的发展密切相关。一些不实用的戈以及璋的出现，是礼仪权杖的显露，可知在浮滨人的社会中等级观念已相当明显。我们推断当时已存在一个浮滨王国"。

海枯石烂沧海桑田

　　不知什么时候，一排排巨浪，从遥远的大海磅礴而来，汹涌的浪花，喧嚣的泡沫，此起彼伏，滚滚向前。波峰浪谷，偶尔有一只飞鸟迅疾掠过，转瞬即逝。海低沉地嗡鸣，哗哗长歌，不舍昼夜。洋流裹挟着顶托着潮水，后浪簇拥着前浪，铺天盖地，长驱直入，锐不可挡。海侵的潮水这样排山倒海，一路奔涌，把海岸线北推到了潮州城、揭阳榕城、潮阳司马浦一带，把潮州南部的洼地，变成了一个半环形状的海湾。

　　在人们的印象里，好像潮州自古以来，就是平原，就是陆地，就是山岭，却没想到，在漫长的地质时代，有时海水浸没陆地，成为一片汪洋，有时海水全部退出，陆地露出，植物生长。1972

年，地质工作者在揭西灰寨山的粉砂岩、泥岩中发现了几块蛤化石，经过古生物学家鉴定，是菱形蚌形蛤、褶翅钩顶蛤和考依波褶顶蛤，都是2亿年前的海洋生物。既然灰寨山上有海洋生物化石，那说明这里过去就曾经是海洋。地质工作者还在饶平浮山、联饶，澄海盐鸿北山，潮安武坪、古巷发现这类蛤化石。在更远的梅州、河源，也见到这类蛤化石。因此，地质学家把包括梅州和河源在内，粤东地区这一大片现今的山地，叫作"晚三叠世粤东海盆"。

其实，潮州南部的洼地，也是一个断陷盆地。无数年前，地壳变动，潮州周边的山地、丘陵，缓慢地上升，而中间的地壳逐渐地沉降，形成了一个断陷的盆地。海水到来，恰好把这个盆地变成了海湾，称之为"潮州湾"。潮州湾实际上是个半封闭的海湾，只在澄海的冠山至庵埠的庄陇山之间，有一个宽约9千米的海口，海水可以进入湾内。波涛只在湾口附近兴风作浪，湾内却风平浪静。

大约6000年前，海水逐渐退却，海湾口庄陇山附近的梅林湖，成了一个内海泻湖。后来，有人在梅林湖边的郭陇、潘陇、凤陇，发现了100多处海蚀岩，这都是湾口波涛的杰作。这100多处海蚀岩，散布在田里、山上、路旁、沟边，当地人称它们为"百鸟朝凤"。有热心人曾经做过测量，这"百鸟朝凤"，分布于海拔4—6米、30—35米和90米左右三个不同标高上。

这些海蚀岩，都是燕山时期的花岗岩，坚硬无比，海浪侵蚀，终让它们变成了老鹰、海狗、蘑菇、铁砧……

海水退后的湾区，经过一代又一代后人的改造，变成了农村林立、稻田无垠的粮食高产区，海沙淤泥、烂鱼烂虾，沤成了取之不竭的地力。在湾区中心的彩塘，钻探到的这种沉积，厚度达了168.4米。

潮州北部的凤凰山，是燕山三期隆起来的连绵高山。在城区海拔只有11米、多雨潮湿的潮州，城外却有10多座海拔1000多米的山峰，逶迤蜿蜒，高耸云端，格外壮观。凤凰山乌岽顶的天池，也是一个断陷凹盆，老有人以为它是火山山口，其实不然，它里面的四脚鱼、无尾螺倒是别处罕见，其山巅的那泓碧水，永远不干不涸，水位永远不浅不溢，也是令人不解。

从侏罗纪到白垩纪，从燕山期岩浆岩的再三侵入到喜马拉雅期辉长岩和玄武岩的侵入、喷溢，新华夏系构造，在潮州形成了三条不同方向的断裂带，北东向是三饶——潮州——普宁断裂，北西向是韩江断裂、澄海——古巷断裂，东西向是金塘断裂。韩江三角洲，正是在韩江断裂带孕育起来的，究其实，更是在"潮州湾"孕育起来的。

天日晴好，万里无云，登上凤凰山的山巅，人们就会清楚地看到，韩江三角洲周围的地形，就像一个半封闭的海湾，它被西面的桑浦山、飞鹅山、蚶壳鼻，东北面的黄田山，东面的大北山、莲花山等众多低山丘陵环抱，只有东南一面，朝着波涛滚滚的南海，尽情地展开。距今8000年前，海侵达到最大范围，海水直抵北部山麓的潮州，成为潮州历史上海水波及范围最广的最高海面。潮州湾口，浪卷滔滔，潮州湾内，却兀立着44个岛丘，自东北向西南，平行地排成4个行列，其中，由盐灶的莲花山麓——樟林的象鼻山——溪南、苏南的南峙山——上华的十八峰山——鮀浦的桑浦山南麓等 18 个岛丘组成的第 3 列岛丘，规模最大，阵势最强，把整个海湾分割成两部分。内海湾由于受到第 3 列岛丘的遮蔽，浪静风平，湾内以河流作用为主，十分有利于三角洲的堆积。

新石器中期的那次海水虽然退了，但这时的韩江，很不稳定，流经潮州时，河道就分道扬镳，在今广济桥下，自西向东分出了古潮州溪、西溪、东溪、北溪四条分汊河道。海湾口贝壳堤和沙陇的发育，明显地加速了三角洲的成形。沙陇规模巨大，最大者竟达长 26 千米、高 15.7 米，而且连绵不断，一直发育到北溪口的南砂。后来，三角洲冲积平原逐渐形成了，但韩江依然故我，左冲右突，在澄海盐鸿至今汕头鮀浦，又分成了东里河、义丰溪、黄厝草溪、利丰河、莲阳河、外砂河、新津河、梅溪河、莲池河等 13 个入海口，洋洋入海，一去不返。

写作《韩江闻见录》的清嘉庆潮州名士郑昌时，曾有两句诗，"元圭与仓璧，光价珍珠琼"，以此称赞潮州黄蜡石。琼即是黄玉。

那次遥远的侏罗纪燕山期火山岩、岩浆岩的大举入侵，使潮州的地下，布满了各式各样纹理肌理的熔岩。后来闻名于世的潮州黄蜡石，和被描述得绘声绘色的潮州赏石雅趣，就是从这些远古的熔岩而来。

有专家说，地球上，是三山六水一分地。这山与地，就少不了熔岩这个主角的装扮；水下呢，也潜藏着各种各样熔岩冷却之后形成的石头；而人们看到的从天而降的"天外来客"，也是流星坠地迅速燃烧的陨石。

熔岩，说白了，就是奇石、石头。人类从石头认识世界，也从石头认识内心。金木水火土，演绎着无数的哲理、阴阳、志异、说部，也与人们对石头的品赏钟爱密切相关。

石头与金，所谓金，就是金属元素，影响着石头色彩，红色的是含有铁元素或硫化汞，黑色的是碳、锰或钨元素，使石头乳白的有氧化镁，令石色蓝绿的有铜元素……

石头与木，当然以当今成为景观或盆景石的"木化石"最为典型，一块木化石，经过数亿年的石化，变得色彩斑斓，甚至可以玉化为晶莹剔透的"树化玉"。

石头与土，石头风化，就形成了泥土。

石头与火，关系最密切，那些奇石的形成，无不与火山喷发、地热熔炼有关，正是火山超高温的熔化作用，才炼出了这许许多多奇形怪状的异石。

至于石头与水，更不用说了，除了有些石头含有水，如水胆玛瑙、蛋白石，奇石的形成，莫不与水流的漫长冲刷有很大关系。如蜡石的形成和品相的好坏，就取决于山水、涧水的水冲度和水刮度，水冲时间要有千千万万年甚至亿万年。长江石、黄河石、三江石、乌江石、岷江石，就是这样由水冲、由水刮出来的。

在古代，人们就已经知道石头的种种妙趣、妙用了，如利用灵璧石切片，做成"磬石"，用以奏乐。而最早的关于石头的故事，是神话故事，精卫衔石填海，女娲炼石补天，盘古的左臂，化为南岳。

第一个使用蜡石这个名称的，是明代万历年间（约 1591）养生学家高濂《遵生八笺》中的"高子盆景说"，他把蜡石，作为树石盆景的组成部分。

潮州黄蜡石之所以命名黄蜡，是因为蜡石（硅化石、石英石）本身含有其他的矿物质，它的表层，又附着有其他的矿物成分，而呈现出黄、红、黑、白、灰、绿等诸颜色，所以以颜色命名。由于红蜡、白蜡、绿蜡产量少，又由于在人们的心目中，金黄是富贵的象征，于是，黄蜡石就被认为是潮州蜡石中最贵重的品种了。

康熙三十九年（1700），广东学者屈大均的《广东新语》问世，其中卷五就单独列出了"蜡石篇"，对岭南蜡石的产地情况、选石要领、观赏方式作了至为精辟的圈点。他指出，蜡石"色黄属土，而肌体脂腻多生气"，英石则"瘦削崭岩多杀气"，并提出了蜡石"以黄润如玉而有岩穴峰峦者为贵"。

唐代宰相，后来贬为潮州司马的李德裕，是潮州赏石文化的前驱。据《平泉草木记跋》、《素园石谱》记载，李德裕穷平生之力营建了平泉庄，藏石千余枚。作为唐代首屈一指的藏石赏石大师，李德裕熟谙石理，透悟石性，视石如贵客上宾。他追求"世事风尘外，诗情入石间"的人生境界，常常借石喻理明志，借石寄情抒怀，写作有《题罗浮山石》、《题奇石》、《海上石笋》、《咏石》等诗篇。李德裕在潮州留下好口碑，故有"李赞皇（李德裕）玉象飞化鳄鱼潭"的故事流传。

宋代的时候，潮州赏石的风气，更是勃兴。受苏轼、米芾二位赏石大师的影响，不少官宦和大户家庭，建造花园都喜欢叠石理水，以当时名士林榢芳的东皋花园最为知名。

藏石、赏石最著名的是潮州八贤之一的吴复古。吴复古广交天下，尤喜云游，与苏东坡志趣相投，他不慕利禄荣华，有诗自况"黄卷尘中非吾业，白云深处是我家"。熙宁二年（1069），吴复古游登州时采得十二方"秀色灿烂"的雅石，不远千里运回南海（潮州）。苏轼在其所作的《北海十二石记》（又名《岁寒堂十二石记》）中写道："近世好事能置石者多矣，未有取北海而置南海者也。"

在宋代民宅中，也颇重视以石美化庭园。潮州东郊望族刘氏东湖庭园的山石昂然有如蟆头，故有"蟆头石"之称。时人有诗称道："此石信奇特，还钟山下人。"后人也有诗赞曰："水色山江来八面，物华风景自千年。"

喜欢玩石戏石，不独潮州人，只是潮州人玩得别出心裁，玩得花样翻新，与东南西北，有所不同而已。且看古代的四大名著，不也写到了各地各色的石头。

《三国演义》写诸葛孔明，利用石块布下奇阵八阵图。当他入川时，驱兵来到鱼腹浦，取石排成八阵图于沙滩上，自此常有云气从内而起。东吴大将陆逊率兵到此，见阵内狂风大作，一霎时飞沙走石，遮天盖地，但见怪石嵯峨，槎桠似剑，横沙立木，重叠如山，江声浩浩，似有剑鼓之声，陆逊大惊，无路可走。《西游记》写孙悟空，原是一只石猴，出世于仙山花果山，得天地间的灵气神力，成为一只伏魔降妖、法力无边的神猴。《红楼梦》原名叫《石头记》，作者曹雪芹对石情有独钟，以石况己，描写了一块女娲补天遗留下来的巨石，此石高十二丈，长二十四丈，通达灵性，可大可小，来去自如，后来缩变为雀卵般大小，含在贾宝玉的嘴里降生人间。《水浒传》里的青面兽杨志，因押运花石纲，在黄河里翻了船，不敢回京复命，四处逃难，这段故事，让天下人都知晓了花石纲和太湖石。

与太湖石一起被誉为四大名石的，还有蜡石、英石、灵璧石。潮州蜡石则在岭南蜡石乃至两广滇闽奇石中，都属于鹤立鸡群，独领风骚。高贵的冻黄蜡和"荔枝潞"、"杨梅潞"（又称"荔枝皱"、"杨梅皱"），更是名噪一时。

明清以降，百业兴旺，物阜民丰，潮州人的奇思妙想，又尽情发挥。此时建宅造园，择石较之宋代更有讲究，人们常常为找到一款合适的美石而大费周章。而潮州的蜡石坑门像青岚、石蛤、木堂、杨梅坑、径北、溪楼、水吼、大洞埔、大陂下、草岚武、狮地后、平坑、石壁潭、大径坑、猪母窟，几乎都被人翻了个遍。争奇斗胜和精益求精，把当时造园的水准，推到了一个相当高的水准。

明清的潮州园林，最知名的是"西园"、"波罗房"、"蔚园"。"西园"是明代礼部尚书黄锦的花园别墅，园址在下西平路岭东兵备道道后至芒巷一带。清代林大川《韩江记》有"西园假山"条目，称"西园强榭无多，而假山独胜"，并有《西园赋》咏赞。潮州名人郑昌时，也称赞曰："水石钟秀，妙人天然"。

郑昌时是嘉庆年间名士，在他所著的《韩江闻见录》里，有这样的记载："吾邑西山中多蜡石，有大坑，约一二十里，每大雨后求之，必得奇致，备像要物器皿之类。大者可为板、为屏、为假山，小者可为杂物玩具，予常见而心好之，恨未能往取也。"

所谓"吾邑西山中"，就是今潮安登塘、田东一带。当然，潮州园林，造园不仅用蜡石一项，而是各类名石皆备。而蜡石、假山、园林，反映的是潮州人的文化心态、生活水准、人生态度、审美传承。

与黄锦同生于明代的潮州潮阳人刘芝岩，是宋代名宦刘景的八世孙，以收藏奇石、种植名花而闻名，是潮州有名的"石痴"。明礼部尚书、潮州人盛端明为刘芝岩所撰的墓志铭，就写道："性嗜种植，每遇一卉石之美，则终日不忍云，其于利禄之念澹如也。"

潮州海阳人吴六奇，是明末清初名将，曾任总兵提督。江南三大名石之一"皱云峰"，就曾为他的藏石。清代顺治年间，他为了答谢恩师查继佐，将爱石"皱云峰"从潮州运至浙江海宁赠予查继佐。查继佐得之大喜，将石置于"百可园"，呵护有加。如此割爱，传为当时佳话。这块"形同云立，纹比波摇"的"皱云峰"，现存于杭州西湖花圃缀景园中，供世人共赏。这位爱石如命的吴六奇，身后还将石头随葬，如此特立独行，真是将门风格。有人谓此举在岭南绝无仅有。

"波罗房"是乾隆年间富户翁鲀峰所建的庭园，园址在潮州城西南第三街与第四街的南涧池。林大川《韩江记》载："波罗房尤以假山奇石胜，或若人立，或若兽蹲，或若奇鬼，森然搏人，他处所未见也。"赏石以丑为美，称丑美，不落俗套，拙趣良多，固有"波罗房怪石"之称。其中有块奇石，镌有"云破碧琉璃外，月浮红玛瑙中"，落款"汪泰来"。汪泰来，安徽休宁人氏，占籍钱塘，善花卉松石，康熙五十二年（1713），授潮州府海防同知。一帮文人雅士，富有人家，总是爱花些心思，陶冶情怀，玩出花样。

"蓊园"位于潮州西郊，为明代黄高公所建。"蓊园"林木蓊然，假山层叠，园西南面建有大型的蜡石假山和锦鲤池。潮剧、南音、歌仔戏、民间故事《陈三五娘》，写的唱的说的都是黄高公的女儿黄五娘与泉州才子陈三（陈麟，字伯卿）的爱情故事。在潮州和泉州，陈三五娘故事流传之广，影响之大，绝不亚于梁山伯与祝英台。潮州西门外的花园村，就是因为"蓊园"而得名。据当地的老人说，20世纪50年代，在花园村周围的水沟边，还能见到"蓊园"散落的蜡石。

有一说，石能养人。说起来就是人长期处于那样一种纯朴优雅的环境，天长日久，潜移默化，当能养出那么一种浩然正气和刚毅脱俗的品性。潮州洋务大臣丁日昌，一生藏书藏石，他最知名的是一块鱼形奇石"石鱼"。据说当年丁日昌乘舟赏月，舟至双溪中间，骤见水中有毫光，询之渔父，也未知其详，遂命人潜水视之。俄顷，潜水者抱一石鱼起，长三尺许，乃天然奇石。"石鱼"其状若鲤，其色棕红可爱，惟妙惟肖。丁日昌大喜，将"石鱼"置于榕城梅林巷内丁宅，构筑一室供之，室名曰"石鱼斋"，并作《移寓石鱼斋》诗。至民国时，由张美淦约请饶宗颐、姚秋园、林清扬、钟勃等名家，撰写"石鱼斋"事，辑成《石鱼斋集》。

与丁日昌的"石鱼"有机会争一日之短长的是清末民初的许万石，他所藏的一件潮州蜡石"玉玲珑"，周身近百个石孔，孔窍相通，玲珑剔透，名为"七窍生烟"。据说当年许万石花了八百块大洋才购得这块石头，相当于当时一座潮州大宅院的价值了。"玉玲珑"曾于民国初年，在潮州东门城楼展出过。

很长时间了，天气总是这样，燠热暖湿，雨也时下时断，就是不肯停歇。大地又闷又热，就像刚刚起盖的蒸笼，树林、河汉，时不时腾起阵阵灼人的水汽，凤尾蕨、水龙骨、番荔枝、杜英、山矾、红树、栲、栎、莎草茂盛地生长。

不知什么时候，鳄鱼也来了，这种典型的热带爬行动物，在韩江三角洲大量凸现，真让人惊心动魄。大象也来凑热闹了。《岭表录异》卷上称："广之潮循州多野象，潮循人或捕得象，争食其鼻，云肥脆尤堪作炙。"清乾隆《潮州府志》载："唐时桃山都白石山有白象，自行抵潮州濠，从西门入。"至南宋初期，潮州城四周，仍有象群，四处活动，而且大肆损毁植物。方志记载："乾道七年（1171），潮州知军州事曾汪主持始建康济桥（即湘子桥）。同年，潮州有野象数百出没，成群结队围吃庄稼。"

湘子桥建桥的那一年，潮州已经蒸蒸日上，象群还来去自如，如入无人之境。

鳄鱼呢，不但在韩愈韩文公刺潮的时候为害，就是到陈尧佐任潮州通判的时候，仍然肆虐。据志书记载："咸平三年（1000），夏，海阳县硫黄村张氏之子（16岁）与其母在江边洗濯，被鳄鱼拖咬下水，死于鳄鱼之口。潮州通判陈尧佐出动吏民追捕大鳄鱼，终将鳄鱼制服并诛戮。"

沈括在《梦溪笔谈》也讲道，宋初（1049—1052），"王齐直知潮州，钓得一鳄，其大如船"。可见，宋代韩江三角洲仍有鳄鱼出没。《新唐书·韩愈传》所说的韩愈祭鳄之后，"数日水尽涸，西徙六十里，自是潮无鳄患"，是不确切的。

据李来荣《关于荔枝龙眼的研究》说：福州是我国东海沿岸生长荔枝的北限，1000多年来，那里的荔枝只在1110年和1178年两次全部冻死。那时相应的气温，比现在的年平均气温，只低1摄氏度，降温幅度极小，不可能使鳄鱼和象绝迹。可元代初期，韩江三角洲已经没有了鳄鱼和象的记载。

怪异。这让人百思不解。

或许，是南宋以后，随着韩江三角洲土地的开发，鳄鱼和象，失去了栖身之所。人们对付鳄鱼的手段，也越发犀利，由唐代的"祭"、宋代的"戮"，发展到明代的"毒"。三角洲滨线不断推进、南移，也迫使湾鳄不得不陆陆续续南徙。

或许是极端的寒冷气候，使鳄鱼和大象，逐渐减灭。在久暖未寒的地区，一场风雪，往往会让人措手不及。过惯了暖和的日子，见惯了四季花开，树木常绿，草长莺飞，姹紫嫣红，全年无冬的潮州人，大多是惧冷畏寒。春江水暖鸭先知。严寒未到，潮州人已经感觉到了。明代中叶，气温骤降，志书上说：明正德四年（1509），"十二月，雨雪厚尺许"。十二月，潮州下大雪，积雪一尺多厚，乖乖，够冷了。从明成化六年至正德十五年（1470—1520），连续50年的寒冷期，也许是鳄鱼逐渐灭迹的根源。

明万历四十八年至清康熙五十九年（1620—1720），是历史上最寒冷的时期，太湖、洞庭湖各结冰四次。潮州也灾害与异象频仍。明崇祯九年（1636），粤东及沿海大雪，"水面坚凝厚数寸"，小河"坚凝可渡"。康熙二十九年（1690），"十二月，大霜雪杀树，人畜有冻死者。州、县奉诏设置常平仓，储积粮谷"。坚凝可渡和人畜冻死，都是非常罕见的。这些长年累月没有烤火习惯的人们，双手拢在袖里，嘴唇冻得哆哆嗦嗦，尤其是小孩子，冻得面乌嘴紫，号天叫日。

这一百年，有一些异象，真是骇异，人不能解，更不能忘。志书上记载：清顺治十年（1653）"十月癸巳，有星大如钵。西湖浮大鱼，长数丈，背脊闪烁如红旗，倏忽不见"。顺治十八年（1661）"六月，有龙腾于猴拍岭，盘旋全山，山尽没。经过处，田庐多坏"。

康熙三年（1664）和康熙十九年（1680），两次扫帚星的长时间出现，都是极端天象。康熙三年那一次，"十月，彗星现，芒长二丈余，十二月乃没"。一颗彗星，拖着长长的尾巴，在天际持续三个月，昼伏夜出，款款而行，真是看得人心惊胆战。康熙十九年那一次，"十月，彗星现东方，数夜乃灭。十一月，彗星现西南，倏变长虹，长数丈，两头皆锐。十三、十四等日，又一星横亘天中，久而不灭"。这样的异象频频出现，总归是闹得人坐卧不安，心神不宁。

最骇人的是康熙十六年（1677）那一次，"广济桥下吼声如雷，石墩倒其一"。巨大的石墩乃庞然大物，矗立江中稳如泰山，轰隆一声，说倒就倒了。过往的人们，惊魂未定，心脏卜卜狂跳，面面相觑，说不出话来。

最为寒冷的一年，是清光绪十九年（1893），很多老人都亲身经历，记忆尤深。这是老辈人一代代口口相传咸谓前所未有的，也是史籍记载中仅见的。志书上写得令人触目惊心："冬十一月二十八日起，严寒，雨皆成冰，深入穷谷，积雪二三尺许，至明年四月始消。草木多陨，人畜冻毙，自来广东之未有也。"如此积雪数尺，且淤半年不化，其寒冷情景，直逼黄河流域，其寒凉惨状，刻骨铭心。

这样反常的天气，使植物、动物们也很难适应。宋代以后，韩江三角洲的森林更为稀疏，象、犀牛、长臂猿、孔雀、鹦鹉等动物，也逐渐在本地减灭。

且就在这里扎根吧

谁都没有想到，秦仅到了二世，就呜呼哀哉。

瞭望上古，就像瞭望上空。透过模糊了的时间，人们看到的，是岭南的第一次建置——南海郡。再往前，就是岭南的部族、部落时期——百越中的一支南越。

岭南不像中原、江汉、淮海，有商周、有春秋、有战国。秦朝以前，岭南没有历史的记载，没有民风的采集，没有王权的存在，只是人们印象中、口头上的瘴疫、蛮荒、异俗。秦灭六国、败匈奴以后，秦始皇雄视天下的眼睛，就一次次越过五岭，扫描这片波涛汹涌的南方。

当时，岭南是一片广袤的大地，山岗起伏，林莽遍布，越人，就栖居在这片阳光强烈、雨露沛足的水边山林，渔樵狩猎，椎髻箕踞，夜伏昼出。

战争，是在一个晦暗的早晨，在五岭的一个隘口，不期而至。

那个晦暗的早晨，属于秦始皇二十八年（前219）。这一年，是一个和风细雨的丰年。经过十年摧枯拉朽的征战，灭韩、灭赵、灭魏、灭楚、灭燕，最后灭齐，又休养生息了两三年，秦始皇统一天下，征服百越的壮志雄心，又如火如荼。

经过了几个不眠之夜，在一个黄道之日，秦始皇在咸阳章台宫中，拜屠睢为国尉，发兵五十万，分五路大举进攻岭南。《淮南子·人间训》当时是这样记载这次秦朝的军事行动："乃使尉屠睢发卒五十万，为五军，一军塞镡城之岭，一军守九嶷之塞，一军处番禺之都，一军杀南野之界，一军结余干之水。"

那时候，黑衣甲胄的秦兵，旌旗猎猎，军容肃整，挟灭六国之威、败匈奴之勇，五路铁骑兵车，滚滚而来。

东边一路，自今江西向东进发，攻取瓯越、闽越；居中二路，直指南越，其一经今南昌，越大庾岭入广东北部，其二经今长沙，循骑田岭直抵番禺；西边二路，一路由萌渚岭入今贺县，一路经越城岭入今桂林，攻西瓯、骆越。

东边的一路，当年就攻下瓯闽，把浙江、福建，纳入秦帝国的版图。中、西路两广的越人，却不像闽浙那样轻言放弃，他们依据险岭高山、荆棘丛林、溪涧峡谷，与秦军相持游击，回旋拉锯。

一场旷日持久的战争，是所向披靡的秦军所没有料到的。灭六国的时候，一年两年，就攻下一个国家。强大的赵国、楚国，也只是两年多一点点的时间。而今，深陷岭南，已经漫漫五年，依然毫无胜算。《淮南子·人间训》载："而越人皆入丛薄中，与禽兽处，莫肯为秦虏。"

历史，就是从这种字里行间，为后人打开了一线缝隙，让人们窥到了、嗅到了一种战场的气息。这种战斗到底、决不投降的血性和气概，让秦军恐惧和失措。

屠睢，就是在这个时候，暴露了他的蛮勇和一意孤行。王翦、王贲、蒙恬灭六国、败匈奴，是进退有据，恩威并施，攻心为上，每战必胜。居中欲下番禺的屠睢，却没有像他们一样审时度势，胸有成竹。真不知道他是怎么想的，气候炎热，水土不服，地形不熟，士卒劳倦，更要命的是粮食匮乏、虫蝎侵袭，蚂蟥和山蜈蚣防不胜防，他仍我行我素，涉险深入，终于在西江畔的三罗地域，也就是今天的罗定、郁南，中了越人的埋伏，在乱箭之中，被毒矢射杀。

屠睢死了，三十万大军伏尸流血，秦兵大败。秦始皇三十三年（前214），任嚣和赵佗，率兵五十万，重新挥师岭南。

关于任嚣征战岭南，史书记载不详。古今史家大都主张任嚣与赵佗一起，一正一副，率军南来。

也有专家学者考证分析，认为岭南是赵佗打下来后，任嚣为秦始皇委派，空降到岭南任职。这种分析也有可能。公元前214年，秦征服岭南，置南海、桂林、象郡等三郡。任嚣，就是在这一年，从咸阳出发，舟马劳顿，奔赴番禺，上任南海郡尉。

秦朝建置，郡设郡守、郡尉、监御史。始皇帝在反复斟酌、反复掂量之后，做出一个令人吃惊的决定，三个郡均不设郡守，只设一个南海郡尉，统领三郡，桂林、象郡仅设监御史治之。

始皇帝这一招，说白了就是：任嚣，岭南交给你了，就看你了。也可以说，始皇帝还没有想明白，那么遥远的山后边，那么格格不入的族群，天朝应该怎么管。那么，先放一放吧。

其实，任嚣任南海郡尉之前，赵佗跟他并没有什么交往。赵佗在 20 岁弱冠之年，就已经奉命率军攻越。他没有时间去认识他这位后来的上司。与凶狠蛮干、好胜逞勇的屠睢不同，赵佗稳扎稳打，步步为营。从公元前 217 年接过屠睢殒命、秦兵大败、伏尸流血几十万的烂摊子，到公元前 214 年略定岭南，赵佗显示了行军打仗和戍边安境的两种才能。且看，战争的四年时间，他更多的是开道路、移民、边贸和传播中原先进文明。他让内地逃亡的罪犯、卖身的奴隶、做买卖的商贩、贬谪的官员来到岭南戍守，还向始皇帝上书："求女无夫家者三万人，以为士卒衣补。"还有谁是这样打仗的？！但是，这样一个一个落脚点推进，使秦军在岭南反客为主，没了后顾之忧。

赵佗这样攻略百越，任嚣在中土应该是时有所闻，欣赏备至，这便是日后，他们结盟的基础。这是他们两个人的默契。

任嚣真是一个开疆拓土的先人，他带给岭南的，不仅仅是安稳、平和，还有远见、胆魄。

远见和胆魄是两种范畴，并不容易兼而有之。任嚣却把远见和胆魄，运用到了极致。公元前 210 年，秦始皇东巡会稽，病死沙丘，二世元年七月，陈胜、吴广起义。

任嚣当时扶病，面对如此突发事件，他没有一丝一毫的迟疑，马上作出反应——独召龙川县令赵佗到番禺，告以天下形势，并嘱托后事。任嚣说：

> 闻陈胜等作乱，秦为无道，天下苦之，项羽、刘季、陈胜、吴广等州郡各共兴军聚众，虎争天下，中国之乱，未知所安，豪杰叛秦相立。南海僻远，吾恐盗兵侵地至此，吾欲兴兵绝新道自备，待诸侯变，会病甚。且番禺负山险，阻南海，东西数千里，颇有中国人相辅，此亦一州之主也，可以立国。郡中长吏无足与言者，故召公告之。

任嚣的远见与胆魄，就是找一个胜任、放心的继承者，告诉他，马上发兵据守五岭通道，切断交通，杜绝任何作乱的军队乘势进入岭南，保一方平安。岭南有地理优势，也有人才储备，不得已的话，立国自治。

接着，任嚣发布通告，把南海郡尉的职守和印信交给了赵佗。又两年后，秦二世三年（前207），任嚣听到赵高杀死二世，子婴捧传国玺出降，秦朝灭亡，溘然而逝。

是年，赵佗30岁。又四年，赵佗击并桂林、象郡，建立南越国，自立为南越武王。

赵佗的这个举措，后人有种种评说。但是，在那样的历史关头，换做你呢？

这样，秦置南海郡时所设的揭阳戍，也有称揭阳戍守区的，这个时候，自然而然顺理成章地，就成了南越国揭阳县。

有专家在《古揭阳县治所考辨》中称："南越国实行郡县制。到了南越国后期，定楬（"楬"通"揭"）戍守区设置为县，因归湖是古海阳国（也称南海国）政治中心，因此，县治设在归湖。因归湖地处楬岭之阳，县名取为'揭阳'"。《古揭阳县治在何处之我见》、《学习潮州志 探索古揭阳》等论文专家，皆予以认同。

《南海郡·政区沿革》亦称：据《汉书》记载，"南海郡因临近南海得名。初辖番禺、四会、博罗、龙川四县，治番禺县（广州城）……赵佗及其后的南越国，都与汉朝一样实行郡县制"，"其中南海郡较秦代增置三个县：揭阳、中宿（今清远）和增城"。究其实，此三个县并不是同时设置，其中揭阳与中宿是同一批建置，时称南海郡六县；而增城是东汉建安六年（201）南海郡增置的一个县，增多的一个城，所以县名之曰：增城。

当其时，赵佗创立的南越国，虽雄踞岭南，如日之炽，煌煌烨烨，拥者万众，然实际上对于揭阳（潮州）一地，实在是山高路迢，犹如是强弩之末，君有心而力不逮，手欲操而指不听，鞭长莫及矣。况且，本来这方迢迢遥遥的土地，早先之前，就已然另有旧主，别有归属，刘给岭南，只是咸阳章台宫中，秦始皇眉头一皱，一石双鸟、一箭双雕的高明之处。

据《通典》、《十道志》、《舆地广记》等史书记载，战国以前，潮州这一方山水，原属于闽越或七闽地域。其时，战国时期，楚国曾三灭越国，第三次灭，是楚怀王十九年至二十三年（前310—306）。当时，怀王熊槐派大臣召滑，离间越国，使越王无强（一作无疆）及王室诸子各怀鬼胎，彼此猜疑，内乱不已。二十三年（前306），时机成熟，楚国伐越，最后一位越王无强，被当廷斩杀。大败之后的勾践裔孙，分崩离析，星散奔逃。

无强的长子驺玉，退至今福建、粤东，在今八闽大地以及汕、潮、揭三市，兴宁、五华以外的梅州，陆丰东南的碣石、桥冲、南塘、陂洋、湖东、甲子、甲东、甲西诸镇，建立闽越国。无强的次子驺蹄，在今浙江南部的温州、台州、丽水和衢州部分，以及江西的铅山县，建东瓯国（也叫瓯越国）。这闽越国的粤东部分，恰好就是后来古揭阳县的辖地。

其时，这般轻快舒缓的岁月，正是潮州先民最乐见其成的曼妙时日，闽风瓯调，不绝于耳，山又高矣，皇帝又远，我行我素兮，得其所哉。这样的日子，最是惬意。以前民无国籍，心惶惶然，不知所终。而今，身为闽越国子民，有王道庇佑，有律法加持，何其安心。而国都东冶（今福州一带），又远在天边，遥不可及，国乃新创，百废待举，千头万绪，又无暇旁顾。这种无拘无束、逍遥自在的岁月，大约持续了将近100年。

有专家依据周朝和秦汉的计算方法，测算当时潮州的人口。按《周礼·秋官·司民》的记载，曰："司民掌登万民之数，自生齿以上，皆书于版，辩其国中，与其都鄙，及其郊野；异其男女，岁登下生死。及三年大比，以万民之数诏司寇。司寇及孟冬祀司民之日，献其数于王。王拜受之，登于天府"。可见其时，周朝已然设立了掌管户籍官职的"司民"，男孩满八个月、女孩满七个月谓之生齿，对生齿以上的生民，进行登记，所记者内容，包括居住地、性别、死生，等等。

不过周朝的统治范围，并未到达岭外的潮州，即便是南方的大国楚国，对于山后面的潮州地区，也没有能力实施统治。所以即使有准确的数据，对于潮州而言，也意义不大。潮州之地最早并入到中国版图，是在秦朝，属于南海郡的一部分。当其时，秦始皇攻百越，东边的一路，打的是汉族，当年即凯歌高奏，攻取了瓯越、闽越。而中间的两路，打的是土著、夷僚，遭遇到顽强不屈的抵抗，直到五年后的秦始皇三十三年（前214），才终于攻下番禺（今广州），占领岭南。

此时，始皇帝嬴政的心，放不下的不是岭南，而是越国勾践的那些后代。这些王孙贵胄，素质高、修养好、进退有据，懂得趋利避害、委曲求全、悬梁刺股、卧薪尝胆。瓯越、闽越虽然一攻而下，但他们元气无损，毫发无伤，国祚仍在。

其时，攻陷了瓯越、闽越之后，秦朝合并设置了闽中郡，嬴政认为，闽中远离中原，地处偏远，山高路险，难于统治。因此，闽中郡名为秦朝四十郡之一，建制却不相同，嬴政并未派守、尉、令、长到闽中来，而只是废去闽越王的王位，改用"君长"的名号，令继续统治其境。如此说来，秦只是名义上设立了闽中郡，实际上并未在闽中实施过管治。

司马迁在《史记·东越列传》开篇即言："闽越王无诸及东海王摇者，其先皆越王勾践之后也，姓驺氏。秦以并天下，皆废为君长，以其地为闽中郡"。《潜研堂文集》、《廿二史考异》等，亦转述了与司马迁类似的记载，其曰："但其初虽有郡名，仍令其君长治之，如后世羁縻州之类"。其大意就是：闽中虽秦置为一郡，却有别于内地诸郡，系属羁縻性质的郡。

而今，任嚣、赵佗打下了岭南，秦置为南海、桂林、象郡三郡。掐指算来，五年的战事既定，烽烟消弭，嬴政心头的隐忧，又时时刻刻无声无息地浮现出来。不讲妇人之仁的始皇帝，又一次迅速出手。据《闽越国》、《闽越国历史沿革》所载，秦汉为了削弱闽越（闽中郡），刈将其潮州地，并入新置的南海郡。

地理全书《舆地广记》记载，曰："潮州，为闽地"；《永乐大典·风俗形胜》也记载之，其曰："潮州府隶于广，实闽越地，其语言嗜欲，与福建下四府颇类。广、惠、梅、循操土音以与语，则大半不能译，惟惠之海丰与潮为近，语言不殊。至潮、梅之间，其声习俗又与梅阳人等"。

刈给了南海郡的潮州，一样也是路途迢迢，山高皇帝远。从潮州去往福州，与从潮州去往广州，距离其实是相等的，这样处心积虑刻意改变隶属，对于不知今夕为何夕的潮州人，一点影响都没有。闽中君长是喜是愁？且不管。南海郡尉是否乐意？也不管。要紧的，是闽中君长管不到这里，南海郡尉依然管不到这里，日子还是随心所欲自己过，海天之间这片辽阔的土地，仍然是桃花源里一样让人十分地着迷。

当其时，这方土地专家测算出来的人口数据，令人倍感意外，落差太大。依秦汉制度，百家一里，十里一乡。一家5人，一乡就是5000人。按一个县统治一个乡算，揭阳县有5000人；若一家4人，则揭阳县人口4000人。这样的人烟，实在太稀少了。

然而还有比这里人烟更稀少的。

《史记·南越尉佗列传》记载曰："（汉）文帝元年（前179）赵佗称其东，闽越千人众，号称王"，"佗因此以兵威边，财物赂遗闽越、西瓯、骆，役属焉，东西万余里"。这是讲南越国抗击高祖刘邦以后，声威大振，原来助刘邦打败楚霸王项羽的闽中君长，被重新立为闽越国王，本来，闽越国、南越国都是向汉朝称臣，此战过后，赵佗恩威并施，闽越国向南越国称臣、受役属。而此时，闽越国的都城东冶（今福州），只有千人众。偌大的国都，区区1000人，实在太少。

文武之道，一张一弛。文帝之后，汉武帝时期，全国人口增长，其时，汉朝总人口大约在1500万~1800万。《汉书·地理志》记载，当时，南海郡有19613户，94253人。专家测算，其6个县，中心地区的都城番禺，应该占有更多的人口，比如60%，其余5个县平分剩下的人口，则揭阳，有接近7500人。以最偏最远的地域，分得五分之一的剩余人口，揭阳，得便宜哉。

心态奇好的赵佗，活了102岁，在位67年。历经了秦始皇、二世、汉高祖、惠帝、吕后、文帝、景帝、武帝八朝，于汉武帝建元四年（前137）去世，在越逾82年。

赵佗死后，他的孙子赵眜继位，成为南越文王。第二年，东边的闽越国国王骆郢，觉得赵佗新死，欺负赵眜懦弱，发兵攻打南越边邑。赵眜刚刚继位，民心不稳，权衡再三，只好向汉武帝上书："两越俱藩臣，毋得擅兴兵相攻击。今闽越兴兵侵臣，臣不敢兴兵，唯天子诏之。"意即南越、闽越，都是汉朝藩国，不得擅自发兵攻打，现在闽越发兵犯境，我守规矩，遵盟约，请天子下诏指示。

有机会如此名正言顺地进入越地，汉武帝何乐而不为。于是火速派大行令王恢领兵，从豫章出发，大司农韩安国领兵，从会稽出发，夹击闽越。汉朝的军队，浩浩荡荡，还在路上，驺郢的弟弟馀善，就已经发动叛变，杀死驺郢而降汉朝。

史载，随后，汉武帝立馀善为闽越王，并派遣随王恢一同出兵的中大夫严助，前往南越国，晓谕朝廷的意思。司马迁在《史记》里是这样写的："瓯骆相攻，南越动摇。汉兵临境，婴齐入朝"。接下来，就有了交换人质。南越国的太子婴齐，入长安当宫廷侍卫，一去就是12年。随严助往谕南越的护驾将军史定，留在南越国，任揭阳令，这一留就是24年。

苏过奉父亲苏轼之命所撰的《史揭合序》，对这段历史考证得清清楚楚："史焕长子定，于建元六年（前135）以护驾将军随王恢出豫章，兵未逾岭而东粤输服；又承命随严助往谕南粤，为粤胁令揭阳而险据中国之喉吭，业二十载矣"。《揭氏姓原源流记》，也说到这件事："天子使严助、史定往谕南粤王胡（眛），遣太子婴齐随严助入宿卫，羁史定为揭阳令"。

24年，在历史的长河中是一眨眼、一瞬间，在一个人的人生中，就显得悠久而漫长了，特别像史定这样，留在异国他乡，双亲在上，思念日增，身处的环境又十分险峻，东边是闽越王，北边是淮南王，拒北、东而守揭阳，闪失不得，担子很重。

　　史定的高光，就在他羁粤的第二十四年。这一年南越丞相吕嘉叛乱，挟持南越王赵建德，诛杀汉朝使节，汉武帝出兵五路，攻打番禺。远在揭阳，山高水长的史定，长长地吐出了久郁胸中的那一口闷气，挈地归汉。司马迁写的是："闻汉兵及至越，揭阳令定，自定属汉。"没有犹豫，没有二心。番禺那边，是差不多打了一年，战况惨烈，王宫焦炭；揭阳这边，和平归属，连带着在东边闽越那打着边鼓、与吕嘉眉来眼去、暗通款曲、欲动未动的馀善，也有所震慑，平和下来。

　　史定的这一步棋，助汉军兵不血刃，就平定了岭东、闽越，汉武帝的那一份高兴啊。

　　元鼎六年（前 111）三月乙酉之日，武帝向天下发诏，册封史定为安道侯，世袭揭阳令，赐姓揭，赐名猛。从此，天下所有姓揭氏者，都是源自揭猛。在司马迁《史记·建元以来侯者年表》里，清楚地记载了这个具体诏封的时间。自此之后，史定之任揭阳令，便是汉之揭阳令，说汉朝统一南方后，首任揭阳县令为揭猛（史定），亦是确凿无疑的。呵呵，这可是潮州本土上，有名有姓，有史可稽的第一户名门望族哦。

　　后来，揭猛的后世子孙，一直在揭阳绵延不息，一脉相承。也有一些后人，因仕宦或战乱，陆续由揭阳迁徙至江西、广西、湖南、福建，开枝散叶而遍及四方。

　　韩愈谏迎佛骨，贬潮州，在路上撰就的《潮州刺史谢上表》，将潮州地区描绘成穷山恶水、毒烟瘴疠之地，难道他根本不知道，汉安道侯、世袭揭阳令及其揭氏后人，已在这片土地上生活了近千年；与他同时代的潮州开元寺，在他刺潮之前，已获玄宗诏赐寺名；与他年纪相仿的潮州进士赵德、明经揭漳等等，已然科举出身。文以人传，《谢上表》，影响了人们对唐代潮州的观感和印象。

人们，对潮州还是不了解、不熟悉，总是把她想象成天边的一片浮云，海角的一抹雾气，模模糊糊，不求甚解。风来云遮雾罩，风过冰山一角。

惠来的神泉港，亘古以来，真的是一直有海市蜃楼，那是一种奇观，世所罕见，但不是常态。潮州是惯于薄纱一撩，露出真容，然后缓缓放下，就像潮州的市井烟火，商周以来，就已经星星点点，在潮州四处弥散。土著也好，移民也罢，在潮州，总归要先找一个地方扎根吧，找到了，心仪了，就摆开阵仗，搭起干栏，冶铜铸铜，居家过活。那个时候，铸一件拿得出手的青铜器，是一件很惬意的事。

在揭阳仙桥就发现有春秋的陶质铸铜范，在黄岐山也发现战国时期的铜石范，冶、铸不再是伤脑筋的难题，好像还有点普及的味道呢。惠来华湖发现了青铜甬钟，高 14.6 厘米，重 5 公斤，两面各有 18 颗乳钉；潮阳也发现了更大的甬钟，都是西周的文物。

铜甬钟，是庙堂礼乐的器具，看得出来，潮州先民有自己喜欢的乐器，与南越人喜欢铜鼓有所不同。至今，潮州在陆地上还未出土过铜鼓，只在惠来神泉港海滨，曾捞过一个。

鮀浦的举丁村，在建房起厝的时候，发掘出青铜瓿和青铜鼎。鼎和甬钟，有分等级，那可不是一般人可以随便使用的。

来到潮州的北人，越来越多了，但大多是豫章郡、九江郡来的，就是今天的江西人。史定原籍就是豫章。秦始皇、汉武帝攻打南越，都是就近在豫章、九江一带征兵。就近征兵，少了跋涉奔波、行军给养之累，气候、水土、饮食、话语，又易适应。这些兵卒，有屯兵驻扎的，也有解甲后留下不走而落籍的。

揭阳坪上南森村的赤岭埔，发现过秦的武士墓，说明秦确实在揭阳驻过兵。这是 1940 年，建南森小学校舍时发现的，共出土了 24 个单人的武士墓坑，出土剑、铜刀、玉璧和大量的几何纹陶片，都被当时揭阳县真理医院的瑞典籍医生卜瑞德买下，转运国外。据所拍摄的照片和英文说明，可知是秦武士墓，有 2 把铜刀，铸有"秦"字。1960 年，学校的学生在开荒时，又挖出了 4 座土坑，出土铜剑 1 把、红色陶盏 16 件，都是秦代器物。

澄海冠山的龟山遗址，早被麦兆良在 20 世纪 40 年代发现了，但此后几十年间，因无人问津而至湮没。1983 年，才被重新发现。遗址在澄海上华冠山村龟山南麓至山腰，系梯级多层高台建筑群，约 2 万多平方米。1988 年和 1992 年，两次发掘。龟山遗址出土了大量的汉代建筑构件，有板瓦、筒瓦、圆瓦当、铺地砖、排水管、柱础石，等等。其中有一座建筑，规模颇可观，有庭院踏步台阶、中央殿堂、两侧配房、门前走廊，这样的布局，令人遐想。出土的器物也很丰富，有铜器、铁器、陶器、石器，铜器有箭镞、五铢钱、鼎、镜、带钩，铁器有鼎、釜、削刀，鼎为三足鼎，口沿上有一对耳，陶器有釜、鼎、壶、盆、碗、瓮、罐、网坠。

拍印着卷云箭镞纹的圆瓦当，它的出现令人惊讶。想想，在当时，瓦当这类高级的建筑装饰材料，绝不是一般人所能使用的，至今，广东所发现的有瓦当的汉代建筑物，也仅有三处：一处在广州中山四路和中山五路，是南越国的皇室宫殿；一处在五华县师雄山，可能是南越王赵佗的行宫"长乐台"；再有，就是龟山的这一处。专家直言，龟山遗址，是潮州地区首次发现和确认的汉代大型建筑基址，遗址的板瓦、瓦当、墙砖，都是潮州所见年代最早的建筑构件，也是潮州所见年代最早的瓦房。

汉献帝的时候，天下已经纷纭多事，群雄并起，袁术、袁绍们经不起风浪，纷纷趴下了，魏、蜀、吴三强，也反复拉锯，不相上下。就在人们忘记南方、忘记岭南、鏖兵中原、角逐江淮之际，从潮州走出了一个贤人吴砀。建安年间（约196—219），刘表向汉献帝举孝廉，推举南海郡揭阳人吴砀，出任安成县令，隶属于关羽。这是古揭阳第一位通过举荐选拔并授官的人。安成县，就是今天的江西省安福县，当时为长沙国安成郡所辖。

建安二十年（215），孙权和刘备，脸皮撕破了，不讲甘露寺，不讲郎舅情，两家就荆州归属爆发冲突。昭信中郎将吕岱，督率孙茂等十将，配合取荆州的吕蒙，进取长沙、零陵、桂阳三郡。吴砀会同安成、攸县、永新、茶陵四县官吏，一起退入阴山城，合众拒岱，遭到吕岱的围攻，后投降。

真正有意思的就在这里，吕岱受命，回去镇守长沙，吴砀又联合醴陵的中郎将袁龙，再次反乱，占据攸县以呼应关羽。这一次，孙权派的是一向攻心为上的横江将军鲁肃，攻打攸县。吴砀拒绝了鲁肃的招降，大呼："砀受天子命为长，知有汉，不知有吴也。"

不久城陷，吴砀突围而出，奔归故里，隐居于今潮州城外磷溪昀山。

当时，统辖南海郡的正是吴国，但交州刺史步骘认为吴砀乃忠义之士，一笑了之。

水有回流，江有旋涡，世界上什么事，都是千回百转，曲曲折折，不会是稳稳当当，顺流直下，让你一猜，就猜到结局。自王莽代汉立新，改元始建国（9—23）起，人们就又期待，又忐忑，很想有一个新政，又怕新人玩新花样。而且，人们早已经习惯了马上打天下，起兵夺政权，对这种闻所未闻，形同儿戏的所谓的禅位、禅让，真有点不知所措，不明所以。

远在天涯海角，翘首以待，总盼着新朝有好消息、好果子的古揭阳人，等啊等，却等到了一个莫名其妙、不知所云的名堂，废揭阳县，改名南海亭。呀呀呸！以后见面，自报家门，要对人这样说："吾乃南海亭人。"驿差，还是铺递？好笑的是，有学者解释说："这一举措，或许是王莽理想化地以名称来强化城市分工的一种尝试。"也有学者说："'亭'有安定之意，这或许是王莽选用'亭'字的一个重要原因吧。"奈何秦汉以降，郡县制实行几百年，给改得如此不伦不类。新莽一共14年，全国郡县改"亭"者，360个。

新朝逝矣，王莽逝矣。东汉的刘秀，面对全国四面八方的争议、质疑，想了想，又恢复揭阳的名称。不过刘秀走得小心谨慎，走得小心翼翼，不敢一步到位，他眼睛四下里瞅着，他要看清朝野上上下下的反应呢，所以，他只是称揭阳城，不叫揭阳县。这不是临时观点吗？揭阳城，两三万平方公里的面积，有这样大的城吗？

随着时间的流逝，陈胜、吴广的那次揭竿，太遥远了，人们忘得都差不多了，但王莽时绿林、赤眉的炽热，几十年前黄巾的那种起势，却鼓动得人心有点不好按捺。正当人们把南海亭、揭阳城那次争议淡忘的时候，三国吴黄武年间（222—229），揭阳县民曾夏，聚众几千人，抗拒孙吴。

南越国亡，汉武帝重建南海郡，设立揭阳县，那时，揭阳县才有人口35000人，悠悠三百年过去，那也不会超过40000人。

现在，曾夏聚众几千人，该是何等声势，除去老弱妇孺，几乎是半个县的丁壮了。一晃十几年过去，曾夏是越打越有信心了，人们也愿意跟随着他，享受着无拘无束，自由快活。一直到三国吴赤乌五年（242），钟离牧任南海太守，派人前来慰抚，曾夏等才接受招安。

赤壁之战以后，孙吴管治的区域，已经从长江中下游发展到了岭南，黄武五年（226），孙权把汉初在南方建置的七个郡，分别重置于两个州的辖治下，一是广州，统领南海、苍梧、郁林三个郡；一是交州，统领交趾、日南、九真、合浦四个郡。这个时候，孙权想起了曾夏，心里头不快，斟酌一番，把揭阳抹掉了。

"县境为曾夏所据，抗吴十余年，故吴南海郡，不得有揭阳"，这是民国时期，饶宗颐《潮州志》上的说明。

第二章 水花渐定

- 潮之州，大海在其南

- 一封朝奏九重天

- 一个接一个来了

- 凤飞龙舞啸乱起

潮之州，大海在其南

《老子》第五十八章："祸兮，福之所倚；福兮，祸之所伏。"
八王之乱，五马渡江，呈现的就是这样的倚伏关系。一批批簪缨
世家，草草收拾，仓促启程，星夜出走，从洛阳、从中原、从北
方，纷纷南渡。长江以南，一时间北方口音不绝于耳，此起彼伏。
好多人在石头城停脚后，四顾左右，看到建康以及四周已经人满
为患，插足无地，又选择继续南下，直到天边的南海之滨。

南方的人口，就这样说涨就涨了。潮州也迎来了好多衣冠楚
楚、文质彬彬的世家子弟。这些名门望族，颇看重门风，也颇看
重堪舆。他们选中了韩江之滨、凤凰山下的一个小盆地——归湖，
在这里聚众为伴，聚族而居。

这真是一个好地方。低山丘陵，前堂明亮，往南看去，直到海边，一望无际，尽是沃野平畴。当年，海侵的漫灌，也仅仅是抵达盆地前面意溪的边上，意溪一带，是河流的冲积平原，韩江、凤凰溪、文祠水，西北东，共同造就了这片小平原。

东晋的这些望族世家，他们很有一套，选址择地，采用称重的方法。他们在不同的地方，事先物色好地点，然后打深洞，掏洞取土称重。土重，就是基础好，这样的土质，致密坚实，安稳牢固，建村落、建城镇，放心无风险。潮州人把地基叫做"地鞋"，就是穿在房子、村子、镇子脚上的"鞋子"，"地鞋"不好，房子村子，就像踩着软土、沼泽，一脚高，一脚低，一脚深，一脚浅，是站不稳的。

在归湖塘埔村乌石岭南坡，有一片好大的东晋墓葬群，远远看去，像一个蜂房，当地人形象地叫它"黄蜂采花"。这些东晋墓都是砖室墓，不再是以前的那种土坑了。墓制形式也讲究得很，有长方形单层券顶单室墓、刀形单层券顶单室墓和凸字形单层券顶单室墓。墓砖规格比较瘦长，颜色大多是红色和橙黄色，长40厘米、宽15厘米、厚5厘米，墓底砖砌"人"字形，墓墙砖砌高11层。墓砖多数是素面，少数有纹饰的，纹饰也较简单。比较特别的是纪年砖，如：泰元十一年（386）十月一日；泰元十二年（387）八月二日。

车辚辚，马萧萧，行人弓箭各在腰。东晋南朝，驿道上的行人车马，与杜甫那个时候的盛唐，差不多都是一个样子。忽如一夜春风来，千树万树梨花开。络绎不绝的来者，带来了各式各样的手工作坊、果蔬种植、商贸之术，还有酒肆茶居，书舍琴房，这些恍若一夜之间冒出来的人烟物事，使南方郡县的官吏疲于奔命，应接不暇，他们一个劲地接连地向晋廷呈报：不行啊，管不过来。

仅一个外销瓷，就让地域广博、山海相连的揭阳县那些大官小吏穷于应对，焦头烂额，跑断了腿。1994年6月，在竹竿山军营前的窑房山山地上，人们从晋代馒头窑窑址收集到茶盏、小碗、大碗、罐、钵、坛。这些日用器皿，都施以均匀、肥厚的绿釉，或光亮碧绿，或晶莹如玉，全部开片。这些陶瓷精品，都是销往爪哇、流求一带。北关北堤古窑址、凤山赤岭埔遗址、凤眼山埔、南关一带，出土的两晋陶瓷，全部都是外销陶瓷。

东晋咸和六年(331)，晋成帝司马衍看到岭南人口快速增长，物产丰富，墟市广布，原来旧朝设置的那套郡县，太过于空疏稀薄，鞭长莫及，遂将南海郡析为南海郡和东官郡，东官郡郡署驻宝安县南头；揭阳县析为海阳县、绥安县、海宁县和潮阳县，隶东官郡。

晋成帝还是保守了，原来以为可以长治久安，相沿不变，没成想，不过几十年，很快又不适应了。东晋太元八年（383）的那次"淝水之战"，东晋八万之师击溃了前秦的九十万大军，流落南方的汉族，又一次躲过了灭顶之灾。这时熙熙攘攘的南方，再次显示了巨大的潜力，像海绵吸水，不断地吸引着人流物流汇入和聚集。东晋义熙九年（413），晋安帝司马德宗，顺应形势，又析分东官郡的海阳县、绥安县、海宁县、潮阳县，以东官五营驻地新置义招县，设立义安郡。义安郡的郡治驻海阳县。

有人说，义安郡的取名，是义招、绥安各取一个字，这很有可能。

也有人说，义安郡的郡署在海阳县归湖，这个就弄混了，郡署从来不曾在归湖。清光绪卢蔚猷《海阳县志》载："……旧在金山之麓，本晋义安郡署。隋唐以来，虽州郡名屡易，署皆因之"。可见，自义熙九年置郡以来，郡署就一直设于潮州城（海阳县）北门的金山。倒是海阳县署所在，到现在还一直没有弄清楚。

卢蔚猷的《海阳县志》又载：海阳县知县署"旧在海阳山右，宋迁入州治内花萼坊"。从这个记载，可以知道郡治、州治与县治，原来都是分开的，一直到宋代以后，县署才搬进了潮州城。那海阳山是什么山？海阳山在哪里呢？现在仍难以确定。

郑昌时说，在归湖。他在《韩江闻见录》里说道："然志称海阳故城在城北二十里海阳山，亦号凤山，是彩凤岭也。"他在书里这样描述：在潮州城北韩江的对岸，上游二十几里地的地方，有一座山，以前曾经叫海阳山、也叫过凤山，现在名叫彩凤岭。秦汉之前，韩江下游都是大海，只有这里和附近是沃壤。在这里建县城，是得其所哉，刚刚好啊。只是现在，这里变成了上游的积水湖，人称龟湖，积聚了好多的泥沙。曾经有人掘地挖土，还偶尔能掘到古城砖等器物。还有，城东门那个城门的地址，还在呢，就在那彩凤岭下。

比郑昌时早几十年的清雍正张士琏，在他编撰的《海阳县志》里，写的是："海阳山，去城北二十里，南望大洋，晋建县于山麓。

其城郭图绘海阳山于凤山之东，与竹竿山接。"这里的凤山和竹竿山，都在潮州城北，不过江，离潮州城也近，就在黄高公花园的北边。1949年之后，成为了驻军的军营。

越是扑朔迷离，就越是让人心痒不止，欲罢不能。1982年，全国文物普查，普查队专门到归湖，踏遍青山，叩问地理，大海捞针，觅无史迹，只是在一处池塘中发现一块脚踏石，镌有"彩凤岭"三个字。县治在此吗？是也？非也？始终未能得到明确的证据，只能暂作悬疑。

义安郡这方土地，更早的时候，是商、周的一个方国——海阳国。史书上记载，海阳国亦称南瓯国、瓯邓。《逸周书·王会解》所附《商书》中的《伊尹朝献》记载，商朝初期，成汤命令伊尹，制定了八方诸侯向商朝进贡的贡纳制度，伊尹遂作东、南、西、北"四方令"，其中，"正南，瓯邓、桂国、损子、产里、百濮、九菌，请以珠玑、玳瑁、象齿、文犀、翠羽、菌鹤、短狗为献"。《竹书纪年》也载：周成王姬诵（？—前1021）六年，会盟天下，制定了共奉天子，承担朝贡，服从分封，违反必究等等条例。

周成王是周武王之后，西周的第二位君主，姜太公姜子牙的外孙。当时，周成王比演"周易"而名闻天下的周武王更加如日中天，威震四海，海阳国作为一个小方国，那是绝对要遵从盟约、恪守义务的。《逸周书·王会解》有："成王定，四方贡献。"所举的那些贡物中，就罗列了"海阳大蟹"。《王会解》一篇，亦写到了东、西、南各越的贡物："……东越海蛤，瓯人蝉蛇，蝉蛇顺，食之美。姑于越纳，曰姑妹珍，且瓯文蜃，共人玄贝，海阳大蟹。……"

"蝉蛇"就是鳝鱼，鳝鱼温顺，食起来鲜美。

那海阳大蟹呢？海阳大蟹食起来是何等的滋味呢？说起来真让人心旌摇荡，垂涎欲滴。

今天潮州一带，盛产的花蟹、兰花蟹，就是那海阳大蟹。潮州人嘴巧、刁，食蟹，都是选那些雄性的兰花蟹，一只只大蟹，光蟹身就有七八寸长，洗净，然后清水大火，大锅大鼎，千万不要加佐料调料哦，一小筐活蟹，七腿八脚，伸来夹去，张牙舞爪，一双双蟹目，探出缩入，东张西望，就倒入鼎内，盖住，催火煮沸，熟即捞起，凉透，剥壳掰半，用双箸子夹肉，蘸一点点普宁豆瓣酱，白肉黄酱，那种鲜、甜，妙到毫巅。

一个人一餐饕餮它五七只大蟹，那种味蕾留在脑海中，任什么美味，都无味了。

那些珠玑、玳瑁、象齿、文犀之类，商王、周天子宝贝得很，命为贡品，日思夜想。其实在潮州，平常人家，也有两件三件，没什么稀奇。家里挂一只玳瑁，摆一架象齿，或者一枚犀角，会觉得祥和、安逸，也会觉得充盈、贵气，人往往不经意间，会显得谦和、温雅、细腻，会神采飞扬，文质彬彬，轻声细语。

汉高祖十二年（前195）三月，刘邦以揭阳县境，封南武侯织为南海王，这使赵佗非常不爽，憋闷怄气，在南越王宫团团乱转。但有什么办法呢，帝皇就是这样，满心眼里怕你坐大，怕你翅膀硬了，拍翅腾空，就是硬要在你南越国和闽越国中间，加塞一个南海国。这由不得你。

当然，南海国后来成为人们茶余饭后聊天闲谈的一个笑柄：南海王和南海国居民是闽越系，但南海国不在闽越境；南海国在南越境，但南海王和南海国居民不是南越系。好拗口啊。

慢慢赵佗想开了，就当没有南海国。嘿，这一着挺好，马上，整个人神清气爽，什么憋闷都消散了。现在，他算彻底弄明白了，所有的心情不好，都是自找的。

真正难受的，是夹在南越、闽越中间的南海王织，两边都盯着他看，两边都睥睨着他，让他整日汲汲皇皇，如坐针毡。当初在武夷山下做南武侯多好，偏要把他弄到这揭阳岭下，当什么南海王，德不配位，王有这么好当的吗？他把一肚子怨气，都倒向汉廷。在岭北的淮南王刘长，看到织意气用事，行为乖张，便以织反叛汉朝的名义，派将军间忌，带兵攻打南海国，把投降的织，迁徙安置到了岭北上淦。削王为民的织，平静下来，看着鸟在天空飞过，看着蚂蚁在地上忙碌，也觉得自己脑子一时短路。他向汉文帝上书、献璧，但间忌作梗，压下来，不给他送，使他"复反"，淮南王刘长，再一次将他镇压。

刘长死后数年，他的儿子淮南王刘安，把南海国和织的事情，通通向汉文帝刘恒作了书面呈报。这样，在海阳国旧境的南海国，仅仅存世二十来年，就此消亡无踪了。

南朝是一段风流倜傥的岁月，唐杜牧留下了不少吟咏南朝的诗篇，其中这一首，妇孺皆知："千里莺啼绿映红，水村山郭酒旗风。南朝四百八十寺，多少楼台烟雨中。"南朝的乐府民歌，也爽朗明快，直抒胸臆，又韵味悠长："秋风入窗里，罗帐起飘扬。仰头看明月，寄情千里光。""春风动春心，流目瞩山林。山林多奇采，阳鸟吐清音。""碧玉捣衣砧，七宝金莲杵。高举徐徐下，轻捣只为汝。"

就在这清词丽句描绘的鹂鸣莺啼之间，两个苦命的孩子，相继走进了义安的史籍。南齐永明七年（489），齐武帝萧赜封他的第二十子萧子珉，为义安王，即义安郡太守。那时候，萧子珉只有 5 岁，这是一个没有上任到位的王。5 岁的太守，跟在母亲齐武帝婕妤、琅琊颜氏的身后，在建康那方绮丽的山水间，读书游戏，假山园苑，足不出宫。

奈何造化弄人，萧墙祸起。永泰元年（498）正月（二十四日），篡位的齐明帝萧鸾，把齐高帝、武帝以及文惠太子的儿子们，全部杀害。那一年，萧子珉 14 岁。

齐高帝萧道成的儿子们、孙子们，一个都不留，全都没有了。

自幼失怙的萧鸾，是叔父萧道成，从小把他抚养教化，长大成人，现在……

南朝梁大宝元年（550），梁简文帝萧纲，封第十八子萧大昕，为义安郡王。又是一个 10 岁的孩子。但大昕是一个早慧、聪敏的孩子，他的母亲陈氏，在梁大同十一年（545）早逝，年仅 4 岁的大昕，仿佛一个大人，整日哀痛，哭泣不已，一双炯炯的瞳仁，哭得竟有了眼疾。

早慧的孩子心事重，是。

树欲静兮而风不止。梁太清二年（548），南豫州牧侯景，假清君侧之名，在寿阳起兵叛乱，太清三年（549）攻陷建康，85岁的梁武帝萧衍，被侯景拘禁起来，活活饿死。侯景立萧衍的第三子萧纲为简文帝。

简文帝是个名重后世的诗人，名气不逊于他的同母哥哥昭明太子。且看看他写的诗作："巫山七百里，巴水三回曲。笛声下复高，猿啼断还续。""贰师惜善马，楼兰贪汉财。前年出右地，今岁讨轮台。""晚日照空矶，采莲承晚晖。风起湖难渡，莲多采未稀。棹动芙蓉落，船移白鹭飞。和丝傍绕腕，菱角远牵衣。"可是他手无缚鸡之力，遇到凶神恶煞，坐困宫中，有什么法子呢？

日子一天天过去，在祖父武帝忌辰那天，大昕奉慰父亲，8岁的小孩子，泪流满面，呜咽不止，宫里的左右，无不跟着他掩面而泣。郁郁的日子又仅仅过了两三年，大宝二年（551）八月戊午日，大昕被憋不住的侯景杀害，年仅11岁。义安郡王，封了还不到一年。

杨坚的文治武功，其实是被低估了。把一个四分五裂、军阀混战、群雄割据，几百年飘摇不定、动荡不安的中国，捏合到一起，统一到一起，殊为不易。现在，过州过县，就像走亲串门，会友访旧，坦然正大，不像过去，是出境出国，把关严格，心有戚戚，担惊受怕。

潮州的得名，也是从杨坚始。隋开皇十一年（592），隋文帝杨坚，在义安郡这片地方，新设州一级的建置，取名"潮州"。

就是说，这片地方，潮水漫漫去复返，退潮涨潮两茫茫。后来，韩愈《鳄鱼文》的"潮之州，大海在其南"，也有这样的意蕴。这是一个颇有新意，别开生面，亦有在场感，即景生情的名字。

隋炀帝杨广却不这样看，他觉得以前的郡、郡望多好啊，有古韵，多典雅，思接千古，地连万方，不亦乐乎。这样的念头积攒心里，挥之不去，特别闹心。在继位两三年之后，隋大业三年（607），他终于痛下决心，把全国的州，又改回郡，潮州又复名义安郡。

隋朝的时候，义安郡的海上贸易，已经颇具规模，在京师长安、洛阳一带出没的昆仑奴，在义安郡也时有出现，并不稀奇。

这里的 "昆仑"并不是昆仑山，而是古代泛指的南洋地区。《岛夷志略》云："古者昆仑山，又名军屯山，山高而方，根盘几百里，截乎瀛海之中，与占城、西竺鼎峙而相望，下有昆仑洋，因是名也"。释义净《南海寄归内法传》也写道："南海诸洲有十余国，初至交广，遂使总唤昆仑国焉。唯此昆仑，头卷体黑。"昆仑的地域，冯承钧根据《一切经音义》，画出了一个四至的轮廓："昔日昆仑国，泛指南海诸国，北至占城，南至爪哇，西至马来半岛，东至婆罗洲一带，甚至远达非洲东岸，皆属昆仑之地也。"

隋唐时期，长安、洛阳等地，曾经有一句流行语——"昆仑奴，新罗婢"。新罗的婢女，类似于今天的菲佣，受过专业训练，乖巧能干；而昆仑奴，属于尼格利陀人种，是矮黑人，他们个个体壮如牛，性情温良，忠实耿直，贵族豪门都争着要。还有一些昆仑奴，来到中土以后，精习乐舞，与人娱乐，这些人因为体态和技能的特殊性，享有比"胡旋女"、"高丽婢"和"新罗婢"更高的名声。

义安郡沿海的昆仑奴，却是水手，不是官奴或者私奴。朱彧《萍洲可谈》卷二称：昆仑虽属岛民，但有"山中野人"与"近海野人"之别。前者"食生物"，与"入水眼不眨"，应分属两类，即驯兽昆仑和善水昆仑。《广雅》："舶，海舟也。入水六十尺，驻使运载千余人，除货物，亦曰昆仑舶。运动此船，多'骨论'（昆仑）为水匠。"这种昆仑舶，是一种远洋大船，吃水深度 18 — 20 米，绞椰子皮为缆绳，熬橄榄胶作料灰，不敢用铁钉，怕铁热易燃，用方木枋造船，怕船板薄了易破。船长约有 25 米，分前中后三个大舱，见风使船舵，张帆顺洋流，靠风力，而不靠人力，人力撑不动。除了货物，一艘船，还可以运载一千余人。操纵这种大船的，就是昆仑水手。

大业三年（607），杨广令羽骑尉朱宽，入海访求异俗，海师何蛮，也跟着一起去。到了流求国，语言不通，只抓了一个人，权作交差之用，无功而返。第二年，杨广又令朱宽再去流求，好言好语抚慰一番，让他们识时务，与隋朝通好。偏偏流求软硬不吃，朱宽毫无办法，只好带走他们的布甲，当成战利品，悻悻而归。

经略流求如此一再碰壁，杨广绝不甘休。大业六年（610），杨广派武贲郎将陈棱、朝请大夫张镇周，发东阳兵万余人，自义安泛海击流求国。月余而至。

《隋书》上说："初，棱将南方诸国人从军，有昆仑人颇解其语。"

从义安郡出发，有昆仑奴可以做翻译；从义安郡出发，还可以迷惑流求人。因义安与流求素来通商，流求人见到战船队，还以为是商船队，常常摇着小船，哼着小调、渔歌，到大船上做交易。这样，陈棱的战船队，偃旗息鼓，趁流求国毫无警惕，突然间就在流求浊水溪的入海口登陆。其后，势如破竹。

《隋书》完整地描述了隋朝征流求的全过程。但"发东阳兵万余人，自义安泛海击流求国，月余而至"，这一句记述发人深思。

隋代的东阳，是今天浙江的金华。这支征流求的隋军，为什么不从金华出发，沿富春江、钱塘江和杭州湾，入东海，走近道直取今天的淡水、基隆，而非要多走600余海里，沿着大陆的海岸线，南下粤东的义安郡，然后，才又渡海，东击流求？

也许，在金华出发时，乘坐的战船不适合横渡海峡？必须到已经造好了，或者存在适合渡海船只的地方换装备？也许，是风向不好风势不顺？也许，是缺乏向导和翻译？

想想看，最重要的，还是没有适合的战船。其他的，倒都是次要。

跨海登陆作战，非拥有较敌绝对优势的舰船不可。隋朝的造船已经很发达了，不但继承了秦、汉等前代的船尾舵、橹、风帆等造船技术，更有了榫接结合铁钉钉联的造船方法，这是优于前代的更先进的造船术。隋炀帝下江南的时候，建造了长20丈、宽5丈、高4.5丈，有楼4层、房间160间的特大型龙舟，还有凤艒、黄龙、赤舰、楼船等数万艘。隋代建造的战船，还有杨素监造的"五牙",这是一种著名的战船,起楼5层,高10余丈,左右前后置6副拍竿,并高5丈,可载军士800人。可载士兵百人的有黄龙,还有馀平、舴艋等兵船。五牙战船在伐陈战役中,从长江三峡直至京口,所向披靡,一路无敌。在平定东南沿海叛乱时,又从余姚泛海,取永嘉,直至泉州,攻无不克。可见,隋代的造船技术和水军战术,有多先进。

陈棱、张镇周攻流求的战船,是五牙或黄龙吗?似乎都不是。五牙运兵量大,攻击力强,但无风帆,平底,是适用内河近战攻击的战船,仅靠人力划桨,能贴近海岸线机动,已属不易了,要靠它航行200余海里,横渡海峡,几无可能。

黄龙载兵只有百人,若用于万余人的攻流求军队,仅运兵就需百艘以上,加上马匹、淡水、给养,将达150—200艘战船。这样庞大的船队,很难做到战役隐蔽,在海峡也易于遇风受挫。

陈棱是武贲郎将,官阶正四品,张镇周是朝请大夫,官阶正五品。按照隋朝的规制,两个人的旗舰和座船,都只能是楼船。楼船自汉代起,已是三桅帆船,能靠自然风力,远洋航行。宋应星的《天工开物》,对船桅数,是这样说的:"船每十丈,有两桅。"以此来推算,木船置三桅,船长应有20丈左右,约66米长。古代海船的长宽比,是大约2.5∶1,这样,船的最宽处,约有7.4丈至8丈,约合25米至26米多,排水量有130—150吨,假若是两到三层的船楼,安置500名士兵是可能的,再加上每船自带兵器、马匹、淡水和食粮,减少补给船只,那陈棱征流求的万余兵力,只需楼船20至25艘。这样的船队,伪装成商船，分路并进，极容易出其不意。

从隋代义安郡的地形看，攻流求兵力的集结点和进攻的出发点，应在今天柘林湾至汕头港西一带的海域，而这处海域在隋代属于海阳县。以当年全郡仅2066户之地，能拥有跨海远征所不可或缺的造船、航海技术吗？简直让人难以置信。但是，假若坐下来详尽地考辨一下，细究一下，也就明了、释然。

义安郡古属百越之地，自春秋战国，以至秦汉，越族的舟师，就很著名。据《隋书》卷二记述："（开皇）十八年春正月辛丑（598年3月12日）诏曰：吴越之人，往承敝俗，所在之处，私造大船，因相聚结，致有侵害。其江南诸州，人间有船长三丈已上，悉括入官。"可见，当时长江以南的吴越、闽粤等越族，均具备造三丈以上大船的技术，而且因船聚众，威胁到隋朝的稳定，隋文帝才被迫下诏，没收三丈以上的大船。

江南，特别是闽粤，开发的年代比黄河流域晚，植被破坏迟，隋炀帝游江南，要造大船队，便派王弘、上仪同、於士澄往江南采木。那时，南方遍地都是造船大材啊。司马光《资治通鉴·隋纪四》，在记述"帝使羽骑尉朱宽，入海求访异俗，至流求国而返"之后，又紧接着说："初……上将有事四夷，大造兵器，（宇文）述荐（云）定兴可使监造，上从之。"看，征流求的兵器、船舰，是大业三年（607），朱宽入海去流求之前，就由云定兴开始监造了。虽然制造的地点，翻遍文献，都没有记载，但常识跑不了啊，那绝对应该在进攻的出发点附近。在义安郡出发征流求，那万余名东阳兵，他们的武器、铠甲等装备，从东阳一路携行，那是无可非议，而粮秣、淡水、向导，则必须在进攻出发地筹足，这也是兵家常识。因此，史家推测，当时义安郡，应该有储量足够供应此次出征的军用粮仓，甚至有可供 10 万斤以上粮秣的大市场。

大业七年（611），距从义安郡出兵征流求仅仅一年，各地就烽烟四起，起义不断，全国竟有 200 多支反隋起义军。后来，鏖战不已，你消我亡，逐渐形成了三支主力，即河北的窦建德，江淮的杜伏威，瓦岗寨的李密和翟让。大业十二年（616），鄱阳人操师乞起义，自称元兴王，自改年号为"始兴"。十二月，操师乞带兵攻陷豫章，还来不及高兴，来不及好好地庆贺一番，转瞬就中流箭战死。他的部将林士弘，眼疾手快，立即就接手了一切，自称皇帝，自立国号"楚"，建年号为"太平"。林士弘在彭蠡湖（今鄱阳湖）大败隋将刘子翊，接连攻取九江、临川、南康诸郡，又挥师占领了番禺（今广州）。岭南俚族头领、俚帅杨世略，闻讯起兵，响应林士弘，并趁机占据循州、潮州境。这是潮州境第一次"蛮僚啸乱"。

大业十三年（617），李渊起兵，拥立代王杨侑为隋恭帝，改元义宁，尊三下江南、人在江都（今扬州）的隋炀帝为太上皇，自己为大丞相，封唐王，以武德殿为丞相府。第二年，隋炀帝的右屯卫将军宇文化及在江都兵变，勒死了隋炀帝。隋炀帝一死，李渊便即刻甩开了隋恭帝，逼他禅位，称帝建立唐朝，改年号为武德元年（618），定都长安。

义安郡重新改为潮州，是在武德四年（621），从此，"义安"一名不再使用，直到如今。

潮州归唐，却要到武德五年（622）。唐高祖李渊，在平定中原以后，马上任李靖为岭南抚慰大使，带兵南下，分道招抚各州。这一年正月，李靖命荆州总管、赵王李孝恭，派人招抚杨世略，杨世略是机警之人，先前已晓得这内中的利害攸关，毫不拖拉，即以循州、潮州两州归附唐朝。也就在这一年，拒绝招抚，困守安成山洞的林士弘，在病中郁郁死去。满打满算，其国祚也就六年。

林士弘的楚国，史称"太平楚"。据欧阳修的《新唐书》记载：楚定都豫章（今南昌），其疆域，"北尽九江，南番禺，悉有之"。其时，这个鄱阳湖畔的起义农民，以人勇猛、讲信誉，聚众数十万，占有了江西全境和广东一部，包括江西的豫章、九江、临川、庐陵、南康、宜春，广东的番禺、循州、潮州等地。有史书载之曰，林士弘所到之处，"豪杰争杀隋郡守，以郡县应之"。《新唐书》亦载之曰："临川、庐陵、南康、宜春豪杰，皆杀隋守令以附"。

奈何造化弄人，楚国要命的一役、陨落的一役，却是与当初起兵拥戴他的俚帅杨世略打的。武德五年（622），林士弘命令其弟鄱阳王林药师，率兵二万进攻循州（今惠州），意图稳定南方，再图进取。但楚军到达循州城外，即遭到新任循州总管杨世略的全力抗击，林药师战死，楚军溃败。

呜呼，出师不利，消息传来，楚廷震惊，人心浮散，不可收矣。

此时，林士弘走的，与杨世略走的，是完全不同的两条路。林士弘拒绝唐朝的几番招抚，退无可退，困厄于赣西北颍州（今吉安安福县）安成山洞中，不骑墙头，不随风使舵，忧愤难平，守身而死。这等节操，这种骨气，在隋末唐初的各路起义军中，能有几人？惜乎，绝无仅有，唯此一人，这岂不令人哀哉叹绝。

从史称的第一次"蛮僚啸乱"，到审时度势，顺应潮流，归附唐朝，保境安民，杨世略走的，是一条民族融合的路。史载，杨世略乃义安郡海阳县汤田驿飞泉岭（今丰顺县汤西镇南礤村）人，其世代为岭南、岭东土著俚人大首领。杨世略献潮、循二州降唐以后，被李渊任命为第一任循州总管。自唐初的武德五年（622）设循州总管府，到贞观元年（627）李世民撤循州总管府，此五年间，循州总管管辖的地域，包括今惠州、东莞、深圳、河源、汕尾、潮州、汕头、揭阳、梅州诸市，以及增城、新丰、翁源、曲江和福建的云霄、诏安、东山等县，其时称曰潮州、韶州、循州三州。贞观元年，撤循州总管府，潮、韶、循三州，改隶广州总管府。

烟波浩渺，俱往矣，年复一年。杨世略的治政方略，今多已不知，所知者乃史籍门缝窗隙里，透出来的豆粒灯影、摇曳烛光。

自武德五年（622）正月，杨世略归附唐朝以后，跟在他身后，同一年内归唐的，有：俚人大首领宁长真"以宁越、郁林之地请降"；俚人首领合浦太守宁宣来降；广州俚人酋帅邓文进以广、韶地来降；俚人首领日南太守李晙以日南地来降；其余各地俚人首领也从高凉酋领冯盎归唐。至此，岭南全境和平统一。依此可见，杨世略的垂范，杨世略的影响，在俚人之中，可谓大矣。

《新唐书》本传记载曰：其时，"南方悉定，裁量款效，承制补官，得郡凡九十六，户六十余万"。有专家言，杨世略作为粤东世袭的俚人大首领，他的归顺，既平定了南疆，稳固了唐初岭南的边陲，对隋末战争之后，岭南民生的重建、民瘼的消弭，至为重要；其在任上，又孜孜矻矻，促进了潮州、循州少数民族，与中原汉族的进一步融合，为后来韩愈的治潮，奠定了基础。

而今，风消云散，彩霞满天，出潮州城西北，从古巷、登塘，沿着安丰公路，走八九十里，到汤坑邱屋寨榕树山，山上有历史深处，纪念杨世略的祭祠大伯爷宫，有缅怀杨世略和夫人傅氏的石牌坊，石牌坊上正书"飞泉玉露"，那是遥远的岁月，飞泉岭飞回来的一声回音。

一封朝奏九重天

在远古的时候，这是一条没有名字的河流。

这条没有名字的河流，却是一条桀骜不驯的河流。跨过这条河流，向东，就是福建，向北，就是江西。后来，这条桀骜不驯的河流，用她甘润丰泽的乳汁，哺育了南方两个伟大的民系：客家人和潮州人。

岁月悠悠，走进了公元纪年，这条向南的河流，才有了初始的名字——员水。这是不知所云的名字。翻开东晋至隋的典籍，都是这样称呼这条河流的。也有后人用"篔水"来指称这条河流的，可以说这就对了，篔是大竹，竹林。南方的崇山峻岭，漫山遍野生长着茂密的竹子、篔筜，和风吹过，郁郁葱葱，翠绿满目，窸窣满耳，透过叶隙筛落的阳光，在坡地上变幻出一幅幅光怪陆离的画卷，任人们去自由地猜想和解读。

秦、汉、晋、隋的潮州，是一片广大的土地，东至福州、泉州，北至汀州、虔州，西至惠州。盛唐之时，才析分出了漳州。1955年，才迁治所至汕头。1965年，才析分出梅州。1991年，又析分出揭阳。于是，隶属于广东的潮州、梅州、汕头、揭阳，和隶属于福建的漳州，就一起，并列在闽、粤、赣三省边这块古老的土地上。

回到历史，古昔之时，这一片广袤的大地，人烟稀少，林木茂盛，峰峦起伏，重山叠嶂，岚气、雾气、湿气、瘴气弥漫，峯民在大山深处追逐野兽，蟒蛇、野象、熊罴、虎豹四处出没，鳄鱼在溪流河谷随处潜伏。南方山地的这一条河流，危机四伏，杀气重重。野象、虎豹在州城周围出没，这还没有什么，人们可以避之，也可以成群结队，呐喊而过。倒是鳄鱼这个魔障，如鬼魅附身，经常埋伏在州城周围这段员水，伺机浮出江面，吞噬涉水和乘船过河的行人。

当年，这些刚刚被鳄鱼吞噬了亲人和牲畜的乡民，在员水之滨，嚎啕大哭，他们怎么也想不明白，刚才还风平浪静的河流，怎么霎时就血雨腥风，就冒出这么丑陋凶狠、披着盔甲一样的恶物。

残阳西下，暮色四合，黛色的青山在朦胧的夜色中渐渐隐去，空旷的江滩，只剩下乡民伤心的哭声和风声。

恶物。恶鱼。恶溪。在乡民伤心无助的哭说中，恶溪，就渐渐代替员水，变成了这条河流的名称。

这个时候，从遥远的天际，从西北的上都长安，来了一个人，从此改写了这条河流的历史。这个人，叫做韩愈。

唐元和十四年（819），刑部侍郎韩愈，上《论佛骨表》，直言佛之种种迷惑人心，残害社稷、民生，反对宪宗佞佛，谏迎佛骨。这一下，触怒了喜迎舍利，意欲彰显太平盛世的宪宗。皇帝暴怒之下，欲杀韩愈。一时间，朝廷上下，百官肃立，一片噤声。后来，宰相崔群、裴度等一众大臣，次第出列，竭力说情，宪宗才慢慢收起杀心，改贬韩愈为潮州刺史。

元和十四年（819），正月十四，元宵在即，长安城里，官民人等，节气洋洋。韩愈却在这一天起程，远赴“偏僻荒凉的蛮烟瘴地”潮州。就在韩愈被押送离京之后不久，他的家眷亦被斥逐出京。风雪飘飘，歧路愁愁，就在陕西商县的层峰驿，他那个年仅 12 岁的女儿，竟惨死道旁。

唐朝的潮州，是惩罚罪臣的流放之地。韩愈在进入广东，到达粤北昌乐泷的时候，就听说了潮州“恶溪瘴毒聚，雷电常汹汹。鳄鱼大于船，牙眼怖杀侬”。关山险阻，云遮雾绕，1200 多年前，被贬的韩愈，一路悲愤，一路躞蹀，一路躬身南行，出秦岭，转河南，入楚泽，过湖湘，下南粤。

想想当年，偌大的中华，却只有三几千万人口，这一路走来，八千里官道，竟看不到多少人烟，只是山连着一座山，林连着一片林。刚出长安的时候，感到的还只是干冷，看到的，是掉落了树叶的杨柳、枯萎了的干草、飘落的雪花，和若有若无的浅浅的脚印。越往南走，村落和人烟，是越发的稀少，天气，是越发的湿寒，冷入骨髓。一天又一天，倒是路旁的山岭，渐渐多出了些许绿意，路边的山林，多出了油油的叶片，路下的枯草，渐渐洋溢出生机。就这样水陆兼程，舟马劳碌，经过两个多月的长途跋涉，元和十四年（819）三月二十五日，韩愈终于到达了潮州。

在《潮州刺史谢上表》中，韩愈写道："臣所领州，在广府极东界上，去广府虽云才二千里，然来往动皆经月，过海口、下恶水，涛泷壮猛，难计程期。飓风鳄鱼，患祸不测；州南近界，涨海连天；毒雾瘴氛，日夕发作。"这篇在路途写就的《谢上表》呈上后，韩愈就马上视事。

《旧唐书·韩愈传》载："初，愈至潮阳，既视事，询吏民疾苦，皆曰：'郡西湫水有鳄鱼，卵而化，长数丈，食民畜产将尽，以是民贫。'"面对辖地鳄害严重的现实，新任刺史深深觉得，治理潮州，当首推驱鳄。于是，他开始筹划，开始准备。

翻开志书，这条向南的河流，东晋至隋称员水；唐至北宋称恶溪；南宋称韩水，也叫鳄溪；元、明称鳄溪，也叫韩江；至清，才定称韩江。

在韩愈那个时代，这条河流，统名恶溪。《潮州志》对恶溪鳄鱼之害，载曰："遇人畜以尾卷而食之"，"伏于水边，遇人畜象豕鹿獐走崖岸之上，辄嗥叫。闻其声怖惧落崖，鳄得而食之"。鳄鱼为害这么酷烈，而韩愈的前任，却无动于衷，或者束手无策。一个好官，就在这样的时刻，彰显了他的品格，驱鳄这样的举措，就在这个时候，开始传播千秋。

从贬谪的悲愤中走出来的韩愈，坐下来，他深思着，一只手慢慢地磨起了面前的砚台。"维年月日，潮州刺史韩愈，使军事衙推秦济，以羊一豕一，投恶溪之潭水，以与鳄鱼食……"这样，一篇光照万古的祭文《鳄鱼文》，就从韩愈的心中，慢慢地流泻到州衙简朴的公案几上，流到潮州衙内卷帙浩繁的文牍之中，流到历史无穷无尽的悠悠深处……

驱鳄的那天，应该是一个阴天。上午，天色凝重，无风无日，也无云彩。韩愈，就站在恶溪边上，朗声宣读："维年月日，……"先通过祭的形式，作一次声势浩大的动员，以消除百姓心中积聚的畏惧，增强驱鳄、除鳄的决心和信心，是当时生活在恶溪边上的，韩愈和他的属民，所能采取的唯一可行的形式和途径。

但韩愈也不仅仅是只宣读了一篇祭文，他遴选、动员了一批捕杀鳄鱼的高手，在恶溪之上，船来船往，敲锣打鼓，围网拖捕，把惊恐莫名的鳄鱼，驱赶到了一个范围有限的湫潭之中，然后倾倒毒汁、石灰，狂射箭矢，抛掷石块。在这些经验老到、众志成城的驱鳄大军的倾力合围下，残存的鳄鱼仓皇南徙。

岁月，如河流一样滔滔流走，那个祭鳄的早晨，却变成了口碑，流传在无数代潮州人的口头和心中。

在恶溪北堤的北端，如今叫做韩江北堤的北端，有一座祭鳄台，这是一座造型高古的四方形白石高台。相传，这里就是当年韩愈祭鳄的地方；也有人说，不对，当年韩愈祭鳄的地方，已不可考；还有人说，当年韩愈祭鳄，在另外的地方。

岁月沉沉，青山脉脉，韩愈在哪里祭鳄，很重要吗？后人只愿意知道，韩愈祭鳄驱鳄，是一个事实；只愿意知道，相传韩愈祭鳄的祭鳄台，是一个民心向背的永恒记忆。

韩江，是为了纪念韩愈而得名。

现在，为了表述，必须跨越朝代，跨越历史典籍，跨越河名更迭、兴废的记载，把这条向南流去的河流，称为韩江。

这是一条水流湍急、水量丰沛的大江。站在祭鳄台前，望向上游。上游是莽莽苍苍的群山，一峰接着一峰，一脉衔着一脉，蜿蜒逶迤，远向天边。

一千二百多年前的韩愈，或许也曾站在这个地方，望向上游。那时，韩江洪灾频发，水祸连连，潮州刺史，在苦思良策。

外边的人也许根本不知道这一片南方的山地，这一网闽、粤、赣边的水系。所有韩江边上的人，却很理解新任刺史那时的焦迫。470千米干流，30112平方千米流域，在中国的版图，只不过像绿叶边缘上，一条小小的脉络，但是，南方的多雨，南方山地数不清的溪流、山涧，却使韩江，几乎永远处于汛期。

韩愈那时候应该查过资料，他已经知道，眼前这条河流的上游，有无数条涓涓汩汩的溪泉，它们弯弯曲曲地迂回流淌，汇集了许许多多大大小小的河流：汀江、连江、丰稔江、永定河、大靖溪；梅江、琴江、潭江、宁江、程江、锦江、五华河、石窟河、松源河；银江河、大胜溪、丰良河、凤凰溪、文祠水……

汀江是韩江的干流，它从福建武夷山脉的木马山南麓发源，自北向南，仿佛一条碧绿的绸带，在万山之中，摇曳多姿，飘舞而来。出长汀、经上杭、过永定，夹江两岸，山色青黛葱绿，岩石坚固奇丽，绿的水、青的树、白的岚，使汀江富有变幻无穷的诗情画意。

梅江是韩江的另一条干流，它发源于紫金与陆丰交界的乌凸山七星嶂，过五华、兴宁、梅县，经阴那山脉东流。梅江一路走来，汇集五华河、琴江、潭江、宁江、程江，在丙村与发源于福建武平，流经平远、蕉岭的锦江、石窟河、松源河汇合，也奔涌来到大埔。在大埔的三河坝，三江合一，汇入韩江。

韩愈的目光，并没有在上游停留多久，他已经看透，上游是山地，有山的束缚，河流的危害不会有多大。

他的目光落在身边。韩江出了山地，犹如脱僵的野马，东奔西突，为所欲为。看着身边从鸡笼山到州城金山的这一段河流，韩愈一阵焦急。这是一段开阔的河流，无堤无坝，河水恣意漫漶，曾经很多次，古韩江就从这里改道，顺着葫芦山，斜穿枫溪、浮洋、金石、彩塘、庵埠，流入南海。无数良田、村舍、人畜，在洪水的漫卷下葬身水底。

风从山那边吹来，唤醒了沉思的韩愈，他再看了一眼眼前的大河，就掉头走了。

历史和民间，关于韩愈苦思的良策，有着种种不同的叙述，但一次次地都提到了这段长堤——北堤。

民间传说：韩愈到任的时候，正逢潮州大雨成灾，洪水泛滥，田园村庄，一片泽国。韩愈到潮州城外巡视，看到北面的山洪，夺峡而出，汹涌而来，心想，如果不截住堵住这山洪，百姓难免受灾惨重。他骑着马，走到城北，先看了水势，又看了地形，便吩咐随从张千、李万，紧随在他的马后，凡是马走过的地方，都插上竹竿，作为堤线的标志。

韩愈插好了堤线，就通知百姓，按着竹标筑堤。闻讯的百姓啊，那份高兴，都纷纷赶来填筑。人多力量大，那些插着竹标的地方，已然拱出了一条山脉，堵住了北来的洪水。从此，这里不再患水灾。百姓们纷纷传说，这是"韩文公走马牵山"。这座山，后来就叫做"竹竿山"。

史书上的叙说有宋知州林嶔的《浚湖铭》，元人赵良塘、陈珏的《修堤策》，有《潮州府志》、《海阳县志》等的记载，"北堤草创于唐元和十四年，自砌筑圩岸为保障，堤位于潮州城北临江处，起自城北竹竿山，止于凤城驿，长约七百丈"，其主要作用为防御上游之水，"尽护西塘"，"以卫田庐"，"堤筑自唐韩公"。

这些民间的传说和史书上的记载，让人们好像又回到元和十四年（819）。当年，远贬潮州，是韩愈一生中最大的政治挫折。仕途的蹭蹬，家庭的不幸，因孤忠而罹罪的锥心之恨，因丧女而愧疚交加的切肤之痛，对宦路的愁惧，对人君的眷恋，悲、愤、忧、痛，一齐降临到韩愈的身上。这样一个沉浮于险象四伏的宦海中，挣扎在命运漩涡里的官员，能指望他去忠于自己的新职守？

然而，作为被贬的官员，韩愈置个人忧愁、不幸于度外，以一种积极用世、无私忘我的精神，以修身、齐家、治国、平天下为己任，驱鳄之后，立即又提出倡议，率领民众，合力筑堤。

在水泽之滨，在河流之畔，堤，是一种民生，一种民愿，一种民心，一种民间赖以安居乐业的根本。民众何乐而不为呢！

风，还是在江那边的山静静地吹，在岁月的河流里静静地吹，但是，潮州，有了韩愈倡修的第一条样板堤。

北堤是一条蜿蜒的长堤。有七棵红棉，不知从何年何月，就长在那里。一块古朴的铭牌，就钉在其中的一棵树上，铭牌上赫然写着：古鳄渡口。古渡前的河流，时时变幻着颜色。红色，是梅江来水。梅江，地属红色岩系，又多盆地，起伏落差大，水土流失多，所以水是红色。绿色，是汀江的洪水，汀江流域地质属花岗岩和砂页岩结构，土质坚硬，加上两岸森林密布，因而水清且绿。

北堤是韩江下游的开始。从竹竿山口到大埔的三河坝，是韩江的中游。这是一段狭隘的走廊地带，地形收缩，两岸支流众多，河谷盆地交错。日照长，温度高，湿度大，降雨多，加上高山和丘陵地带雨水渗透少，使韩江流量异常丰富。

每年的夏秋两季，尤其5月、6月，是韩江的汛期，发水的季节，这条南方山地里的河流，每秒的流速，竟是全国第一！这条相比于长江、黄河，显得默默无闻的河流，它的年径流深度，竟比长江、黄河还要大得多！

长江，年径流量9513亿立方米，流域面积180万平方千米；黄河，年径流量500亿立方米，流域面积74万平方千米；韩江，年径流量250亿立方米，流域面积3万平方千米。仔仔细细地算一算，韩江的流域面积，是长江的六十分之一，黄河的二十四分之一，韩江的年径流量，竟是长江的 1.6 倍，是黄河的 12 倍。

这么大的流量，洪水的灾害，不堪设想！

韩江的治理，其实就是堵和疏。筑堤堵水，凿渠导流。韩愈刺潮的时候，就这样引导潮人，按此去做。

按照韩愈的思路，透过漫漫岁月的烟霭，人们仿佛看到，1200 多年前，一双黑布粉底的朝靴，跋涉在潮州的大地上。

这双粉底的朝靴，混合在一双双衙役的皂靴里，行色匆匆地走出东门，步下斜坡和乱石堆砌的码头，走上早已等候在江边的木船。

风正好，又顺水，船马上就从韩江转入韩江的北溪。唐朝的时候，这是一片汪洋。韩江水从竹竿山口出来，流过州城，来到这里，江面骤然变宽，3 里宽的江面，水流浩浩，不舍昼夜。那时候没有堤坝，河床又浅，韩江水流经这里，斩关夺隘，分成了东溪、西溪、北溪，奔腾南下，走向大海。

韩愈的木船，就一直从韩江的北溪往下走，走到 30 里开外的水南都。《海阳县志·舆地略二·水南都图说》载："水南都，有金山溪绕其前，龙门关峙其右"。水南都，就是现在潮州辖下的磷溪。有唐一代，韩江洪水为患，这里排水不畅，涝渍严重，田园作物和百姓身家性命，常常危在旦夕。韩愈舍船登岸，亲临视察。

水南都，东北有七屏山横隔，西南有急水山相阻，水何以流？水无处流。

韩愈捻着颏下的一绺长须，开始劝导乡民。渍不能泄，涝不能排，洪水不能退，是因为有山阻隔，无沟无壑，水不能走。他倡导乡民，开溪凿流，导渍疏涝。

这条长 9 千米，宽 400 米，1200 年前开凿的溪流，就从中间穿过七屏山和急水山，从磷溪的厚洋出龙门关，自北向南注入了韩江的东溪。

金山溪，民间俗称为金沙溪、鲤鱼沟。溪里流淌着金沙，这是一种何等自豪的满意；鲤鱼跃龙门，也是一种民间最纯朴自然的美好寓意。

龙门关的西侧，从古就建有一座韩祠，每年的九月九日，韩愈诞辰的那天，乡民都举行隆重的游神赛会。这种遥远的仪式，这炷遥远的香火，自唐宋开始，至今依旧。

在潮州城东笔架山西麓，也有一座始建于宋咸平二年（999）的韩祠，这是我国历史最悠久、保存最完整的祠宇。《永乐大典》载："潮州有祠堂，自昌黎韩公始也。"那时候的祠宇很小，只有一条甬道，51 级石阶，寓韩愈刺潮时 51 岁，前后两进。面对浩瀚的韩江，千余年前，在州城的对面，在山的半腰，砌这么一座水磨青砖、历久弥新的祠堂，是何等的一个壮举。

这座森森的祠宇，青苔有些恣肆，墙面和地面，偶尔有山水漫出、渗出，常常在祠堂里，有几个远方的游人，和本地的读书人散漫在这座湿漉漉的祠宇里，人们面对着四壁的旧碑，默诵着碑上的诗文。

至今，祠堂里的一方石碑，仍然让人震撼："功不在禹下。"258厘米高、139厘米宽的碑上，就只写着这五个，人人都能认得的字。

禹，是中远古时候，部落联盟的领袖，鲧之子。鲧治水失败之后，禹奉舜帝之命治理洪水，他带领先民疏通江河，兴修沟渠，发展农业，治水十三年中，三过家门而不入。韩愈刺潮，驱鳄鱼，筑堤坝，疏涝渍，劝农桑，释奴隶，兴教育，开人心，所作所为，与禹何其相似乃尔。倡建韩祠的陈尧佐，在《招韩文公文》中，泫然呼之："既祠之，且招之曰：公之生而不及见之兮，唯道是师；公之没不得而祀之兮，乃心之悲。……庶斯民之仰止兮，尊盛德以无穷。"

韩愈之后，潮州的官民，面对滔滔洪水，面对洪水过后的家破人亡，面对年年不期而至，又始终不绝的水患，开始了大规模的筑堤防洪，筑堤抗洪，筑堤行洪。

韩愈之后筑堤的第一笔记载，始于北宋。皇祐元年至皇祐六年（1049—1054），"王举元知潮州，洪水决堤，盗乘间窃发，夜召里豪，先议擒盗，然后筑堤，授以方略，盗果擒，堤乃治"。

韩江决堤，已经是十分紧迫和十分危急的重中之重，可恶的盗贼，却趁火打劫。想想，这些丧尽天良的歹人，哪朝哪代，都是一样，放着一双好脚好手，不去耕作，不去打工，却去干这种人神共愤的打家劫舍的勾当。历史上，王举元在潮州籍籍无名，但是这一条记载，却使人们看到了，千年之前，一个恪尽职守的地方长官，临危不乱，连夜开会，布置擒盗筑堤。

　　南堤的最早记载，也是北宋。元祐五年（1090），王涤任潮州知军州事，筑梅溪堤以障民田。自此，韩江的南北堤保障体系，基本形成。

　　在18万平方公里的广东大地，韩江南北堤，是全省的第二大堤防，它位于韩江下游西岸，起自潮州城北竹竿山南麓，经过古城墙森然的潮州主城区，终于汕头市郊梅溪河防潮闸，全长43公里，历史上捍卫着潮安、汕头、揭阳、普宁、潮阳105万亩耕地，400多万人口。

　　在农耕时代，夯土而筑的大堤，能抗得住飞流直下，漫山遍野汹涌而来的洪水么？

　　历史的书里，有一声重重的叹息。这是时间老人的叹息。

　　北宋以降，及至民国，韩江南北堤溃决41次，缺口48处。其中决堤，宋6次，元1次，明6次，清25次，民国3次。

　　又其中，北堤溃决11次，城墙堤2次，南堤28次。

　　人们都不敢想象，北堤和城堤溃决，潮州城会是什么样子？自秦以来，在南粤大地，潮州就是仅次于广州的第二大城，城中唐玄宗开元年间敕建的大寺开元寺，历1200年至今，仍香火鼎盛，晨钟暮鼓，声声悠扬。开元寺的天王殿，是国内现存最大的传统木构建筑，在清代的建筑中，也仅有北京故宫的太和殿和太庙，是这个规格，在全国所有寺庙中，这也是规模最大的天王殿。殿高9.85米（不含殿脊），殿面宽11间50.50米，进深4间11.77米，建筑面积797平方米。不敢想象，北堤和城堤溃决之后，城中的居民，会是什么样子。古往今来，潮州商贸发达，潮州帮与宁波帮、温州帮称雄四海，并行天下。人们也不敢想象，南堤决堤，会是什么样子。洪水滔滔，一路狂泻，汕头、揭阳，会顿成泽国。

志书的记载，的确怵目惊心：南宋乾道七年（1171），"江河汹涌，堤决而西，民居飘荡"明弘治五年（1495），"九月飓风暴雨，大水决城一百六十余丈，城内行舟，官廨民房倒塌无算，北堤决"；清康熙三十三年（1694），"自春至夏，霪雨五月，韩江水涌数十丈，郡内舟楫可通，女墙不没者数版耳，北堤决，人心惶惶，百余年仅一见。白沙堤决，西关廛舍一空，海、潮、揭、普四邑田庐淹没过半"。……

就在这些纷纷扰扰的信息之中，人们看到了一座高楼，一座巍峨高古的古城楼，广济门城楼。在韩江边上，这座披风沥雨的城楼，就像一个红色的箭镞，射向历史的深处。在围绕这座城楼发生的一幕幕历史大剧中，有一幕大剧，特别令人扼腕。

这是一个叫做吴均的人演出的。没有帮腔，也没有花步，实实在在，一招一式，都发自心底。这一年，是清道光二十七年（1847），浙江钱塘人氏吴均，赴任潮州府知府。浙江是一个地灵人杰的地方，智商高、素质高、文化高。吴均到任之后，亦被潮州这方山水所吸引。唐、宋两朝，就有10位宰相，先后抵潮，常衮、李宗闵、杨嗣复、李德裕、陈尧佐、赵鼎、吴潜、文天祥、陆秀夫、张世杰，这些人臣之杰，和韩愈一起，共同撑起了海滨邹鲁、岭海名邦的一片蓝天。

吴均上任的第一天，也许，就是来到这座高古的广济门城楼，眺望隔江那座同样高古的韩文公祠。这一刻，这个钱塘人氏心里，一定在想，历史选择了他，和韩愈一样，担任这方土地的最高长官，他也要和韩愈一样，在这方山水，留下永远的名声。

日子就跨越到了咸丰三年(1853)。这一年，夏六月，又是大水。决堤，南厢堤溃百余丈，东厢上游堤坝俱溃。面对一路暴涨，竟日不退的洪水，这位吴知府，伫立于广济门城楼，面向惊涛骇浪，祷祝上苍，然后脱下顶戴花翎，高靴紫袍，掷向滔滔江心。最后，竟毅然纵身一跳，以身祭水。

水亦有情，洪水终于退了……一个以身祭水的吴府公，从此活在了潮州人民的传说里，活在了潮州人民的祭祀中。

也有人说，吴知府是操心操力，辛劳过度，心力交瘁，猝然病逝。总之，广济桥上，建起了一座牌坊"民不能忘"，纪念吴均，于今仍在。

从广济楼上看去，韩江的流水，已经有点舒缓，这条从山地走来的河流，渐渐适应了堤坝的河床，不再像刚刚从山口出来，一下子挣脱了山谷的束缚，像草原上脱缰的野马，自由地奔流，自由地摆荡。广济楼是城墙堤的中间点。城垣和城墙，相传是鲧发明的。鲧是治水专家，不是军事家，发明城垣，原本不是用来打仗，用来防御敌人，而是为了防水、御水，安家立业。从自然发展史看来，适者生存，人类首先要适应自然界，然后才得以生存和发展。筑城就像筑堤，开始是为了防水患，后来，慢慢才有了军事和治安的作用。

潮州古城的城垣，根据明确的文字记载，始建于北宋时期。

那是一道泥土夯筑的土墙。南方多雨，加上潮湿、雾气，至北宋中期，已大半毁圮。

历史上潮州的多位军政首长，每当雨天，就会想起城堤，来到城堤。

最先来到城堤的是南宋潮州知州徐渥、李广文，他们先后酝酿，复筑城堤。接着来到城堤的是南宋知州王元应和他的继任者许应龙，面对浩浩的韩江，面对漫漫的城墙，他们也只能做到外面砌石，内面夯土，土石兼半，未臻完善。再接着是后任者叶观，叶观刚刚赴任，就首先考虑到加固城堤，"沿溪傍岸，筑砌以石。民居其间，始有安枕之乐"。又接着是续任者刘用行、陈圭，面对用条石新砌、凹斜屈曲的城墙，两位知州，一个是重新整砌，使"雉悬壁立，不复如前日之萦还"。一个是"粉堞摧剥，谯门欹倾"，皆加以修葺，还将城墙内外灌木杂草，一概铲除，使城堤保障为之屹然。就连元兵破城之后，潮州路总管、元军太中怙里，也复修东畔滨溪之城，以御暴涨洪流之患。元军的叽哩呱啦人们听不懂，只能从他们急促的口形和夸张的手势里，猜出几个字，民以为便焉。

漫漫岁月，那些宋人、元人，已经远远地去了，江上的燕子、飞鸟、江鸥，也没有以往那么多。但是，历史，依然锲而不舍地向后人展示着一幅幅雄浑悲壮的图景，一任任潮州州官，依然大气磅礴地走来。他们不论生于天南地北，不论籍贯汉族外族，一踏上潮州，就前赴后继，带领百姓，奋战在这道生命线上。那些可爱的先民，在洪水的潮涨潮落中，在历史的风云际会里，也一如既往地深明大义。他们与州府一道，筑堤镇水，建城安澜，有钱者捐钱，有力者出力，人人争先，不甘人后。

明洪武元年（1368），朱元璋统一中国，派指挥俞良辅来接管潮州。四年后，俞良辅在旧城垣的基础上，再度修城。这是一次革命性的修城，城墙内外，皆砌以石，高厚坚致，各门外筑瓮城，皆屋其上，为门七，城高二丈五尺，周一千七百六十三丈，基阔二丈二尺，面一丈五尺，堞二千九百三十二，敌台四十有四，窝铺六十有七，门各有楼，外罗以月城。

这座明代修建的潮州府城，可说是十分完备了。城垣主体，内外甃石，而城楼、敌台、窝铺等各种守卫、瞭望设施，则使用砖条砌筑。这些所属各县官府监造烧制的青灰条砖，都严格统一一个规格，长40厘米，宽20厘米，厚12厘米。

可以想象，那时候的潮州人民，应该长舒了一口大气。一年年的洪水，一年年的忧患，使他们过惯了提心吊胆的日子，现在，可以坐下来，闲闲地喝一口工夫茶，闲闲地听一曲潮州戏。还有人想起了祭祀，韩愈、陈尧佐、丁允元、马发，还有赵德、戴希文……这些人，都对潮州有恩。对他们的祭祀，是一种感恩，一种缅怀，一种教化，一种寄托……

后来，对潮州有恩的人，都得到了祭祀，像吴均，人们把他的塑像，供奉在广济楼上。广济楼重修，人们把他的塑像，又暂厝在广济楼旁的天后宫里，天后宫香火日日不断，吴均的香火，也日日不断。

　　人们的想象，过于美好。天上的来水，不会这样就遂于人愿，奔腾的河流，也不会这样，就驯服于堤坝。

　　一百二十多年后，明孝宗弘治八年（1495）九月，飓风加上暴雨，洪水又冲决北堤、城堤。新到任的潮州同知车份，义无反顾地肩负起重任，主持修复城堤。这是见之记载的城堤损毁较严重，修复得又较得力的一次，此后五百多年，未再见有城堤崩塌的文字记载。车份长的什么样子，今天已经无从知道。像吴均一样，他也是一个浙江人氏，会稽人，进士。浙江那方山水，总是会产生在历史上留下名字的人物。

　　历史如同一部大书，一页页翻过，不觉来到了清初，有一个人，这个时候，带着一支部队，走进了潮州治水的历史大书里。这是一位官居高位的军人，广东镇海将军王光国。清康熙五年（1666），王光国视察潮州。面对眼前川流不息、水势汹涌的韩江，面对一个个日夜洞开的城门，将军总觉得有一丝不妥。

　　于是他决定要重新修整城门。这一天是阴天，还是晴天，并不重要。将军是一个雷厉风行的人，加快改进城堤各门的防汛设施，才是要事。将军手下的士兵，都是奋勇争先的士兵，他们像行军打仗一样矫健，又训练有素，所掌握的动作要领，是民间所没有的。他们在广济、上水、竹木、下水四门左右两边的墙体，各竖立起硕大石柱，中间凿出深槽，汛期江水上涨，淹及城门，可以马上从城上吊装木板，堵御江水不得入城。这个被称作"水板"的设施，历三百五十多年历史，沿用至今。

　　王将军之前，城门是如何防汛，史书上，一直都没有记载。

今天，人们只能猜测，昔时的官民，在洪水灌城的时候，是用沙包围堵。至于城门为什么没门板，这是一道历史的谜语。现在看来，这一道又一道谜语，是没有谁能猜破了。也好，就让它留在历史的深处，给后人一种神秘，让它带着岁月独特的印痕，给后人咀嚼的回甘。

潮州的这道城墙，是一道独一无二的城墙，放眼看去，偌大的中国，960万平方公里，还有哪一道城墙，历一千余年，还在江边巍然屹立，抗击洪水？潮州城的这些城门，又是中国历史上最奇特的城门，放眼全国，哪一座城市，哪一道城墙，哪一个城门，是用这种独特的方式，在堵击洪水？生于忧患矣，死于安乐，人们同样叹息，要不是年年不断的水灾洪患，这道城墙，还能如此巍然？

是的，韩江之水这么多年的喜怒无常，对居于下游的潮州人民，是一个巨大的心理压力，巨大的心理考验。乾隆《潮州府志·灾祥》记载："九年，秋七月，韩江大涨，初七日水漫湘子桥，戌时大雨，讹言堤崩，妇女扶老携幼奔涌入城，城外一空。"看，一则传言，不知在谁嘴里信口一说，倏忽之间，就立即传遍城乡内外，引起满城恐慌。

同治十年（1871），夏月，又一场暴雨成灾，洪水像无数手执强弓利矛的猛士，一声呐喊，汹涌而来，齐齐刺向在下游苦苦坚守的土堤和城垣，韩江沿岸多处堤坝溃决。广济桥东桥一个桥墩崩塌。广济门前的月城受大水冲击，产生剥落。江水从城堤多处渗漏入城，城内街道水深数尺，城垣岌岌可危。这是这道众志成城建起的城堤，所遭遇到的第二次较为严重的水患的威胁。

这时候，又来了一位叫方耀的赳赳武夫。这是潮州镇总兵，带兵打仗的将军。就在这多雨、潮湿、雾瘴重重的鬼天气里，方耀离开行辕，登上城楼，会督全城文武百姓，合力抢护。

在潮州，方耀是一位奇人，这位潮州镇总兵，正二品武将，历咸丰、同治、光绪三朝，帅旗不倒。就在这次满城渗漏的洪水过后，方耀坐在镇台里的灯下，听着檐下滴滴答答的雨花，一边默默地思索，一边在纸上急急地书写。

行兵作战的人，总是有不同于凡人的思路。方耀派人全面维修城堤，具体的方法是，在城墙顶端的中轴线，开挖一道深沟，宽三四尺，深二丈余，直达城基底部，然后用贝灰搅拌红糖、河沙，夹板舂筑一道三合土的"龙骨"，培土复原，使它与城墙内外沿的砖石黏合为一，既保持城堤的原貌，又成为一道工坚料实、胶粘固结的防水的城墙。这一次工程，耗银 16050 两有奇，史载，民间捐题者十分之六，方耀垫付者，十分之四。

一个接一个来了

听悉韩愈贬谪潮州，第一个感到揪心的，是"两句三年得，一吟泪双流"的苦吟诗人贾岛。元和六年（811），33岁的他，作"鸟宿池边树，僧敲月下门"之句后，便与长安京兆尹韩愈结为忘年交，此后，两人就成了过从无间的亲密朋友。韩愈抵达潮州后不久，贾岛的一笺心曲《寄韩潮州愈》，已经从遥远的长安，快马送到：

> 此心曾与木兰舟，直到天南潮水头。
>
> 隔岭篇章来华岳，出关书信过泷流。
>
> 峰悬驿路残云断，海浸城根老树秋。
>
> 一夕瘴烟风卷尽，月明初上浪西楼。

其实，韩愈并不是第一个被贬谪潮州的京官。在他的之前之后，总有一些不得意、不得志，总有一些犯颜直谏的京官，被从繁花似锦、夜夜笙歌的长安，贬到潮州。曾经有人列举，仅盛唐的 200 年左右时间，从唐太宗李世民，到唐宣宗李忱，贬到潮州的，就有 12 位京官。像代宗李豫的宰相常衮，文宗李昂的宰相李宗闵，武宗李炎的宰相杨嗣复，宣宗李忱的宰相李德裕；像太宗李世民的詹事府少詹事张玄素，高宗李治的吏部尚书唐临、常怀德，代宗李豫的唐宗室曹成王李皋，德宗李适的御史大夫刘遒、工部尚书洪圭、御史中丞李宿，还有就是宪宗李纯的刑部侍郎韩愈。

第一个出任潮州刺史的京官，是曾任太宗朝詹事府少詹事的张玄素。张玄素原来是隋朝景城县户曹，隋末天下大乱，窦建德攻陷景城，将张玄素逮捕，欲将其处死。这时城中有千余众请求代他而死，并对窦建德说："此人清慎若是，今倘杀之，乃无天也。"

唐太宗久闻张玄素名字，张玄素归唐以后，特召见他，征询为政之道。张玄素说，隋亡的主因，是君主亲理政务，而君主亲理政务，口断十事，有五件错了，便不好办。一日之中，君主断事，不止十件，往往口理万机，这样，日积月累，错谬就多了，而错谬多了，国家就要灭亡了。所以，要广用贤良，使各官吏奉职守法，小心谨慎。

贞观四年（630），有一件事，使太宗感叹。那时他下了一道御诏，要修洛阳宫，以备巡奉。张玄素闻讯，上书谏奏："阿房成，秦人散；章华就，楚众离；及乾阳毕功，隋人解体。"隋末大乱刚过，百姓疮痍，这个时候修洛阳宫，袭亡隋之弊，就是不如隋炀帝。唐太宗因张玄素忠直，升他为詹事府少詹事兼右庶子，到东宫辅佐太子李承乾。奈何这个太子，"骑射畋游，酣歌戏玩，苟悦耳目，终秽心神"，不但不听劝谏，还心生怨恨，派人暗杀不断规劝、进谏的张玄素未遂。终于，劣迹斑斑、恶行日盛、不知改悔的李承乾，被唐太宗废黜。张玄素因厕身东宫，也受牵连而被免职。魏徵、褚遂良等等，都先后为张玄素呼吁。贞观十八年（644），张玄素重新被太宗起用，外放到潮州任刺史。

比韩愈早到潮州 40 年的常衮，就没有韩愈那么幸运。常衮是唐玄宗天宝十四年（755）乙未科状元，也是一位诗词好手、文章大家。大历十四年（779），常衮以宰相被贬为潮州刺史。常衮在潮州期间，也是奋发精神，多有作为，史书对他是多有褒誉，明嘉靖《潮州府志》，就说他"以宰相贬潮州刺史，兴学教士，潮俗为之丕变"。清顺治《潮州府志》亦称："抵潮，兴学校，潮人由衮知学云。"

但是，在潮州民间，却很少有人知道常衮，也很少有人提起他。这也许，与常衮的为人处世有些关系。常衮是一介书生出身，性情比较清高、孤傲，又不喜欢交朋友，喫酒啜茶、率性长谈，也不欲去登高郊游，蹀躞空谷、驰骋襟怀。文章倒是写了好多，有文集十卷、诏集六十卷流传。

这样，常衮就不像在福州，有了一个好口碑。从潮州，到福州，都是做一样的事，但是，福建那边，人们就说，常衮注重教育，增设乡校，亲自讲授，闽地文风为之一振；还说，在他的奖掖下，唐德宗贞元年间，潘湖榜眼欧阳詹、徐村状元徐晦等一代又一代士子，"腾于江淮，达于京师"。

宋初，僧人释赞宁所撰文言轶事小说《传载》，就记述了一件与常衮有关的轶事遗闻。常衮在福州的时候，有个僧人特别擅长相术，通过人的五官、面相、气色，来推测气数、运程、命理，每次推算的结果，都像神一样的灵验。常衮怜惜僧人年事已高，让他收个弟子好继承他的相术。僧人说："这种事，全凭天性，不可以轻易地传授给别人的。就是我肯教，别人也学不来。但我在你身边的人中，发现有一个人，可以传授。"常衮便召集所有身边的人，这位老僧选中了一个小吏，叫黄彻，常衮就让他跟随着老僧，去学相术，不要再当小吏了。

历史上，黄彻果真就成了继隋朝袁天罡和许藏秘之后，第三位相面大师。唐宪宗宰相、地理学家李吉甫也说："黄彻相面，仅次于袁天罡和许藏秘也。"

常衮治潮，官方的评价甚高，民间却不甚了了，这是为什么？原因找来找去，后来，有人指出，少了一个人，一个赵德这样的人。

赵德是潮州海阳县人，唐大历十三年（778）进士。韩愈初来乍到，就听说了潮州赵德是一个沉静稳妥、文雅专注的隐士高人，他要兴办乡学，改变只有县学，没有州学的格局，这不正是梦寐以求的人才吗？在向礼部呈报的《潮州请置乡校牒》里，韩愈就说："赵德秀才，沉雅专静，颇通经，有文章，能知先王之道，论说且排异端而宗孔氏，可以为师矣。请摄海阳县尉为衙推，专勾当州学，以督生徒，兴恺悌之风。"韩愈尊重敬慕赵德，让赵德统管潮州海阳、潮阳、程乡3县的3名博士、3名助教和75名学生。

后来，韩愈要调任袁州刺史，再三邀请赵德一起前往，都被赵德婉拒了。韩愈在《别赵子》诗中，就转述了赵德对他的婉辞：赵德摇头笑着说，我在潮州，并没有什么不满足的，又何必自寻烦恼，往来奔波于南北之间呢？再说，这里的隐者不少，我与他们已经约好，要到海上去观风涛、识海产，君子是不可背约的；人不是都有自己的志向、情趣吗，又何必拘泥于仕途一个刻板不变的道理？我们还是按照各自的志趣、意愿去行事吧，为什么要去计较，这样的决断谁对谁错。

韩愈北行之后，赵德继续奔忙于州学与县学之间，不因刺史走而使州学停歇。人们也才渐渐悟解，赵德不随韩愈北去，除了有隐者的托辞之外，也有欲将乡学办好，报韩愈知遇，倡儒家宗孔，陶范潮风的志向。韩愈走后，赵德遍读了韩愈的文章，并选录了其中的七十五篇，编成了六卷集的《昌黎文集》，这是史上第一部韩愈文集。接着，赵德默思良久，打好腹稿，濡笔着墨，毕恭毕敬地挥就了《昌黎文集序》。

关于赵德的功名，在后世，曾经有过争议。首先称赵德为进士的，是苏轼。他在《潮州韩文公庙碑》，就写道："始，潮人未知学，公命进士赵德为之师。自是潮之士皆笃于文行，延及齐民，至于今，号称易治。"清康熙《潮州府志·选举·进士》，清雍正《海阳县志·人集·选举·进士》，更是明确地说：赵德，唐代宗李豫大历十三年（778），戊午科，登进士。这一科，主考官潘炎，全国登进士者共21人，状元为弘农人杨凝。而在韩愈的《潮州请置乡校牒》里，说的是："赵德秀才。"

有韩愈的"赵德秀才"在前，以苏轼的考证、考据功夫，字斟句酌的认真态度，是不会信口开河、凭空说出"进士赵德"的，且看他授意三子苏过写的《史揭合序》，就严谨不殆、滴水不漏地考证出史定和揭猛的由来。那么"秀才"就是韩愈的笔误了。韩愈刚到潮州，尚未深交赵德，就一封"请置牒"递上去，这就只能"将错就错"了，皇帝气还未消，申明或者更改、更正，又都是一次欺君，这怎么可以。

在岭南的四大古刹中，潮州开元寺，是唯一的一座宫殿式建筑。与黄墙黛瓦的羊城光孝寺、曲江南华寺、鼎湖山庆云寺不同，这是一座皇家敕建的寺庙，规制红墙丹瓦，黄琉璃瓦当、瓦筒，大雄宝殿饰藻井。

宋王溥的《唐会要杂记》，曾经记载了发生在唐玄宗年间的这件事："开元二十六年（738）戊寅六月一日，玄宗敕每州各以郭下定形胜，观、寺改以'开元'为额。"

释慧原在《潮州佛教志·潮州开元寺志》中，也说道："相传，谓寺先名荔峰，因寺内原有小丘，名荔峰，系金山来脉所结，寺先建于此，故以此名。到唐开元间，始易今名。"

可见，未有开元寺，已有荔峰寺。但荔峰寺始建于何年何月，具体年代未详。从大殿的进深，与面宽之比推测，大殿的平面，为南北朝时期建筑平面遗构。唐时，荔峰寺所在的地段，称"甘露坊"，有堪舆家说了，此地段"震府城之巽方，关全潮之气脉"，乃潮州城的一块风水宝地。依照唐玄宗的诏令，这处原来位置绝佳、已然有名的荔峰寺，当然就被州郡选定，作为改扩建的寺庙，并再行易名了。

宋朝的余靖，在《惠州开元寺记》中，描写惠州的开元寺："州择一最胜寺，易以年名冠之，俾后世知声教之广被也。故天下寺以开元名者，必居爽垲，据形胜，祠宇最壮，像设最严，纲维最亲而不苛，制度最古而有序。"的确，诚如余靖所说的，天下所有的开元寺，都是如此。

不过，亘古以来，仍然有10座开元寺，获得了更加显著的声名，被人们传称为十大开元寺，它们是：恒州（今河北正定）开元寺、普陀山开元寺、洪州（今江西南昌）开元寺、云州（今山西大同）开元寺、台州（今浙江临海）开元寺、郑州开元寺、泉州开元寺、福州开元寺、潮州开元寺、邢州（今河北邢台）开元寺。至今，仍保存得比较完好的，仅有正定、泉州、潮州和邢台这4座了。

开元十七年（729），唐玄宗采纳大臣薛曜、张说等的奏请，把自己的生日八月初五定为"千秋节"。以后，每年的千秋节，唐玄宗、杨贵妃都在京师长安兴庆宫内的花萼楼，或者在东都洛阳城内的广达楼前，举行盛大的宴会和乐舞表演，与文武百官、闾里百姓欢庆同乐。《千秋乐》、《蝶恋花》、《清平乐》等教坊大曲，就都是这个时候始创的。其中，最有名的乐舞，就是唐玄宗编写的《霓裳羽衣舞》，此曲最初，还是由杨贵妃亲自表演，但宴请宾客，老是让娘娘作舞，不妥。后来，便改由舞艺出色的侍女张云容表演，再后来，改为双人表演，再后来，又改为由15岁以下少女300人组成的大型舞队表演。

据《佛祖统纪》卷四十，就在全国每州敕建一座开元寺的第二年，开元二十七年（739），玄宗下诏："千秋节祝寿，就开元寺"。就是说，这一年，全国各地庆祝皇帝生日的地方，都要求设在刚刚赐额的开元寺。潮州开元寺，自然也是一番热闹景象，当年秦兵南下带来的瑶琴、秦琴，东晋士人南渡带来的月琴、琵琶、筝，北魏那边传来的胡琴，隋军浮海带来的洞箫、竹笛，寺庙里自有的木鱼、铜磬、皮鼓、云版、钹镲，就都派上了用场。满城的操琴手、吹箫人，与僧众一道，在修葺一新的大雄宝殿前的月台，为簇拥的乡民、信众，献演了即兴演出的经呗新声、庙堂音乐。

那个时候，潮州城并不大，占地100亩的开元寺，在州城中心，就显得格外壮观、巍峨。曾经有一个传说：有一次，几个好赌之徒，躲在金刚殿金刚的手心上聚赌，官府闻讯后，派出了精明的捕快赶来捉拿，赌徒们一见大势不妙，都偷偷地躲进了金刚的耳朵里。传说虽是戏言，不足为信，但开元寺的佛像有多大，从这个传说中，也可以略知一二了。

在开元后巷（今西马路头）有一座余厝祠，是开元寺祭祀、供奉檀越的檀越祠，单宋宁宗天禧元年（1205），进士林绍坚，就舍田 6848 亩入寺。开元寺四至的四口界井，即开元街口下市头的下市井，开元后巷头广源街内的广源井，义安路新街头弥勒佛井巷的弥勒佛井，义安路尾下栅门内何厝门口的下栅门井，一直到 20 世纪 80 年代初，市民还可以打水饮用。现在，除了下栅门井被毁，下市井被封，广源井和弥勒佛井，还能用。

唐时的潮州，是不是蛮荒之地，是不是未完全开化，一直都是仁者见仁，智者见智，各说各话。但总有一些事实物证，让人不能无视。开元寺大殿，有一座造型精巧典雅的唐代铜香炉，两耳三足，圆身，从足到耳高 0.72 米，直径为 0.74 米，口沿镌刻汉文"奉开元寺禅堂香炉一座，永远供养，三韩弟子任国祚"。三韩是唐代新罗、百济、高句丽，即今天的朝鲜和韩国。可以推断出，唐代的潮州，已然是一个开放交流的地方，来大唐中土参学访学的朝鲜僧人，才能得到朝廷的允许，到开元寺驻锡参学。

潮州不仅能吸引番僧来朝，也能吸引贬官落户。唐贞元四年（788），福建莆田人、工部尚书洪圭，被贬为潮州刺史，他看到潮州山水环绕，沃野广袤，地旷人稀，民风淳朴，遂选中潮阳，举家迁来定居。先是居龟山，后来，又创建嘉定岐北村（今铜盂岐北村），成为了潮阳洪氏的始祖。洪圭致仕之后，以募夫垦荒造田致富，人称"洪长者"。贞元七年（791），应僧人大颠的请募，捐塔口山麓幽岭的山坡地 200 亩建灵山寺，贞元十三年（797），又捐田地 1200 亩为寺产。

史传，大颠是潮州本土人，俗名陈宝通，六祖惠能的第三传弟子，石头和尚希迁法师的高徒，在佛教禅宗中，其辈分是远远高于后来南派禅宗的五宗七派的。在沩仰宗、临济宗、曹洞宗、云门宗、法眼宗，以及从临济宗再分出来的黄龙派、杨岐派，都尊他是六祖惠能的印传法孙，是惠能五徒之首、禅宗二世青原行思大师印可的石头和尚的入室弟子。

在凡人的眼睛里，大颠是一个有法术的僧人。云游回到潮州后，贞元六年（790），大颠在潮阳白牛岩立寺（今东岩卓锡寺），便"蛇豕皆遁"，在灵山寺驻锡行走，则"出入猛虎随之"。当年，韩愈刺潮的时候，看到在迎迓的队伍里，有一个两颗门牙暴出的僧人，顿生不悦，以为是恶僧。谁知第二天，这僧人把自己敲下的两颗门牙，送到了韩愈的衙前，这使韩愈感到震愕和内疚。这个僧人就是大颠，这个传说，也是唐代潮州叩齿庵得名的由来。

在韩愈的心眼里，年长他 37 岁的高僧大颠，却不是什么方外高人，只是一个谈得来的忘年交，言语襟怀相投契而已。而 88 岁的大颠，已经活得世事洞明，烟云过眼，百鸟感耳，去不复念也。《潮州府志》和林大川的《韩江记》，曾记载，韩愈曾三次修书，两请大颠到州城倾谈十数日。也数次到潮阳，因公顺道，拐个弯，到灵山寺回访大颠。调任袁州，临行之时，还不忘到灵山寺与大颠告别，当耄耋的大颠远送韩愈来到山门，惜别依依之际，韩愈脱下官服，留赠给了大颠。

人们不禁要问，贬佛的韩愈，怎么会与和尚交往呢？当时与过后，都引起了很大的评议和论争。宋熙宁元年（1068），写《爱莲说》的周敦颐，任广东转运判官，心有所惑，就专门来到潮阳灵山寺，实地感受这桩剪不断、理还乱的历史公案。唐宋时期的诗人，都喜欢在白墙上题作，袒露心声，亦借以传播。在灵山寺的粉墙上，周敦颐写下了《题大颠堂壁》：

> 退之自谓如夫子，《原道》深排佛老非。
>
> 不识大颠何似者？数书珍重更留衣。

周敦颐对韩愈，是含蓄、委婉地提出了批评和非议。处于风口浪尖、漩涡中心的韩愈，自然知道舆论在发酵，他向好友孟简，修上了一封《与孟尚书书》，信中说道："潮州时，有一老僧号大颠，颇聪明，识道理，远地无可与语者，故自山召至州郭，留十数日……及祭神至海上，遂造其庐；及来袁州，留衣服为别，乃人之情"。

韩愈真是性情中人，意识上争锋、生活里交友，何去何从，完全拎得清。他在抵排佛老的同时，又结交了一大批佛教的朋友，在阳山，与云游的僧人灵师、惠师交往；赴江陵途中，到衡山拜谒诚盈上人；在东都洛阳，与少室僧人韦蒙、僧荣同游中岳；而长安的贾岛，何尝不是一个僧人。这次贬谪潮州，又新交大颠，何也？无非是不拘一格，唯贤是交，孤寂求友，礼尚往来。

韩愈与大颠的交往，人们只聚焦于沸沸扬扬的那几件事；一件关乎长治久安的大事，却往往被人忽略了。

东晋咸和六年（331），于铜盂附近的临昆山置潮阳县。先民南迁时，铜盂的人口比较集中，为便于管理，遂将县治设置于此。直至四五百年后，人口已大量分布于练江平原、榕江平原，并向大海边漫延伸展，这令临昆山下的潮阳县，鞭长莫及。

唐元和十四年（819），韩愈到潮阳祭大湖神，顺便到县城不远的灵山寺，回访大颠。面对潮阳人口、经济已然不断东扩的新趋势，韩愈将县治从临昆山，直接迁到了接近县域中心的新兴乡（今棉城），此后一直不变，迄今已 1200 余年。

韩愈这个决断，无疑称便州县。迁潮阳县治于棉城，除了因为这里有大片平原，可以容纳更多的人口外，还因为往来潮州城，显然更加便捷。出棉城往北，在小北山与东山之间，有个缺口，顺榕江口下牛田洋，坐船可溯韩江直达潮州。若县城址选在别处，则需多走几十里山路，车马劳顿，颠簸甚苦，陆路总比水路难。

潮州城向称"三山一水绕城郭"，或谓"三山拱护，一水傍城"。三山是金山、银山和韩山，一水是韩江。金山，一名金城山，山高 40 丈，周围 4 里，形如覆釜，巨石巉岩，岭岑层叠，榕木高茂，幽翳成林。山的西面是西湖，东面是韩江，南面则俯瞰城郭，民居簇簇，街坊鳞次。从东晋义熙九年（413），设义安郡，郡治就一直在金山的子城。常衮刺潮的时候，曾经在金山之巅，题"初阳顶"三个大字，后来，年代久远，苔侵入石，字已湮没，只存"唐常衮书"几个字，依稀可辨。史书上记载，韩愈治潮，也曾于山的南麓、州治后面"凤山楼"的左右，建"款凉"、"延光"二亭。洪武年间，州治迁往新街，亭也废圮。

金山真正的开拓，是在宋大中祥符五年（1012），太常博士、知潮州军州事王汉，较大规模地辟建金山，使金山岩壑嶙峋，深林叠翠，芳草披道，曲径通幽之妙，得以尽情展露。当时，王汉看见山中荔枝茂盛，遂建荔枝亭，见景立名的还有隐石、独秀峰、鉴石冈、仙游洞诸胜，又辟建了凤凰亭、初阳亭以及望贤石、西晖亭、凤台等处，并作《始开金城山记》，镌刻于西南麓一块巨石之上，现刻石面积约长230厘米，高235厘米，自右至左，共26行，楷书竖刻。

文人雅好，不但喜欢舞文弄墨，呼朋唤友，粉壁题诗，也喜欢你邀我请，笔歌墨舞，摩崖刻石。金山上有一方虞庠博士、知潮州军州事郑伸于宋至和二年（1055）摩崖刻石的《郑伸筑城记》，高约390厘米，宽约330厘米，共10行，前6行每行16个字，后4行字数不等，正书阴刻。这篇《筑城记》记述了宋皇祐年间，广西侬智高造反，顺流而下，进攻广州，皇帝诏令岭南各地完善防御工事，以御贼寇，潮州郡守加筑、加固城墙的经过。侬智高造反，当时情势危急，潮州也曾出兵，顺东江火速驰援广州，在大南门外与侬军对峙，解了燃眉之急。

金山上比较有趣的是朱熹、周敦颐的一组题刻："拙窝"、"拙赋"。加上廖德明，这就完全是呼朋唤友、敬贤尊长、你邀我请的一次雅集。"拙窝"现存于金山南麓、《郑伸筑城记》之东，正书横刻，每个字大约30厘米见方，侧勒"晦翁为子晦书"

六个字，每个字大约2寸见方，正书直行。光绪《海阳县志》引《舆地纪胜》：“拙窝，在海阳县内金山，旧名遥碧；宋廖德明更名，朱子书额，并刻周子《拙赋》于岩石间。”

廖德明，字子晦，宋庆元四年（1198），任潮州通判。这是廖德明赴任潮州之后，邀请朱熹，为州治金山题刻的一件文坛雅事，从中也可以感知，子晦与朱子交情匪浅、对周子崇敬莫忘。

金山上还有一方约熙宁八年（1075）的题刻：“第一山”。每个字都约45厘米见方，一气呵成。光绪《海阳县志·金石略》著录，题为“米芾题字”，云：“右题字在金山崖石上，书在楷行间，笔势遒逸……”

银山在城西北，亦名葫芦山，因前有西湖环山，也称西湖山。山高50余丈，周围约10余里，形似葫芦卧地，吐纳精华，化炼丹方，故称葫芦山。山上古木参天，阴翳碧绿，巨石岩壑，叠嶂层峦，古时，为榛荆丛集，狐鼠窟宅之区。唐贞元三年（787），山上已建有李公亭，镌《李公亭记》于北岩。林大川《西湖记》卷二，载亭有联云：“水光悬荡壁，山翠下添流。”甚为贴切。李公亭是纪念唐大历十二年（777），贬任潮州刺史的曹王李皋。

史载，李皋是李世民的五世孙，历任江西、荆南、山南东道三镇的节度使，参与平定李希烈之乱，练兵积粮，使淮西叛藩吴少诚畏服。唐肃宗上元年间（760—761），李皋任温州长史，代管温州事务。当时温州发生饥荒，李皋拿出官仓中的数十石粮食，来赈济饥民。僚佐都恳请他先奏报朝廷，再开仓发粮，李皋回答："人一天不吃两餐饭，将会饿死，怎能等待诏命之后，再发放呢？假若杀我，而能让众人活下来，这好处就大了。"等到发完粮食，他便上表谢罪，朝廷优诏开释。

李皋文韬武略，口碑极好，《潮州府志》有载，李皋"素性勤俭，能知人疾苦，参听微隐，尽得吏下短长，赏罚必信，所至常平物价，豪佑不能擅其利"。惜李公亭早已圮废，唯存"李公亭"三个大字于石壁，《李公亭记》也仅存于宋王象之的《舆地碑记目》。

葫芦山上还有另外一座李公亭，潮州刺史李宿建的观稼亭。李宿是唐贞元十二年（796），由御史中丞，被贬为潮州刺史。治潮时，李宿在葫芦山南岩建了这座观稼亭，公干之暇，刺史常常登临观稼亭，骋目展眉，韩江三角洲连接榕江、练江平原的稻作区，历历在望，平畴风过，稻海翻金，农民背犁叱犊，耕田锄剃，沾体涂足，含辛茹苦，尽在眼前。郑昌时《潮州二十四咏》之《观稼亭》，有云：

> 红杏花开社酒　，平畴一抹翠云封。
> 荷锄课雨原头立，击鼓分秧柳外逢。
> 昔日中丞念民隐，此间二月省春农。
> 亭西指点山家路，又见耕　过别峰。

贵池姚瀚《竹园诗钞》，也有句："观稼亭真爱万民，男耕女饷好辛勤。题诗笑问乘栏客，痛痒相关有几人。"心系民艰，痛痒相关，课雨问晴，感受相同，言为心声，这些，岂是那些仅仅前来欣赏景物者，所上心，所能言。

葫芦山，以摩崖石刻最为闻名，唐宋元明清，乃至民国，留下的刻石，有280多方。当中，俞献卿的《葬妻文》，有文献、社会、风俗、伦常价值，尤为可贵。

俞献卿是安徽歙县人，在安丰县尉任上，碰上了一宗命案。和尚贵宁，私资甚丰，却被他的徒弟夺财杀害，并谎称师父云游了。献卿拍案，曰："贵宁与我过从密切，断无不告而去。"徒弟惊恐色变，拘执之后，一讯即服，并起获其尸。

宋天禧二年（1018），俞献卿由南雄调知潮州军州事，越二年，妻子病逝。献卿大恸茫然，哀念不已，遵妻嘱而行事，作《葬妻文》而志哀。文曰：

> 天禧二年，戊午建子月，曲台博士俞献卿出守是郡。四年秋七月，妻清河县君张氏，以疾终于官舍。弥留之际，谓余曰："妾其逝矣，厥躯愿勿以火化，但得抔土覆面足矣。"又曰："无以厚葬，虑久久贻患于泉下。"乃自择弊衣数事，俾燃铁箸回环以烙之，其首饰之具，悉以锡镴为。余嘉其言达，故不违其命，即以其月十二日，葬于此。庚申岁七月二十日记。

《葬妻文》刻于葫芦山北岩西侧山顶一块兀起的大石上，不加修饰，随形附文。碑面向北，直行，高190厘米，宽355厘米，正书隶意，天骨遒美，高古蔼然，不留天地，率意而为。俞氏张氏，真一对璧人。当时，火葬是官宦殷富的高贵葬礼，是行时的流风流俗，是一场讲排场、轰动铺张、引人瞩目的仪式。张氏却一再嘱咐，勿火化，火化则劳动四方，大费周章，一抔土掩身足矣；勿厚葬，厚葬则久久贻患于泉下，盗墓之风，从来劲吹不馁，何苦来着。俞氏也真是可以，言听计从，淡薄随之，谓心心相印，不过如此。

畲族，是一个歌声嘹亮、尚武骁勇的民族。

在畲族的族谱、传说、祖图、榜牒、开山公据，以及世代口头传承的长篇叙事诗《高皇歌》里，都有一个明确的指向，他们的祖先，都来自于潮州凤凰山。林英仪《潮州建置沿革述略》称，"潮饶交界之山地一带，唐虞三代，盘瓠裔畲民已在那里劳动生息"。唐虞三代，是指远古的尧、舜、夏、商、周；唐尧，姓伊祁，名放勋，五帝之一；虞舜，姓姚，名重华，字都君，五帝之一；三代是中国建朝最早的三个朝代；盘瓠，则是畲族祖祖辈辈共同尊奉祭祀的始祖。

传说，在远古时期，五帝之一的高辛氏帝喾遇难，盘瓠挺身救国，渡海杀了番王，智娶帝喾的公主。盘瓠和公主成婚后，被封为忠勇王。但盘瓠不愿为官，不图享乐，不住都邑，携妻辞别繁华的京都，入住山林，搭棚而居，耕牟而食，过着自由自在的生活。

20年后，夫妻俩携着三子一女，拜见帝喾。帝喾喜甚，欣然为外孙们赐姓起名，见长外孙手里托着一个藤编的盘子，赐姓盘，名自能；次外孙手里提着藤编的篮子，取谐音，赐姓蓝，名光辉；三外孙刚要赐姓时，感动玉皇上帝，上天打巨雷，帝喾视为天意，遂赐姓雷，名巨佑；外孙女赐名淑玉，后嫁给钟姓，婿志琛。盘瓠高高兴兴回到山林后不久，在一次外出狩猎中，不慎被山羊用角顶到悬崖边，失足跌落悬崖，意外身亡。尔后，三子一女，率众徙向东南沿海，繁衍生息。

清代诗人丘逢甲，有诗吟咏这段史迹："椎结遗风尚宛然，凤凰山畔种畲田。山中自作槃瓠国，更在佗王左纛前。"清光绪三十二年（1906），浙江建德县令雷嘉澍的《广东盘瓠王祠志》，亦云："夫祠堂之设，所以报本追远之深心，尊祖、敬宗、收族之遗意也。顾我盘、蓝、雷、钟四姓，大宗祠基于广东凤凰山，与南京一脉相连。建祠之地即吾旧居址也。正栋之中仍奉盘瓠王为始祖，龙杖照然，公主并列焉。左奉武骑侯自能公，为盘公始祖；右奉护国侯光辉公，为蓝公始祖；又左奉立国侯巨佑公，为雷公始祖；又右奉敌国侯志琛公，为钟公始祖。并列敕封牌位，世世享祀，不忒继此……"

在人们的印象中，潮州的风俗习惯，饮食起居，待人接物，言谈举止，好像与别处地方颇不同。初到潮州，满目新鲜，房屋四隅分金、木、水、火、土，巷陌均为东西向，街衢全都北南一贯到底；这家的大门，隔着小巷，连着那家的后门，这家的火巷，滴水收入，挨着那家的从厝；家家门肚凹入，门楼描书绘画，门匾镌刻大夫第、资政第、儒林第、太史第、外翰第、方伯第、文翰第、太卿第、少卿第、文林第、建威第、明经第、兵马司林、当代龙门、司徒世家，天井种莲，檐下摆花，闪门落地，隔扇雕花，楹联髹漆，厅堂挂画。

在潮州停留五天八天，十天半月，又会感到，潮州的另一种新鲜、新奇。那是潮州汉族先民，与畲族先民长期相处，时长日久，休戚相关，耳濡目染，畲族先民的文化元素，被汉人吸收、融汇了。

潮州有一种歌谣，叫"畲歌"。"畲歌"的实际涵义，等同于"潮州歌"。在潮州，凡是用潮州话唱的潮州方言歌，通通都被潮州人称为"畲歌"。畲歌的一般格式，以七言为一句，四句为一条（首），每条成一个乐段，亦即一个乐韵单位。这一格式，完全被宋元以来的"潮州歌册"采用了。

从远古一直以来，畲族就有一种规模盛大的风俗——盘诗会。盘诗会在固定的节日举行，以歌唱《高皇歌》和《麟豹王歌》为核心内容。那时候，山岗、田原，着装华丽的畲人，在云雾和清风的撩拨下，在涧水与鸟鸣的和声中，尽情地引吭高歌。

盘诗会就歌唱的形式而言，有"小说歌"、"杂歌"和"斗歌"。潮州歌册，就是就地吸收了小说歌的形式，斗歌的遗风，也一直在潮州的农村流传。且看，古往今来，潮州农村斗歌的序歌，都是这么几句："畲歌畲哩哩，欲唱畲歌行磨边（行近前）；

一千八百哩来斗，一百八十勿磨边。"或者是："畲歌畲唉唉，欲唱畲歌行磨来；一千八百哩来斗，一百八十勿磨来。"

唱畲歌时，畲民喜欢用假声，潮剧中的"老丑"，最见功力的唱"双拗"和唱"痰火喉"这两种假声，就都仿自畲歌。潮剧名丑郭石梅在《苏六娘》中唱的"痰火喉"和方展荣在《柴房会》中唱的"卷舌"，都是古代畲歌发音的典型。

畲人以言语代歌唱，所影响和陶染的，是潮剧的歌唱形式和编曲的想象，潮剧独一无二、备受赞赏、尤令人击节的清唱、拉腔以及后台帮声，明显地，模仿了畲歌的"单条落"（独唱），和"双条落"（带有轮唱性质的二声部）。畲人的一支蜒民，他们的水上生活、划船姿势，被吸取为潮剧中"三步进，二步退"的表演程式。新马学者萧遥天有云："潮州的土著，陆为畲民，水为疍民。畲歌本是潮音的老调，而疍歌，却是最原始与最有影响的。"

畲歌、疍歌，确乎是最纯粹的地方性潮州歌，也是潮州歌的源头、主流。观乎历史，当外来各剧种未入潮之前，关戏童所唱的，尽是畲歌和疍歌；当诸戏接踵而至，潮州戏萌蘖之际，所唱的戏曲，仍多是畲歌。潮剧中，最著名的折子戏，莫如百唱不衰的《桃花过渡》，而桃花和渡伯斗畲歌全折，以及"倪了倪……"调，全都是斗畲歌的脚步手角和形式。

除去春节、元宵、清明、中秋等汉畲共同的节日之外，畲民有一些特殊的节日，比如农历十月十四的"神农节"，畲民称"五谷母生"。这一节日，至今也仍在闽南和潮州地区广泛流行。这一天,城里城外,家家户户都会备好粿品,祭祀"五谷母"(神农),粿品都染上了桃红色,做成尖担形,或者鸡、鸭、鹅形,以兆来年五谷丰登。这个节俗,虽源自畲民,却流行于潮州汉人之中。

畲人还有"招兵节"。其仪式是在公厅搭一个高台,台上摆设神坛,以米斗作香炉,由法师作法、烧香、磕头、掷筊杯。若筊杯一阴一阳,便是胜杯,寓意盘瓠王率各路兵马已到。招兵节程式,几百年来,已被潮州功德班用于做超度的亡斋,亦为潮剧的武戏所吸收。

畲人的饮食习俗,已渗入到潮州人的日常之中,最著名者,如生食,像把草鱼,剖开净血,去头去尾,剔骨风干,片成薄片,晾以篾筛,再配以麻油、腐乳、杨桃片、萝卜丝、芹菜珠、蒜头片、金不换、花生米、白芝麻,蘸以食之,夹以食之,谓之食鱼生;如粿品,即舂米为粉,冲水混合,揉成粿皮,包上糯米、香菇、虾米、肉丁、芹菜作馅,或者豆沙为馅,用粿印印成粿桃,桃红色的叫红桃粿,白颜色的叫白饭桃,豆沙馅的叫豆沙粿;又如腌制,用芥菜拌盐,压缸腌制,曰酸咸菜。

畲人喜刺绣,尤好在衣服、围巾等织物上,绣各式图案、花纹,这种习俗,可以追溯到畲人的图腾崇拜。潮州城乡,亘古盛行刺绣之风,这种风俗的形成,原因虽是多方面的,但畲绣,不失为它的一支远源。唐代刘禹锡有《竹枝词》:"山上层层桃李花,云间烟火是人家。银钏金钗来负水,长刀短笠去烧畲。"所云的长刀和短笠,就是潮州人沿用至今的镰刀和竹笠,潮州人也常常叫"冇笠"。

畲人日用品中，还有"瓠靴"和木屐。"瓠靴"半圆形，有柄，木制，形似剖开的瓠瓜，舀水时，"瓠靴"底恰好与锅鼎的底相吻合，以便于将水舀干；木屐则如同日本的制式，底部前后有齿，上钉屐皮束趾，有白坯和漆红描花两种。清康熙侍读学士孟亮揆《潮州上元竹枝词》，便云："从入新年便踏春，青郊十里扑香尘。怪他风俗由来异，裙屐翩翩似晋人"。这种"瓠靴"和木屐，20世纪80年代初，还在潮州市场畅销不已。

畲族每一个家族，原都有一根杖首雕刻龙头的祖杖，称"龙头杖"，这是畲族的图腾物之一，其源极古。龙头杖代表着畲族社会的一种民主形式，族长决定族内大事时，如果徇私，畲民可以持杖击之。这一形式，后来也见于汉俗。潮剧老旦洪妙，在《杨令婆辩本》中唱道："老身手执龙头杖，定打昏君与奸佞"，此即移用了畲人的龙头杖做道具。

盘瓠图腾，是远古传说时代，南方最主要的一个图腾。据史书记载，这个部落，开始并不叫畲族。史书上，于不同时期，分别以山越、畲人、佘民、山蛮、坑蛮、峒蛮、峒獠、山峒、土人、瑶人、苗、黎、僚、獠、蜒、俚、輋、蛮獠、蛮僚、白衣居士称之。

"畲"作为一个民族来称呼，最早见于宋德祐二年（1277），即所谓的"畲军"。南宋末年，刘克庄的《漳州谕畲》，曾提到："畲民不悦（役），畲民不税，其来久矣"。这个"畲"的含义，就是火耨，用火烧荒，刀耕火种，具体来说，就是以草木灰做肥料和以烧毁植物的方法来垦地。至今，潮州各地农村，稻田收割之后，晒干稻秆，傍晚日下，暮色苍茫，篝火一般，焚而烧之，灭虫热土，肥田育秧，就是这种遗风。

所以，畲族是一种他称，不是自称。据《潮州文物志》载，居住在凤凰山上的畲民，民国末年，在登记户口的时候，"民族"栏上，普遍填写为"凤凰自家人"和"山哈"（山里人）。严格上讲，畲族，是1956年之后，才确定的。但是，无论怎么称呼，他们都是信奉"盘瓠图腾"的那一支部落。

盘瓠图腾崇拜，是畲族的祖先崇拜。凤凰山畲族的立族故事，最早见于东汉应劭的《风俗演义》，以及后来的《山海经》、《搜神记》、《晋书·南蛮传》。广东省民族研究所的专家指出，广东凤凰山畲族图腾文化保存之完整，及年代之久远，在国内各兄弟民族中，是鲜见的；这可为研究我国少数民族图腾文化，提供翔实和宝贵的历史文献。

图腾，实际上是一个舶来语，含意是指，某一氏族所认为的与这一氏族、部落有着亲族关系的动物或自然物。被称为图腾制奠基者的佛来善说："一个图腾就是一类物象，初民以迷信态度尊敬之，而相信自己和同群的各个分子，与此类物象有密切和特殊的关系。"

纵观中国历史，看看各个历史悠久的民族，在发展初期，哪个不存在图腾崇拜？有的族群，把自己祖先的形象，描绘成半人半兽，或者半人半禽，像"蛇首人身"的伏羲，"牛首人身"的神农。"龙"的传说，也是从远古的蛇图腾演绎而来。畲族崇拜的图腾，先是鸟（凤凰），后则为龙麟，就是龙与麒麟的混合，其形象为龙头、牛身、牛蹄、花尾，即畲民所谓的"脚踏八宝的麒麟"，进而鸟与龙麟合一，以龙麟为主，称"盘瓠"，成为"龙麟首人身"的驸王。

不同支系的畲民，所珍藏和秘藏的"盘瓠"图腾，还会有某些显而易见的差异，如"龙—犬"图腾，这是一个狗头人身的男子；"龙、犬、鸟"合一的图腾，这是鸟卵孵出的龙犬；"龙—蛇"图腾，这一图腾，是由畲人中"爬蜴"的一支信奉。乾隆《潮州府志》"风俗卷"记载："酉畲农夫，与渔盐驵验，相处而杂……近山之民辄种薯芋，名曰开寮；滨水之民，取蛤蜊度日，名曰爬蜴"。

"盘瓠"延继的遗痕，迄今仍存留于潮州人当中。如，每当有人家新婚，门楣上都要贴上"凤凰到此"、"麒麟到此"，或者"凤凰麒麟同到此"的红纸门额、帐眉、床眉，都要绣上花卉、凤凰和"百年好合"、"五世其昌"等字样，枕头要绣上"花好月圆"和"凤凰于飞"的纹饰，新妇必挽面、打髻，戴一个龟背形状的凤凰髻，20世纪70年代之前，还要插上一支珠钗。

"爬蜴"一支信奉的"龙—蛇"图腾崇拜，在粤东和闽西南极为盛行和普遍，几乎大大小小的村落，都有图腾神"青龙帝君"的庙。而潮州一带，直接把"青龙帝君庙"，简称为"青龙庙"，或者"青龙古庙"。至今，潮州南门外南堤上，还有一座规模宏大面朝韩江的青龙庙，香火极盛，信众虔诚。当年，红头船浮海过番，潮州人都要到这里插香膜拜，祈祝祷告，然后取一瓶江水（井水），捧一抔乡土，带到南洋番畔，这样离乡背井，才不会水土不服。

直至清代，民间还盛行着膜拜"活图腾"的风俗：把一种被称为"活青龙"的草绿色小蛇，盘绕在青龙庙香炉的香骨上，庙祝口中念着咒语，小青蛇在香烟缭绕中缓慢蠕动，此情此景，吸引着无数心诚则灵的善男信女。甚至，还有一种"蛇头龟身蛇尾"，俗称"龟蛇"的青头小山龟，和一种背上长有三条金丝纹理，人称"尖蜍"的绿色小蟾蜍，都被列入蛇的亲族，而加以顶礼膜拜。

对于"蛮"和"闽"，《说文解字》的解释，也是以图腾为依据。对"蛮"，解释说："南蛮，它（蛇）种，从虫，蛮声"。对"闽"，则解释："东南越，它（蛇）种，从虫，门声。"据此，有学者根据《国语·郑语》之记载，进一步考证，原来"闽"、"芈"、"蛮"，是由一个"蛮"分出来的三个字，即三个族裔。

除了"青龙"的图腾崇拜，鸟的图腾崇拜也并行不悖。在潮州，"玄鸟生商"的神话曾经十分流行。传说远古的时候，有一位雅兮靓兮的姑娘，在纺纱织布时，突然，天上飞来了一对燕子，燕子与姑娘亲密无间，站在她的肩上就不再飞走了。姑娘好奇地把燕子养进了笼子里，燕子生了卵，姑娘把卵吃了，竟有孕，生下小孩来，这小孩长大后，成了商朝的第一位君主。直到现在，潮州人过生日，仍然坚守这一个几千年传承的图腾仪式，即：早餐全家人吃甜面汤煮鸡蛋，喻甜蜜绵延圆满；生日宴头道菜必定是粉丝汤煮鸡蛋，喻皓首长寿完美。有意思的是，潮州人特别热爱燕子，尤其欢迎燕子到家里客厅的檐下筑巢，这叫"厅上燕"、"梁上燕"，是家运吉祥、宁和、昌盛的象征。人们还小心翼翼地用红纸，做成精美好看的纸袋，糊贴在厅口檐角的燕巢下，既保护乳燕的安全，又作为来年燕子飞去飞回的标识。

唐总章二年（669），泉州、潮州一带，发生了意想不到的蛮獠啸乱。本来，进入唐朝，已经天下安定，四海升平，东西熙熙，南北融融，百端与时俱新，百姓安居乐业，一派蒸蒸日上。比起人烟稠密的关中、燕赵、齐鲁、江淮和中原腹地，闽南、粤东，显得碧野千里，沃壤万皋，山青而润，水洌而甘，天蓝而透，云白而晶，那是一处崭新的令人趋之若鹜的乡土。

要是能马放南山，刀枪入库，休养生息，民本至上，那该多好。岂知，朝廷高高在上，日复一日，随心所欲，不断的推出新政新规，强化中央集权，随意削弱地方自主权，往时自生自长的边陲民族，山高皇帝远的化外小民，也要毕恭毕敬、别无选择地接受那一套以前形同虚设的徭役、赋税、政令的管治。再加上北边汉人，意念一起，陆路海路，入闽入潮，如蜂之拥，那些膏腴之地，丰硕之埔，放在从前是轮耕轮种，让地力自肥，现在却变成了外来者抱团结伙，人多势众，竞价哄夺，你争我抢，不胜忧烦。

一忍再忍，终于，忍无可忍。聚居在潮州、泉州两地山间的畲瑶之民，豁出去，不管三七二十一，聚众滋事，啸起生乱，先给你外来的一点痛感，我再且走且看。

这次啸聚，本不针对朝廷，没有攻城略地，没有攻打过州城、县城。只是心有不甘，欲与那些中原移民争夺耕地、熟地，争夺道路、水源，争夺话语权、营商权。朝廷接到奏报，权衡了权衡，就地派了揭阳人、广州都督府(扬威府)归德将军陈政，带兵平乱。

陈政原是地方豪强，雍正《广东通志》卷四十四《人物志·忠烈》、乾隆《潮州府志》卷廿九《人物·武功》以及《揭阳县志》，都记载云：陈政原籍中原，其父陈洪，于隋末出任义安郡丞，从陈洪起，他这一族，就在此地落籍定居。而归德将军，是唐高宗显庆三年（658），新置的一职，专门授予初附的地方首领者。以当地乡兵，平息当地乡乱，免地形、气候、食物、轮戍等等不适之苦，实为上策。

陈政领3600名兵员，从潮州出发，沿着今饶平、大埔，往九龙江上游走，然后，于山间伐木编筏，首尾相衔，搭成浮桥，偃旗息鼓，悄然而过。上岸后，又一路翻山峡，抄近道，弓腰疾行，马蹄裹布，出其不意，突然袭击。畲瑶人猝不及防，作鸟兽散。

柳营江是九龙江干流北溪的别称，六朝时，戍守闽地的军队曾屯兵于此，插柳为营。在柳营江畔登高一望，崇山峻岭之中，一江纵贯，激流奔腾，气吞山河，势不可挡。陈政在内山区选了这一处地方，扼北南西东，临江靠山，有险可守，遂建寨于柳营江西岸，以为进取。这柳营江是北南流向，河面宽阔，水势浩荡，一泻千里，流急涡旋，结寨于西岸，西望潮州，遥相呼应，心更坦然。

蛮僚的这一场啸乱，颇像民间的结仇，长者一呼，群起械斗。这心中的怨结一日不解，仇隙一日不了。好在陈政落籍当地久了，熟知人心民意，他听从军咨祭酒丁儒的方策，恩威并施，分化瓦解，稳扎稳打。军咨祭酒，是幕府职务，即首席军师。

陈政平乱，攻心为上，经过了8年，有相持、有失利、有退守、有待援。世上没有人总扯着顺风旗的，能扭转战局，化不利为有利，这才是高招。

陈政平乱的经过，康熙《漳浦县志》转载的《白石丁氏古谱》，有着详细记载：

> 府君首议，与将军（陈）政，阴谋遣人沿溪而此，就上流结筏连渡，从间道袭击之。遂建寨柳营江之西，以为进取。恩威并著，土黎附焉，辖其地，为唐化里。而龙江以东之民，陆续渡江田之，且战且招，追桀寇于盘陀、梁山之下，尽歼之，愿附者，抚而籍之。

白石丁氏，就是丁儒落籍创祖的。

平乱，没办法一蹴而就。蛮獠的刀耕火种，与中原移民成熟的耕种技术，势必形同水火。《龙溪县志》载："穷山之内，有蓝、雷之族焉，不知其所始。姓蓝、雷，无土地，随山迁徙而种谷，三年土瘠则弃去，弃则种竹偿之。无征税，无服役。"《永春县志》也记载了以射猎为生的蛮獠，向以耕山为主的畲民，发展衍变的过程。他们"巢居崖处，射猎为业，耕山而食，去瘠就腴，率二三岁一徙"。这种挑肥拣瘦，二三年一徙，丢荒则种竹补偿，且只在周边山林打转、移徙的游耕方式，势必与中原移民的耕地方式矛盾。这一矛盾无法彻底解决，啸乱平息之后，又会反弹，真是奈何。直到明清时期，迫于社会动荡和人口增殖，畲民才有从凤凰山往闽东、浙南的大举迁徙，此已是后话。

潮州有一句俗语："鬼火扑不灭。"也爱说一句熟语："既来之，则安之。"唐仪凤元年（676），陈政审时度势，深谋远虑，又从潮州一带，募集众民，得58姓，迁徙到云霄，任由他们自主择地，自主垦田，蔚为声势，共为声援。这募到的58姓民众，应该是中原移民，一开始，并不是军队，在后起的文献里，有讹为自中原前来增援的58姓军校，误矣。后来，在重新激发、燃起的中原移民与蛮獠的对抗争战中，这部分力量，成了陈氏军队的坚强后盾，其中，青壮者血性入伍，成为主力。

仪凤二年（677），厓山陈谦攻陷冈州（今新会），遍掠岭左各地，闽、粤遭受惊扰，潮州的蛮獠首领苗自成、雷万兴，趁机与陈谦相勾结，攻陷了临昆山下的潮阳。《广东通志》曰："峒獠者，岭表溪峒之民，古称山越。唐宋以来，开拓浸广，皆推其雄长者为首领，籍其民为壮丁。不可羁縻者，则依山林而居。"

作为"雄长者"之一的雷万兴，有很多传说。有说他以前，曾被关进牢房，他一顿能食一斗米，母亲送来的饭，却都被狱卒抢去，雷万兴想办法让母亲把米饭染黑，从此，狱卒再也不动他的饭了。有说他率畲民抗击官兵，被困于大山之中，粮食断绝，以乌稔果充饥。胜利后回营，食尽酒肉，均觉乏味，他想食乌稔果，可是时值三月三，乌稔尚未开花。那些兵卒，只好采了些乌稔叶，和糯米一起炊煮，结果，黑糯米饭味道特佳，雷万兴食欲大振，从此衍成风俗。

蛮獠之乱又起，而这时，恰好陈政新近病故（也有一说，是血洒沙场），人们殷切的目光，纷纷注视着年方廿三的陈元光。

从 15 岁跟随父亲陈政征战蛮獠，8 年的行伍岁月军旅生涯，耳提面命，耳濡目染，陈元光已经血火之间，淬炼成一个通儒术、精韬略，有勇有谋的将帅之才。

此时潮州刺史常怀德，甚为倚重陈元光，飞檄召回岭东征讨。陈元光身先士众，历经大小百余战，才平息了这场啸乱。唐永隆二年（681），岭南蛮獠又乱，循州司马高琔，力邀陈元光出师，陈元光伐山开道，8000 将士挥师循州（今龙川），潮州西北部蛮獠相率归附，循州、潮州啸乱相继平息。

经过这两次啸乱，陈元光深感泉州、潮州地域跨度过大，管理上出现空档，易生祸乱，遂主张于泉、潮之间，增置一州。唐垂拱二年（686），朝廷颁诏，允准于泉州、潮州析地，在原绥安地域、漳水之北，建置漳州，辖漳浦、怀恩（今诏安、东山以及云霄一部分）二县，州治设于今云霄西林。陈元光为首任漳州刺史。

陈元光治漳，颇有一套：实行汉蛮通婚，他自己与钟姓的蛮女结婚，带动部属与士、农同化蛮獠；兴办庠序，开化人文；诱导耕种，提高农艺；鼓励贸易，互市两利。至唐景云二年（711），25 年间，竟也成为"扼闽粤之吭，开千百世衣冠文物"（《漳州府志》）的名邦。

景云二年（711），陈元光带 10 余扈从，在州治附近的拜岳山麓为母守墓，被蛮獠蓝奉高黑夜设伏，刃伤腰间，不治身亡。4 年之后，唐开元三年（715），陈元光的儿子，继任漳州刺史陈珦，率勇士夜袭獠峒，杀了蓝奉高，降伏蛮獠余众。这场初唐中原移民与本地土著的反复较量，历 46 年，才告一个段落。

陈元光跟随其父陈政，从潮州出发，数十年如一日，开发漳州，其子陈珦、孙陈酆、曾孙陈谟，相继担任漳州刺史，祖孙五代，承先启后，开漳治漳凡 150 年，使潮、泉、漳三境，蛮獠啸乱得以平息，人心安定，岁月静好，黎民感戴，尊陈元光为"开漳圣王"。一直以来，漳州、诏安、云霄、漳浦等地，都设有"威惠庙"、"陈王庙"、"威惠王庙"、"九落庙"、"灵侯庙"、"将军庙"等庙宇，常年祭祀陈元光及其夫人和部将。台湾 8 县 3 市，也建有纪念陈元光的"圣王庙"53 座，每年二月十五日陈元光诞辰之日，到处演戏祝寿，极其热闹。清代以前，潮州各地，也有不少庙容肃整蔼然的"威惠庙"，纪念陈元光保境安民。

北宋漳浦知县吕璹，是晋江人，宋景祐元年（1034）进士，他到县城西辰岭威惠庙拜祭陈元光时，曾赋诗云：

当年平寇立殊勋，时不旌贤事弗闻。
唐史无人修列传，漳江有庙祀将军。
乱萤夜杂阴兵火，杀气朝参古径雲。
灵贶赛祈多响应，居民行客日云云。

吕璹在拜祭中心有所感，慨叹着"唐史无人修列传，漳江有庙祀将军"，他距陈元光祖孙生活的那个时期，不过三百来年，言辞应该是真实可信的。陈氏祖孙五代，开拓漳州，功业彪炳，理应享誉朝野，流芳史册，可是，翻遍唐史，却没有任何记载，这是为什么？

专家们已经证实，后起的有关陈政、陈元光率兵，由中原南下戍漳的传说，有的是杜撰，有的是穿凿附会。漳州学者林建东云："陈政、陈元光戍漳，非皇帝所派，才会'唐史无人修列传'。"也是，从唐初兵制、官制看，陈政、陈元光不可能从河南光州率府兵入闽。唐朝惯例，军府别将以上的将领，都不得由本地人担任，这样，陈政、陈元光率光州府兵入闽之说，就陷于无论如何也不能自圆其说的境地。再者，古时凡与皇帝有关的大小事情，都会有史官秉笔，记录在案，自上而下，又有一套完整的人员归档，倘若是朝廷选派陈氏率兵，万里远征，沿途地方官接送，又是水陆舟车劳顿，唐史焉能无一字记载？唐廷若真从河南派兵平乱，也应该舍难求易，走便捷的水路，如元鼎五年（前112），汉武帝遣楼船将军杨仆、伏波将军路博德破南越吕嘉于番禺，元鼎六年（前111），遣横海将军韩说、楼船将军杨仆破东越馀善（泉州南），哪里会长途跋涉，盘山过岭，穿越蛮獠啸乱的腹地，到龙溪以南沿海的古绥安地。

也有学者作了爬梳和指谬，云：明万历以前，史籍阙如，万历之后，才忽然间出现了一批族谱、家谱，其中，有不符合史实的说法，也有后人有关诗文、表章的伪托和假造。至此，应明白一个道理，史实如鉴，美美不了。出身尔尔，也能创千秋伟业，何须拔高。

唐朝文学家张鷟，与陈元光是同时代人，武则天时任御史，士林中有"青钱学士"的雅称，谓其屡试屡中。他著有《龙筋凤髓判》、《游仙窟》等，其中笔记体小说集《朝野金载》，记载了很多朝野的轶闻，里面，倒是有一则陈元光的记载："周，岭南首领陈元光设客，令一袍袴行酒。光怒，令曳出，遂杀之。须臾，烂煮以食客，后呈其二手，客惧攫喉而吐。"这是目前所见文献中，最早记载陈元光事迹的文字。周，指唐代武周，武则天主政时，改元为周。因属时人记时事，所载的内容，多为第一手资料，所以颇有参考之价值。

第三章　烟火旺旺

- 佛风炽盛窑火红

- 水稻一年两熟了

- 城墙修得很整齐

- 十八梭船锁画桥

- 地瘦栽松柏

- 雕版油墨香

佛风炽盛窑火红

佛教传入中国，曾经十分艰难曲折，无论从西域新疆陆路入境，还是从南海水路入境，一样经历了兴佛、灭佛、排佛、复佛，无数次的磨难反复。就是同样笃信佛教的皇帝，也因为善信不同，立场不同，而互相拆台。

《中华佛教百科全书》"大云寺"条，就记载了：唐睿宗李旦永昌元年（689），沙门法明等 10 人伪撰佛经《大云经》，吹嘘说这是新近来自西土天竺的佛门真经，进献与武则天，对武则天言说神皇受命之玄事。按照这部经书的说法，武则天乃西天乐土的弥勒佛转世。由是，武则天改国号周。大周天授元年（690），十月二十九日，武则天颁旨："敕两京诸州各置大云寺，藏《大云经》"。

当时，天下各州是否皆建大云寺，不得而知，但征诸文献，得知长安、河内（今河南怀庆府）、凉州、扬州、温州、淄州、柳州、宣州等寺院，并非当时新建，乃是改称旧有寺院而来。

到了唐玄宗李隆基掌政（712），这部《大云经》就沦为不折不扣的查禁书籍了。为了肃清其影响，全国各地的大云寺，自然也得通通改名。于是，《唐会要》卷四十八记载："天授元年（690）十月二十九日，两京及天下诸州各置大云寺一所。至开元二十六年（738）六月一日，并改开元寺"。

相传佛教从晋代即传入潮州，却一直比较顺畅，少有波折。佛典《传灯录》辑录的潮州籍高僧大德，就有惠照、大颠，等等。《传灯录》里，把惠照称为"潮州神照禅师"。惠照是在潮阳西山的海潮岩洞面壁，海潮岩洞，俗称"狮喉"，深、宽各约4米，据方志记载："唐大历初年（约766），名僧惠照，常栖于此。"

惠照是曹溪派系，得曹溪真传，大历初年从曹溪返回后，便于岩洞潜修并卓有成就，成了潮州本土最早传播佛教且广有影响的僧人，大颠、药山惟俨曾于此洞穴拜惠照为师。

稍后便是白牛岩、乌岩。相传，这是大颠面壁修禅的岩洞。白牛岩于东山高处，山势陡峻，洞深约2米，宽5米许，是大颠率徒玄应、智高等数十人所拓建。乌岩位于小北山北背，有深涧相隔，有唐代石桥，俗称无水桥，相传为大颠率徒架设。乌岩上的洞壁有佛手印一个，传为大颠以之测地气，因觉得此地地气较轻，而转至灵山建寺。据传，大颠在灵山寺设坛开讲，善信听众多达1000余人，93岁无疾而终，身后，至宋代，仍多有灵异示人。

有唐一代，潮州成了岭南除了粤北韶州之外，又一禅宗弘传中心。当时，位于州城中央的开元寺，不知什么原因，史籍少有记载；而叩齿庵，也只以大颠应韩愈之邀，驻锡于此而知名；南山寺作为唐时新建寺院，则差点被湮没了；崇山峻岭中蛇豕出没、人迹罕至的西岩、白牛岩、灵山寺等等，却反而赫赫有名。不说还真不知道，的的确确，唯有名师高徒，才能够代代相承，传灯烛照，名望久播。掐指算下来，自惠照座下出药山惟俨、宝通大颠两大高僧，又自大颠座下出三平义忠、本空、本生等高徒，闻法悟道者，无以胜数，在中国禅宗的典籍里，已然占有了一席之地。而大颠一脉门风之高峻，轻易不与世俗相沟通，则足以显出其山林佛教高蹈出世的特色。

宋代潮州的佛风，比以往更加炽盛了，究其原因，就是它的世俗化，人人得以参与，人人都能修为，吃斋拜佛，施舍捐赠，行善积德，都是在种自己的福田，有钱人、穷人，因果报应，一视同仁。这种风气一开，这样的观念直抵人心，蓬蓬勃勃，四面开花，就必然水到渠成。

《宋会要辑稿·瑞异》云："（治平四年【1607】）九月二十七日，广南经略安抚司言：潮州大地震，坼裂泉涌，压覆两县寺观、居民舍屋，并本州楼阁营房等，士民军兵、僧道死者甚众。"这是广南路官府向朝廷所作的灾情报告。这份报告说到，潮州由于地震，而引起房屋倒塌，其中，寺观建筑，排在了最前面，而死者中，也特意把僧道与军民并列。这固然说明了寺院的损失的确惨重，但同时也透露出，当时潮州的寺观之多、僧道人数之众。

宋王象之的《舆地纪胜》卷一百《潮州·景物上》,也提到了:"湖山,与韩山对。山之麓,寺观错立。"一座在今天看来小山丘似的西湖山,寺观便如此之多,可谓鳞次栉比,那么,城中其他地方呢?

潮州人礼佛、向佛,并没有什么非分、过分之想,只是一门心思求佛祖保佑合家平安,诸事顺遂。这是一种十分朴素的、体己贴心的信仰。与潮州民间心理相契合的,刚好是新一波的佛教转变。佛教作为一种异国他乡的异质文化,自传入中国始,为了能够立足,世俗化、本土化,就是它的总趋势。

唐代之前,潮州的佛教,在惠照、大颠等的带领下,还是一种见性明心、追求禅悟的山林佛教。进入宋代,世风骤变,佛教由偏于出世的面目,一变而为积极入世,庙产福田,四时供养,广开门路,寺院经济的开发,密切了佛教同世俗社会的联系,不知不觉之中,潮州的佛教,也从高蹈出世,转变成了都市佛教。

有专家考证,两宋时期,潮州各地新创建的寺院有 52 座,这些新寺院,主要创建在人口稠密的城市、集镇、村落以及交通要道上。加上唐、五代创建的 11 座,这就意味着,共有 63 座以上的寺院在运作。这 63 座寺院中,有 14 座建在州治和县治,即开元寺、大隐庵(叩齿庵)、广法寺、静乐寺、净慧寺、寿安寺、宁波寺、隆庆寺、治平寺、千佛塔堂、石塔寺、罗汉院、双峰寺、宁福院;至如今庵埠境内的灵和寺,云步境内的少林寺、观音净土堂,澄海境内的龙潭寺、董山寺、平峰寺,饶平境内的林姜寺、云盖寺、柘林寺,等等,则建立在较大的市镇上。

潮州人热衷于拜佛,动辄永充供养,也是从宋代开始盛行。

那时每天曙光初现，夜色未退，晨钟才响，山门还闭，就已经有善男信女，梳洗更衣，肃立于各山门外，合掌躬腰，意念归心，默默祷告。持长斋的，食短斋的，在家修行的，也大有人在。持长斋的，是一年365天，天天斋戒，食短斋的，逢每月的初一、十五两天吃斋。潮州信众都知道，寺院选址位置的便民，尚属在次要，重要的，是它的修持方法，如果信徒修行中，不能在智慧层面上有所进益，那虔诚做好福德，也是行的。这样的精神寄托，这样的佛理精义，很容易深入民间，与平民百姓打成一片，化为平民生活的一个重要的组成部分。

北宋康定元年（1040）至庆历三年（1043），开元寺在住持畅师的主持下，进行了一次大规模的维修。维修后的开元寺，"凡五百楹，为一郡之表"，全寺有500间房屋，足见规模之大。如果说500间屋有所夸张，那一次维修用了4年时间，则完全是可信的。当时，畅师只打算维修罗汉殿，不料，捐款者"如响之应"，所捐款项，大大超过所需之资，所以乐得来了个大规模维修。

天王殿，就是这次大规模维修的杰作。整座殿堂，采用了叠梁斗拱的结构，由50根柱子承重，所以殿内墙壁，不负荷载，只起"围绕遮蔽"和"界限"的作用。这样，殿内墙体可以任意增减，大殿空间可以任意布局，而且，这种广阔、通爽的殿堂，非常适合南方多雨潮湿的环境，减少对建筑装饰和佛像的侵蚀，也能容纳鱼贯而入的人流。

天王殿的抬梁斗拱构架，不用铁钉，仅凭木榫紧密衔接，11层的斗拱，层层向上散开，层层向上抬升，把整座大殿的屋顶，所有的重量、所有的承载力，都分导到殿中的50根柱子承载。斗拱，宋代《营造法式》称作"铺作"，处于柱顶、额枋与屋顶之间，由斗形木块和弓形肘木纵横交错、重叠构成，逐层向外挑出，形成上大下小的托座。11层的斗拱，是很惊人的创举，显示了过人的胆魄，站在殿中，抬望眼，那种高邈旷远，让人顿生缥缈之感。

有一个说法，说日本奈良的东大寺，一直找不到他们的祖庭在哪里，后来，到了潮州开元寺才发现，这里就是他们的祖庭。它的基本布局，营造模式，就是十足依照潮州开元寺。

北宋政和四年（1114），潮州城南门外今南春路尾的静乐禅寺，有过一次别开生面的结"金刚经社"活动。这是一次带有主题性质的法社、邑会，静乐禅寺的37位出家僧人，倾寺而出，带着一大帮笔架山百窑村白瓷窑的热心檀越，佛乐声中，在大殿一次次高声讽诵《金刚经》，修心养性，又在偏殿和诸阁，镇日小楷一遍遍抄写《金刚经》，宁静致远。到了约定之日，功德圆满，僧众带着一帮弟子檀越，举行斋会，又一起募铸了一个平身直口、穿梁悬钮，净高170厘米、直径110厘米、重3000余斤的大铜钟，又请高手撰写铭文，罗列僧人善信，浇铸于钟壁上下，纪念这次独一无二的以诵、抄《金刚经》为主题的僧信结社信仰活动。后来，静乐禅寺不知何时何故湮灭，大铜钟移置开元寺大殿东侧，于今钟声悠扬，不减当年。

就在与静乐禅寺结"金刚经社"差不多同时，一说北宋政和六年（1116），一说北宋宣和二年（1120），浙江温州籍高僧大峰，从福建云游来到潮州，到了潮阳蚝坪（今和平），恰逢干旱，瘟疫流行，陈尸遍野。大峰见此而驻锡，收埋尸体，设坛念经，清洁饮水，采药行医。蚝坪境内的练江，正处于当时繁忙的闽粤交通干线，水深江阔，流急波湍，岸边虽有渡船，但遇洪水暴发，不是无法过渡，就是有翻船溺水之虞，当地居民，以及行商旅客，无不以大江隔阻为苦。大峰目睹，发誓修建石桥，从募化建桥款项、回闽鸠工庀材，到围堰桩基砌墩建桥，共用了 11 年的时间，这 11 年几乎是大峰独力经营，建成了全桥 16 跨桥洞的 14 跨。因操劳过度，大峰于南宋建炎元年（1127）圆寂，年 88 岁。余下的两跨桥洞，由邑人蔡贡元于南宋绍兴二十四年（1154）出资续成。

这座长 90 米、宽 3 米的石桥，以今天的目光来看，工程也算不小，而由一位 77 岁高龄的和尚募化，历 11 年建设，这在当时，更是了不起的大事。大峰圆寂之后，乡民感其恩德，把他葬在练江东岸的桥尾山上，并建祠纪念。后来，大峰扶危济厄、笃行义善的举措，传遍了潮州以及东南亚潮人社会，衍化成大众胸怀宽广、乐施好善、行善积德、济世利人的"大峰信俗文化"（即"善堂文化"），大峰也被潮州人尊为大峰祖师。有人膜拜说，大颠禅师，是唐代潮州僧人追求向上一路的证悟典型，大峰祖师，则是宋代实践大乘佛教有为功德的菩萨象征。

在这种浓厚的福德报应、乐施好善的社会风气中，产生了一种专门倡导、劝进他人行善布施的带头人——"劝首"，劝首可以是僧人，也可以是俗家人，如由一些在社会上受人信赖的虔诚信徒来担任。1976 年 9 月，在今潮安金石镇塔下村，发现了北宋的石井栏1个，井栏上三面刻字，文曰：

> 角洲保住信女许七娘，舍钱结砌石井一口，奉为考、
> 妣、妹同资生界，次乞七娘洎兄许满、许□同祈平安者。
> 政和丙申（1116）五月十四日砌。谨题。勾当蔡富、林琪。
> 劝首沙门□觉。

可见，这位信女许七娘，是在僧人□觉的劝进下舍钱砌井的。

开元寺天王殿内石柱第三横行从东到西第五柱，刻有"劝首徐安政、妻赵氏、男阿应，舍□乙百贯足"；殿内第四横行从东到西第七柱，刻有"劝首念四者"的字样。这里的劝首，是俗家人。同时也说明了，劝首不仅劝人施舍，本身也施舍。

有时，某项捐输工程过大，就可能有很多劝首，还可能设立更高一级的劝首名目——都劝首。静乐禅寺结"金刚经社"的劝募工程，就是这样。大铜钟铭文中，第6行是"炉首黄欢、黄和"，第12—13行，是有名有姓的10个劝首，第14—16行，则有"都劝首：住持、传南宗沙门择兰／承议郎、权通判潮州军州、管勾学事、兼管内劝农事、赐绯鱼袋张齐／朝奉大夫、知潮州军州、管勾学事、兼管内劝农事、赐紫金鱼袋朱彦说"。当然，这三位都劝首，一位是本寺住持，另两位是潮州知州、潮州通判，不过是挂挂名，不干事的。

劝首所劝进布施的对象，不仅仅是寺院僧人，还可以是社会公益。北宋天圣元年（1023），《买石座题记》记载："劝首林廷翰、

陈清、赖裕，召众买石座三十个，与往来集善坐起……"行善布施这种事，不管是布施寺院，还是社会公益，都需要有热心之人，出头出面，当时，这种人在潮州，谅必不少，才会产生了"劝首"这样一个专有的名称。

北宋绍圣元年（1094），礼部尚书苏轼，被贬到惠州安置，驻惠州三年中，曾到访潮州，返程作《过阴那山》诗并序，序曰："自惠来潮，既访韩山，再六日，归舟蓬辣滩上，乃闻高僧了拳结庐于此。及兹一览水石云林，诚为罗浮仲擘也，因赋此云……"阴那山的灵光寺，也是当时潮州的一处山林佛寺，苏轼莅潮那时，潮州的都市佛教，方兴未艾。几十年后，风云际会，有心无心的，有形无形的，官府和僧俗的种种作为，却直接促使了寺院经济的巨额增长。

南宋开禧元年（1205），落籍潮州的福州人林绍坚，一次就施田6848亩给开元寺。乾隆《潮州府志》卷十五《寺观》中，也录有宋所建寺，如潮阳宝光寺，就有邑人吴颜施田460亩；治平寺，有邑人刘世荣施田900余亩；海阳龙潭寺，有邑人陈双桂、蔡丰湖施田若干亩；揭阳双峰寺，有官赠田地22顷77亩。又如捐款、捐物，不论贫富，人人都努力而为，大到捐修寺院，小到捐佛像供养，在当时社会上，构成了一道乐施好善的动人景观。像开元寺大殿石栏、丹墀四角四座阿育王塔、天王殿和地藏阁等殿内巨型石柱等，多有诸如"某某某舍钱××贯足，祈超生界"或"祈乞平安"之类的特具宋代风格的刻字，至今犹存。南宋末年，大宋江山已经风雨飘摇，潮州知州林式之，还于咸淳五年（1270），捐俸金百万，重修开元寺法堂。

《清明上河图》描绘的开封市井生活，熙熙攘攘，百态人生，活色生香，花团锦簇。宋代潮州的生活，也是五彩缤纷，花开似锦，随心随意。僧人直接从事经济活动，也是在这样的开放时代、开放城市才有。南宋淳祐三年（1243），韩山书院所购买田产的记录，其中一款载曰："买僧有惠，溪东田一石八斗，税钱一十贯足。"可见当时，僧人不仅能拥有私人田产，而且，还可以自由买卖。

潮州地处广府极东，为闽广两地交通之孔道，向有"广南闽峤"之称，又值经济起飞之时，交通格外繁忙，但在路政建设上，却一直少有作为。自闽至广，基本上有两条路："上路"，由梅州至循州；"下路"，经潮阳出海丰。上路沿途崇山峻岭，瘴疠袭人，而下路平坦，人烟稠密，所以，行人多走下路。

但是，下路也有诸多不便。开始时，任保甲者为管理亭驿的"亭驿子"，但过路官兵经常抢掠、鱼肉百姓，一般人家，不敢在路旁盖屋居住，所以保甲家的房屋，与亭驿相距较远，有客路过，就得延入家里服务，麻烦琐碎，工作量大；还有，本地的士兵弓手，也向亭驿子敲诈勒索，民以为苦。这样累积下来，导致驿铺建置时有缺失，常使行人无处投宿，加之桥道颓毁，横流暴涨，行人往往受阻，路旁无人居住，盗贼敢于白昼剽劫，商旅更深以为患。

南宋绍兴二十九年（1160），转运使林安宅大力整顿路政，创盖驿铺，夹道植木，跨桥为梁，路况为之一振；又罢去以百姓为亭驿子的旧制，董以兵士；抽调上路驿铺的铺兵，充实下路，并使铺兵与百姓相为依倚，共同居住于道旁。这样，百姓既可做生意，行客又能得方便，成效颇著。

想不到，这样好的一个措施，只实行不到30年。南宋绍熙二年（1191）之前，又照样“颓陋如故”。也是，试想，那些铺兵，心不在焉，能有心思照料亭驿？铺兵蛮横惯了，能和百姓鱼水相容？铺兵一旦仗势发威，百姓能有立足之地？唯有大包小包，陆续逃离。这一年，转运使黄棆，把道旁造庵以待行人的规划，行文到州。知州张用成即于此年在潮阳的黄冈、新迳、北山创建了3个驿庵，均名为光华馆，“守以僧，给以田，环以民居”，并给以住持僧很大的权力，如有“污败室庐、糜毁器用、暴横难禁者，僧得以经闻于官，而为之惩治”。

这种做法着实有效。南宋庆元四年（1198），知州林嘌，如法炮制，又连造了7座驿庵，“自是潮、惠之间，驿庵相望……因漳而潮，东驰南骛，惟适所安”。到南宋宝祐二年（1254），知州陈炜，建济川庵，60多年间，潮州自现在的饶平、潮安、揭阳、潮阳、惠来、普宁、揭西，直到与陆丰交界的“下路”干线，陆续建成了14座驿庵。一种新型的交通制度，终于探索形成，并一直维护了80多年，直到南宋灭亡。如果不是改朝换代，国祚变更，估计，还会延续更长的时间。

北宋治平四年（1067）、熙宁元年（1068）、熙宁二年（1069），潮州刘氏一家，重金延请著名陶瓷艺人周明，在州城韩江东岸笔架山窑，先后烧造青花白釉瓷佛像4尊，吉日择地供奉于城西羊鼻岗上一个小石室中。4尊释迦牟尼佛像均极精美，披袈裟，戴发髻冠，饰白明珠，掌作结手印状，脸长方微圆，修眉目，眉间有一粒微微凸起的"白毫相"，冠发、眉目、须鬓着青花，跏趺坐于四方台座上。尤为可贵的是，每尊佛像的底座，或三面或四面都刻有铭文，为国中古瓷所罕见。治平四年铭文为：

> 潮州水东中窑甲，弟子刘扶，同妻陈氏十五娘，发心塑释迦牟尼佛像，永充供养。为父刘用、母李二十娘，阖家男女，乞保平安。治平四年，丁未岁，九月卅日题。匠人周明。

熙宁二年铭文为：

> 潮州水东中窑甲，女弟子陈十五娘，同男刘育，发心塑造释迦牟尼佛散施，永充供养。奉为亡夫刘弟（第）十七郎，早超生界；延愿合家男女，乞保平安。熙宁二年，己酉岁，正月十八日题。匠人周明。

仅仅过了两年，就物是人非，刘扶已然仙逝。刘氏一族，在潮州是煌煌盛族。宋时，笔架山（即韩山）地带，许氏、刘氏两个盛族，即住居于此，当时有"山前许，山后刘"之目。许氏的先祖，自泉州迁来，到北宋大中祥符三年（1010），有许申应"贤良方正"科，中进士，官至广南东路转运使。许申之孙许开义，官明州（今宁波）观察使、广南西路兵马都监，曾孙许珏，娶宋太宗曾孙女德安郡主，一门鼎盛。

山后的刘氏，居桃坑及东津，至今尚为巨族。刘氏的先祖刘嵩，自唐末随清海军节度使至广州，其子刘颖，移居潮州，其后刘允，北宋绍圣四年（1097）登进士，历任化州、桂州知州。刘允长子刘昉，先任荆湖南路转运副使，又官拜龙图阁大学士，人称刘龙图；次子刘景，历任台州、南雄二州知州。造佛像的刘扶，其父刘用，其子刘育，皆住水东百窑村，当是刘氏一族的族人。山后东津刘氏一门，还有刘表，北宋咸平四年（1001），举"贤良方正"科入仕，当时据说是潮州第一人，只是时运不济，宦海沉浮，在京城做官，终身任职，也就承直郎、大理寺评事而已。

笔架山宋窑，早已是声名赫赫，远播寰宇。唐代的瓷窑，还都是在州城这边，依韩江西岸，在州城的北关和南关等处，砌窑烧造。宋时，随着窑炉的改进，那种圆墩墩，体积有限的馒头窑，已经不适合大规模生产的要求了。水东那边，笔架山横亘，高低峻矮，恰到好处，于是，有钱的财东，和薄技随身的匠人，纷纷来了，他们抱团结伙，各依所好，在笔架山西麓，毗邻韩江东岸的山坡，看好了心仪的地段，就选址凿山，砌筑龙窑。陶瓷发展到宋代，已经是历史最高峰了，龙窑应运而生。这是当时乃至后来陶瓷业燃烧最好、炉温最高、火候均匀、烧成最佳、装烧最大、技术最先进的柴草窑，直到20世纪70年代至80年代初，大多数陶瓷产区，还在广泛使用。

随着民窑的蜂拥入驻，有大户的一户出资，同时鸠工买料，砌筑了几条龙窑，也有小本的几户集资，共同拥有一条龙窑，短短几年时间，就在绵延近十里，包括许猪头山、虎山、后山、卬山、蟹山、庄厝山的笔架山，从北边靠近东津的猪头山（亦名虎头），到南边靠近涸溪的印山，一口气砌起了口述中的99条龙窑，一条条依山而起，如龙摆尾，瓦顶若鳞，伸腰拱脊，腾云欲起。

笔架山这一片窑场，连同头家、工匠、搬运、家眷聚居之所，被名白窑村，这是因为产品而得名；又名百窑村，是因为生产规模大得很。刘用、刘育的"潮州水东中窑甲"，就是百窑村中的一户。有专家据此，推断出当时还应该有"上窑"、"下窑"，或者"北窑"、"南窑"。但它们又各居于何处呢？乾隆《潮州府志》卷十三，东厢有一个地名曰"南窑"，注曰在"城东南畔，距城五里"；今印山和蟹山西面临江处，有一个"下窑村"，距城东南也大约是五里。这表明，当年，确有南窑和下窑的称谓，地处于笔架山南边。还没有完，铭文既然有"窑甲"，不用说，自然就还有"窑乙"、"窑丙"、"窑丁"……"

天时、地利、人和，齐聚笔架山。山后隔山的水缸山，山后南面的大旗山，三里开外的飞天燕山、海鹅头、和尚头、陈厝山，都蕴藏着数量惊人的白瓷土。周边村庄下津、卧石、六亩、黄金塘、洗马桥、社光洋的村民，也参与到掘洞取土、水碓春粉、淘洗陈腐、滤水炼泥中来，他们把瓷土和成品、半成品瓷泥，一起卖给了百窑村。百窑村的匠人，也晓得了脚踩辘轳、双手旋坯和模具注浆的先进工艺了；估算缩水、素烧施釉、干坯施釉、日下晒干、雨天夜晚阴干、匣钵装烧、门洞观火、色料描画，等等，也都了若指掌。

民国十一年（1922）10月，在潮州城西五六里的羊鼻岗，军队挖掘战壕，在地下1米的地方，挖到了一个小石室，石室中供奉的正是刘用、刘育那四尊青花白釉瓷佛像。专家陈万里在《从几件瓷造像谈到广东潮州窑》一文中确认："佛像的冠发、眉睛、须鬓均描青料。"朱裕平《元代青花瓷》一书，提到："宋代的青花瓷分别产于浙江、广东和景德镇，浙江和广东的烧制年代要早于景德镇。"潮州自古就有钴土资源，古巷、茂芝、新丰钴土的含量稍低，梅县、兴宁、平远的钴土均为富集，其矿土已能看到蓝色。专家指出："目前已发掘的实物证明……宋代笔架山潮州窑出产的佛像，是中国青花瓷史上的第一尊青花佛像。"

也有专家，咬文嚼字，非要抠出这批佛像的铭文字数、窑口地址、订户姓名、器件用途、工匠姓名、烧制日期，说是陶瓷史上，从来没有记载这样齐全、铭文这般字数的瓷器。专家举例，目前所知，古瓷器中，铭文最长的，要算清乾隆六年（1741），由内务府唐英监制的青花缠枝莲觚式瓶，属国宝级珍贵文物；这尊瓶的铭文，有68个字，著明监制人姓名官职、器物用途、烧制日期，但比起笔架山窑熙宁二年（1069）佛像，少了4个字，差了2项内容，晚了672年。有时候，一些古物，就是在这些常人疏于探究深研的细节上，显现了其无与伦比的价值。

民国二十九年（1940），有一个叫麦康的西人，到了福建、广东做考古学调查，他的足迹，遍及闽、粤两省的各个城镇集市、边地角落，回去后，在《亚细亚杂志》上发表了《中国古代窑址》

一文，其中，专门介绍了在潮州笔架山考察的情况。他说：笔架山窑废弃的瓷片，分布在长 1—1.5 英里、宽 0.5 英里的地域之内，河边含有瓷片的积土层高达 10—15 英尺，这是在中国所见过的最大的一处古代窑址。(1 英里约为 1.6 千米，1 英尺约为 30.5 厘米。)

让笔架山窑进入内地国人视野的，是《文物参考资料》1954 年第 4 期的一篇文章，文中指出："由笔架山东南山脚，至西北涸溪塔山脚，约四五公里均为窑址……此古窑址之正式发现，在目前乃为首次。"

让麦康料想不到的，是比他先 960 年，三佛齐国（今印尼）的一个番商李甫海，足迹早已经踏到了笔架山宋窑。《宋史·三佛齐传》记载："太平兴国五年（980）……三佛齐国蕃商李甫海，乘船舶载香药、犀角、象牙，至海口……飘船十六日，至潮州。"李甫海到潮州，当然是来做贸易的，那一船香药、犀角、象牙，从海口一路走过来，倾倒了沿途港口多少倒手外贸的商人，这些，在物阜民丰、市井繁华、经济向上的大宋内地，都是紧俏货。沿路李甫海当然会有小规模的交易，但是这批货殖，还是要留着到潮州出手，做更大的生意。

宋时的潮州"舶通瓯吴，及诸蕃国……以故殷甲邻郡"。《宋会要辑稿·食货》载：宋仁宗嘉祐元年至四年（1056—1059）到宋神宗熙宁十年（1077），潮州的商税，从 10799 贯，增至 30283 贯，增长达 180%，而全国同期，增长 10.2%。商税的大幅增长，不可能仅靠街市商贩的坐店经商和摆摊设点，而是来自大笔的买进和卖出。陶瓷，可以说，是有宋一代，潮州最大宗的出口商品。

　　李甫诲卸下香料、犀角、象牙等等让宋人瞪大眼珠的时髦货物，即兴冲冲搭渡船，来到韩江对岸的白瓷窑。他心中念念不忘的，都是之前下单定制的那些青花瓷器，盘盘碗碗、杯碟壶罐、匙勺盒盏、瓶炉灯盆，还有千奇百怪的西洋动物、玩具，什么短腿垂耳的哈巴狗、翘尾抬腿的憨态狮、紧贴马颈的骑士马，还是来到窑场，自己再过过目为好。

　　笔架山的宋窑，还生产一种军持，这种长颈、圆腹的瓷瓶，是东南亚各地土著居民，用来装水和祭祀用的。还有一些深目高鼻的洋人造像，显然也是西人定制。日本九州北部福冈的博多港，出土了很多潮州窑白瓷，引起了日本学者的注意，田中克子专门写了《日本福冈市博多遗址群出土潮州窑产品与外销》一文。从地下出土了一个外国窑口年代久远的外销瓷，引起了销入国学者的高度关注，这该是什么品质和销量？

　　让人意想不到的是，潮州窑瓷器的出土地点，在海外远远不止日本一地。埃及福斯塔特遗址，巴基斯坦巴博港口遗址，阿曼索哈尔港口遗址，斯里兰卡阿努达拉普拉古都遗址，印尼勿里洞苏门答腊岛"黑石号"沉船，菲律宾棉兰老岛港口遗址、吕宋岛八打雁港口遗址、安伴冈利伯塔河口附近沉船、巴拉望岛附近沉船、泰国·曼谷城市遗址、那空是贪玛咖城市遗址、林门波港口遗址、阁孔扣印度教神庙……都大批量出土过宋代潮州窑瓷器。同时期的汝窑、均窑、定窑、官窑、哥窑，在域中声名显赫，如雷贯耳；不声不响的潮州窑，却志存高远，在海外，打开了一片广阔的天地。

李甫诲这次在笔架山窑，又定制了一批青瓷双鱼笔洗，这款笔洗，宽平折沿、弧壁、圈足、足下无釉，外壁饰一周莲瓣纹，内底模印二条头向相反，尾部上翘的鲤鱼，鲤鱼形态生动，身上有鳞，背上有鳍，注水进去，鲤鱼如在波浪中追逐嬉戏，栩栩如生。水清无色，豆青宜人，水与青绿色釉，相映交辉。1975 年，在西沙北礁，意外出土了一个潮州窑青瓷双鱼笔洗，让人浮想联翩。

美国克利夫兰艺术馆，藏有一件北宋潮州窑人形水注，制作风格跟笔架山窑佛像相同，反映了笔架山窑人形器物外销的历史。人形器物，人形应在像与不像之间，完全不像则丑陋不堪，完全不变则又神韵全失，了无趣味，变形的尺度怎么恰到好处，极难把握。而成功了，就是无上的极品。

潮州的瓷业，其实与饮食有关，潮州菜惯摆大桌筵席，潮州人曰"大床大桌"，山珍海味，禽畜河鲜，烹炸蒸煮，煎炒焖燉，无所不用其极。那种排场上来，该用多少杯盘碗盏？汤要汤锅，匙要匙托，盘有深盘、平盘、圆盘、鱼盘，碗要分汤碗、菜碗、饭碗。菜式一定有头甜、尾甜，吃头甜、尾甜的甜碗，又要分用两个碗，不能杂了味、串了味，头甜是白果，尾甜是芋泥，抑或头甜是莲子，尾甜是白葛，它们的味道是完全不一样的，有的清甜，有的腻甜，有的是汤品，有的是羹品，有的甜一点，有的淡一点，入嘴的口感很重要。汤匙也要另外加一支，不加汤匙，就要另上一钵清水，让用餐者洗匙。碟有格碟，分左右两格，一格酱油，一格椒盐，更多的是用 6 个小碟、8 个小碟的，分放酱油、鱼露、辣酱、香醋、梅酱、豆酱，有时或许有一碟甜酱油，或者橘子油，或者沙茶酱，或者橙酱，或者白醋，等等。蘸料务必讲究，蚝煎蘸鱼露，丸子蘸辣酱，蒸鱼蘸豆酱，裹肉蘸梅酱，海参蘸香醋，当然，膏蟹、花蟹也是蘸香醋。蘸料内有乾坤，多有秘诀，裹肉是薄腐皮裹着精肉，下油锅炸过，吃了容易上火，梅酱性凉，中和了；海参、膏蟹胆固醇高，香醋把它解了。

天南海北，三省交界，山高水长，偏于一隅，也有一个好处，那便是远离战火，自乐其乐。秦皇汉武，征服岭南，战火燃不到这里，蛮獠啸乱，那也只是大型的聚众闹事，其余时间，潮州地界，基本平安无事。唐末黄巢起义，一把火烧了广州，他的队伍，水土不服，不敢开到潮州。倒是淮河上游的王绪，以寿州的屠户出身，起兵呼应黄巢，他的部下王潮，天不怕、地不怕，也不管水土服不服，从福建那边偷偷摸过来，于唐中和元年（881），攻取了潮州。

这些举义的人，都是有样学样，王潮在取下泉州、潮州之后，就在泉州自称刺史，后来，他的弟弟王审知接手经营闽地，更是自立为闽王。江西虔州的卢光稠，也于唐天启元年（885），聚众起义，效法黄巢，一经得手，即自称虔州刺史。唐天复二年（902），卢光稠派其兄卢光睦，翻五岭，从韶州下潮州，初战失利，卢光稠又集中兵力，大败王潮，占据潮州15年。

这两次插曲，调门不高，声音不响，都是起义军打起义军，虽然蹉跎了20多年，但是，百姓好像置身事外，无甚相干，照样闲庭信步，市肆喧阗，只是有时候在上街、言谈之际，斜睨上一眼，看他们城头变幻大王旗。

日子安生，民心不乱，饮食，就是过日子的主题。韩愈左迁潮州，地方官员接风，喜食善饮的韩愈，在席间即饕餮得兴起。后来，韩愈把接风宴尝到的这一席正宗的潮州菜，绘声绘色地说给了好友元集虚。

这一席接风宴，规格当然颇高，除了韩愈10岁时，随兄长韩会出任韶州刺史以及自己当阳山令时吃过的蛇，其余菜品都来自海边，都是第一次见到的海鲜、水产：鲎鱼、鲜蚝、蒲鱼、石蛤、章举、马甲柱……

鲎鱼是节肢动物，左思《吴都赋》曾云："乘鲎鼋鼍，同罠共罗。"刘逵注："鲎，形如惠文冠，青黑色，十二足，似蟹，足悉在腹下，长五六寸。雌常负雄行，渔者取之，必得其双，故曰'乘鲎'。"

蚝是贝壳类软体动物，唐刘恂《岭表录异》曰："蚝，即牡蛎也。初生海岛边，如拳石，四面渐长，有高一二丈者，巉岩如山。每一房内，蚝肉一片，随其所生，前后大小不等。每潮来，诸蚝皆开房，伺虫蚁入，即合之。"

蒲鱼是海里边生活的鳐鱼一类，体扁平，略呈圆形或者菱形、方形，像一把蒲扇，鱼尾常呈鞭状，有毒刺。种类颇多，有黄魟、黑魟等等。唐段成式《酉阳杂俎续集·支动》谓："黄魟鱼，色黄无鳞，头尖，身似大槲叶，口在额下。"

石蛤是一种蛙类动物，生活在山涧水边石缝，昼伏夜出，敏捷至极。钱仲联《韩昌黎诗系年集释》引祝允注曰："《本草》注云：'青蛙、蛙蛤、长脚、蟆子，皆虾蟆之类'。"

章举即章鱼，又名蛸、八带鱼、八爪鱼，有长腕足八枚，内侧多吸盘，体内有墨囊。《岭表录异》谓："章举形如乌贼，以姜醋食。"《韩昌黎诗系年集释》引孙汝听曰："章举有八脚，身上有肉如臼，亦曰章鱼。"

马甲柱，亦作马夹柱。段成式《酉阳杂俎》谓："每月三八日，则多马夹柱。"宋赵令畤《侯鲭录》卷三谓："玉珧柱，其甲美如瑶玉，肉柱肤寸，曰玉珧柱……退之诗谓马甲柱，是此也。"玉珧亦名江瑶，是一种海蚌，生活于海边泥沙中，其闭壳肌作柱状，即玉珧柱，也称江瑶柱，乃海味珍品。潮州人称江瑶为"带只"，干品江瑶柱为"干贝"。

韩刺史真大手笔，"其余数十种，莫不可叹惊"，仅仅十个字，就把宴会之隆重，菜肴之丰盛，食材之广博，告诉给世人。做潮州菜的第一道工序，也不言自喻，跃然而出：主要食材，在烹饪之前，非要呈上食客过目不可，尔后才能送入厨房烹制。否则，刚到潮州的刺史，仅凭盘中香气四溢的菜肴，如何能知道鲎像战国赵惠文王创制的帽子，蚝的外壳彼此粘结成山形，魟的全身扁平如蒲扇、有条长长的尾巴，且目在上、嘴在下呢？

潮州菜这种食材食法，实在大快人心，过口不忘。趁着口齿留香，韩愈按捺不住，迫不及待，马上草诗《初南食贻元十八协律》寄出。诗是五言排律共28句，唐时潮州菜的风貌，笔笔在案，历历在目。韩愈此诗大有文献价值。"初南"是刚到潮州，

"食"是此次饕餮，"贻"是赠送，"元十八"是元集虚，排行第十八，"协律"是散官衔协律郎的简称。

唐元和十四年（819），居住在庐山的元集虚，应桂管观察使裴行立之邀，将前往桂管（今桂林）任幕府。适逢韩愈贬任潮州，元十八奉裴行立之命，把裴行立赠韩愈的"数幅书"及"防瘴疗"的贵重好药，转给韩愈。二人因之结伴，相携南行。韩愈南下，愁眉不展，愁肠百结，心情抑郁，有元十八相伴，一路解语，心遂之宽，所以尤重此中的情谊深长。

潮州菜的可口，全在于一个"工"字，潮州人的嘴刁，也全在于好动心思。有一道"护国菜"，传说多多，版本不一，且不去管它。此菜怎么做呢？苦选番薯茎尖的嫩叶，洗净，沸水一焯，即出，再剔净嫩叶中所有的筋脉，用刀背在砧板上无数次反复锤剁，至糜烂如泥，然后用高汤煨之。高汤用料，多选用生鸡、江瑶柱、海米、香菇、南腿等。叶泥与高汤一起，加热至烫嘴，和成羹状、糊状，用白盅盛着，上面再用花蟹肉撕成细丝，沿着羹面，在右边铺洒出一条白色的太极鱼，鱼目用叶泥滴出黑睛，左边青色的叶羹，就是现成的一条青色的太极鱼，鱼目用蟹肉丝，点出白睛，这样，就成了一对天地乾坤太极鱼。虽说只是一道番薯叶，只是一种家常菜，却不知要下多少心思，要花多少工和料。

苏轼是一位名闻天下的美食家，当年人在黄冈，曾戏作《食猪肉》诗，曰："黄州好猪肉，价贱如粪土。富者不肯喫，贫者不解煮。慢着火，少着水，火候足时它自美。每日起来打一碗，饱得自家君莫管。"这种以慢火、寡汤、细炖的猪肉，后来称之为"东坡肉"。

但是,善于烹饪的东坡先生,却不精通山芋的吃法。宋哲宗绍圣元年甲戌至绍圣四年丁丑(1094 年 10 月—1098 年 4 月),苏轼被贬为宁远军节度副使惠州安置,这一个长长的官名,今天看起来很陌生,当年却挺流行,都是皇上人治治人的一个手腕。这个官衔,拆解开来,包括了三层虚实,宁远军、节度副使、惠州安置。北宋时期,地方设路、州、县三级,其中,州又有府、州、军、监之分,比州重要的为府,比州次要的为军,广南西路建置下,具州级的有宁远军、清远军、建武军,可见,宁远军是一个行政区划,而非军队,治所曾经在广西容州;节度副使只是一个虚衔,只支给俸禄,不配给职权;有宋一代,还出台有安置法,此"安置"不是安家置业,而是一种对高官的另类惩罚,贬到极偏远之地,还不在任所,另择地安置,孤悬在他方。

惠州之地,与潮州相连。惠州盛产山芋,当地人的吃法,与潮州却大不同,这里是生芋连皮水煮,稍凉后进食。苏轼吃不惯,又不解其他的加工做法,无奈只好敬而远之。

当其时,"潮州八贤"中,唯一的布衣、高士吴复古,号子野,听说苏东坡又遭贬,安置惠州,遂赶到惠州,租屋住了下来,与他日夕相处,古往今来、世事人心,无所不谈。吴复古是一个好食的潮州人,看到苏东坡面对山芋,一筹莫展,笑眯眯的,便把潮州人食芋的方法,向东坡演示。那一夜,苏轼转侧难眠,人情冷暖,他感受到的,是一种贴心难忘的暖。《除夕,访子野食烧芋戏作》,便是这一夜,睡下后复又起来的挑灯夜作,诗云:"松风溜溜作春寒，伴我饥肠响夜阑。牛粪火中烧芋子，山人更喫懒残残。"从子野的居所回到自己的居所，已经很晚了，松明油灯，古人早睡，然心中有话，不吐不快。

绍圣三年（1097）十二月二十七日，苏东坡又作《煨芋帖》，谓：

> 惠州富产芋，人食者多瘴。子野谓轼曰："此非芋之罪也。芋当去皮，湿纸煨之火中，过熟，乃热喫之，则松而腻，乃能益气充饥。今惠人皆和皮水煮，冷喫，坚顽少味，其发瘴固宜。"遂于除夕前两日夜间，亲煨芋两枚，以喫东坡。

吴子野的煨芋方法，实属高明，他不用炭火，而用牛粪火，可谓深得烹饪的个中三昧。牛粪虽不雅，然火力十足，特别是燃烧后余烬，仍热力均匀耐久，远胜于木炭、草灰，实煨烧食物的最佳燃料。潮俗时至今日仍有烧土"扣窑"，就是这种古风的绵延。

潮州人重饮食，民间烹制薯芋，向来争奇斗胜，各家各户，都千方百计，想尽了各种各样的食法。有的人家，把薯芋之类，埋入灶坑中、热火灰中，整个燉熟，这样捧在手中，烫手烫嘴，口感最佳；有的人家，别出心裁，将薯芋切成厚片，贴在热锅斜壁，锅底加适量井水，千万不能浸着薯芋，盖上锅盖，猛火烧锅腹，锅烫至熟，这样也别有风味；也有人家，用的是老土的蒸包子的方法，用竹屉盛着，隔水燉熟，这样省工省事，多为妇人所为；

也有直接把薯芋放入生水之中，煮沸至熟，这是最无风味、口感的食法，什么味道，都流失到水里面了，"惠人皆和皮水煮，冷啖"，就是这种食法，难怪"坚顽少味"，为东坡所不喜。

绍圣四年丁丑（1098年4月），苏东坡再一次被贬到"天涯海角"，任琼州别驾儋州安置。一家人送至徐闻，只允许小儿子苏过渡海同行。苏过诗文书画俱佳，史称"小坡"，也曾任过兵部右承务郎、颖昌府郎城县知县。后来，东坡一贬再贬，只有苏过，获准跟随父亲，一路辗转。

儋州的生活极苦，为了使父亲高兴，孝顺的苏过花样翻新，做出了一道异想天开的新菜式——玉糁羹。苏轼尝后，百感交集，赋诗并跋，跋曰："过子忽出新意，以山芋作玉糁羹，色香味皆奇绝。天上酥陀则不可知，人间决无此味也……"诗曰：

> 香似龙涎仍酽白，味如牛奶更全清。
> 莫将南海金薤脍，轻比东坡玉糁羹。

龙涎，乃香料名，是抹香鲸肠内之分泌物，旧说为龙所吐，非也。《香谱》云："龙涎出大食国，其龙多蟠伏于洋中之大石，卧而吐涎，涎浮水面，土人见乌林上异禽翔集，众鱼游泳，争嘬之，则没取焉。……能发众香，故多用之以和香焉。"金薤脍也是一种佳肴，《大业拾遗》云："松江鲈脍，肉白如雪，不腥。所谓金薤玉脍，东南之佳味也。"

苏过异想天开的新菜式玉糁羹，实则是吴复古悄悄教给苏过的潮州甜芋泥。芋泥的做法，如"护国菜"，也是粗菜细作，充满潮州人讲究的巧思。选"松"、粉的芋头，切开，有乳汁状渗出和细红纹更好，或者大小如拳头、形状像卵的芋卵，大火蒸熟，趁热，容易剥皮，晾凉之后，用苎麻织成的白苎布，包裹起来，在砧板上反复揉按，至成为膏状。然后盛入钵中，用白糖水和之，可稠可稀，再放进蒸屉，大火蒸热；也可以放一锅热油，最好是猪油，把芋泥倾进锅中，和热油一起，用锅铲搅匀，稀稠由人；最后出锅，舀入白瓷碗。有人口味重，或许还要加一小勺用猪油煎过的、香喷喷的"葱珠油"。

这种用山芋做的玉糁羹，是潮州人吴复古独创的。饶宗颐《潮州先贤像传》"吴高士复古"条曰："及轼迁儋州，复古又与俱。轼遇赦还，复古追至清远峡。"可知苏轼"流放"期间，吴复古一直陪伴在一起，惟他和苏过，给暮年的苏轼带来了快乐、带来了慰藉……

1953 年到 1954 年，韩山师范学校和它的附属小学，在笔架山中段兴建校舍，陆续发现了 4 条龙窑。后来，伴随着各处基建工程的进行，在笔架山的北段、南段、中段，又先后发掘、清理了 6 条龙窑。在笔架山中部庄厝山发掘的龙窑，编号为 10 号窑，这是一座巨型的龙窑，分 18 段窑床，残长就达 79.5 米，窑床宽度 3.2 米，国内罕见，有专家称之为：我国已发现的历代龙窑的"群龙之首"。

笔架山中部果子厂后山发现的"龙窑"，颠覆了人们对中国瓷窑的认知，这座编号为 4 号窑的瓷窑，是一座阶级窑，亦称阶梯窑。中国阶梯窑的起源，过去一般认为，是福建德化出土的明代阶梯窑；又有人根据在德化发现的元代古窑，认为它就是龙窑和阶梯窑的过渡形式。阶梯窑从中国首先传到了朝鲜和日本，因此有日本学者认为，德化阶梯窑是日本"串窑"的始祖。笔架山 4 号窑的发现，证明潮州早在北宋就已经在使用阶梯窑了，所以专家称："中国阶梯窑的起源应在潮州而不是德化。"

有一件笔架山出土的瓷器，小小的，稍不留意就会给它溜走了。只有有心人才会对它反复端详，反复揣摩，生出兴趣。这是一块直径只有 6.5 厘米、厚 0.8 厘米的圆形青白瓷片，完整。正面用青花居中竖书楷体"封用"字样，背面分两行竖写楷书"大观、山雨、茗茶"。大观（1107—1110）是宋徽宗赵佶的年号。也许那时候，工匠们正在制作用于瓶口、壶口特殊"封用"的青白瓷片，山雨骤来，品茗的想法悠然而生，顺手抄笔，记录下来；也许，是山雨不期而至，匠人们歇下手头的工作，围在一起品茗避雨；也许，是山雨初霁，匠工想起了刚才师娘雨前送来的香茗，齿颊留香。今日，这块瓷片，就成为了宋代潮州工匠们日常作息、作坊生活，以及民间茶事盛行的一个物证。

在大宋 319 年的岁月中，笔架山窑烧瓷无数。有专家算过，以一座窑一年烧窑 4 次计，这个窑场，每年可烧成瓷器 6200 万件。窑炉生火，虽然次第错开，但是，可以想见，当年，夜幕降临之后，笔架山窑的窑火，仍然映得潮州夜空，熠熠生辉，生动无比。

后来，蒙古铁骑南来，声威赫赫，气势汹汹，匠人心寒胆怯，星散四去，往高陂、茶阳，往三饶、新丰、饶洋，往大山更深处……
也有一脉，往西面枫溪，蛰伏下来。屹立东南300余年的笔架山窑，
遂中落矣。

　　手抄本《韩山许氏族谱》，载其事甚详，谱曰：当元兵来潮，
韩山前后，颇遭蹂躏，居民星散……

水稻一年两熟了

潮州之地，限山逼海，河川纵横，在汉唐时代，曾被认为是地湿土薄的硗确之区。加上炎热多雨，草长茅塞，又是瘴疠多发地区，这样的地理环境，似乎很不利于社会发展。

然而，诚如老子所言，祸兮福所倚，福兮祸所伏。地理环境的利与弊，并非万古如斯，一成不变，客观条件也能够改变、改造，相互转化，变害为利。

踏入宋代，潮州的变化，确实有点让人眼花缭乱，目不暇接。最大宗的，莫如兴修水利，一个河汉纵横、水网密布的地方，开河渠，筑堤防，浚淤积，效益最为显著。据地方志明确记载，潮州地区最大的冲积平原——韩江三角洲的堤防，全部是在两宋时期修筑完成的。

修堤始于宋太宗赵匡义太平兴国年间（976—984），知军州事周明辨，主持增修上、中、下外莆堤段，以后，又历经王涤、赵思岕、宋敦书、张衎成、赵善琏、黄申孙、王衍翁、陈天冀、林光世等官绅的修筑、增补，韩江下游80里江段堤防，基本建成。

参加修堤疏浚的匠人民工中，多有能工巧匠，他们聚在一起，总能集思广益，因势利导，有些堤段，插植柳树，以固根基；有些要害，兼筑石矶，以遏水势；还设置涵洞、水关，以利引流灌溉，或者宣泄内涝。这些水利设施的配套建成，使得昔日沮洳溟渤之区，稍加整治，即变成平衍肥沃、可耕可渔的风水宝地。加上气候温暖，雨水充沛，日照较长，作物生长期缩短，先前地理环境中的诸多不利因素，竟也华丽转身，一个往时的疾患渊薮，成了鱼米之乡。

在这波兴修水利中，王涤的疏浚三利溪，绝对是一等一的大手笔。三利溪是广东东部最古老的一条人工河，蜚声于世，历史悠久。明李东阳《三利溪记》云："三县（海阳、潮阳、揭阳）利之，溪以是名。"今人《中华实用水利大词典》，称三利溪为"广东韩江下游的古代著名灌溉航运工程"。

王涤是北宋元祐五年（1090），出任潮州知军州事，上任伊始，就成竹在胸，有条不紊，把原来烂熟于胸的韬略，一一施展。其《拙亭记》载："东莱太原叟，年六十余，承命假守于潮。……既至，增学田以赡诸生，建韩庙以尊先贤，浚芹菜沟以疏水患，筑梅溪堤以障民田……"

王涤知州时，浚通的三利溪，原名是不登大雅的芹菜沟，开凿目的是"疏水患"。溪名"三利",是因为工程的实际效益,高于原来的设计效益,后人为了更恰当地表明其成效,而给予这一带有褒扬之意的雅称。

王涤疏浚的芹菜沟,后人称之为三利溪的人工河,起自潮州城西西湖的最南端、城壕水的出水口,经陈桥、云梯、枫溪至西塘村西长美桥的上游,注入西山溪河道。由城壕水出水口至西塘,长5.5千米。西山溪,又名枫溪,发源于潮州西北的三合山,经田东、古巷,至西塘,长34千米。在西塘纳入三利溪人工河来水后,折向西南,流经长美、凤塘、玉窖,入揭阳境,至枫口注入榕江北溪。

明陈白沙《三利溪记》谓:"是溪之长,百一十五里,东抵韩江,西流入于港。"把自潮州南门涵起,至城西汇北壕水,经人工河道出西塘,循西山溪自然河段,流经枫口、炮台,又经由榕江潮阳境,在关埠以下入海的河道,总称"三利溪"。

潮州古城,位于韩江下游西岸之北,西岸的地势,东高于西,北高于南,东西的高差,又陡于北南。东南西北,四方四面,西面的地势,低之又低,而水性,恰恰便是就近就低,这样,潮州一城,自然就是排水往西。当时的城墙,是土城墙,垒土夯筑,且建在冲积层上,洪水来临,渗泄增大,再遇上暴雨,这渗入的洪水、雨水,便争先恐后,都往西排,在芹菜沟没有疏浚之前,城内常常出现漫流排水、水泄不通、积水泛滥。王涤瞅准关键,提纲挈领,把芹菜沟扩大浚深,使其变成了全城的排水总渠,从此排水归槽,畅流西去。

新干渠还汇聚了源泉不竭的西湖山水、城区以及周边集雨面积的径流，还有来自竹竿山麓至城南 10 里的韩江渗流，这些水源，增益了原有农田的灌溉用水，同时渠道增广，又可作为航道，榕江的舟舶，可循此直达潮州城下。揭阳史称"米县"，潮阳又兼具滨海之地，擅渔盐之利，然而，在三利溪未实现疏浚通航之前，州城与潮阳、揭阳两县县城，以及榕江流域众多村庄，往来运输，十分不便。李东阳《三利溪记》载："民之往来三县者，肩任背负，利不偿力，怨声载途。环海而行，则飓风怒涛，多坠不测。"

三利溪先通航于榕江河网，沟联了揭阳、潮阳，又通航于韩西河网，沟通了海阳北厢、西厢，航运因此四通八达，舟楫往来穿行便利。当时，或有涨潮，海水顶托，咸潮沿榕江倒灌揭阳、潮阳，三利溪又被利用为引韩灌榕的渠道，冲咸灌溉，三县农田均甘露沾泽。郑昌时《韩江闻见录》就载："三利溪之为利，非生长吾乡者，不能深知也。盖郡西小河西流，会揭、潮水入南海，咸潮数至，得此溪解之，三邑田畴，利赖焉。"

王涤最受人称道的，是迁建韩文公庙。于北宋咸平二年（999），把原来潮州通判陈尧佐，在子城下金山麓夫子庙正室东厢辟建的"韩吏部祠"，卜地于州城之南 7 里，今蔡陇之地，新创韩文公庙，然后，延请大文豪苏东坡，撰写《潮州韩文公庙碑》。当其时，苏东坡正在扬州任上，以龙图阁学士充淮南东路兵马钤辖知扬州军州事。元祐七年（1092），苏轼接到王涤的盛邀后，日思夜想，一个月下来，竟一字未得，这可是从来没有过的。几次起稿，几次都不满意，几次推倒，几次重来，这个开头难啊！直到有一日，冥思之中，忽然奇句骤来："匹夫而为百世师，一言而为天下法。"这两句迸出，苏轼知道，开头有了，随后，犹如江河决堤，大水汹涌，洋洋千余言，一气呵成：

> 匹夫而为百世师，一言而为天下法……独韩文公起布衣，谈笑而麾之，天下靡然从公，复归于正，盖三百年于此矣。文起八代之衰，而道济天下之溺；忠犯人主之怒，而勇夺三军之帅。岂非参天地，关盛衰，浩然而独存者乎？盖尝论天人之辨，以谓人无所不至，惟天不容伪。智可以欺王公，不可以欺豚鱼；力可以得天下，不可以得匹夫匹妇之心。故公之精诚……能信于南海之民，庙食百世，而不能使其身一日安于朝廷之上。盖公之所能者，天也；所不能者，人也。……

王涤接到苏轼手书的《潮州韩文公庙碑》，一诵之下，喜出望外，立即命人谨按苏轼的手书字体勒石，安放城南庙左。本可以是千古一碑，煌煌于世，惜乎不久，碰上党争炽烈，列为元祐党人的碑文刻石，被着令一律砸碎，苏轼手书的《潮州韩文公庙碑》刻石，也难逃厄运。唉，此后重新出现的刻石，都是借他人沐手抄之矣。

北宋钦宗靖康元年（1126），曾任中书舍人、尚书右丞的王安中，被贬安置象州，即今广西象州县，他取道潮州，向西南进发。一路上，他黎明即起，沿海而行，所见所闻，完全颠覆了传说中的那种瘴疠缠人、鳄鱼噬人的印象，倒是海滨人影晃动的盐灶、远处平原起伏的稻浪，骤然让人触动，心有所寄，止步流连。《潮阳道中》，就是这个外乡过客，触景生情的几句感言：

> 火轮升处路初分，雷鼓翻潮脚底闻。
> 万灶晨烟熬白雪，一川秋穗割黄云。
> 岭茅已远无深瘴，溪鳄方逃畏旧文。
> 此若有田能借客，康成终欲老耕耘。

潮盐是潮州的大宗农产品，稻米亦然。在笔架山窑匠人为新品忙得无日无夜的时候，潮州的农人，也蹲在田间地头，为稻田的轮番耕作，想破脑壳。潮州地气旺热，人多好动，坐不住，不像北边，寒气重，阴冷，人多爱待在屋里，不想动。人好动，坐不住了，又闲不下来，就爱琢磨思考农事，想着有什么办法，好增加一些收成。

果然，按照想象，他们试着把以前的耕作方式改变了一下，竟然获得成功。王安中眼前的"一川秋穗割黄云"，已经是好几个丰收的年冬了。

潮州人向来慷慨大度，他们也不藏着掖着，都在地面上呢，于是，传来传去，有人愿问、愿学，有人愿说、愿教，一种新的耕作制度，也不用谁来大肆宣扬，自然而然，就在潮州大地，传开了。本来，一年只能插植一造水稻，即使稻、麦互种，也不外是两年三收这么一种传统的耕作模式。农民们改变耕作方式，创造出双季水稻，实现了一年两熟，使收获量成倍增长，土地潜力，得到充分利用。

应该指出，宋时，有关一年两熟的记载，并不限于潮州一地。《吴郡志》就提到，苏州"乡贡再熟之稻"；《太平寰宇记》记载，泉州，也有"再熟之稻"。但它们都不是复种的双季稻，而是属于特殊条件下，偶然出现的再生稻。正如这两本书中所言说的："今岁丰，已刈而稻根复蒸，苗极易长，旋复成实，可掠取，谓之再撩稻"，"春夏收讫，其株有苗生，至秋薄熟"。

到了南宋时期，福州地区，才开始有了复种的双季稻，但产量很低，不甚理想，《福州劝农文》载："田或两收，号有再秋，其实甚薄，不如一获。"没有经济效益，难以推广。独有潮州地区的农民，充分利用气候温暖、无霜期长这个有利条件，长期比较、筛择，选种、育种，培育出适合本地土质物候的稻种，实行早造、晚造两造插植，因而取得了增产、增收的理想效果。对此，《三阳志》有这样的记载：

> 州地居东南而暖，谷尝再熟。其熟于夏五六月者曰早禾，冬十月曰晚禾、曰稳禾，类是赤糙米，贩之他州曰金城米。若粳与秫即一熟，非膏腴地不可种，独糙赤米为不择。

这里，也是使用了"再熟"这个词语，但是，它们的实质，已然完全不同了。熟于五六月的早禾，与熟于冬十月的晚禾，绝对不是"稻根复蒸"、"至秋薄熟"的再生稻。再生稻只能秋熟，复种稻必待冬割，这是客观规律，不容混淆，也难以改变。

当时的晚稻，亦称为稳禾，这个名称，有其确定的含义。原来潮州所处之地，早稻的成熟期，刚好遇上了夏潦台风季节，霪霖暴洒，几天几夜，有时，还会接连遇上几个台风的袭击，对收成的威胁，无疑特大。而晚稻则不同，寒露过，雨水定，台风消失，收获更有保障，更加稳定，所以称作"稳禾"。自唐宋以来，这个气候征象，没有发生多大变化，农谚"稳冬"、"稳禾"的叫法，一直保留至今。

《永乐大典》卷5343称：宋代潮州农民，既懂得积极引进北方农作物，"秋成之后，为园；若田，半植大、小麦"。"为园"，指的是一年两熟制之外的冬园制，这已经是一种制度化的推广，两造之外，冬天的旱园，一部分种植大、小麦，一部分可以拿来种玉米菜蔬豆薯以及速生经济作物。宋代这些潮州人真了不起，不单大胆改进了耕作制度，实现了一年两熟，满足了当时快速增长的潮州人口的吃饭问题，还有余粮，可以"贩而之他州"。

几十年后，后代的人们这样看待前人，《元一统志》描述道："初入五岭，首称一潮……稻再熟而蚕五收，凤翔集而鳄远徙。扫除青草黄茅之瘴疠，仿佛十洲三岛之仙瀛。"

宋代，潮州人口的持续增长，可以说是史无前例。究其原因，就是北方在打仗。西夏、辽、金，一个个都不是善茬，一个个虎视眈眈，一个个强兵压境。战火纷飞，疆域拉锯，民不聊生，中原百姓，遭受荼毒，又是抛家离舍，来到东南沿海，寻求一处避难之居。

北宋靖康二年（1127），钦宗赵恒投降，徽宗、钦宗被虏。南宋高宗赵构，自从建炎元年（1127），在应天府（今河南商丘）登基，就一直被金兵追剿，从河南节节退到浙江，金兵则一路紧紧跟进，逼得赵构无处可去，在越州、明州、定海、温州一带海上，漂泊多时，直到建炎四年（1130）夏，金兵撤离江南，他才回到临安府（今杭州）喘息，又定临安为行在（临时首都）。

当时，把南宋首都，从应天府迁到临安府，而不是建康（今南京），是经过三次反复论争，才最终确定的。在分析宋、金双方军事形势之后，得出结论："今日之事，欲战则不足，欲和则不可。"金兵乃处处主动进击，宋军则时时被动防守，这是当时战局的长期态势，而建康一地，过于靠近前线，不如临安地处后方，比较安全。虽然，建康表面有长江天险，但金人驾马，一跃过长江，便是一路疾风，此前也有先例。而浙西一带，水网纵横，对金人骑兵，辗转腾跃，大为不利。临安，又是当时号称万物富庶的"东南第一州"，这种具有相当规模的城市格局，拥有比较雄厚的物质基础，无疑是作为一国之都所必需的。

当时的赵构，其实还藏着一个不好说出来的心理，那便是金兵若再次打来，临安近海，一有风吹草动，可以迅速浮海。这个理由，可能才最是关键的。

临安定作了国都，暖风熏得游人醉，四面八方的人流，一时间，就都涌向浙江。很快，浙江就承受不住，人们又转而挤向福建，用不了多久，又只能硬往潮州挤一挤了。

一拨拨的人往南挤压，是临安作为国都的必然。地广人稀、物产丰富、条件优越、已然崛起的潮州，正好成为人口洼地，释放着浙闽的人口压力，让中原、浙闽的移民，心满意足，安家落户，草创村寨，扎根不走。

据较为可靠的记载，宋太祖开宝四年（971），潮州人口30000户（《三阳志》），到北宋神宗元丰三年（1080），增至74682户（《元丰九域志》），110年间，户口增长了一倍半；到南宋理宗淳祐六年（1246），户口增至135998户（《三阳志》），与前相比，又增加了80%。而唐代从开元到元和约100年，户口数徘徊不前，都只在10000户前后。对比之下，差别是多么巨大。

敢于移民的人，都不是孬种，所谓能人走遍天下，蠢人寸步难行，就是这个道理。这样，成群结队，从闽南翻山越岭过来的移民，就给潮州，带来了无数的优质人口，带来了生机勃发的充足的劳动力。那个时候，不只民间的奇士、高人乐意来，就连官场才高八斗、威风八面的官人，也愿意来。

北宋皇祐年间（1049—1054），庐陵人、潮州知军州事彭延年，就举家从江西搬来，落籍在当时的海阳县浦口村。浦口是河网地带，属于典型的韩江、榕江三角洲地区，土地肥沃，盛产鱼虾蚌蛤，且极易捕捞，俯拾即是，地又便于灌溉，水田则一年两熟。

心情大好的彭延年，传有《浦口居好》五律五首，其二、其三吟曰：

浦口村居好，清贫胜富华。

堆书为伴侣，种药是生涯。

吟苦诗成癖，心闲道长芽。

匣中时有莹，蟠蛰有灵蛇。

浦口村居好，柴门镇不扃。

晴岚深染翠，寒笋嫩抽青。

酒笔驱吟倦，林风引睡醒。

东堂清且泚，待创碧莲亭。

这是他定居浦口后的即兴创作，颇能反映出潮州的某些地方特色。有学者称，这组诗"风格闲适清新，开广东田园诗先河"。

北宋元丰七年（1084），彭延年利用一生积蓄，设计建造了潮州的第一座私家园林——彭园。彭园闹中取静，巧借周围天然之境以衬垫，园之北有榕江，南临清溪，双桥临跨于碧水之上，河畔古榕参天，登高可见山水环绕，帆影点点，远山为名胜紫峰山，近山为小丘石头山，树木繁茂，东连田畴原野，绿浪起伏。园内建有四望楼、碧涟亭、药圃、东堂、书斋、武馆、水榭、假山，配松、梅、竹等花木，成为宋代典型的文人园林景观。

彭延年定居浦口之后，领头创办学馆。棉布，在当时很是稀罕，一般作为贡品之用，当地又没有种棉史，他带头试种棉花，获得成功之后，推广给村民，并派人到外地学习棉纺技术。又用卖棉花、棉布的钱，修筑了吉贝桥，方便村民出入。史载，像彭延年这样从外地迁来的官宦世家，知书达理，起点颇高，很容易在潮州创置家业，融入本土，转化为"土著"。

彭延年之后，据乾隆《潮州府志》的不完全资料，又有18位外地籍的宋代官员，先后落籍潮州定居，其中有莆阳人、梅州刺史丘君与，韶州人、潮州知军州事余叔英。梅州、韶州，都与潮州同为广南东路，他们舍彼地而来籍此地，地理环境的优劣，发展前景的好歹，应是主要的考虑因素。

潮州如此物阜民丰，蒸蒸然焉，朝廷听之闻之，自然动心，揭阳置县，遂水到渠成。据《潮州志》载："（北宋）宣和三年（1121），割海阳县的永宁、崇义两乡及延德乡的龙溪、蓬洲、鳄浦、鮀江四都，新置揭阳县"。

也有专家，据《三阳志·州县总叙》指出，揭阳县乃于南宋绍兴九年（1139）设置，初创时县城未定，暂寄治于刘黄村，两年后，才立县城于玉窖村（今榕城）。《三阳志·州县总叙》所载为：

州所领县，在（晋）义熙间，有海阳、绥安、海宁、潮阳、义昭等五县；至（隋）大业间，绥安、义昭已废矣，乃有程乡、万川二县合为五；（唐）永徽初省潮阳县，先天初复置；乾元间乃罢其余，独有海阳、潮阳、程乡三县；伪汉（南汉）刘铱时，割程乡县，置敬州，宋开宝四年改为梅；熙宁六年废梅州，以程乡隶于潮；元丰复梅州，以程乡归焉；至绍兴六年，犹熙宁之制；九年复元丰之制，潮止二县也，乃置揭阳县，初创于刘黄村，数年不果立，至绍兴十一年，移立于玉窖村，或者有三阳之称。

城墙修得很整齐

有一位大人物说过了："我到过了中国的很多地方，有的地方，有城墙，没有江，像南京、西安；有的地方，有江，又没有城墙，像广州、杭州。只有潮州，是有江，又有城墙。"伟人很是感慨。

有江，又有城墙，伟哉，壮哉！让人陡生怀古之情，心潮澎湃。潮州现存的宋城墙，有金山顶至北阁一段，巍峨高古，薄砖叠砌，青苔附墙，齿堞逶迤。临江仰望，城高人低，城在山石上，山在城脚下，那种居高临下，气势压人，已锐不可当，高天白云，又在城墙上空，兀自增长了城墙的高邈、魁岸。

下水门内，饶宗颐学术馆里，下水门街临街围栅，又有一墩宋城墙，离现在的明城墙，收入了有20余米。这墩宋城墙，条石横砌，中间夯填实土，岁月侵蚀，城墙上的女墙、矮堞，已经

182

荡然无存，其貌不扬，很多人对它熟视无睹。但是，它的存在，却印证、验证了一个事实。

黄梅岑《潮州街道掌故》一出中讲到，东平路之所以原称"东堤"，是因这条路，昔时属韩江泥沙冲积的堤外江岸。时间久了，淤积逐渐增厚，到明朝洪武三年（1370），潮州指挥俞良辅，把土堤改筑为砖石堤，同时把城墙向外移出。于是，这冲积的江岸，便被围进城里，成了一条内街，因在城东，故称东街。由于东堤成为内街时间较迟，所以，没有许多亭坊、古迹和衙署。

郑昌时《韩江闻见录》卷八《井中船桅》则记载：当日有一叫丁巢云的人，家在东堤，"传东堤者，古城东之堤岸也。今以城作岸，则东堤乃城内地。丙午、丁未间，潮大旱，井皆涸，巢云命工人修井，多浚深数尺，见白沙，又数尺，见黑土，又数尺，见土中横一大海船桅，并绳索等物，削出灰黯，至泉，立涌矣"。据此可知东堤，原是韩江江岸无疑。

有专家考证，汉之揭阳县，即后之潮州（义安）郡；潮州城，即原来汉之揭阳县县治。《元和郡县图志·岭南道一·潮州》云："今州，即汉南海郡之揭阳县也"。刘秀建东汉之后，不再称揭阳县，而称为揭阳城。参考《汉书·高帝纪》："六年（前201），冬十月，令天下县邑城"。这个"城"，是筑城。据此，可知刘秀之前，城已经建成，而此时刘秀的揭阳城，更类似于郡治，或者县治。《寰宇通志·潮州府揭阳县》载：汉之揭阳县属南海郡，晋立海阳县，遂将原揭阳县，"并入海阳县"。这个沿革，已然表明，汉之揭阳城，即后之潮州城也。

陈正祥的《中国文化地理》载："从汉代起，砖瓦的应用虽比较普遍，但尚属奢侈的建筑材料。西汉首都长安的城墙，全长25100米，全部是版筑的夯土墙，连城门也全未用砖"。那么，当时的潮州，这个直到天南潮水头的边陲小城，城墙谅必也只是版筑夯土而已。但可以肯定，绝对不是用木栅围起来的临时设施，因为陈正祥在书里也同时指出："汉人对于城郭的形式，有固定的概念。必须是砖石建的或夯土筑的，才算是城；用木栅围起来的，不能算作城"。

城的形式已毋庸置疑。那"揭阳城"创立于西汉之初（前201），它又传位于"潮州城"，这样，这座城建成迄今（2021），已经有2222年历史了。

《左传》曰："墙，所以防非常也。"这里的"墙"，是古城墙。古城墙"防非常"的作用，不外三种：一是防水患，一是用军事，一是为治安。《吕氏春秋·审分览》载："夏鲧作城"。鲧即鲧。在帝尧之时，洪水滔天，无边无际，围蔽高山，淹没丘陵，老百姓无家可归，有的只能住在山顶的岩洞，有的就在树杈上做巢栖身，尧听从四方部落首领的举荐，派鲧治水。

《山海经·海内经》载："鲧窃帝之息壤，以湮洪水"。鲧采用的是水来土掩的方法，"夏鲧作城"，表明城墙的发明和初建，是用于防水患。军事防御和围城统治，是以后的事。

史载，北宋至和二年（1055），郡守郑伸主持修筑子城。这是首次有记录的筑城。据《永乐大典·潮州古城图》，子城的四至，为北沿金山背；东滨韩江；南沿上水门北侧，跨过大街、太平桥，经百花台，沿今中山路至北马路口；西循北马路。其周围总长约1800米，折宋制约586丈。东、西、南三面，有城门。

子城北倚金山，东则溪也，有险可据，所以，史书只有"由南而北绕以壕"的记载。即子城壕从上水门引水，经太平桥下、旧城隍庙前，折弯向北，沿今北马路出北门入北壕。今北马路下水道，为古城区北马路排水系统的主干沟，实是当年子城西侧城壕的遗址。

外城的修筑，则闹出了几宗民怨纠纷。本来，外城由于年代久远，雨淋风化，至北宋中期，已大半毁圮，到了南宋初年，更是大半夷为平地。

南宋绍兴九年（1139），郡守徐渥主持了对城郭的修葺，企图将城墙向西北扩展，把城壕接通韩江，把西湖山圈进城内。当其时，前期各项准备业已就绪，工人器械齐集，本来大有可为。孰料却因与民意相左，议论不协，最后竟搁置下来。

绍兴十四年（1144），郡守李文广重拾徐渥的修城计划，这一次，按城墙原基原址，重新开工，还将修筑东、西、南、北四厢城墙的工料，分解给四厢所属的居民。搁置了几年的修葺，终于轰轰烈烈地展开了。谁知又有人罔顾"址循壕流故基为之"的方案，自行其是，任意扩大或缩小，致讼者纷然。李文广盛怒之下，叱令停工。

这样一来，后果真不堪设想。崩塌的城基，无人过问，有贪心者，乘机占地建房；幸存的城基，也因放任自流，日渐侵削。不数年，除子城外，潮州几乎成了一座不设防的自由城。偶有匪盗，则全城惶然，争相避于子城，然而，人众城窄，最多也只能是十容其二三。

徐渥、李文广修城计划落空，是因为看不到民众的实际需求。南宋之时，潮州的居民，已然猛增，北阻金山，东止韩江，西北临大湖，居民按地势向西南拓展，徐渥却要向西北拓城，接溪流，带湖山，与民众的需求，相去甚远；李文广保留原状，一成不变，事先又无措施，应对占夺城基那伙人，以致激起讼端，无法圆场，怒而叱停。

后来几任郡守的修葺，就做得漂亮。潮州的城垣，原来是比较四方，不像后来，变得相对狭长。南宋淳熙（1174）之前，城垣东城墙的转角，在今小石狮巷，西城墙的转角，在原道署前后，城垣的南城墙，即在今小石狮巷、大石狮巷、甲第巷南侧、原道署前一带。

淳熙初年（约1174—1175），郡守常袆到任，一下把南城墙，筑到了南门古。这样，新规设的东、西城墙，就比原来各长出了约510米，这样的拓展规模，确实很大。由此也可见，当时潮州城繁荣发展的速度，以及规设者的胆略气魄。常袆还把城楼下的南门，命名"揭阳门"，既为存古，也为怀远。

22年后，庆元三年（1197），后任者林嶪，更加眼光独到，把主持修葺的城南门，作为潮州城的正门，对直大街，贯通子城，作为城内的中轴通衢，又结楼于南门上，为潮州诸城门之最，并以此为城南端的规限。其时潮州领有海阳、潮阳、揭阳三县，林嶪又把"揭阳门"，更名"三阳门"。

　　筑城的纷纷扰扰，终于尘埃落定，作为百姓心头之结的匪患，也不再困扰人心，徐渥、李文广做不成的事，在王元应、许应龙手头，做成了。绍定年间（约1228—1233）筑城时，对占旧基三分之一以上的找不到城基遗址者，不再强调按旧基筑之，只能迁就民居所侵的既成事实，再根据淳熙、庆元年间做的规划来筑城。这样的应对，既切合实际，又符合民情，筑城的目的，也就得以实现。

　　当其时，州官为了保境安民，解民忧烦，真真是煞费了一番苦心。据《三阳志·城郭》载："外城旧基，周围一千一百七十丈：石城仅存者，九十有四丈；土基半存者，六百六十有六丈；为民居所侵，无复遗址者，四百一十丈，今所侵不止。是淳熙间（1174—1189），提刑司行下委官打量外城，总计一千五百三十丈，与旧城丈数异，今两存之。"

　　可以感受到，从浙闽汹汹南来的人流，大户的，选择到四乡六里，买田垦荒，创家置业。薄技随身的手艺人、巧匠能工，则大多驻足州城，这些人需要有一个足够分量的大庭广众，来展示、炫技，待价而沽。就像城内，后来按行业聚集起打银街、打铜街、布梳街、胶柏街、裱画街，还有铁巷、钉鼓巷、雨伞巷、面线巷、梅酱巷，这些，都留有明显的手工艺、手工业痕迹。潮州的银饰，镶嵌精细，曾经辉煌，以前皇帝的皇冠，都是着潮州的工匠，在宫内镶嵌的。胶柏街，是做布鞋的千层底的，把团布一层一层，过浆上糊，贴到板上，擎到猛日下曝得透干，这就是做胶柏（鞋底料）。潮州的布鞋，口碑尤佳，行销南洋各国。潮州的油纸伞，也是大宗商品。昔时，西街龙虎门，有很多做油纸伞的，竹棍作伞柄，竹篾作骨架，竹圈车作轴梳，再用白棉纱穿缚、开合，伞把缠藤握，绵竹纸做伞面，反复上熟桐油，伞身再刷黑油，伞骨间青油，裙边圈红油。这样，一把伞撑开来，赏心悦目，让人风雨无阻，行南走北。潮州伞风行兴梅、闽赣、南洋诸国数百年，就是全凭货真价实，经久不坏。

"为民居所侵，无复遗址者，四百一十丈"，大致就是这些先来慢到的外来户，有样学样，先下手为强，据为居所的。潮州城东西距离，最宽处约1000米，折宋制325丈，比"无复遗址者，四百一十丈"，还少85丈。可见当时，民居所侵，不止是全段南城墙，即今南门下小石狮巷、大石狮巷、甲第巷南侧、原道署前的全部老城墙，还有西城墙的南段，即书院池、猪母泉到原道署后附近这一段。

有一个数字，"与旧城丈数异"，这个"异"，是变化，实际上是"扩大"。为何不直说扩大呢？应该与朝廷对城围、府第、官邸的营建规定有关。当时规制严格，不好逾越，州官们小心翼翼，采用了一个模糊的、半遮半掩的说法，不去触碰朝廷的敏感之处，让老百姓住得舒服就行了。

什么可以马虎，什么必须打起十二分精神，潮州人一个个烂熟于胸，应付裕如。在以前那种社会，规制虽然只是上传下达的一纸公文，看似无形，实行起来，却步步是法，森然有形。

潮州城北葡萄巷东府埕，有一座许府。作为一座保留了始建年代建筑格局、特点、样式的北宋府第，其规模形制，当然也是透着等级的，它的等级，就是它的主人的品级，这应该是肯定无疑的。按照宋代的那套建筑礼制，许府会是什么等级，民间一直流传有三种说法：

有郡主说。说的是许府是北宋潮州官府，奉旨，为太子赵曙之长女德安郡主，下嫁潮州籍侍卫武官、左班殿直许珏而建的。许氏族谱，以及许珏夫妇的合葬墓碑上，也都有"皇姬郡主赵氏"之称谓。

有公主说。说者认同许夫人赵氏，是赵曙之女的说法，并称，许府始建于宋英宗治平年间。这意味着，此时，赵曙已经登基做了皇帝。许夫人业已拥有了公主的身份，而许珏，也就成了驸马，这座府第，就是"驸马府"。

有县主说。持这种说法的人，比较少。《潮州学》发起人饶宗颐，则持此说。明嘉靖《广东通志》和清雍正《广东通志》，也均称赵氏为"太宗曾孙女德安县主"。这么说来，许夫人就不可能是赵曙的长女。因为，对照宋皇族谱系图，赵曙也是宋太宗的曾孙，二人辈分相同。这样，许夫人应该是诸王之女，一般来说，其封号是县主。

潮州，像许府这样的府第大宅，仍葆有好多，全国，当然就更多了。但原汁原味、风貌依然、纹丝不改、历史信息不变，这样的北宋大型府第，全国就仅存这一座了。历唐至清，有一个始终不变的等级制度，面阔九间，为皇家专用，七间，为王以上专用，五间，限贵族显宦用，小官庶民，只能建三间之屋。许府的厅房，共有 55 间，扣除后包的附属建筑 9 间，规制内的厅房为 46 间。

北宋熙宁七年（1074），曾拜枢密副使、吏部侍郎的邵亢去世，皇帝赠为吏部尚书，其乡赐宅50间，吏部尚书是从一品的礼遇。南宋建炎三年（1129），枢密郑防去世，也获皇帝赐给居室50间，以抚其孤，郑防生前，为从二品官员。宋人杨时《龟山集》中的《枢密杨公墓志铭》，称：郑防去世获得的"褒赠之典，皆度越夷等"，就是说，郑防获得了超越从二品等级的恩典。而许府厅房的间数，少于从一品4间，等级应为正二品。

纷纷纭纭的许府传说，有一天也许会归于一说。不过，有传说总归会很有趣，它会让人们去思索、去探秘、去寻真。

根据《宋史》的记载，宋代的很多典章，都是沿袭唐代的。明代的许多制度，又沿袭了唐宋。唐代之时，皇太子之女，为郡主，从一品；亲王女，为县主，视正二品。此后宋沿唐制。明洪武五年（1372），礼部又曾明文规定：唐宋公主，视一品，府第并用正一品制度；今拟公主第厅堂九间，十一架。

许珏夫妇的墓碑，镌有"宾州观察使附马国玺许公／皇姬郡主赵氏"。有专家云："郡主"是许夫人去世后，皇帝对她的封赠，而许珏的"附马"，更透露出追赠升阶的意味。因为这个"附"字，本身就包含着"附带的、随带的、另外加上的"等等意思。20世纪90年代之前，潮州街坊故老，口口相传，都是"许府"，没有别的称谓。如今，许府巍峨如初，成了全国唯一一座保存完好的宋代以前的府第院宅。

端平初年（1234），郡守叶观甫一到任，即虑及防洪防汛。除加派厢官，反复巡视，为了精准掌握水文、城防，有的放矢，还亲临韩江，坐船从上游顺流而下，不久，便毫无阻挡地直达子城之下。这让他极度震惊，深感城东亟需设防。因东城一缺，纵有西、南、北三面城防，也与无城一样。于是召集官员父老协议，陈说危害。但增筑东城工役浩繁，略略计算，其开支足够吓人。叶观决心早已下定，除拨出府库的全部钱银之外，又发动城中大户小户，有钱者出钱，无钱者出力，民众响应之热烈、捐币之踊跃，大大出乎意料。增筑之举，紧接着便正式开始了。

新修之东城，共设四门，自新城门起，沿溪傍岸，直至三阳门之南，与常袆、林嶪的南城相接，长550丈，皆用石砌。城高2丈，构筑雉堞4000余齿。自此城郭固密，民居其间，始有安枕之乐。

宋代潮州的城墙，定是一种奇观，让人忍俊不禁。其时，朝廷自太祖始，杯酒释兵权，就一直重文轻武。文人为官，大都遵孔夫子教导，温文敦厚，宽怀大度，体恤民艰。潮州的郡守州官，也莫不如是，前赴后继，一落实到筑城，都以民为本，从便民出发，只重实用，不拘形式，能防洪、能御盗、能阻匪，就行了。于是一道城墙，就如蚯蚓模样，曲里拐弯，凹斜屈扭，尽量避开民房宅基。蚯蚓的样子，实在不堪。南宋端平四年（1237），郡守刘用行，看着这别开生面、独树一帜，蜿蜒如砌在山巅的州城墙，终于忍无可忍，费尽唇舌，悉心劝说居民迁宅，尔后大力整顿，环城重新整砌，使整座城郭，壁立如切，肃正蠢起，不像以前那样，躲躲闪闪，萦迂不已。

这是城墙最像城墙的样子，提振人心，也引起潮州人的渴望。那些谯门欹倾、城楼颓圮，本来是熟视无睹，心安理得，得过且过，现在便让人觉得烦心、碍眼，观瞻不雅，一刻也待不下去，急欲僦工葺理。大家觉得，只有门、楼配得了城墙，才是生活之快意，日子的念想。一晃十年，南宋淳祐六年（1246），郡守陈圭来了。

陈圭当然知道百姓的心愿，但他还是先放一放，把心思花在减税，发展渔盐、农村小产上。然后才腾出手，召集工匠名师，把全部城墙的雉堞，一一翻新；西、北城门楼，正西的贡英，西北的湖平，对着放生池的登瀛，对着东岳宫的和福，正北的凤啸，和正南门的三阳，一一更创。东南边的小南门、下水门、浮桥门、竹木门、上水门，和子城东门的州学门，顺带整治如新。子城没有北门，西门和正对太平桥的南门，也跟着修整一番。

那一阵子，陈圭采取的保护贫家小户的措施，正得到上司漕使的赞扬。民生向好，众口褒奖，陈圭修城修得兴起，意犹未尽，又仿效三国时候的吴国，立楼橹临城，在三阳门东西两条通道的出入口处，鼎建3个瞭望、御敌的望楼。《三阳志·城郭》对此载之："扁（匾）其东曰开泰，西曰通利，北曰崇恩，周环相望，规模视昔尤胜。城之旁草木屏翳，至是分隶营寨，兵卒悉铲锄之，保障为之屹然"。原来，城墙外草木遮蔽，视野不佳，利于窝贼藏敌，这一次，也一并整治，全面复查，不留死角。全部工程完工，满打满算，一笔笔算将下来，共耗资2400余贯。

唐代中期，韩愈在潮州，还在为掠卖奴隶问题而操心，释奴一事，一直困扰着他。有谁知，踏入宋代，世风一变，社会转型，那些陈年积淀的旧规陋习，在潜移默化中，悄然更革。郑伸奉诏修筑潮州子城，就带来了一种新鲜的徭役形式，让心系田亩的人，骤觉心头轻松。北宋金山摩崖石刻《郑伸筑城记》，载：

皇祐壬辰岁（1052），夏五月，蛮贼侬智高破邕管，乘流而下，攻五羊。有诏，岭外完壁垒以御寇。潮州筑城，土木不坚，未期悉圮。越明年，癸巳（1053）九月，予到官，翌月庀役，至二月，以农作暂休。去年甲午（1054）十月，复兴工，今年正月毕。

郑伸筑城，施工期间，碰到冬春和春夏两次农忙季节，都下令停工，不敢过分役使民力，影响生产。只有8个月的工程量，中间休农，就休了8个月。这在过去，是不可思议的。

这种民户劳役负担大大的减轻，人身依附关系大大的缓和，见诸宋时潮州的很多记载。工商杂流、佃户田客，都已编户齐民，有着独立的、自由的身份，不再附属于某一户豪强地主了。这样宽松、开明的社会环境，让四面八方贤人、能人汇集的潮州，悄悄地，不期然而然地，催生了商品经济、市场经济的萌芽。

叶观筑城，采取的，就是劝喻城中固定民户，捐钱雇工，而不再像以往，按籍派役。史载："端平初（1234），叶侯观下车未几，首虑及此，慨然有兴筑之意。然工役浩繁，所费不赀。捐公帑之外，乃喻诸座户，俾佐其费，人乐输之"。这种捐钱雇工，显然颇得人心，也顺应社情、民情，成效卓著。

后来陈圭筑城，也依样画葫芦，如法炮制："淳祐丙午（1246），陈侯圭僦工葺理，环雉堞四千余而一新之……""僦"，就是租赁。

给你发钱，这一段时日，你们得听我的。陈圭拿捐来的钱，雇用匠工，修筑雉堞、城门、城楼，而这些工作，以前都是按籍按户，实打实地摊派徭役的。依之前各朝各代的刑律，若逃避徭役，则是违法犯罪，不可饶恕。这谁都知道，故无可奈何。以往徭役，家家户户，都视同苦差，服徭役者，户外野外，风日霜雨，不许歇闲偷懒。殷甲子弟，皮细肉嫩，哪受得了。

筑城如此，其他造桥、修路、建学，也莫不如此。当年，太平官街石板破损，街路崎岖，居民出入营生，颇不方便。从太平桥直到三阳门，这一条官街，又是州城的体面所在。陈圭不忍看它坑坑洼洼，就带头捐钱，依时价计工值，买石材，雇民工，按时按日，撤旧换新，把一条人流拥挤、南来北往的大街，和桥下流水潺潺的太平桥，又用统一规格的麻石板材，铺砌齐整。《永乐大典》载："淳祐丙午（1246），陈侯圭捐金市石，依私值僦工，石而桥者一十三所"，"以时价市石，以私值僦工，撤故砌新"。

"出金贸材，计值偿工，众皆一力，役不淹时"，这是修康济桥的记载。"伐材于山，埏土于陶，购工于市"，这是重修开元寺的记载。以至于后来，连修复官署这种劳役，也都由官府出钱，雇工匠去完成；驿站的劳务，也交由铺兵去执役，不再征用沿道的民户了。

所谓"以私值僦工"、"购工于市"，就是不凭借官府威权压价，而是按市价付工钱，随行就市，依市场规律办事。这种官民平等、尊卑一致的操作方法，有效消解了以往派差的窝工、怠工现象，既提高了工效，"役不淹时"，也保证了质量。

官府对这种崭新的管治方式十分满意，乐于去总结推广。民户则摆脱或减轻了在过去许多难以避免的劳役负担，有更多时间，可以安排自家生活。像静乐禅院的结"金刚经社"，就是民户们，一次身心两畅的自家生活。

免去了卑贱的苦差劳役，抵之以钱，使百姓的社会地位，无形中提高，劳动、生活条件也跟着改善。这些，正是经济杠杆发挥的良好效应。老百姓则笑说：是钱银做事。

据地方志记载，南宋时期，潮州地方，已经有货币地租出现，主要是在州学、书院等官户或公户的土地上实行。《三阳志·书院廪田》一目，对南宋淳祐七年（1247），韩山书院所有的26处院产廪田，以及租金，逐一列明。

这些院田，主要由三任知军州事郑良臣、林寿公、陈圭，或拨公款、或拨私款，从民间购置，另一部分由没收入官府后，再行拨给，此外，还有个别的其他财产转入。据不完全统计，三任知州共拨、捐银款3767贯足钱，以及2000贯省钱，买下一批田、地、园、山，这些产业，全部以货币地租的形式交纳，可见当时，潮州的商品流通，是比较发达的。

足钱、省钱，虽然同时流通，却也有某些差异。宋洪迈《容斋三笔·省钱百陌》云："唐之盛际，纯用足钱。天祐中，以兵乱窘乏，始令以八十五为百。后唐天成，又减其五"。洪迈在该书又云："太平兴国二年（977），始诏民间，缗钱以七十七为百。自是以来，天下承用，公私出纳皆然，故名省钱。"这样，宋代又有别于唐代，就是足钱一贯1000文，省钱一贯770文。

韩山书院26处地产，每年大致能有817贯足钱的经费收入，除去每月须拨4贯足钱，付给水东韩庙守门人作添充灯油之用，实际掌握的，仍有769贯足钱。宋末潮州学者马端临曾云：书院"田土之赐，教养之规，往往过于州县学"。对比之下，可知马君所言不虚。其时，韩山书院有生徒26名，包括在任职事的生徒6名，假如以每年所得租金769贯足钱平摊下去，生均年经费约为30贯足钱。潮州州学每年收入租金4000贯足钱，需教养学生180人，生均年经费约为22贯足钱。

《三阳图志·学廪》一节，对州学每一学田的租金，同样具列无遗。货币地租，是一种新的流通方式，佃户必须将收获物，拿到市场贩卖，交换成现款，方可完租。这样一来一往，就密切了生产与市场的联系。当年的乡户地主，是否也采取这种简便易行的纳租方式？估计个别采用的可能性，是存在的，但实物地租，无疑仍是主流。

丁允元增加州学学生、增拨州学学廪，最为人津津乐道。南宋淳熙十六年至绍熙二年（1189—1191），丁允元知潮州军州事。原来潮州州学，养士旧额120名，丁允元增加50名，合共170名。后来，又增至180名，遂为定额。每逢大比之年，另外增加20名。绍熙元年（1190），丁允元一次拨给州学学田365石5斗，相当于税钱654贯384文足钱。嗣后，丁允元在潮州海阳县仙田村落籍创祖，丁氏一族在仙田开枝散叶，成为潮州的望门大族，人口数千上万，世人皆称"仙田丁"。

丁允元落户潮州，其实，得益于有宋一朝，施行的不立田制，不抑兼并，不分士庶，鼓励垦殖的政策。这些外来的官宦世家，春江水暖，物色土地，开垦播殖，沤腐肥田，殚精竭虑，然后，落地生根，成功地转化为"土著"地主。丁氏落户的仙田，离潮州城东南不远，从小南门搭渡船，横江而过，也就三四里地。这里是韩江东溪和北溪夹角的一处洲园，当时，应该是江滩洼地，芦苇丛生，水鸟翔集，蛙鼓彻夜，人烟渺然，倒是走外海、内河的帆船，时时擦身驶过。这样贫瘠的沙砾地，洪水常常光临，没有腰力眼力，哪个人敢去想它、要它。丁允元拿它，自然有他的想法。

史载，潮州历史上有一种耕作，曰"种沙田"。"沙田"就是地主田主，在河滩、海滩围垦而成的田。每片围垦，称为"田围"。田围内的田地，不像通常的沃野良田，细分成一亩几分，而是一大片一大片。佃户与佃户之间，田界的标识，也只需用树枝、竹竿一插，你知我知，就行了。种沙田不用施肥，靠的是土地的自然肥力。

一些财势力足的大地主和强房族长，就会利用财力势力围垦造田。然后，在围垦地附近，建造简易的房舍，供给从外地来租赁沙田耕作的农民居住。这种沙田屋舍，不收佃租房租，条件一个，就是租客要改姓田主的姓氏，田主借此，可以壮大本族的政治实力和社会影响力。这种租客，实际上有两重身份，就是田主的佃户，同时又成为某一强房盛族的派下子孙。

潮州历史上，还有一种土地租赁方式，曰"粪质制"。以前，很少农民有能力自己购买土地，所以，只能靠租地耕种来生活过日。一些富农地主，瞅准这一点，就想方设法，择地垦荒造田，之后，租给无田无地的农民种作。这些新开垦的生地，肥沃的，当然按常规出租；那些贫瘠的，则按"粪质制"推租。

粪质制的租赁方式，去功利，讲实际，就是佃户有永租权。潮州人言简意赅，一下抓住事物的根本，把田主的土地产权，叫做"质权"，佃户的土地使用权，称作"粪权"。这种潮州特有的租地方式，反映了潮州地主的精明大度，也折射出潮州农民的聪慧守信。粪权可以传子传孙，可以转让别人，这些田主都不得干涉；但粪权不论怎么流转，田主和佃户的关系，仍然保持不变，缴租纳谷，也都由最初的那个佃户负责。

粪质制的地租很低，且大多属于公产（公尝、公蒸）田，佃户努力经营，会把瘦田，逐渐变成肥田，就像农谚说的："种田无师父，只要肥水足。"落力挑粪施肥，做大产出，多收些稻谷，就是自己的。以前，潮州农村，有不少粪质制的承租户，有经验，肯投入，会经营，慢慢地，也由佃农，变成了富农。

仙田《丁氏族谱》记载："（允元）公创蒸、尝税钱三十贯，预为子孙传世基业"。蒸、尝本指秋、冬二祭，后来，亦泛称祭祀。丁允元未雨绸缪，为子孙创立祭祀经费，确实深谋远虑。

蛇有蛇路，鼠有鼠道。大户有很多空间可以施为，中小户也有自己的独木桥、羊肠道。有专家指出，有宋一代，潮州的客户，也有独立的户籍，可以通过自己持之以恒的努力，开垦荒旷，成为主户；也可以勤耕力作，兼营工商，跻身地主阶级。不过，土地从一开始放开，兼并势必激烈，不少中小产农户，也面临着丧失土地，沦为佃户雇农的境况。潮州此时的生机勃勃，也正源于这种瞬息万变。

郡守州官的作为，在这样的年代，就尤为重要。他们的价值天平，倾向哪里，决定着一个地方民生的状况和市场的旺衰。向上，则动辄苛敛，向下，则排难解忧。《三阳图志》有这样的记载："本州三县，小产最为贫窭，亩地不出寻丈，岁入不出升斗"，而他们负担的二税，却往往与中户相同。"陈侯圭轸念民瘼，尽刷三县产数，自一丈至五十丈，小产计26850余户，（淳祐）七年、八年夏税产钱，遍榜给钞，与民收照。三邑20000余户可以少纾，而无流离转徙之忧"。

真是一个有菩萨心肠的人。陈圭上报，三县的夏粮减产；又给一丈地至五十丈地的小产户，减缓减免两年的夏粮税收，把二万余户减税户的名单，全部抄写张榜，让他们好有个凭证。这样的举措，当然上上下下，上司小民，交口称赞，一致好评。

与农村的小产户比，沿海的渔家盐户，景况要好得多。潮州海岸线长，盐业资源丰足，宋代，又拓展了汀州、赣州的外销渠道，加上原来的梅州诸地，盐利大有可图。与后来的在海边滩涂筑盐田，闸海水晒盐不同，宋代是在海边垒灶，用锅鼎柴草，武火熬盐。这种蒸煮法，煮出来的盐，细粒，雪白，咸中微甜，口感好，特别受欢迎。汀、赣诸县，原来配食漳盐，一尝潮盐，都纷纷改食潮盐。晒盐是靠天吃饭，听天由命，煮盐是主动在我，无惧天时变化。当年，潮州沿海一带，煮盐的灶社、盐仓，不止今饶平、澄海、潮阳、惠来等四五处，才有"万灶晨烟熬白雪"的盛况。

渔业在潮州更有优势。据《三阳志·土产》载，昔日，韩愈"初南·食"一诗提到的那些海味，宋时仍一应俱全，还有车螯、瓦屋、香螺、赤蟹之类，都是物美价高、经济可观的优质海产。为适应滨海滩涂作业，渔民们还灵光一现，创制出一种叫做"涂跳"的专用长具，而今，广西、越南的京族，少数人还在使用这种简便易做的滩涂捕捞工具，涨落潮时，行走自如。

　　潮州的出名，细究起来，其实与一座桥有关。古代中国，大江大河之上，一直未能架设桥梁，即使是交通要冲，咽喉之地，连省跨境，桥梁也是渺无踪迹。可以说，一座桥的出名，一赖年代久远，二赖作用巨大，三赖形体魁伟，四赖与众不同，五赖有口皆碑，缺一不可。《永乐大典》曾经引述前人关于在韩江上建桥造桥的重要性与紧迫性，其云："由东入广者，至潮，有一江之阻。水落沙平，一苇可航；雨积江涨，则波急而岸远。老于操舟者且自恐，阅一日不能四五济，来往者两病之"。

　　南宋的首都临安，号令两广，通商南方，调剂物产，遣派人员，多从福建进入广东。南宋潮州的历任州官，也多从福建入潮，"至潮，有一江之阻"，让他们皆有江上架桥之迫切愿望，奈何江阔流急，波浪滔天，常常感到无从下手。

有人指出，潮州早有造石墩石梁桥的历史。据《三阳志》载，在北宋至和元年（1054）之前，潮州已在州治子城南门，建有四墩三孔的太平桥，其长约 25.5 米，宽 14 米多，高 5 米多，墩为船形墩或分水尖桥墩。这种桥墩，厚而且重，不畏激流，颇适用于深水和多雨地区。石梁长近 8 米，宽 0.7 米，厚 0.5 米。这桥立在州治前面，造型特别精致讲究，望柱八角，栏板浮凸雕刻，花纹高古，简而不素，朴而不粗。桥南桥北，立有四座石塔，塔身不高，仅比望柱高过些许，大概是麻石雕琢，塔顶外伸，大于塔身，恰似伞面，典雅悦目。这塔，其实是装饰用的，有变化烘托，有对比反衬，可使桥不显得呆板凝滞、单调乏味。正如《三阳志》所云："桥之四维，旧有四塔，外疏两渠，中为官街"。到了光绪年间，《海阳县志》仍载："太平桥，在大街。自上水门引韩江水，历桥而西，绕县治"。可惜，到了清末，桥已被商铺包围了。此后，随着社会发展，街道翻新修建，太平桥被便湮没了。

不单太平桥，宋代，潮州还建了许多桥。南宋绍兴八年（1138），海阳县登荣都（今潮安凤塘镇）乡民翁元，率众建了一座李浦桥，桥长 42 米，宽 2.5 米，六墩五孔，且桥墩都砌为梭子形，易于过水分流。后来，因此桥地处海阳、揭阳交界，是潮州通往省城广州的必经之路，过了此桥便是鹏程万里，故改称万里桥。这是潮州城外。其时，潮州城内，也建有许多桥，如：去思桥、西门桥、北门桥、新路桥、湖头桥、新溪桥、南濠桥、瓮门桥……可见，到了南宋，潮州人已经积累了很多建造石桥的经验。

南宋乾道七年（1171），郡守曾汪甫一到任，看到别人束手无策，居然想他人之所未想。他从别人一直在梁桥中兜圈圈的思维里踱出来，异想天开地想出，在江中矗一石洲，两头再"编画鹢而虹之"。"画鹢"，是船的别称，《淮南子·本经训》曰："龙舟鹢首，浮吹为娱"。高诱注释："鹢，大鸟也。画其像著船头，故曰鹢首。""编画鹢而虹之"，就是编织大船做浮桥。"虹之"，就是建曲浮桥。史书有载，浮桥受流水冲击，向下弯曲，自然就形成了曲浮桥。

郡守登高一呼，万众其应如响，仅用了3个月的时间，在1800尺宽的江面中央，便巍然矗立起一个长宽各50尺、南北向皆成锐角的梭形石洲，然后，各沿西、东，系以大船，总共有86艘之多。这样，昔日水既深且流遄急、裹凶险如潜暗杀之地，就成了通达东西的大道坦途。桥落成之日，官民人等，莫不欣喜若狂。曾汪也是难抑兴奋，为桥命名"康济桥"，并濡笔蘸墨，一气呵成，挥就一篇载入《永乐大典》的《康济桥记》，其云：

> 金山崒嵂，俯瞰洪流。悍鳄囊时各以为居。自昌黎刺史咄嗟之后，一害去矣。江势蜿蜒，飚横浪激，时多覆溺之患。循抵中流，势若微杀。往来冠屦，踵蹑肩摩，轻舸短楫，过者寒心。金欲编画鹢而虹之，几阅星霜，未遑斯举。适时与事会，龟谋协从，一倡

而应之者如响。江面一千八百尺，中蟠石洲，广五十
尺，而长如之，复加锐焉。为舟八十有六，亘以为梁。
昔日风波险阻之地，今化康庄矣。偿资钱二十万。户
掾洪杞、通仕王汲式司其事，从人欲也。乾道七年六
月己酉始经之，落成于九月庚辰。是日也，霜降水收，
为之合乐，以宴宾僚。坦履之始，人胥怿云。郡守长
乐曾汪书。

史载，曾汪者，侯官（今福州西部和闽侯县西北一带）
人，南宋绍兴五年（1135）进士，乾道六年至七年（1170—
1171），任潮州郡守。《三阳志》中，多载其善政，谓其看到
以前州县官，搜刮民财作为高宗生日"天申节"的进奉银，曾
汪则找出理由，曰"本州岁计钱，经行发"，以此而罢去糜费，
不再向百姓征敛；又谓其时潮州贡院狭促，不足以纳郡士科考，
曾汪迅即增辟巨室，修葺一新，为考校场地。

最令时人感动者，乃科期到了，潮州举子结伴赴京赶考，曾
汪发自内心，作《送举人》一首，寄以厚望。诗曰：

乐作疑游太古庭，韩门今喜见诸生。
千间厦敞撼雄思，万里桥成助去程。
玉醑杯深乡意重，银蟾宫近客身轻。
前人已有惊人举，更听传胪第一声。

曾汪建的这种浮桥，在上古之时，有另外的名称："桥航"、"浮航"、"浮桁"。一般能浮于水上而承载重物者，古人都可以信手拈来，用以搭架浮桥。于是在西北如革囊、皮筏，在多数地区如竹排、木筏、大小船只，甚至酒瓮、门板、苇竹，都曾被用来制作浮桥。

不过，曾汪的浮桥，已经加入了很多创意，与古人不同。像抛石砌洲，这是前无古人。迄今已知最早的浮桥，乃公元前1229年，周文王娶妻迎亲之时，在陕西渭水之上，用木船架设的浮桥。那时鼓乐喧天，笙竽齐鸣，蜿蜒十里，声动河汉。264年之后，他的五世孙周穆王，挥师江南，抵临九江、长江之际，用革囊、浑脱，搭架起气势恢宏的军用浮桥，渡过了数万龙虎之师。其时桥上脚步咚咚，桥下水波涟涟，旌旗鼓角，皮甲藤盔，队列随浮桥摆动，旗鼓合水波起伏，别有一番扣人心弦。

曾汪与古人的不同，还在于古人浮桥用过之后，随之拆除。只有偶然的个别例外，像战国时，秦昭襄王在今山西永济搭架的蒲津浮桥，一直延续下来，直到元代。曾汪的建桥，简则简矣，却是一声号角，一次带头，一个开始，一出序幕。继曾汪之后，造桥成了民心、官心所向，在57年时间里，先后有9位州官主持，在韩江河道上，承前启后，前赴后继，携手造桥。

南宋淳熙元年（1174），夏六月，韩江骤发大水。突如其来的江水，排山倒海，溃流而下，其势汹汹，不可阻挡。修成还不到三年的康济桥，首当其冲，86艘桥舟，漂没过半，所剩的，亦多毁损。史载："潦怒溢，自汀、赣、循、梅下，溃流奔突不可遏。啮缆飘舟，荡没者半，存者罅漏"。刚刚拓展城垣，建南门楼，匾"揭阳门"的常祎，面对如斯境况，自是当仁不让。人们大都以为，官袍在身的人，只会坐在公堂，高高在上，一帮衙役，叱咤帮声，烘托官威。其实谬矣。他们也会与一众父老官绅，促膝而坐，就事论事，细细商量。

这次常祎就晓喻在座："利众者易兴，谋众者易成。是桥之建，千里一词。已成之功，可中尼耶？"大家听得明白，修桥造路，造福民生，这样的事情，容易得到民众的拥护赞成；康济桥的兴建，四面八方，都在交口称赞；那前人已经做成的事，能在吾侪这里中止吗？

常祎一番推心置腹，鼓动得在座者都坐不住了。拓展城垣，建揭阳门，那种大手笔、大气魄，在座还都历历在目，现在这种谋众、利众的盛举，谁会甘心落于人后呢？于是估算费用，节俭开支，又捐出俸禄充作修桥经费。郡守如此带头，潮州上下，敢不纷纷响应？

已升任转运使的曾汪，闻知此事，大为高兴，他将其造桥的所有心得，悉数传授给常祎，并特意加入到谋划的行列，出主意，把过大的桥舟改小，把船头过于尖锐者改平，又拟出以钱雇工的若干措施。

举城合力，攻坚克难，又是经过繁忙的3个月，康济桥的桥舟，由原来的86艘，改为106艘，毁圮的桥道，又恢复成通途。那一段时间，康济桥两岸，常常灯火通明，连轴运转，日夜赶工，斧凿之声，不绝于耳，刨花之香，提神醒脑。常祎的公堂，也几乎搬到了江边，他常常到桥头梭巡、探望、慰问，这些举措，很温暖人心。城内的民众，百窑村的瓷工、窑工，也时时到桥头围观助兴，呐喊加油。

因为用度有数、杜绝浪费，工程尚有余资，常袆乃决定，在韩江西岸、康济桥西，辟建一座仰韩阁。经过一番赎地辟基，砻石捍溢之后，从十二月开始，到翌年二月，史载"隆栋修梁，重檐叠级，游玩览眺，遂甲于潮"的杰阁，便矗立在韩江边上，供往来者登临。常袆还请福建市舶使虞似良，为仰韩阁书匾。虞似良是名重一时的书家，他用汉初开创的那种烂漫无邪的古隶体，率性不拘又法度森严地写了"仰韩"两个擘窠大字。常袆还拨官田作为阁产，以为此后修缮专用。《永乐大典·桥道》，有文字记载了这座楼阁的伟岸丰姿：

> 东顾则闽岭横陈，西望则涮江直泻。南连沧海，弥漫而莫睹津涯；北想中原，慷慨而益增怀抱。势压滕王阁，雄吞庾亮楼。檐牙共斗柄争衡，砌玉与地轴接轸。树木张四时之锦，屋庐环万叠之鳞。溪流滉漾以摇空，山色回环而入座。登高寓目，足以豁羁客之愁；对景赋诗，庶几动骚人之兴。固一方之壮观已。

可惜，这么一座足与滕王阁、庾亮楼媲美，堪与黄鹤楼、鹳雀楼比肩的韩江名楼，竟于四年之后，南宋淳熙六年（1179），在一场大火之中，夷为平地。

此时，新任郡守朱江刚刚到位，他不忍仰韩阁成为废墟，即就原阁旧址，改建登瀛门，此处，就是后来的广济楼址。登瀛门的左掖，建三己亥堂，即己亥年、己亥月、己亥日，右掖，建南州奇观，皆为楼阁式杰构，眺山望月，临江吹风，美轮美奂。

此外，朱江还在大江之中，增建石洲两座，与曾汪建的石洲，合而为三，寓意海外三山。从江岸向江心增建桥墩，在桥墩上分别建亭，就是从朱江始。

这个诗意盎然的郡守，给潮州带来了另一种生命的气息，带来了一种打破常规的风气。城市有了艺术，城建有了巧思，那真是一个城市和市民的三生修来的缘分。三个石洲上的桥亭，朱江分别予以命名，东洲为冰壶，西洲称玉鉴，中洲直接叫小蓬莱。

就在工程告竣的第二年，淳熙八年（1181），大诗人、广东提举杨万里，率师平定海寇沈师之乱，来到潮州。当杨万里登上崇楼杰阁的南州奇观，眼前的江景，马上令他兴奋不已，他不假思索，诗句已喷涌而出：

> 海边楼阁海边山，云竹初收霁日寒。
> 看着南州奇观了，人间山水不须看。

> 玉壶冰底卧苍龙，海外三山堕眼中。
> 奇观揭名浑未是，只消题作小垂虹。

杨万里这是触景生情。苏州吴江上有垂虹桥，桥上亦有亭，杨万里曾在垂虹桥上的亭子试新茗、品鲈脍，何等痛快。而今，南州奇观，康济桥，康济桥……

杨万里有点情不自禁。

浮桥架设日久，渐渐地，一个回避不开的矛盾，显现出来。这是一个致命的缺陷——106艘大船连缀一起，一字排开，就好像是锚链锁江，无形中把河道截断、掐死，顺水、逆流的船只，都无法通航。而韩江水道是繁忙的黄金水道，赣南、闽西、粤东北，终年有大批木排、竹筏以及货船，须顺江驶往下游或出海；溯江而上的货船，也日夜不停，不计其数。于是乎，浮梁与航运，便发生此前料想不到的冲突。这是一个极其棘手的大难题，颇让执政者寝食难安。

其时，潮州通判、代行知军州事的王正公，意识到这是回避不了、绕不过去的坎，与其长痛绵绵，不如果断处置。他当断则断，毫不拖泥带水，直接就选择在靠近西岸的江面，增建一座桥墩，并在岸与桥墩之间，跨架巨木，做成梁桥，让船、筏在梁桥之下，通行无阻，自由往来。史载："摄郡王正公，复增一洲，距西岸数步。上跨巨木，下通船筏。至是，始无冲突浮梁之虞。"

由此，康济桥便从单一、单纯的浮桥阶段，转而进入到浮桥与梁桥相结合的新阶段。王正公首倡梁桥，接下来的，是知潮州军州事丁允元。丁允元在史上一直传说是常州人，以忠谏贬谪潮州，但翻遍历代各种版本的常州志书，均没有丁允元科考和出仕的记载。后来，有学者从《漳州府志》和《龙溪县志》

找到，丁允元是漳州人。《宋会要辑稿》也说了，丁允元仕途一路畅达，从宣孝郎、太府寺丞，到滁州通判，没有磕磕绊绊。淳熙十六年（1189），丁允元迁任潮州。大规模倡修梁桥的，就是他。"自西岸增四洲为八，亘以坚木，覆以华屋"。这样，从西岸往江心，便有八洲七孔。桥的模样，便也如女大十八变，芳容一新。

潮州人感恩，知道在那样的年代，修桥造路的不易，而在急水江中，大兴土木，阻江筑墩，再三再四，更需坚韧，更属难能，更彰人格。走在这一段不摇不晃、如履平地的梁桥上，望桥下江水滔滔，看远处水击舟桥，胥民对丁允元的干练刚毅，又有一番深切体会。某一日，一个过桥者与人对话，无意中提及刚刚路过了丁侯桥。说者无心，信口而已，但从此后，不约而同，人们便把西岸这一段韩江桥，称作丁侯桥。

像潮州这样，为江山改姓，为一座桥存史，偌大神州，不说绝无仅有，也是屈指可数。潮州人的文教兴邦，慎终追远，美化家园，自古已然。南宋绍熙五年（1194），距曾汪建桥，已历23年。西岸之梁桥，已规模初具矣，而东岸河段，却仍靠浮梁一一连系。

郡守沈宗禹有虑及此，一反诸前任由西往东，筑墩架梁，造屋构亭的做法。他在笔架山下，韩江之滨，反复斟酌，架梁跨越大江，与西桥合龙的规划，慢慢成熟于胸廓。这一年，沈宗禹在东岸破天荒建石洲两座，又在东岸第一洲，建一座壮阔开阔的

盖秀亭，与西岸的登瀛门，呼之应之，隔江相望。史书上云此"蟠
石东岸，结亭于前，扁（匾）曰盖秀，与登瀛门对峙"。

有意思的是，后来的郡守竟把造桥当作比试。他们悟到要
为山水添光，为地方增色，要取悦于过往行人，这让官绅民等，
大饱秀色。《永乐大典·桥道》记载：南宋庆元二年（1196），
"知州陈宏规，益东岸洲二，结架如丁侯桥而增广之，曰济川桥。
更'盖秀'曰'济川'亭，以止过客"。

这样的速度是很快的，一下子就增加了4个石洲，梁桥的模
样，也出来了，且楚楚动人。当然，能青出于蓝，也得益于有西
岸丁侯桥的模式和经验可资参考。最妙的是"以止过客"，一段
桥，可以让行人停下脚步，驻足流连、张望、观赏、陶醉。

从这一年开始，康济桥，便进入了东、西桥各有其名的阶
段，西桥称丁侯桥，东桥称济川桥。这一个阶段历时颇久，前
后达148年。

造济川桥的陈宏规，亦如造丁侯桥的丁允元，后来，也落籍
潮州，是今潮安鳌头乡大族陈姓的始祖。

两年之后，即南宋庆元四年（1198），建三阳门，重辟西湖，
奏免白丁钱，治潮颇多大手笔的郡守林嶤，在东岸续建四洲，雄
伟壮丽，胜于西桥。且每洲各有创新，迎水、背水，分水、过水，
大有讲究；叠石砌墩，稳固妥当，墩面坚直，如切如琢，让人看
着，安心舒服。林嶤目光远大阔达，不囿于一时一地、一己之私，
他看到潮州通往漳州的官道，支离破碎，不便往来，便自个儿捐
钱，鸠工买石，重修潮漳道。这钱使得响啊，由东往北，是去往

临安，州人谋生取仕，不都得走这条路。

至此，康济桥，也即丁侯桥和济川桥，即将迎来焰火绽放的灿烂，它们的大功告成，就在眼前。

《永乐大典·桥道》记载：南宋开禧二年（1206），"知州林会，接济川桥之西，增筑石洲五，修其旧者一，亦屋覆而砖甃之，匾曰'小蓬莱'，因朱侯命名之旧"。林会一举而建五洲，这在康济桥史上，是建墩规模最大的一次，而且石洲上盖屋，桥梁上铺厚木板，再砌以方砖，勾缝抹灰，以防火灾。由是，东桥济川桥13个石洲，遂告完成，总长86丈8尺。

南宋绍定元年（1228），"知州孙叔谨，复接丁侯桥之东，增筑二石洲"。这样，西桥丁侯桥10个石洲亦告成，总长49丈5尺。

在孙叔谨之前，郡守曾噩、沈康，亦曾谋划增筑西桥石洲，皆未成功。盖因江面石洲不断增加，过水通道，日益逼仄狭窄，江心水流，倍加受阻，激流湍急，漩涡飞旋，让人无可奈何。孙叔谨常常在清晨中伫立桥头，与僚属、匠头，讨论江中各洲优劣，详察水文水流变化。他能慎思远虑，汲取前任教训，办前人未能办之事，殊为不易。

其后，再未有建石洲者。中流，遂留下宽27丈3尺的浩浩江面，仍由浮梁连接。如此，康济桥的格局，业已定型。

回过头来，看看历经57年，康济桥如何从一张白纸，到初有体会，到经验累积，到大步推进，颇给人教益。嘉靖《潮州府志》，把这些带领潮州人不屈不挠前进，遇挫愈坚的郡守、摄郡，——列明："西洲创于曾汪，其后，朱江、王正公、丁允元、孙叔谨，相继增筑，共为洲十；东洲创于沈宗禹，而陈宏规、林嶂、林会继筑之，共为洲十有三"。读之，令人慨然。

吾辈后生，更应该载明其详，以纪先贤，以启来者：西7洲曾汪，西6洲、8洲朱江，西1洲王正公，西2洲至5洲丁允元，西9洲、10洲孙叔谨；东1洲、2洲沈宗禹，东3洲、4洲陈宏规，东5洲至8洲林嶂，东9洲至13洲林会。

有学者指出，斯桥于中间一段，用大船连接，成为浮桥，这样的格局，或者并不是历代修桥者的本愿。饶宗颐《广济桥志》有载："是桥建于江中石上，言地理者曰：韩山余脉，自桥东横江西来，至桥之中段，石根紧缩如线，桥墩莫得而竖，因中断浮舟以渡，故又名'浮桥'"。

水下地脉中断，固然是造成建墩困难的一个原因，而石墩的建造，多采取由岸边向中间延伸的方式，随着石墩的不断增加，水势受阻，必然向中间汇流，加快中间段的流量、流速，更加大了建墩的难度。因此，中间一段的不建墩，并非不为，实是不能为。浮舟以渡，正是这种不得已而为之，使这座桥成为中国桥梁史上、世界桥梁史上，一个绝无仅有的特例。

也有专家，持不同意见，认为中流激湍，不可为墩，这种说法，很难成立。因为，浮桥之处，并非中流，也非江水最为激湍所在，绝非不可为墩。曾汪的《康济桥记》，明明白白地记载，"中蟠石洲，广五十尺，而长如之，复加锐焉"。始创时能在中流筑建 5 丈见方的巨墩，以后反而不可为，这是说不通的。那么，这浮舟以渡的独特风格，除了使桥梁更加跌宕多姿、起落有致、曼妙独特以外，其重要作用，是利于通航。其时，海洋船舶可以直趋大埔，浮桥可开可合，十分方便。加上利于解缆以排洪泄洪这一科学创举，使这座桥，被誉为世界上最早的启闭式桥梁。

康济桥的桥墩，有多种施工方法，这也是古代的主持者和桥工，在与激流的不断相持、周旋中，悟出来的。西桥 10 洲，从开始营造到完成，历时 57 年，东桥 13 洲，前后只花了 12 年，效率相差，几近 5 倍。其中的原因，可能多种多样，头绪纷纷繁繁，但扼其要，就是西桥与东桥，采取和应用了两种不同的营造方式。

韩江江流，形似弯月，急流从竹竿山出，主流靠东，水势急促，水力浩大。因此，取西岸先建石洲若干，是明智之举。当其时，虽是枯水季节，水深也在 20 米以上，流速接近 1 米每秒，施工之难，可想而知。经分段拦河阻流，在拦围圈内清水清淤，竖大杉，打木桩，投乱石，做基础；然后，再用经过加工的巨石，层层垒叠，筑成桥墩。这种营建方法，叫井干式。它的好处，是干砌，与水隔开，并使石与石之间能够活动，在后代重修时，材料仍可再用。但这种方法，耗时很长。

后来，营建东桥的石洲时，因位于主航道，水更深，流愈急，拦河阻水的工程量，更著艰巨。好在上游森林茂盛，大树遮天。遂伐巨木，编排筏，累石其上，固定位置，逐渐下沉，创造了睡木沉基的新方法。即在江中墩位，先抛乱石，然后，为了加大浮力，在捆扎成几层的大排筏上，堆放经过加工的巨石，利用水位上涨，牵引至墩位固定，候水落时，让其搁置在乱石之上，再在上面，加筑墩石。这样，就加快了施工进度，减少了施工上的困难。桥墩的石块与石块之间，不用灰浆，但凿有卯榫，使其咬紧契合，不致摆动或松脱。架梁的巨木、坚木，则选用石盐木。石盐木坚若铁石，白蚁不敢蹐，阅岁浸久，风吹雨侵，不可动摇。

到元代97年间，又先后有大德二年（1298）总管大中怡里，大德十年（1306）总管常元德主持过维修修缮，但都规模不大。元泰定三年（1326），判官买住，拟将桥上木梁，易成石板，却因经验不足，仅完成4孔。且不久之后，便接连断折3孔，溺死者30余人。后来，又重新换成木梁。

以石板替代木梁，虽未获成功，但毕竟敢想敢干，开风气之先，这在建桥史上，也算是一件大事。还有一件大事，是关于桥名的更改。元至正四年（1344），府判乔贤，对全桥作了较大规模的维修，并在桥头重建了仰韩阁，统称全桥为济川桥，不再使用康济桥，或分段使用济川桥、丁侯桥的旧名称。朝奉大夫梁祐撰《仰韩阁记》载曰："嶂山公复大书'济川'，为桥之匾"。

明永乐、宣德年间，桥墩再次被洪水冲垮。桥既坏，韩江水流，急如马骋，触之者木石俱往。桥梁断绝，激流之下，咫尺千里，凡登途而望者，莫不痛恨，以为从此以后，这座桥修无望。明宣德十年（1435），新到任的知府王源，慨然以修桥为己任，捐俸倡之。王源的行动，立即在官民中得到响应，史载："所部僚属，及富家巨室，皆争输恐后。于是购木石、募工佣，凡墩之颓毁者，补之，石梁中断者，易之"。

　　当年王源修桥，可谓休戚相关，顺应民心，顺势而为。潮州有贤德的长者，都出来协助主持募捐，他们的德行影响，使路经潮州的尊官巨贾，一个个甘于捐献，而海阳、潮阳、揭阳、程乡等等周边百姓，也不吝惜钱银，捐款有若神明指引，出手大撤大捺。他们都把这座桥，当成了自己家乡的门面。

　　海阳县令李衡，自告奋勇，愿到修桥一线，督工管理，还找了几个行家，一起协议谋划，以赞其事。像"石梁中断者，易之"，他们不是一成不变，非一棵树上吊死，认死石梁，不晓得变通，而是几经商议，拿出方案，报王源过目首肯，尔后，选用梗、楠、樟、梓等等上等木材中的又大又坚者，以更换之。年高有德的乡贤如许懋等人，也来到修桥工地，协理钱银，规划用度，计算出纳，保证所募到的款项，笔笔都用途正当，比如买材料，付工薪，绝无跷蹊。

　　中流一段，最费脑筋。比并来，比并去，最后还是尊重现实，做不来，就不做，仍用浮舟相接，縶以铁缆，无陷溺之忧便可。

　　王源的大手笔是在桥面上。就是这一次大规模的维修、整修，使这座桥，从此屹立寰宇，不可超越。桥面上，立亭屋126间，亭屋之下，桥梁之上，镘以厚板，厚板上方，再卧铺二层砖甍，用灰弥缝之，以蔽风雨寒暑，以防回禄之虞。回禄、祝融，都是古代火神的名字、官职。桥面的两侧，环以栏槛，五彩装饰，坚致5倍于原来。桥上自西向东，建12座楼台，楼台的西、东两面，分别聘名家撰文辞丽句、佳词吉语命名，再邀高手书丹，嘉木立匾，托架悬挂。凤台时雨、湘桥春涨，那个时候，从哪个角度看将过来，都称得上是天上琼楼、海上仙山，飘飘渺渺，琵琶半露。

12座楼台，按序排列，分别为：

楼一　奇观、广济楼

楼二　凌霄、登瀛

楼三　得月、朝仙

楼四　乘骊、飞跃

楼五　涉川、右通

这是西桥。

楼六　左达、济川

楼七　云衢、冰壶

楼八　小蓬莱、凤麟洲

楼九　摘星、凌波

楼十　飞虹、观滟

楼十一　浥翠、澄鉴

楼十二　升仙、仰韩阁；第二层　广济桥

这是东桥。

王源修建的这座广济桥，其实，既不同于宋元的旧桥，也与后来的桥梁迥异。当时，除了浮桥，东、西二桥全用亭屋覆盖，有人说像是古代的"复道"，这是不对的。明明就是廊桥，只是这廊桥的样式，是潮州的样式，是典型的潮州厝、潮州飞檐、潮州翘角的样式。王源高明之处，就是把楼台亭屋作为桥体的组成部分，精心安排，互为穿插。12座华彩焕发的楼台，分布在126间大大小小千变万化的亭屋间，穿行其中，是何等感受？有人看到"琐窗启而岚光凝，翠牖开而彩霞簇"；有人觉得好像"飞梁渡江，恍乎若长龙卧波；复道行空，俨然如乌鹊横河"；也有人感到"方丈一楼，十丈一阁，华梲彤橑，雕榜金桷，曲栏横槛，丹漆黝垩，鳞瓦参差，檐牙高啄"……

反正，这次维修、整修，全程用了不到一年的时间，让人觉得意犹未尽，又完美无瑕。这次桥名也取得好——广济桥。广济、广济，有杜少陵"大庇天下寒士俱欢颜"之慨。从此后，人人都喜欢这个名称。

有人质疑，王源在广济桥修建如此众多的楼台亭屋，虽然唯美，出类拔萃，不同凡响，但是否也夹杂有一丝一毫的好大喜功。岂知这是小人心度君子腹。此时盖楼起屋，本心在于保护大桥不受风雨侵害，也是为了增加桥身重量，使桥不致轻易被水冲垮。明代王世懋所撰的《闽部疏》就写道："闽中桥梁甲天下，虽山岰细涧，皆以巨石梁之，上施榱栋，都极壮丽。初谓山间木石易办，已乃知非得已。盖闽水怒而善奔（崩），故以数十重重木压之。中多设神佛像，香火甚严，亦镇压意也。"闽水怒而善奔（崩），韩水不也是闽水来的么？

广济桥是官方的称呼，民间远近，更喜欢叫它湘子桥。就像一个人的小名叫久了，亲切入心，温馨常伴，很难改口。湘子桥从何时叫起呢，人们总想寻根探底，一知究竟。明万历六年（1578），陈一松在《重修广济桥记》，就提到了韩湘子造桥的传说。清康熙《潮州府志》有云："逐沈公全旗出城，弃辎重，渡湘子桥，子女堕桥死者无数。"这是"湘子桥"之名始见于地方志。到了清雍正元年（1723），湘子桥成了韩江的水文标志，这在乾隆《潮州府志》上，常常可以看到："雍正元年，韩江大涨，水漫湘子桥栏杆一尺"，"十二年，水长，漫过湘子桥"。清代张树人在《湘子桥考》中曾感慨："明末清初，民间始有'湘子桥'之称，寻且官书，如《府志》，亦偶有以湘子桥名。及于晚近，我潮人士，无不呼为'湘子桥'者，而'广济桥'之名反晦"。

　　湘子桥名的不胫而走，当然也与它的平声起调、通俗顺口有关。古往今来，与人相面，都遵从一声二色之说，可见声音、声调之紧要，张嘴说话，樱桃小口，莺声燕语，声音好听，比之姿色芳颜，更加重要、更悦人心。桥既成，诗赋来。在吟咏湘子桥的诗词中，乾隆进士、潮州人郑兰枝的《湘桥春涨》，流传最广：

> 湘江春晓水迢迢，十八梭船锁画桥。
> 激石雪飞梁上鹭，惊涛声彻海门潮。
> 鸦洲涨起翻桃浪，鳄渚烟深濯柳条。
> 一带长虹三月好，浮槎几拟到层霄。

　　"湘桥春涨"，还有"东楼观潮"，是明代潮州八景和内八景的两处景点。每当暮春时节，桃花怒放，洪水南来，在东门城楼上倚栏眺望，就会看到杏黄色的江水，自天际奔涌而来，浪涛滚滚，漩涡逆旋，红蜻蜓在桥上飞舞，小燕子贴江面俯冲，桥墩四周，浪花飞溅，有如一群群白鹭，跃梁而过。

　　这些不断飞舞的报水的精灵，并不是人们想象的水神、河伯显灵,是自然界的一种自然现象。每有大水来临,空气湿度骤然增大,湿空气中,有很多人眼看不到的昆虫,红蜻蜓、燕子,这时候就会出来上下穿梭,捕捉这些细小的虫蠓。还有,老辈人相传,每回发大水,在东桥的第3洲,便有一条鲤鱼,在那里跃水戏浪。好事者曾在桥墩上抛下渔网,试图捕捞,眼看着鲤鱼入网了,但网拉出水面,鱼却又无影无踪。于是民谚就有了:"凤凰山顶无日无云烟,湘子桥上无日无神仙。"

清康熙五十九年(1720),又水决东岸石墩,没者二洲。四年之后,雍正二年(1724),知府张自谦倡绅士捐修其一,铸鉎牛二,列东、西桥以镇之。在鉎牛立起来的第118年,即道光二十二年(1842),天仿佛捅了一个漏洞,夏秋霪雨,接连不断,这一次的大水,使下游的江东岛溃堤,广济桥墩多圮,鉎牛也被冲走了一只。仅存的西洲鉎牛,成了湘子桥的独特标识。

于是,也有很多传唱湘子桥和鉎牛的民谣,发自民间,流传不已,长盛不衰。如:"潮州湘桥好风流,十八梭船廿四洲。廿四楼台廿四样,二只鉎牛一只溜。"这是客观的吟唱,平白如话,不假雕饰,和盘托出,措辞到位,没有波澜。

也有低吟浅唱,如:"十八梭船廿四洲,石级底下水奔流。千年古桥难再现,二只鉎牛一只溜。"这是一种带着主观色彩的吟唱,蕴含着对桥的疼惜,和对它的命运的深深忧虑、无限惆怅……

地瘦栽松柏

　　衡量一个地方的人心、民性，历来有两句老话："人穷志短"；"人穷志不穷"。"人穷志短"，是不思上进，破罐子破摔，扶不起的阿斗，烂泥巴扶不上墙，线穿豆腐提不起，怨天尤人，赖上人家，坐等天上掉馅饼。"人穷志不穷"，是爱拼才会赢，穷则思变，不因小事而不为，不甘后人，抱团取暖，不埋怨，我命在我不在人，吃得苦中苦，英雄不问出处。

　　潮州的民性，就是人穷志不穷。民风都由士风起。古代社会，平民的职业、身份，有士、农、工、商之别，即所谓的四民。顾炎武《日知录》曾说："士、农、工、商，谓之四民，其说始于《管子》。"《春秋穀梁传·成公元年》，则另有士、商、农、工的划分，云："古者有四民：有士民、有商民、有农民、有工民。"不管如何排序，还是管仲《管子》里面说得好："士、农、工、商四民者，国之石民也"。

潮州民风的隆替变易，是由社会的一心向学，开风化，启民智，吐故纳新开始。唐高祖武德七年（624），"诏诸州县及乡，并令置学"。到大历十四年（779），宰相常衮被贬，"莅州，兴学教士，潮俗为之丕变"，潮州的读书人，渐渐形成一个阶层并得到发展，唐时赵德、洪奋虬、黄僚等等考取进士，表明吴砀的后代们，已经揭去了蛮荒标签，有了在文化上一展身手的机遇了。

宋人范祖禹在《范太史集》里说过："唯本朝之法，上下相维，轻重相制，如身之使臂，臂之使指"。如此，潮州虽然远离权力中心，处于指的地位，但不再是关山重重，催马不前，山高皇帝远了。读书的效应，这时就像投石入水，波澜涟漪，一圈圈扩散。在太平兴国二年（977），即宋开国17年后，赵匡胤平定广南才6年，潮州的谢言，即登巍科，成为与状元吕蒙正同榜的一甲进士。这也是宋代岭南地区的第一位赐进士及第者。

宋朝的科举是很鼓舞人、令人跃跃欲试的。取士不问家世，一下子就让所有人都变得平等，处于同一个起点。宋开宝八年（975），赵匡胤主持殿试后，对大臣说："向者登科名级，多为势家所取，致塞孤寒之路，甚无谓也。今朕躬亲临试，以可否进退，尽革畴昔之弊矣。"陆游在《老学庵笔记》里也提到："本朝进士，初亦如唐制，兼采时望。真庙时，周安惠公起，始建糊名法，一切以程文为去留。"这种选拔人才的方法，确实保证了孤寒之士，能在尽量公平的条件下，凭借真才实学，去一决雌雄，施展抱负。

录取名额的的增广，也为士子们敞开了博取功名的大门，大大激发了他们勤学、苦学的精神。太平兴国二年（977），得进士109名，加上诸科、特奏，赐进士出身者，共500多人。至仁宗朝（1022），才按礼部奏请的规定，以400名为限。但这个名额，也比唐代足足多出了十几倍。潮州士子思进取，相砥砺，形成氛围，就是因为看到希望无限，就像云头初开，日头初升，光明在前。

唐末、五代期间，北方忙于改朝换代，城头变幻，战乱频仍。潮州倒是虽有兵燹，但都规模不大。后梁贞明三年（917），在广州的刘龚带兵攻打南方各地，击退了占据潮州的卢光稠部卢光睦。拥有了潮州，刘龚的感觉不一样了，他敢于公开宣布脱离后梁，称帝于广州，立国号大越。第二年，又改国号为汉，这就是五代十国的南汉国。

刘龚在广州搞得风生水起，也想借潮州东进，成就另一番基业。南汉乾亨八年（924），这位南汉高祖，集结队伍，在潮州操演练兵。刘龚之看中潮州，是因为潮州乃刘氏一门的龙兴之地，他的祖父刘安仁，在晚唐出任潮州长史，就在那个时候，刘氏举家从彭城迁到了岭南。想不到的是，闽国虽然弱小，貌似不堪一击，但以逸待劳，在汀州和漳州之间的山地，把从潮州孤军直入，不谙地形的刘龚，打得大败而返。这些兵事，对潮州都没有多大影响。北宋开宝四年（971），宋太祖派潘美带兵攻打南汉国，南汉主刘钅长降，南汉灭，潮州归宋。这本来是天大的事，但潮州也是风平浪静，老百姓依然每天过着日子，读书的读书，营市的营市，好像与己无关。反倒是灾害异象，闪电裂天，炸雷震耳，能让人心头一凛。

北宋至道二年（996）八月，潮州飓风。这是有史以来，所记载的最大的一次风灾，房舍坚固的州廨营寨，都被刮坏了，民房倒塌，更是不计其数。这一次灾痕，一直持续到三年后。北宋咸平二年（999），开封府推官陈尧佐，因直言获罪，被贬为潮州通判。陈尧佐的不幸，倒是潮州的大幸。

这一年，郡守于九流，正忙于消除至道飓风的遗害，陈尧佐的到来，如虎添翼。他们合计，把在西郊被风灾摧坏的孔庙，迁到金山麓州治之前，重新修建，并在此招生办学。不久，于九流调任，郡守缺位，新庙碑的撰、刻事宜，遂由陈尧佐主持。陈尧佐又倡议，在新建的孔庙正室东厢，辟建韩吏部祠，纪念韩愈。为此，陈尧佐又撰写了《招韩文公文》，公开为韩愈祝祭、招魂，其情之切，其词之哀，其文思之奇崛，其气概之充沛，令人听之闻之，精神一振。韩文公祠的设立，亦开创了潮州立祠纪念名贤的先例。

"选潮民秀者劝以学"，是陈尧佐摄潮时的一个举措。后来，他到了开封，当北宋的宰相，仍然不忘关注潮州的士风、学风、民风。潮州举子王生赴京赶考，中得进士，向昔日的恩师谢辞，陈尧佐欣然赋诗送行：

休嗟城邑住天荒，已得仙枝耀故乡。

从此方舆载人物，海滨邹鲁是潮阳。

即使离开潮州已经很多年且身在高位，陈尧佐依然念念不忘开导、鼓励昔日这个常常叹息住在僻壤远荒的学生。潮州有一个主簿李孜，到京城公干完毕，向陈尧佐拜辞，也得到他的赠别、勉励："潮阳山水东南奇，鱼盐城郭民熙熙。当时为撰元圣碑，而今风俗邹鲁为。"这种将潮州称作"海滨邹鲁"的褒扬、激励，很提振士气、民心。

这种社会风气，使潮州士人充溢着一种奋发向上的进取精神。当年，居住在城门边上的士子钟平仲，家境不佳，仅是聊以卒岁，仍依然保持情操，勤学苦学，不随流俗，不改初衷。"暝阴滋蠹蚀，飞屑落几案。炎蒸郁不通，挥扇尚流汗。弦诵不辍音，学海穷弥漫。……闻此心恻然，不觉潜浩叹。六镮聊助君，鹭股难广献。聊欲分子忧，使免频勾唤。知子谓子贫，不知谓矜慢……"

钟平仲文章星斗，胸藏璀璨，却穷困潦倒，度日为艰，居住阴闭，仍弦诵不辍。在官学扩张，学子乐捐的时候，他更觉得愁忧窘瘼。

英宗朝进士、陷入元祐党争漩涡的元祐党人郑侠，用一首叙事五言古风《六镮助潮士钟平仲纳官辄辞，赠以诗》，把钟平仲贫贱忧戚，庸玉汝于成的修为，告知天下，使天下人知道了潮士的这种苦学精神。郑侠古道热肠，自己景况不好，犹如鹭腿上割肉，虽少无多，也欲小小资助钟平仲一下。世常说文人相轻，其实以偏概全，文人相亲，更是常态，更加动人。"子犹重辞让，揖拜如战汗。急取慎勿辞，六镮如六万"。钟平仲的婉谢不收，和郑侠的善意劝说，钱微义重，六镮如六万，读来令人感喟。

许多潮州女子，不管身世家况好坏，亦能督促家人读书向上。北宋末年，海阳县有一个叫翁真姑的女子，十六岁的时候，父母双亡，遗留下她和一个年齿尚幼的弟弟翁舆权。宗族里有歹毒小人，一直心存企图，欲抱走舆权，以谋翁家的遗产。这件事被真姑察觉了，她不声不响，带着弟弟，迁徙到安全妥当的地方，自己终身不嫁，而把弟弟抚养教育成人。后来，南宋绍兴十二年（1142），翁舆权中了进士，授真阳县主簿。史书上，有这样的记载：翁真姑"年十六丧父，弟舆权孤幼，族人阴欲谋弟以利其产。真姑知之，携弟窜他方抚教，自誓不嫁。后，弟登进士第，主真阳簿。"

在读书问题上，万千士子和家人这样的持之以恒，坚忍不拔，始终不渝，使宋代的潮州，出现了第一个科举的黄金时期。乾隆《潮州府志·选举表》载，宋代潮州，共考中进士 172 名。其中北宋，即有 63 名。

潮州士子的接连出彩，也与科举制度的革故鼎新有关。北宋初，依然是沿袭隋、唐诗赋取士的做法；自仁宗天圣年间（1023—1031），已兼以策论升降天下士；后庆历年间（1041—1048），又改"考较进士，以策论高、词赋次者为优等，策论平、词赋优者为次等"；仁宗朝，策论的地位，已在词赋之上。神宗熙宁年间，则罢诗赋、帖经、墨义，专考策论和大义，这是北宋科考方法的第三次比较重要的改革。取士不问家世，录取增广名额，专考策论大义，这三次改革，都对潮州大为有利。

作为官场的实用文体，策论，是拟写奏议的主要体裁，是阐发儒学义理、齐家治国之道，经世致用文章载体，其内容，大多激讦肆意，一针见血，不留情面。而专以策论取士，完全激发了士子敞开心扉，无所顾忌，像范仲淹那样，每感激论天下事，奋不顾身。

潮州士子能够纷纷登场，慷慨激昂，也与一个人分不开。《宋史·刘筠传》云："凡三入禁林，又三典贡部，以策论升降天下士，自筠始"。这位三次涉足翰林院，又三次担任贡举主考官的刘筠，真乃独具慧眼。他第一次担任主考，是北宋大中祥符八年（1015），第二次、第三次是天圣二年（1024）和天圣五年（1027）。在此之前，潮州只出过谢言、林从周、许申3名进士，而大中祥符八年（1015），潮州林冀、林成同登二甲，天圣五年（1027），又有黄程、林巽双双告捷。在刘筠主考的这三次科考中，岭南登第者，只有15人，而潮州一地，竟占了四分之一强。或许，潮州士人，原来就有感慨激昂、不计得失、纵论天下大事的风气，诗赋并非所长，而一遇策论取士，便纷纷一展抱负。

嘉靖《潮州府志·人物志》记载，黄程在未赴举之前，曾经结庐在西湖山读书，他和许申、林从周，都是陈尧佐引以为傲的学生。陈尧佐自潮州升迁回开封，想带着黄程一起走，好给予指教、照拂，黄程辞谢不受，推让给了同宿舍的同学。虽然布衣之身，而不苟且邀恩，推惠予人，于逊让中，透出满满的自信。

《舆地纪胜》也有记载，陈希伋在就读太学的时候，"荐太学生马锡有文武才，乞加擢用。上奇之曰：'白衣而能进人于天子，自古未有。'锡后立功，人以希伋为知人"。"上奇之曰"那个"上"，就是宋哲宗赵煦。元祐六年（1091），陈希伋举经明行修科，登了进士，那时，赐第者364人，希伋得了第一名。

比陈希伋早80余年的许申，也曾擢第一。许申年轻时，文论晓畅，才识卓具，深得陈尧佐赏识。宋真宗大中祥符三年（1010），被举荐应贤良方正科，登第，适逢真宗到泰山举行封禅大典，规定凡科考者皆须献赋以择优，许申献的赋颂，在众多献赋者中，获选第一名，是为该榜的榜首。

在人们的印象中，读书人似乎都是之乎者也，多乎哉，不多也。那只是一种戏谑、调侃，开玩笑而已，千万不可当真。北宋皇祐四年（1052），四月，侬智高反宋，五月，破邕州，自立为大南国。仅一个月的时间里，侬智高势如劈竹，连克广西、广东9个郡，围困广州50多日，广州城危在旦夕。奏折频仍，令朝廷极为震惊。宋仁宗命枢秘院副使狄青为征南节度使，任杨文广为先锋，统率20万大军，南下平叛。

六月初二，韶州（今韶关）人余靖，于丧次被紧急启用为潭州（今长沙）知州兼荆湖南路安抚使，使命就是阻止侬智高北上。在赴任途中，余靖又接到朝廷命令，改任桂州（今桂林）知州兼广南西路安抚使。朝令夕改，可见军情之急。七月丙午，余靖再接命令，经制广南东、西路贼盗，统一指挥两广平叛。

这是仁宗丙戌科状元、左司谏贾黯给宋仁宗的建议。贾黯指出，只让余靖专制西路，若依智高向东，则非余靖所统率，不能发号施令，不如东路、西路，一并交付余靖经制。贾黯还建议，允许余靖便宜从事。仁宗听从了贾黯所言。

潮州人卢侗，这个时候，被余靖招为军中机宜。"机宜"，有时候也称"宜文字"、"机宜文字"，是宋朝军职差遣，也是统帅的亲近幕僚，负责与军事有关的机密事件，包括拟写奏折、参谋军机、带兵打仗。机宜准许统帅辟举亲属至好充任，如岳飞就让儿子岳云，担任自己的机宜，军中诸将，皆称：岳机宜。余靖让卢侗担任机宜，也是对卢侗的特别信任和对卢侗能力的信赖。

说起来，余靖与潮州，千般有情万般有缘。余靖的父亲余庆，北宋景德二年（1005）进士，任翁源县主簿，后任海阳县知县，升潮州长史。

余庆在任海阳县知县时，与海阳人、广南东路转运副使林从周关系特好。14岁那一年，余靖随父亲赴潮州，林从周见之甚喜欢，遂以次女许之，并资助余靖到杭州读书。北宋天禧元年（1017），余庆以年迈，请求回韶州任职，获准迁韶州学政。这一年的冬天，余靖从杭州回家省亲，刚好海阳人许申，任韶州知军州事，对余靖的天资好学，赞赏有加，这是余靖初受知于许申。而让余靖意想不到的是，许申的长子许因，娶的是林从周的长女。天禧二年（1018），余靖与林从周的次女完婚，时余靖19岁。

北宋宝元三年（1040），余靖的长子余伯庄出任海阳县主簿，举家迁潮，落籍潮州。次年夏，余靖在韶州为母守制的第三年，专程到潮州拜谒林从周墓，并看望长子一家。就在这一年，结庐读书于西湖山，与诸生博习经术、激扬文字、纵论古今的19岁学子卢侗，拜识了20岁出头的海阳县主簿余伯庄的父亲余靖。光阴荏苒，到余靖辟举机宜，卢侗这时已年满30，以乡贡身份，五应乡荐，尚未出仕。现在，这个军职差遣，是对卢侗的一种眷顾、一种知遇，也是让他一展抱负。

侬智高的战事，依然吃紧，北边的杨畋，数战皆墨，损兵折将，节节败退。好在余靖，胸有雄兵，指挥若定。七月丙午刚统辖两广兵事，七月壬戌，就逼得侬智高手忙脚乱，首尾不能相顾，不得已自行解广州之围，撤兵西还以自保。司马光《涑水记闻》云："七月丙午，以余靖经制广南东西路贼盗，壬戌，智高解广州围西还，攻贺州不克"。皇祐五年（1053）元宵，狄青、杨文广、余靖合兵，于归仁铺大败侬智高，一举平定叛乱。

位卑未敢忘忧国。以一介书生之身，参加平定侬智高的叛乱，这对很多读书人来说，是想不到也很难做到的。似这样的阅历，对于潮州的士林，对于卢侗的人生，都大有裨益。就在平定侬叛的这一年，卢侗举贤良茂才科，以特奏名出仕，而后拜国子监直讲、太子中舍，青云直上，成为了潮州八贤之一。

南宋初年，潮州的士林，发生了一件令人振奋不已的大事，这件事，对以后潮州学子的影响，持续不断，经久不息。建炎二年（1128），潮州海阳的士子，仿佛春桃绽放，纷纷报名参加科考，那种踊跃，前所未有。这一年，全县考中进士9人，龟湖汤头（今归湖金光村）人王大宝，考中第一甲第二名，成为了有宋一代，岭南唯一的一位榜眼。同榜的 8 人为：杨谭、吴廷宝、魏思问、陈辑、郑焕、王良弼、方可、张毅。一榜 9 个人，放到哪个州府，都是声响巨大，不得了的。有一次，孝宗皇帝好奇，特地问起王大宝："潮风俗如何？"王大宝回答："地瘦栽松柏，家贫子读书。习尚至今"。这事《永乐大典·风俗形胜》和《余崇龟文集》，都有记载。

王大宝曾充任崇政殿说书，专门为皇帝讲说书史，解释经义，并备顾问。史书上载，有一次，仁宗皇帝和宰相交流，仁宗言："朕每次令讲读官敷经义于前，未曾令有讳避。近讲《诗·国风》，多刺讥乱世之事，殊得以为鉴戒。"可知宋代国学教官，与皇帝、太子的讲读官，都必然是通经致用之士，非如此，不足以孚众望、尽教职。

王大宝之前，还有潮州人吴复古之父宗统，历官翰林院侍讲；吴复古庶兄厝，官至皇宫教授；黄程，官至太子中舍；卢侗，授国子监直讲、太子中舍。可见北宋一朝，潮士之选膺教职、充任讲读官者，不在少数。有人以此开过玩笑，大意是，说这种鸟语一样的方言，也在为皇帝、太子和太学那些学生，讲经讲课，圣上和太学，会不会以为是天外仙音，袅袅悦耳？也有人赞之曰："以惯操方言之远州文士，而能屡获清誉显位，潮士通经致用的水准，可见一斑。"

科举之事，其实也如天上风云，变数颇大，由不得人。大宝在会试的时候，深得主考官的赏识，以第一名呈报。适逢宋高宗驾幸维扬（今扬州），故殿试时，高宗将会试第二名、维扬人李昂，擢于榜首,王大宝屈居第二。这是宋高宗即位后,第一次科考,史称"龙飞榜"。王大宝对此,既感荣耀,又不无遗憾,他自己有诗云:"对策丹墀中上游,天颜抚喻逊龙头。"

这样说来,科考是个人能力、素质抱负、胸襟境界,也蕴藏有很大的运气成分。海阳隆津都(今龙湖寨内)姚宏中,运气比王大宝,又要差那么一点点。宋宁宗嘉定七年(1214),姚宏中科考会试,获得礼部主考官刘熽的赏识,取第一名。殿试的时候,官家读卷,认为姚宏中策论披肝沥胆,切中时弊,直言不讳,然牛犊初生,不知婉转,触犯忌讳,故意压之为第三名。这也是有宋一代,岭南唯一的一位探花。

姚宏中以殿试第三名进士及第,却没有立即被朝廷起用,他只能憋屈独处,索居离群,寄寓于临安候职,整整一年。后补授静江(今桂林)教授,还未赴任,便已去世,年二十九。《宋元学案》载:"姚宏中,宋潮州海阳人,字安道。宁宗嘉定间进士。调静江教授。自师友讲学外,端居一室。性狷介不苟,从乡前辈游,得濂、洛诸书读之,玩索精微,意度超然,若不屑于世者。"《广东通志》,有更详细的记载:

> 姚宏中,字安道,海阳人。嘉定七年试,礼部刘熽同知贡举,喜其文,瞻核擢第一。奏对切直,触时弊,抑置第三。居都城几一年,门无杂宾;归,即端居一室,嗜学有加焉。调静江教授未赴,卒年二十九。
>
> 宏中天资颖悟,志务远大,尝得濂、洛诸书,读之曰:

"道在是矣。"研精索微，意度超然，不屑--世

姚宏中虽然未有政绩，但惟其特殊，给岭南的科举史，留下了不可抹去的一笔。

和姚宏中一样，也有一个寂寞的人，在潮州静静地谪居。这个人，是高宗朝宰相赵鼎。赵鼎原本是宋高宗倚重之人，史誉为南宋中兴贤相之首，其用人、务政、使兵，多有卓见，几乎每一次条陈，都会得到高宗的纳许。奈何在对待金国的问题上，赵鼎主战抗金，与主和投降的秦桧，激烈较量，政见相左，已成水火。绍兴八年（1138）十月，赵鼎被秦桧构陷罢相，贬谪于兴化军（今福建莆田），安置漳州。绍兴十年（1140），又再降为清远军节度副使（今广西融水），安置潮州。

赵鼎在潮州5年，闭门谢客，不谈时事，无人知晓他此时的心情。史载："杜门谢客，时事不挂口"，自号"得全居士"。然潮州人记得他，他遭遇靖康之变，经历二帝被掳，写于靖康二年，也即建炎元年（1127）的那阕感怀伤时、眺望北土家山的《满江红·丁未九月南渡泊舟仪征江口作》，在潮州士子、绅民、读书人手中、口中，依然在传抄、吟诵：

> 惨结秋阴，西风送、霏霏雨湿。凄望眼、征鸿几字，暮投沙碛。试问乡关何处是，水云浩荡迷南北。但一抹、寒青有无中，遥山色。
>
> 天涯路，江上客。肠欲断，头应白。空搔首兴叹，

暮年离拆。须信道消忧除是酒，奈酒行有尽情无极。便
挽取、长江入尊罍，浇胸臆。

他的《如梦令·建康作》"烟雨满江风细，江上危楼独倚。
歌罢楚云空，楼下依前流水。迢递，迢递。目送孤鸿千里"。《鹧
鸪天·建康上元作》"客路那知岁序移，忽惊春到小桃枝。天涯
海角悲凉地，记得当年全盛时。花弄影，月流辉，水精宫殿五
云飞。分明一觉华胥梦，回首东风泪满衣"。还有当下，他在潮
州谪居所作的七律《清明寒食》："寂寂柴门村落里，也教插柳
记年华。禁烟不到粤人国，上冢亦携庞老家。汉寝唐陵无麦饭，
山溪野径有梨花。一樽径藉青苔卧，莫管城头奏暮笳。"……这
些赵鼎的片文只字，心迹余绪，潮州人宝贝得很，有时候，还会
三两相约，到他谪居的厝边檐下，吹箫伴读，慰藉孤寂。

后来，潮州人在府治前新街英聚巷尾竖的"十相留声"坊，
也满怀敬意地镌上他的英名。

绍兴十五年（1145），御史中丞詹大方，又诬蔑他受贿，嘱
令潮州知州，把他移置到吉阳军（今海南三亚）。赵鼎上谢表，
其中云："白首何归，怅余生之无几；丹心未泯，誓九死以不移。"
秦桧看后，恨恨曰："此老倔强犹昔。"

赵鼎在吉阳军三年，隐居深处，任海风惊涛，凭烈日酷暑，
门下故吏，都不敢鱼书问候，只有广西主将张宗元，时不时送一
些醪米。秦桧知道后，命吉阳军每月开具其存亡申报。赵鼎也劳
人告知他的儿子赵汾，言秦桧存心杀我，我死了，你们方免忧患，

不然，祸及一家。这时，他自撰墓志铭，内有句："身骑箕尾归天上，气作山河壮本朝。"遗言嘱咐他的儿子请求归葬，便决然绝食而死，是为绍兴十七年（1147）八月二十日。

建炎之初，位于潮州城北的贡院，毁于兵燹。后来，不知出于什么原因，一直未有整修，荒在那里。每次贡举比试，只好借用寺院庙宇作为考场。而且，差不多有20年出头的时间，未有一处相对固定的场所，有时借用这所寺院，有时又借用那座庙宇。《三阳志·贡院》谓之："试进士以来，辟贡院于城北之五里。建炎间，火于草寇。每逢宾兴，旋棘浮图居，为旬月计。历七八诏，迄无定所。"

也许，那时的州府，把钱银用到更加紧要的地方，这些目前尚能得过且过的，不属人命关天的，就先缓一缓，放一放。这样，好多重大节庆、盛典礼仪、祭天祀地之类，也因为官方场地过于破旧颓陋，典礼时出其不意的，就会有沙粒灰土从架上掉落，妨碍观瞻，扰人心灵，于是时常到寺院那里借用场地。《三阳志·坛场》就有描述宋代潮州各个坛场的记载："郡之社稷坛，实处城南厢三阳门外之西。而风、雷、雨师坛，旧各在郡一方。坛惟凸土，门坛阙然。当其礼时，澉泥泥淖，则寓于浮图氏之舍"。

贡院的院舍还未修复，南宋绍兴三年（1133）正月，以南康郡虔州陈颙为首的农民军，一拥而来，围攻潮州城。他们兴高采烈，乘兴而来，以为唾手可得，孰料久攻不下，只得悻悻退兵。二月，海盗黎盛扰犯潮州。这一伙才是真正的恶人。他们采取火烧策略，在城外纵火烧毁民房、学舍，又流矢火箭，轮番狂射城内，一刻不停，其势之猛，其炽之烈，让城内官兵，抵敌不住。海阳乡绅，急招募民兵配合，城内商户居民，也出来捐资捐物，经过一个多月的反复拉锯，海盗无计，才悉数退尽。

缓过一口气来的潮州人，又开始考量如何修复家园。好多人的家族，都是从战火离乱的北方迁徙过来，并非少不经事，并非井底之蛙，应对这种局面，都能淡定平静，不悲不惧。一番柳暗花明，燕子筑巢，桃符更新，潮州城又生机勃勃，鲜活起来。

民间自我疗伤，如此出色，官府这时也忙碌起来。南宋绍兴十一年（1141），知潮州军州事徐璋，在城东北（今上水门街）建州学宫。州学宫背靠金山，东濒大江，西接官街，南望生民热闹的街市辐辏，又接近太平桥头，山水形胜，动静皆宜。这个地点，真乃百里挑一。海阳县学宫，也附在州学宫旁边，一同兴建。

不久，海阳县令陈坦，也觅到一处好风水，他把海阳县学宫，从潮州州学宫里搬出来，迁到了潮州城中心的制锦坊（今文星路、昌黎路交界）。多了一处学宫，多了一处黉学，生民心花怒放，莫不拍手称道。贡院却要到绍兴二十年（1150），才重新修建。这次重建，反映殊好，远播四方，连大名鼎鼎的王十朋，都用韩愈《左迁至蓝关示侄孙湘》韵，赋诗《曾潮州万顷增辟贡院，以元夕落成，寄诗次韵》赞曰：

韩公来自九重天，再见潮阳吏部贤。
唾手渠渠䝙夏屋，挥毫混混写源泉。

丹霄有月逢三五，圣世生才协半千。

太守落成应有语，立朝名节看儒先。

　　离贡院不远处，也有一处好光景。绍兴三十年（1160），知潮州军州事傅自修，在城北离贡院不远的韩江边，兴建凤水驿。这是潮州最早的一座旅馆，规模颇大，设施亦好，山水依依，远近闻名。凤水驿是水驿官船、陆驿轿马的水陆码头，驿馆里栽种石榴、龙眼、白玉兰、细叶榕，也有灌生的茉莉、杜鹃、山茶，还有忍冬和紫藤。青岚和伍全的黄蜡石，也拣大的形好的，竖在驿馆的前天井、后庭院。"凤水驿"三个字，还请名家，用"石门"味道的汉隶写额，整座驿馆，古色古香，又潮味十足。驿馆落成之后，傅自修一时高兴，还曾赋诗："叠翠亭前秋水深，思韩亭下木成林。一生不得文章力，且向潮阳度岁阴"。

　　修了贡院，建了驿馆，人们又开始盖韩庙。南宋淳熙十六年（1189），郡守丁允元主持在韩山古揭阳楼遗址，新盖韩文公庙，把原来在城南蔡陇的韩文公庙，迁往韩山新址，并把赵德、陈尧佐作为配祀，题匾"忠祐庙"。这一次迁建，成就了韩文公庙的规模、定制，从此，历1000余年至今，无论面对何种风云，时局如何变幻，韩文公庙都安之若素，不动如山，独标风致。

　　揭阳楼也是来历颇著，斯楼原来是韩愈刺潮时，在双旌山（今韩山）建的，且手栽两棵橡树。尔后，韩愈得暇，常常轻车简从，一舟渡江，登揭阳楼，西望潮州，一舒胸臆，吐纳襟怀。《三阳图志》载曰："以溪东之山，乃韩公登览之地，手植木在焉。昌黎手植橡木，他山所无，土人呼为韩木。"而今，韩文公庙迁址到韩愈喜欢的地方，也是韩愈有灵，得其所哉。

韩文公庙徙后，蔡陇的旧址，也不会让它闲着。南宋淳祐三年（1243），知潮州军州事郑良臣，就在这个地方，建起了潮州的第一所书院——韩山书院。当其时，韩山书院的规模颇大，头进门而入，穿过大天井，二进门对中，是巍峨高耸的讲堂，讲堂的门口，门匾高挂——"城南书庄"，这是书院山长、堂长、学生讲学、听课、作业的地方。讲堂后面，隔着后天井，又有一进祠堂，祠堂的门匾，悬挂"泰山北斗"，这是书院诸生祭祀、拜谒先贤韩愈的所在。祠堂的一侧，还有论堂，论堂一样宏大宽敞，门匾挂着"宗道"。宋末林希逸撰《潮州重修韩山书院记》，载曰：

> 韩山书院，余闻之旧矣。咸淳五年（1269）夏季，有以三阳士友之书来溪上，曰："韩山，文公故庙址也。前使君郑公良臣筑室于斯，扁其三门曰'城南书庄'，论堂曰'宗道'，祠室曰'泰山北斗'。文公居中，天水赵公左，濂溪、槎溪二公右。两庑四斋，职员十，生徒倍。食之以田，则郑公所拨，陈公圭买之。自淳祐癸卯（1243）迄今，未三十年……"

这是林希逸在韩山书院建成26年后，所撰写的一篇重修书院记。宋元时期，韩山书院在东南地区地位颇高。元人姚然在《重建元公书院记》里，曾赞曰："潮为广左甲郡，文物亦诸郡甲。

在昔学宫雄伟，韩山书院亦然。"当时，韩山书院影响所及，令整个广南东路，纷纷创办书院。

同时期广东路各州书院，如广州的番山书院，始建于淳祐四年（1244）；韶州的相江书院，始建于淳祐七年（1247）；惠州的丰湖书院，始建于宝祐二年（1254）。这些从祠堂发展起来的正式书院，都后创于韩山书院，可见，韩山书院，是南宋理宗朝提倡书院以降，广东首所官办的书院。

后来，韩山书院搬到城内西南，又搬到韩山西麓，其传统的书院教育，一直延续到清光绪三十年（1904），才改为新式的惠潮嘉师范学堂。民国元年（1912），惠潮嘉师范学堂改名广东省立第二师范学校，民国二十四年（1935），再改名广东省立韩山师范学校，今则名为韩山师范学院。如此脉络清晰、源远流长，国内的书院，难出其右。

光绪二十八年（1902），韩山书院有一个学子邹鲁，后来成了中山大学的首任校长。民国十六年（1927），省立第二师范学校，也有一个学子陈唯实，后来成了华南师范学院的首任院长。

南宋淳祐九年（1249），知潮州军州事周梅叟，为了纪念他的先祖、理学创始人周敦颐，在州城太平桥东的隆文坊旁边（今上水门街西侧），创建了元公书院。因为是郡守创建，又是纪念到过潮州的理学先贤，于公于私，胥民都鼎力相助。书院紧靠着州学的西面，割用了州学教授治学处所的一半建成，工程由州学直学许希闵主持，规模与韩山书院一样。

在琅琅书声之中，一晃眼就过了 5 年。南宋宝祐二年（1254年），郡守陈炜，眼看着书院的祠堂过于狭窄，又逼近州治行衙，容纳不下前来祭祀行礼的师生，就倡议，对书院进行拓宽。几经修缮之后，书院拥有祠堂 5 间、讲堂 3 间，两旁分列 4 所斋舍。这种书院、州学比肩而立，又紧挨着州治的格局，全国仅有。

元至顺二年（1331），潮州路总管王元恭，在修整韩山书院的同时，目睹元公书院门前埠口，被民居挤占、搭建，污秽杂乱，不堪入目，有亵渎圣贤之嫌，就立即进行清理，拆迁安置强占的民房，用粉墙把书院围起来，又改造两廊，装饰正堂，使之门庭焕彩，美轮美奂。

林希逸的《潮州海阳县京山书舍记》，载有南宋咸淳四年（1268），潮州进士胡申甫创办的私立书院——京山书院（舍）。京山书院虽为私家独创，却格局严整，规模宏大，配置完备，一点都不比官办书院差。林希逸赞之："京山之名，媲美衡鹿。"这恐怕是作者的一种溢美之辞吧，比之衡阳的石鼓书院、庐山的白鹿洞书院，自叹弗如，才是正经。

像这种书院和州学、县学双轨并行，相互协进，的的确确使民风趋淳、文风蔚然，读书风气蔚起。史书记载，宋元以降，至明清全盛时期，潮州有大小书院 91 所，加上府学、县学，读书人和生员，数目大为可观。

进入宋代，儒学风起，孔孟之道，更加炽热。尊孔祭孔，成了生员、学子的必修课。当时，潮州登第出仕的人不少，且都"仕皆倡琴瑟，重乐以治民"。风气使然，潮州的文人学士，不但崇礼重乐，而且推而及之，用以冶民治民。海滨邹鲁、礼仪之邦，这等称誉，并非谬赞，而是其来有自。《三阳志·学校》详详细细地记载了潮州宣圣庙大成乐的吹奏场面。

南宋嘉定十四年（1221），代摄郡守的教授谢明之，重修了供奉孔子的宣圣庙大成殿。依礼数，每年二月的仲春、八月的仲秋，这两个上旬的丁日，便要举行祭祀孔子的典礼，史称"丁祭"。重修大成殿，便是应丁祭之需。按照要求，祭祀之时，执礼之人，还必须毕恭毕敬，配奏一套完整的大成乐。奈何北宋末年，受战火影响，所有的乐器，沦胥无遗，奏乐的设备，也焚毁殆尽，一拖12年，也没去修整完备。

为了恢复原来的程式规矩，使旧制如仪，教授林霆，慨然而起，考古制，按音律，修旧补缺。一番废寝忘食，几多翻箱倒柜，全套被荒废多时的大成乐，包括曲谱、颂词，终于悉数整理完毕。自此，每逢课余、空暇，他便更衣、沐手，领着诸生，练唱演习。

很快，就到了丁祭日，一众士子，衣冠楚楚，按部就班，鱼贯而出，执器登歌。迎神、送神，奏《凝安》、《安宁》曲；奠币时，奏《明安》曲；供神酌献时，奏《成安》曲，《成安》曲一共有3首，曲不同而名相同，须3首全部奏出；升殿、降殿，都奏《同安》曲；第二次献爵，称"亚献"，亚献过程及至终结，皆奏《文安》曲。礼唱、奏乐所用的乐器，有编钟、编磬，琴自一弦至九弦共10张，还有笙、竽、排箫等等，队列井然，颇为壮观。史书称，这使"孔堂丝竹，幸有遗音；至今二丁祀，得以备他郡所无者"。

241

行丁祭时，由哪些人负责吹奏敲击，也有过一番挑剔沿革。潮州大成乐，是在宋徽宗政和年间（1111—1118）颁降的，为了表示对孔子的钦敬有加，就连奏乐的人，也必须严格挑选，一律由精通器乐音韵的士子担任。还郑重其事地，将有关的礼制事宜，刻于原道堂西边的梁上。后来是因为岁月侵久，才导致的失传。

淳熙六年（1179）之后，郡守朱江，把士子换成了乐工，来专司演奏，人们也习以为常，施礼如仪，诵唱如昔。到了绍定元年（1228），郡守孙叔谨，在谢明之、林霆复兴的基础上，正式设置雅乐校正1员，并拿出家藏的大常乐章，来对大成乐进行校正。但担任奏乐的人员，仍然用的是乐工。

一直到了宝祐六年（1258），洞晓音律的郡守林世光，在丁祭前1个月，也出示了家藏删定的手泽本乐章，明确告知下属，复兴礼乐，是胄子之教，"用伶人（乐工）非所以祀先圣"。于是，命郡博士赵崇郪与诸生读习。当时，登歌奏乐者，共34人，音谱，则刻石立于大成殿内。此外，还专门置田入学，作为司乐生员的廪给费。被选中来进行司乐的，奖酬格外丰厚，作为旌表鼓舞。

乐手的选定、乐队的培训，林世光都亲临指点，发现不及，一一纠正，一丝不苟，不使马虎。如此，司乐的士子，乐理音律、演奏技巧，益增其能。这一年丁祭之日，奏乐诸生，"冠佩济济，雅颂洋洋，高下疾徐，抑扬中度。删定之遗响，复振矣"。

雕版油墨香

　　一个地方文化的涵养与形成，靠的无非是两条，人们的生活习惯、语言表达，还有就是文字的敷衍和传播。把文字敷衍成篇，就是写人状物、抒情达意、说事析理、记是录非的文章；要是雕版印刷，线装成册，散播四方，流传永久，便是传播。

　　宋代浙江的杭州、福建的建阳、四川的眉山，它们清爽悦目、灵动绮丽、各擅胜场的雕版印刷，使得宋版图书，奇峰突起，一骑绝尘。清阮葵生《茶馀客话》云："书贵宋版者，点画无讹，镌刻精好。宋版有肥瘦两种，肥者学颜，瘦者学欧。行款疏密，任意不一，而字势皆生动。"

　　也有专家说："雕版印书，约始于唐代，至宋大盛。当时的浙江杭州、福建建阳、四川眉山等地，都是刻书的中心，分官刊、家刻、坊刻三种。刻书时，选用工于书法的人缮写，字体既美，校刻亦精，为后世所重。"

潮州的雕版印书，始于何时？有人稽考，说赵德的《昌黎文录》，应该是第一人、第一书。《唐集叙录》里面，有朱熹校对的《昌黎先生外集》，朱熹在书的题识中讲到，北宋奉诏参加编修《新唐书》的吕夏卿以为：《昌黎先生外集》中，所收入的《明水赋》、《通解》、《崔虞部书》、《河南同官记》诸篇，皆见之于赵德编的《昌黎文录》，因为，赵德是亲受于韩文公，所以，比之其他刊本，最为可信；而这几篇韩文，之所以并未收入到韩愈的门人兼女婿李汉所编的《昌黎先生集》，是因为李汉手上所未有，而不是他不想收。

南宋方崧卿的《韩集举正》，宋本《五百家注释韩昌黎全集》，这些当时极为重要的韩集，皆以赵德和《昌黎文录》作为范本。如方崧卿的《韩集举正》，其自序云："校订韩集，旁取赵德《昌黎文录》……参互证征"。而曾两次参与晁公武《郡斋读书志》刊刻流布的赵希弁，在《郡斋读书记附志三》亦云："杭本（嘉祐七年【1062】杭州刻本）并无目录……赵德之序《文录》，列于李汉之先"。

《昌黎文录》究竟是抄本还是刻本，历来皆无定说，引用者也都未曾说明。然而，以《昌黎文录》流传之广、时间之长，且屡屡被后学者用以做参校的事实，专家推断，这很可能是刻本，而非抄本。也是，试想，若三二抄本，则见者寥寥，更休言流转矣，也许珍者束之高阁，也许早已泯灭无踪。

进入宋代，潮州的刻书，高潮迭起，丝毫不逊于他乡。潮州人的尊韩、崇韩，这时也表现得更加无所不在，明白无遗。《三阳志》有载，集部的《韩文公集》，就分别刊刻了大字、中字、和考异3种。其实，宋时的潮本韩集，除了这3种之外，还有北宋徽宗大观初年（1107），海阳东津人刘允"以郡昌黎庙香火钱刊行"的小字本《昌黎先生集》。32年后，南宋绍兴九年（1139），刘允之子、龙图阁学士刘昉，依乃父刘允的旧集重刊，并作序一篇。这篇序，保存在潘祖荫《滂喜斋藏书记》卷三之中。

如此，终宋一代，潮刻的韩集，有史可稽者，便有大字、中字、小字、考异4种；而小字本中，又有大观、绍兴2种。这样的丰盈滂沛，版式纷繁，则当时潮州刻书业之盛况，于此可见一斑。

当然，镂版的好事，不会都给予外乡人。第一个著作付梓的乡里人，是林贤良。按经、史、子、集四大部类分，集书之中，便有《林贤良草范集》50版，这是林贤良的释易著作。林贤良即林巽，海阳人，北宋仁宗天圣年间（1023—1032），曾应才识兼茂明体用科，因对策鲠切，杵逆权贵，主考官低眉沉吟，衡量再三，踌躇再三，终还是不敢取录。

仁宗朝庆历年间（1041—1048），他又将自己的政见，投进朝廷专门设置的、用以鼓励民间言朝政得失的铜匦中。宋仁宗披阅之后，惊叹其才识胆略，欲授予徐州仪曹。这是地方的闲职礼仪官。林巽粲然一笑，知道自己的抱负、才华，不能为世所用，所谓道不同，不相与谋也，遂辞而不就，回归故里，读读《易经》，著书立言。他所撰的《草范》8篇，哲理机趣，洋洋大观。对于这部书，他曾自言：500年后，当有人演绎他的《草范》。27岁那年，寿源尽矣，仙逝归天。遗下的这一部《草范》，却犹如空谷足音，度越流俗……

南宋庆元六年（1200）之夏，知潮州军州事沈杞，在林木葱郁、书庐环结、书生侃侃的西湖山巅，设立祠堂，祀潮州八贤。尊选的八贤之中，除了唐代的赵德，宋代计得其七，而七贤之中，就有林巽。余者为许申、刘允、卢侗、张夔、吴复古、王大宝。沈杞褒扬林巽曰："对策忤权贵，献灾异而过仲舒，林公其人也。"

后来，通判廖德明，也撰有《八贤赞》，其中赞林巽为"直忤权贵，忠彻冕旒。一官莫系，拂衣归休。俯视玄虚，研深探赜。会我真机，有待其后"。过后，廖德明意犹未尽，又一次赞林巽："道义文章，青史中罕见。"

有人说过，仔细察看一个地方的刻书业，就能够知道这个地方文化、艺术的水平，知道这个地方手工业的发达与否、工匠书匠的技艺技能。《三阳志·学校》对于宋代潮州的刻书业，就有着较为详细的记载。按其罗列，略去"岁久漫灭，多不复存"者，当其时，保存完好的新旧刻板，计有：

经书《吕氏易集解》、《春秋集传》、《春秋或问》、《孟子说》等10种；

史书《通鉴总类》、《新修潮阳图经》、《三阳讲义》、《汉隽》等4种；

子书《瘴论》、《治未病方》、《备急方》、《易简方》、《痈疽秘方》等6种；

集书《赵忠简集》、《许东涧应龙集》、《北门集》、《濂溪大成集》等 14 种。

合起来，凡 34 种，共 10890 版。

这里面，有某些书籍出现了不同的名称。《潮州志》载：南宋"淳熙二年（1175）七月，《潮州图经》成书。潮州原有图经，历经兵火，散失殆尽。常祎知潮州军州事后，请教授王中行编纂《潮州图经》。常祎为该书作序"。据专家考证，《新修潮阳图经》，就是王中行编纂的《潮州图经》，书有别称，且沿用潮阳郡古名，在于彰显古风。

《三阳志·历代序文》还载有常祎所撰的《潮州图经序》，序中提到，图经"锓版郡斋"。古代刻书，多用枣木，文雅的说法，就叫锓版、锓枣、锓木。可知，彼时在子城的郡治之内，也设置有专门刻书、印书的工坊、机构。

在韩愈还没到潮州当刺史之前，潮州人就已经在修志、编志了。《唐会要·职方员外郎》记载，唐建中元年（780），朝廷就规定，各州每三年要编造一次图经，送尚书省兵部职方，后来改为每五年一造送。史书上这样写道："职方郎中、员外郎，掌地图。凡图经非州县增废，五年乃修，岁与版籍俱上。"《永乐大典》也载曰："潮有图经，其来尚矣。昔昌黎文公将至韶石，贻诗于郡侯张端公：'愿借图经将入界，一逢佳处便开看。'则知诸郡图经，唐已有之。"

常祎的《潮州图经》，是宋代潮州的第一次修志，后来还有三任郡守，也乐此不疲。曾经有人说过，盛世修志。这个说法，显然太过于武断、绝对。情怀境界，才是决定事物的关键，像南宋末年，风雨飘摇，大厦将倾，潮州人修志，仍不亦乐乎。史载，南宋嘉泰二年（1202），郡守赵师修《潮州图经》；宝庆三年（1227），郡守孙叔谨主持，请陈宗道编纂《（潮州）新图经》，端平二年（1235年），郡守叶观编《三阳志》、《续三阳志》。那时，蒙古铁骑，已经一次次呼啸南来，秋风落叶，乌云遮天，而一群忘我的潮州人，依然稳坐学宫宣圣庙里，心境泰然，面相安详，我行我素，一字一句，披沙沥金。

南宋绍兴二十年（1150），刘昉的《幼幼新书》，在潮州锓版，刊行全国。刘昉曾经"三帅潭州（今长沙），一临夔府（今奉节），遗爱在湖湘"。这位荆湖南路经略安抚使、龙图阁学士，看到了太多的小儿病患疾苦、幼年早夭，因而撰作此书。

一个性命，尚未绽放，即已凋残，这种悲剧，令人锥心疼痛。小儿抵抗力太弱，容易生病、感染，而当时世上，不但缺少儿科郎中，来把脉问诊，更要命的，是欠缺儿科全书，去指导救治医疗。

菩萨心肠的刘昉，公事之余，孜孜不倦，不懈不息，用了差不多10年的时间，多方搜集儿科方剂，潜心探究儿科医论，晚年，终于编纂成了这部儿科医学巨著。今人江育文主编的《中国儿科学》称赞该书："内容详尽，取材广泛。是当时世界上内容最完备的儿科学专书"。

一部《幼幼新书》，共40卷，约155万字，分547门，内载医论1270则、药方7633首、灸法204条。这部医书传至日本，被视为至宝。直到今天，该书仍有着重要的医学价值，中医古籍出版社和人民卫生出版社，于 1981 年和 1987 年分别影印出版，成为了一份珍贵的民族文化遗产。

《幼幼新书》是家刻。那时候，东津刘家，迎来了擅柳体的书匠，擅雕版的工匠，他们从子城下的渡口，迎着朝阳，搭着晨渡，过江来到桃坑，仿佛参加庙会、雅集。刘家的大厝，也不见得堂皇，只是风水好一点，坐西朝东，旭日常临，背后是大江南去，眼前则东湖潋滟，笔架山是侧靠，去临安的官道，从村前蜿蜒，经洗马桥，一路向东。

书匠都是好功夫，一笔一钩，就像是字帖，七八个人按照分工，各写各的，对到一起，却像是一个人的笔迹；工匠也不含糊，十几个人操刀，雕出来的雕版，竟像一个人雕的，真令人啧啧称奇。

桃坑是水东的一个小山窝，有成片的桃林，疏疏落落。月从山后升将起来，映得树影幽幽，花香若有若无，晚上歇息的匠人们踏着小径，就在东湖边转着。

刘昉能够成就如此的传世巨著，绝非偶然。历史上，岭南一带，曾经是瘴疠流行的高危区，自宋太宗、宋真宗几次颁赐《神医普救方》、《圣惠方》等给广南东路、广南西路诸州之后，潮州民间，亦开始重视医药和养生，并且人人自觉，蔚成风气。像宋仁宗时，吴复古的"安和"养生论，就得到了苏轼的赞许。潮州的一些巨贾之家、读书人家、士大夫之家，也喜欢抄藏秘方、验方，以备不时之需。坊间盛传的《刘氏家传方》，就是早年刘允带着刘昉抄集的一部著名的秘方、验方。

门外的桃林，落叶又长出新芽了，湖边的小径，草枯了又返青。《幼幼新书》由于工程浩大，费时日久，到书成 38 卷的时候，刘昉已卧病不起。后面的两卷，是由门生李庚主持完成，序文也出自李庚之手代笔。全书 40 卷锓版告竣，刘昉已经归仙，看不到了……

朱熹一生，只来过一次潮州，住进了同榜进士、兵部侍郎郑国翰的家。郑国翰在蓝田飞泉岭，有一处读书讲学的地方，取名澹轩，亦名览胜亭。这样一处清幽峭丽的绝佳林泉，让朱熹流连不走，心旌荡摇。一日游山归来，平常醉心学问，不大作诗的朱子，竟也诗性勃发，取来纸笔，作《飞泉岭》一首：

> 梯云石磴羊肠绕，转壑飞泉碧玉斜。
> 一路风烟春淡薄，数声鸡犬野人家。

诗写毕，看着手中的纸笔，索性又大书"落汉鸣泉"四个擘窠大字，郑国翰着人搭架，高镌于林下向阳石壁，至今仍存。

朱熹只到过潮州一回，但潮州人，却记得朱熹和他的学问。《三阳志·学校》所载的 34 种刻书，其中就有《朱文公论孟或问》、《朱文公中庸辑录》、《北溪字义》。朱熹创"中和新说"，用理学的思想，来解释"四书"，对当时以及后世，影响何其巨大。他晚年的入室弟子、得意门生陈淳，世称"北溪先生"。朱熹在漳州曾对人说，"吾道喜得陈淳"。而陈淳的《北溪字义》，正是按照朱熹的理学观点，来诠释"四书"等儒家经典中的概念和范畴。这3种研究朱熹学派理学思想著作的刊行风靡，说明与朱熹同期，理学的学说，就已经在潮州传播，植入人心，一脉相传。这也就不难理解，为什么明代理学会在岭东盛行，桑浦山下，名家辈出，成为一方重镇。

刻书的兴盛，是文化事业蓬勃兴旺、薪火相传的标志。《三阳志·学校》不单详详细细地开列了现存34种潮版书的书名、版数，而且颇费心思地注明了各雕版的储藏地点：大字《韩文公集》并《考异》等19种，藏于子城郡治之内，这是官刻的书版；《朱文公论孟或问》等9种，藏于上水门街的郡学之内，这是郡学刻的书版；《濂溪大成集》等3种，藏于濂溪书院之内，这是书院刻的书版。这31种刻版，属于以前刻的旧版。

新刊刻的，有《元城刘忠定公集》、《春秋辨传》、《牟心斋读史诗古瀛丁集》，这3种新刊，未注明藏版地点。有学者点明，新版刻成于南宋，旧版则可能全部或者部分刻成于北宋，甚至五代、唐朝。

算将下来，这34种书籍，还不包括刘昉新刻的《幼幼新书》。宋版书籍的范式，是每页9行，行21字，单页189字，每版2页对折，合起来378字；或者每页10行，行19字，单页190字，每版合计380字。《幼幼新书》40卷约155万字，锓版需4000余版，显然，10890版中不包括这些。还有，赵师、孙叔谨、叶观等修的几部志书，也不在34种书籍里面。

有宋一代，潮州的刻书，可谓成绩卓然，对此，《三阳志·书籍》、《永乐大典·潮州府·历代序文》，也都详加记载。然而，清末民国时期，广东学者、藏书家徐信符，却在他的《广东版片记略》中断言："宋代雕刻以杭本为上，蜀本次之，福建为下，粤东寂然无闻"。这样的断言，似乎是有所疏误也。

第四章 家国何在

帝舟漂泊粤海间

事情总归有个结果，天道自然也有轮回，大宋三百年的气数，到这时也该差不多了。南宋的彻底崩溃，大概也就始于这一年。

咸淳三年（1267），刚一进入十一月，天上飘着雪花，地上还没完全草枯叶落，蒙古大军，就在襄阳城外，大举筑城，准备长期围困襄阳。他们先后在襄阳城西南和城东北筑城堡、修营寨，扼制宋军在汉水、白河以及陆上的交通；又在襄阳的城西和城南，立栅，屯军，切断宋军的东路；在襄阳迎旭门外的汉水中，垒筑高台，阻遏宋军的水师。

第二年九月，元军又训练出水师7万人，造战船5000艘，加强水上的作战能力，把一个襄阳，一层层围得水泄不通。

历5年之久的拉锯，生死存亡，你死我活，宋军对襄阳的一次次救援，都被元军击败。史载，襄阳围困期间，宋廷组织了 14 次大规模的军事救援，派出了不同的将帅率领，除了刚开始偶有的一两次成功，其余全告失败。

到了咸淳九年（1273），襄阳最终还是陷落。失去了最后的一道屏障，这使得南宋的门户，洞然大开，元军从此顺江南下，势如破竹，南宋节节溃败，岌岌危矣。

南宋德祐元年（1275），元军兵临城下，临安城内，人心惶惶，朝野上下，乱作一团。面对漫卷西风，势不可挡的蒙古铁骑，朝中大小官员，纷纷抛下年仅 4 岁，刚刚即位的宋恭帝赵显，弃职逃命。

66 岁的太皇太后谢道清，为此在临安朝上，公开张榜，严厉谴责这些公然逃窜的不忠之臣：

> 我国家三百年，待士大夫不薄。吾与嗣君，遭家多难，尔小大臣，不能出一策以救时艰，内则畔官离次，外则委印弃城，避难偷生，尚何人为？亦何以见先帝于地下乎？天命未改，国法尚存。凡在官守者，尚书省即与转一次；负国逃者，御史觉察以闻。

谢太后的严词痛斥，虽然犀利，一赏一罚，亦严明有度，但大宋帝国，已然危在旦夕，崩溃在即。对于那些贪生怕死的官员来说，他们早已为被俘杀的恐惧和逃生的念头所层层笼罩。

以状元出身的宰相留梦炎为首，文臣武将，纷纷弃官逃命。

最可笑的是榜眼、签书枢密院事文及翁，以及同签书枢密院事倪普，竟暗中指使御史台和谏院弹劾自己，以便卸任逃走，然御史章还未上奏，两个人已经先逃跑了。

德祐二年（1276）正月，短暂的休战之后，仅有 6 名官员出现在临安朝堂之上。官员的逃跑、弃职，瓦解了军心、民心，使宋王朝根本无法组织起有效的抵抗，皇室陷入了茫然无助、孤立无援的无奈境地。

危难时刻，正在赣州任知赣州军州事的文天祥，挺身而出。这位"体貌丰伟，美皙如玉，秀眉而长目，顾盼烨然"的美男子状元，捧着勤王诏书，痛哭流涕。他作出了一生中最坚毅的一个决定：散尽家财，东拼西凑，联结起赣州境内的少数民族，集结起一支10000 多人的勤王队伍，东向临安，无惧于羊入虎口、以卵击石。

大厦将倾， 也仍有人在力撑危局。德祐二年（1276）二月初五，宋恭帝于临安皇城宣布退位降元之前的一刹那，驸马都尉杨镇、国舅杨亮节，秘密护送着赵宋皇族的最后血脉——7 岁的赵昰和 4 岁的赵昺，潜出城外，辗转来到福州。在临安投降后的 3 个月，即德祐二年五月初一（1276 年 6 月 14 日），文天祥、陆秀夫与张世杰等人一起，在福州拥立赵昰登基，是为宋端宗，改元景炎元年。

疾风知劲草，国乱显忠臣。这是历史在给臣子们照镜子。在一长串挂印逃跑的官员中，不单有京官，也有地方大吏。南宋德祐二年（1276），潮州郡守叶某和海阳县令某，听说元兵来了，吓得屁滚尿流，弃印而逃。一时间，潮州处于失管状态，群盗闻讯蜂起蚁聚，州城四邻百姓，纷纷建栅设垒，以求自卫。据《三阳图志》载：

> 至元十三年（1276），宋知州叶侯，得驿报大兵已下临安府，又闻江西、湖南皆降；时元帅易正大统兵来潮，叶侯惊惧，以印授通判柴，自逃去……

《潮州志》亦载：南宋景炎二年（元至元十四年，1277），"宋元争夺潮州城。是年春，广东各地相继被元兵占领。二月，元兵进逼潮州城，潮州知州和海阳县令都弃印逃跑，摧锋寨正将马发和潮州通判戚继祖投降元兵。潮州城被元兵占领。"

这是历史上翻查不到名字的潮州知州，和遍查不到姓名的海阳县令。侯，是一种称呼，不是名字，历史上刺史、知州、知府，都被尊称为侯。像丁侯、陈侯、林侯。有人以为叶侯是姓名，非也，仅知是姓叶的而已。

景炎元年（1276），这时的天下，还有几分在宋人的手里。浙江的温州、台州、处州（今丽水），福建的福州，广东的广州、南雄州，长江以北的扬州、真州（今江苏仪征）、通州（今江苏南通），尚在坚守。四川虽大部分落入了元军之手，但钓鱼城、凌霄城等山城，仍然在坚持抗元。宋朝的军队，也还有20万之众，如果决策合理，指挥得当，输赢仍未可知。

但是，南宋的君臣，偏偏寄希望于元军也能像昔日追赶宋高宗的金兵一样，不堪南方湿热的天气，自行退兵，给大宋一个喘息，甚至中兴的机会。有此妄想，他们步步退让，招招臭棋，把一线线生机，通通自行掐断。最让人痛心不已的，就是朝廷调离镇守扬州的李庭芝。这等于把支撑危房的柱子，毫不犹疑地抽掉了，房子塌掉，便在弹指之间。

这一年十一月，宋王室一行，从海路流亡进入泉州。这时候泉州守将蒲寿庚，已经奉谢太后懿旨，归降了元朝。王室拟以泉州作为行都的计划，陡然落空，仓促间又从泉州漂至嘉禾屿（今厦门），经大担岛出海，浮水来到潮州。

随同赵昰、赵昺来到潮州的，只有陈宜中、张世杰。此时，文天祥正在汀州一带，带兵抗元。陆秀夫也因为与陈宜中意见不合，于半年前的五月被免职，安置在潮州海阳县辟望村（今澄海城西），直到18个月之后，朝中无人，才被重新起用，继续追随宋帝，在粤海中泛舟泛楫，亡命奔波。

赵昰、赵昺，并没有入驻潮州城内，王室一族，早已经风声鹤唳，杯弓蛇影，对城池极度恐惧。他们宁可住在船上，补充给养，时时准备转移、开拔、流亡。

史载，赵昰一行，在潮州住了一个多月。这是小皇帝和王室，逃亡中最安逸的一段时日。他们先是驻扎在海阳县红螺山（今属饶平县所城），这里是闽粤交界的一片海域，外有岛礁罗列拱卫，内则大埕湾可以避风遮浪。

几天之后，舟师浩浩荡荡，又移驻海阳县南澳岛，这里的地利地形，进退有据，竟让王室觉得可以长期经营，或许，说不定能做一个简单的行在（临时首都）之地，或者，做行宫也行。于是，在岛上测量、掘井、盖楼、起厝，忙得不亦乐乎。

此时，宋廷的自我陶醉，如昙花一样，自以为有险可据，就万事大吉。然而，元军并不像金兵那样，仅是风驰电挈，劫掠一番，满载而归，然后就心满意足。元军是要赶尽杀绝，连根拔起，绝不让你存有侥幸，东山再起。

这边宋军还在烧贝灰，砌宫殿，满怀希望，一心中兴，那边嗅觉灵敏的元兵，已经尾随而至，从海上赶过来了。惊魂初定，刚刚喘息过来的宋帝昺，又恋恋不舍，被迫离开潮州，漂泊西去。帝舟，移往惠州海丰县甲子门（今陆丰市甲子镇）……

南宋景炎元年（1276）五月，陆秀夫被贬谪潮州。其时，主政的右丞相陈宜中因陆秀夫长期在李庭芝军中，熟知军务，每当有事，都征求陆秀夫的意见，然后办理。陆秀夫也全心全力为他参谋，言无不尽。然而，不久因议事与陈宜中相左，被陈宜中指使谏官上奏弹劾，罢官去职。这时，离他拥立赵昺为帝，过去还不到一个月。《陆秀夫家谱》载曰："陈宜中以夫久在兵中，知军政，每事咨访始行。秀亦悉心赞之，旋与宜中不合。宜中使言者劾罢之，谪居潮州。"

陆秀夫被贬后所居的辟望村，就在潮州城南的大海边。韩江，从这里入海，大船，从这里北航，这也是当时的一个繁华的码头。陆秀夫是举家在辟望村居住下来。《陆秀夫家谱》记载："乃请太夫人就养于潮，兄清夫，亦为潮州管勾。夫人赵氏、侧室倪氏，长子繇（年15）、次子七郎（年12）、三子八郎（年7岁）、四子九郎（年5岁），家人端儿、正儿，皆从于潮。"

虽说南宋已经到了穷途末路，但南宋南方的版图，依然有一丝丝难得的安宁，战争，还停滞在几百里以外的北边。这里的海潮江风，渔夫船郎，还一如既往，朝来夕返，悠然自得。陆秀夫也静下心来。

在潮州，陆秀夫还有一些旧雨同年。潮州海阳的年友陈经国、许君辅、周裕、方宝印，为陆秀夫择地，在辟望的沙冈港口，立学士馆，讲学开课。旁边的百亩荒田，又垦成收租，用以赡口。周裕还把自己的女儿，嫁给陆秀夫长子陆繇。

淮阴人龚开，曾经与陆秀夫同在淮南李庭芝的幕府共事多年。他编有《宋陆君实传》。君实，是陆秀夫的号。有人曰，龚开与陆秀夫同时共事，所记皆目击最真。然而，龚开的《传》，也给人带来了一个争议：陆秀夫全家蹈海，死无后。

事实有没有出入呢？恐怕是有的。康熙吉安永丰知县沈俨，与陆秀夫同为盐城人，曾作《陆丞相世系考》。《考》曰：

公全家俱赴海，惟长子繇，以好渔猎放迹海岛，居潮奉太夫人；太夫人闻公变，亦惊愁以死。繇生三子，曰海、曰道、曰浩。元至元年间，枢密院副使兼潮州路总管丁聚，悯公后人流离失所，为葬其太夫人于青径口，给官田五顷，以赡其遗孤。因龚与丞相，同在淮幕久矣，故能道其详而记其实。而丞相居官海上，先生未与之也，无论长公繇，或奉命于潮，或被逐于潮，皆未及考也。

有人以为，沈俨所述可以采信，从南宋祥兴二年（1279）陆秀夫背着宋帝昺蹈海，惊天泣地，到元至元十七年（1280）潮州路丁聚为陆秀夫母亲拨官田营墓、赡孤，前后相距，仅仅年余，陆秀夫家人在潮州的情况，丁聚了如指掌，营墓、赡孤，不会是空穴来风。

同为盐城人，康熙潮州海阳知县颜敏，在所撰的《重修陆氏家谱跋》中，亦提到：

> 丞相阖门殉节，仅存长公一脉，滨危出险，旋分三脉，流传及今，凡数百余家口；又，陆氏族谱卷五家传。前明郭子章《陆丞相墓辨》，引陆氏家故：赵氏与二子留潮，未与崖山之难；从公崖山者，系妾倪氏及幼子也。

郭子章是明朝万历的潮州知府，治潮极为成功，广有文名。他于万历十四年（1586）在江滨所建的凤凰塔，独标高洁，与笔架山麓的韩文公祠遥相呼应，他为塔所撰书的门联"玉柱擎天，凤起丹山标七级；金轮着地，龙蟠赤海镇三阳"，至今仍为潮人津津乐道。郭子章也是一个爱惜羽毛的人，绝不会信口开河。

不止这些，史上还有记载，历代潮州官府，都为陆秀夫修墓。最早的是元朝至元十七年（1280）三月，即陆秀夫负帝投海后13个月，枢密院副使兼潮州路总管丁聚，在南澳岛择地，为陆秀夫及其母亲建墓立碑。陆秀夫墓碑仅书：宋忠臣左丞相陆公之墓。陆母之墓则有碑文详细记曰：

> 陆君实甲于文天祥榜，与陈宜中议不合，谪潮数载。母夫人卒于潮，不能归葬，聚为择地，封其墓，坐北向东，五峰前秀。次子九郎，俊雅能文，予甚爱之，不幸继卒，附于大母之侧。聚知君实颠沛流离，随龙没波，遂给官田五顷，以赠遗孤。

后来明清两代的府、县，也都接力不辍，并屡有择地新修。

潮州人敬仰前贤，的确做到了极致。韩山上韩文公祠左边，昔年还有一座陆丞相祠，是明弘治十六年（1503），潮州知府叶元玉所建，嘉靖二十五年（1546），知府郭春震重修。明时麻城人周宏禴，曾作《雨中谒陆丞相祠》：

> 六桥烟柳鹧鸪飞，义士何人赋采薇。
> 身死崖山勤少帝，魂归南澳恋慈帏。
> 孤帆带雨潮声急，双石摩空树影微。
> 断碣颓垣荒草合，楚臣漂泊泪沾衣。

潮州人吴启元作《游丞相祠留题》，也一样悲戚感人，厚重沉郁：

> 漫问临安旧帝基，孤臣少主两流离。

宫中荆棘铜驼泣，海上波涛玉步移。

赤手岂能存洛鼎，残魂犹得护龙旗。

试观五国凄凉事，方信沉舟擘划宜。

康熙二十年（1681），知府林杭学又予以重建，并撰楹联："赵室山河沦巨浸；韩祠风雨起颓墙。"此联细细品来，言精意警，如挟电雷，蕴含深意，发人深省。

陆秀夫有后人，已经是不争的事实了，而且，后人就在潮州开枝散叶。其中，最负盛名的，就是明朝中叶潮州隐士陆竹溪。潮州进士薛中离曾撰有《陆竹溪传》，嘉靖礼部尚书盛端明，亦为他写过墓碑。潮州府府巷（今昌黎路）的岳伯亭、省郎亭（石牌坊），两座亭就是陆竹溪题匾的。陆竹溪的字瘦劲，笔笔通神，凛凛有逼人的峻气。

陆竹溪在意溪东郊皮房村的隐居地，山清水秀，豆架瓜棚，疏竹环白壁，薄瓦藏柴扉，门口还刻有一副自撰的凤尾格嵌字联："白社重开三径竹；红尘隔断一条溪。"堵住了很多爱好附庸风雅之徒。

清光绪二十二年（1896），落籍潮州海阳的爱国诗人丘逢甲，特地搭渡船到意溪，拜谒陆竹溪故居，并写下了《意溪访陆处士故居》绝句：

青山江上足烟霞，三百年前处士家。

比拟西湖和靖宅，惜无人与种梅花。

孤忠异代挹清芬，落托生涯号隐君。

半亩墓田孙傍祖，菜花黄上相公坟。

"半亩墓田"句后，丘逢甲曾作自注："陆丞相衣冠冢旁，即处士窀穸所。处士，盖丞相裔云。"可知，陆处士殁后，葬于先祖陆秀夫之墓旁。

有专家言，南宋景炎三年（1278）九月，文天祥从江西进入潮州。其实这时，已经是祥兴元年了。景炎三年（1278）四月，宋帝昰在冈州（今湛江硇洲岛）病逝；五月，张世杰、陆秀夫等人，在冈州拥立赵昺为帝，改元祥兴；六月，迁到了崖山。

文天祥来到潮州之时，潮州重新陷落元军之手，已经半年。这一年的战事，越发收紧，元军迫不及待，在收网了。从正月元军攻破重庆，俘虏宋制置使张珏，战局便再也无法扭转。

局势已经江河日下，危在旦夕，不可收拾了，朝中，依然有宵小之人，终日担心盘算，害怕文天祥声望、能力高于自己，拒绝与文天祥会师，形成合力。史载：景炎二年（1277）正月，元军攻入汀州，文天祥转移漳州，请求入卫朝廷，未获允许；景炎三年、祥兴元年（1278）六月，宋帝昺即位，文天祥上表自责，请求入朝，不获准许。

呀呸！皮之不存，毛将焉附。南宋都已经七零八落，朝不保夕，命悬一线了，这厮还在顾虑这些子虚乌有。倒是文天祥光明磊落、坦坦荡荡。他带领人马进入潮州之后，把行府驻扎在潮阳和平，十一月，攻克潮阳县城，擒杀降元的循州原知州刘兴，赶走降元的潮州原守将陈懿，接着，由和平进驻潮阳县城。

甫入潮阳县城，文天祥曾晋谒双忠庙，杀白马祭奠，作《沁园春·题潮阳张许二公庙》一阕，彰显心志。词云：

> 为子死孝，为臣死忠，死又何妨。自光岳气分，士无全节，君臣义缺，谁负刚肠？骂贼睢阳，爱君许远，留取声名万古香。后来者，无二公之操，百练之钢。
>
> 人生翕欻云亡，好轰轰烈烈做一场。使当时卖国，甘心降虏，受人唾骂，安得流芳。古庙幽沉，仪容俨雅，枯木寒鸦几夕阳。邮亭下，有奸雄过此，仔细思量。

海门是练江的入海口，大海茫茫，直亘硇洲、崖山，文天祥也曾来到这里，登莲花峰，眺望帝舟。莲花峰下，礁石密布，重重叠叠，拍岸惊涛涌来，卷起千堆雪，散开万朵花。浪退花落，雪霁云开，不见帝舟只影。文天祥悻悻，在莲花峰旁巨石，剑刻"终南"两个斗大楷字。南宋版图，到这里已是尽头，南宋岁月，到这时也行将就木。文天祥有一肚子话，都倾诉在剑下的这两个字。

文天祥在潮阳两三个月，积粮治兵，应接各路豪杰，未有一时一刻的松懈，遂使潮阳犹如寒夜星火、孤岛桅灯，成为粤东勤王抗元的中心。

　　五坡岭兵败被俘之后，囹圄之中，文天祥集杜甫诗句，作《集杜四首》，剖析莅潮以来，种种所经所历，四首读将下来，令人欲哭欲泪：

其　一

　　十月引兵驻潮阳，稍平群盗，人心翕然。

　　韩城朝烟淡，江沭拥春沙。

　　群盗乱豺虎，回首白日斜。

其　二

　　十一月，谍报敌大众至漳泉，度势不敌，移屯将趋海丰，为贼骑追及中道。时行已数日，不为备，仓卒溃散，遂被执。

　　送兵五千人，散足尽西靡。

　　留滞一老翁，盖棺事则已。

其　三

　　自国难后，行府白手起家，辗转患难，东南跋涉万余里，不幸不济。然，臣子尽心焉尔矣。成败天也，独奈何哉。

　　翠盖蒙尘飞，仗钺奋忠烈。

　　千秋沧海南，事与云水白。

其　四

予六女：长定娘、次柳娘、次环娘、次监娘、次奉娘、次寿娘。丙子，定娘、寿娘，以病死于河源之三角。丁丑，柳娘、环娘陷；惟监娘、奉娘得存，戊寅潮阳之败，复死乱兵中。哀哉。

痴女饥咬我，郁没二悲魂。

不得收骨肉，痛哭苍烟根。

锥心泣血，无以复加。《正气歌》写为人臣，《集杜四首》其四写为人父。人们都熟读《正气歌》，岂知《集杜四首》其四，痛彻肺腑。

我以我血荐轩辕

马发降元，是在慌乱之间，在大势裹挟之下，匆促间做出的一个抉择，就像慌不择路、饥不择食一样，受制于一种本能。在那样一种洪流滚滚、泰山压顶的时局下，又有几个人，能扛得住天崩地陷、山洪暴发一样急遽变化的形势。稍稍稳定之后，马发也是心有不甘。

当时，马发所在的摧锋军，是南宋诸多地方军队中，比较有战力的一支，主要服役于广南东路，也曾经奉召，征讨福建、江西的山匪盗贼。令人感到奇怪的，是这支历史悠久、军史绵长的部队，在《宋史·兵志》中，并无专门的记载。倒是南宋李心传的《建炎以来朝野杂记》，对其有过简略的勾勒，曰：

殿前司摧锋军者，旧以广东多盗，使统制官韩京戍梅、循以弹压。绍兴末，移其半三千人戍荆渚。隆兴二年（1164），王宣、钟玉作乱，复命摧锋军往捕。其半今存。凡三千四百人，分屯广东诸州、县、镇，共二十处。

当其时，即南宋初年，南方处于无休止的动乱纷争之中，广南东路亦不例外。绍兴二年（1132），是广东兵祸为害最烈之时，本地唯一的正规军——设置于北宋神宗朝的东南第十一将，5000名员额的将兵，到这时，剩下的仅不足千人。

东南第十一将是何物？看起来怎么觉得怪怪的。其实也就是大宋朝定的规矩，开国之后，吸取前唐教训，忌惮武将功高，通过"杯酒释兵权"等一系列做法，对武将的权限、用兵，施行了很多的限制，其中一项，就是实行"将兵法"，它的要害或者要义，就是让将不识兵，兵不识将，兵在兵营训练，打仗抑或剿匪，派一个将来，把兵带走；"将"，同时也是宋代的一种军队编制。"将兵法"从仁宗朝文彦博、范仲淹开始试行，到宋神宗即位后，蔡挺进一步改革、变更、推广。

蔡挺的改革、变更，简而言之，无非就是打乱了禁军原有的编制，以25人为队，125人为阵，2500人为将，然后推广到各地。当时，东南诸路诸军为十三将，这个编制一直延续到了南宋；南宋人还把十三将的驻地，编成了四言的韵语，曰："濠、庐、杭、越；升、赣、荆、南；潭、全、福、广；宜、邕十三。"驻扎在广州的，就是"第十一将"。

在兵祸匪害惨烈，东南第十一将的将兵剩下又不足千人，广东的守卫，岌岌危矣之时，幸好岳飞及时击破曹成部的大股兵匪，第二年，又讨平从江西涌来的诸部，广东这才转危为安。此后，鉴于兵力过于薄弱，每每捉襟见肘，广东屡次向朝廷奏请增兵，以供防卫。

绍兴四年（1134）三月，朝廷派湖南安抚司后军统制韩京，充广东兵马钤辖，以所部屯广州。韩京是河东（今山西）上党人，领兵到了湖南，岳飞征讨曹成时，被划归岳家军，奉调到广州时，所部兵马，有3000人。绍兴六年（1136），这支驻粤的地方正规军，被正式更名为摧锋军，鼎盛时期，曾达到七八千人。绍兴十九年（1149），秦桧担忧韩京在广东统兵过久，难以节制，着人将其劝退。

淳熙末年（1189），摧锋军在潮州的编制，还有1200人，后来，减至700人。又因为分戍不常，有时候剩下500人，有时候300人，或者200人，迄无定数。

潮州人闲来喜欢到摧锋寨看摧锋军操练，那也是风景怡人的绝佳处。在潮州西湖山的北面，有一处园林熙春园，是绍兴年间，潮州郡守谢寻所建。熙春园的旁边有个大校场，校场的门外，便是摧锋军的营房，叫摧锋寨。

摧锋寨的营房，重建于南宋淳祐六年（1246），是当时的郡守陈圭所重修。陈圭将原来的百间葵屋营房，全部翻盖成杉木瓦屋，有门有窗，通风透气，宽敞明亮，还在寨内修了4条通巷，并重新设置土牢牢棚，好用来禁闭那些违法的军士兵丁。整座军营，井然有序，壁垒森严，透出一股励精图治、向上进取的气氛。

《南宋广东摧锋军战史》有一则记载，专门讲摧锋军，在潮州设置军牢，其曰："淳熙十年（1186），统制吴荣，于韶州曲江县增营房、军学，潮州设土牢。"

整支摧锋军，把军牢设在潮州，是看重潮州治军之严、执法之威，不马虎苟且、掩人耳目，也是看重潮州恩威并重、宽严结合、贴心以待、善于转化。《潮州府志》就有一则记载云："北廓有街曰'摧锋'，即摧锋寨处。"明明白白地说，当时在潮州城厢的北关，就特地为摧锋寨，新开辟了一条街路，起名摧锋街，直亘营寨。这种细致、体贴，外人难以体会。

摧锋寨有了摧锋街，潮州人起个绝早，逛过湖山，转过熙春园，刚好，正是摧锋军在晨练。看他们马战、格斗、摔跤、刺杀，紧张刺激，正儿八经。看他们检阅、列队、测试，更有看头。有一次队列，一个兵丁出错了脚，整个队列，反应不过，马上乱得就像小孩玩老鹰抓小鸡。箭术测试，极其严格，也更多意外。有一次射箭校检，几百个士兵，只有 11 个合格，其他的，有的不中靶心，有的偏离靶环，有的准星高了，射到了靶顶，有的低了，射在靶底，五花八门，花样百出。校场内的兵士满脸通红，羞赧难当，校场外的百姓，嘻嘻偷笑，权当一乐。

没去看摧锋军晨练的潮州人，已经捧着青花碗，在食早糜了。自从水稻一年两造，田中的收成好，潮州人养成了早上食糜的习惯。潮州糜与广州粥不一样，几乎与所有的稻米产区的粥都不一样。广州粥是水多米少，熬的时间长，一小撮米熬得看不到米粒看不到渣，一碗粥汤不汤，糊不糊的，清水白荡，潮州人把这种粥叫做返魂汤。

潮州人煲糜是在灶间。潮州厝，都有灶间，要么在后包，要么在从厝。灶间也叫灶下，反正是在下风向的地方，让风把柴烟吹走，勿使其呛人。煲糜有用鈝鼎，也有用鈝锅，有宋一代，鈝铁铸造，已臻于顶峰。米用新米，水则用井水。

潮州近韩江，地下水位高，每家每户都有井，井水比溪水、河水干净，因为经过天然的过滤。水少，米多，干柴，猛火，火在鼎下、锅下，呼呼呼呼地叫着，不久，糜就滚了，顶着鼎盖锅盖，沸出灶台。此时就该揭开盖了，勿使沸汤溢出。这时看一粒粒白米，在沸汤中乱跳、狂跳，5到8分钟就熟了，灭火。这时候，恰到好处，米粒刚刚煲开，不软不硬，香，有嚼头，烂就不好吃。米汤稠稠的、黏黏的，入喉米香悠久，爽口开胃，吃了还是想吃。

入唐以来，潮州人多信佛，吃斋的人，也比其他的州多，这已经蔚成风气，家家户户，都有信佛持斋的人。吃斋的人，每天清晨要在佛龛前拜佛，初一十五，还要在客厅檐下，摆个供桌，细香清茶，白米干饭，敬拜天公。

糜熟时候，他们会把米汤滤到钵里，或者把米粒从米汤里捞出来。然后，用玉令，盛起来礼佛、敬拜天公。玉令，也有人叫白玉令，就是薄胎细瓷小茶杯，潮州工夫茶的用具，也是潮州一地才有的叫法。吃斋的人，把两个盛满白米干饭的白玉令覆在一起，拿掉上面的玉令，一杯如卵凸起的供品，就完成了。三炷细香、三盅清茶、三杯干饭，加上一片虔诚，拜佛的人，往来于心灵和俗世之间。

吃斋也分吃长斋和吃短斋。吃长斋是天天吃斋，吃短斋是每到初一十五才吃斋。潮州还是吃长斋的人多，虔诚向善，人人向往。

潮州人洗衫后，会用滤出来的米汤浆衣，晾干后，衫裤挺括，穿起来人干练醒目，精神抖擞。外地人都夸潮州人生来好看，其实与衣着有关，衫裤干净整洁，风度翩翩，人看起来就悦人。浆洗过的衫裤有一层保护，弄脏了污了，落水洗过，脏痕污迹随米浆洗掉，就一点痕迹也不会留下来。潮州人有心，很多生活智慧，都是在日常中，一点一滴，悟到的、积累的。

瞬息万变的时局，和突如其来的变化，给了马发一个意想不到的改过立功的机会。一念之差，会置人于万劫不复的境地，机遇来了，稍纵即逝，能一念之间，迅疾抓住，便能让人洗刷以往的羞愧和耻辱。马发的反元归宋，彪炳史册，就在这一念之间。

《潮州志》载：宋景炎二年（元至元十四年、1277），"五月，宋将张世杰带兵攻打潮州，元兵退，潮州城复归宋。宋帝派方兴来潮州抚慰军民，并任命马发为知潮州军州事，加称安抚使"。《宋季三朝政要·广王本末》亦载："是月（六月），大元兵撤戍，张世杰回潮州，以图复兴"。

张世杰这一次是路过潮州。他要率军前往泉州，去征讨原来提举泉州市舶司，拥有钱银无数、珠宝万斛，投降元朝的大食人蒲寿庚。这个时候，往日熙来攘往、版图硕大的南宋，只剩下偏于东南一隅的潮州，这孤零零的、唯一的、最后的一座州城。

马发的晚节，就是铁了心抓住张世杰这次路过潮州的机会，反元归宋。南宋的最后抵抗，除了崖山，就是马发守潮州。史载，南宋景炎三年（元至元十五年，1278）正月廿七日，元朝参知政事、江西都元帅塔出，从广州派遣元将唆都、蒙古歹，统军东征，在宋朝叛将陈懿的带领配合下，又将潮州城团团围困。

元军这一次是气势汹汹，有备而来。潮州城的反正归宋，让他们如遭棒喝，颜面尽失，威风尽扫。本来以为全面占据了大宋江山，正洋洋得意，不成想功亏一篑，月圆复缺。

气急败坏的元兵塞堑填壕，造云梯、鹅车、洞子，攻城的器械装备，悉如前法，尽数出动，用车轮战术，日夜急攻。然而城里军民同心，气势高昂，马发又谋划得当，婴城固守，于夜深更静，遣人悄悄缒城，把元军云梯、鹅车之类，纵火焚毁。马发的指挥相宜，见招拆招，让久经沙场、能征善战的唆都，无可奈何。

潮州城城高墙固，兵民同仇敌忾，旌旗迎风猎猎，老百姓拆房子、搬砖头、运楹椽，做矢石滚木。唆都久攻不下，又多次派人劝降马发，均遭到断然拒绝。史载，马发"勒兵闭守城中，军民乘城诟骂，大兵不胜其忿"。

至此，黔驴技穷，唆都不得不使用重赏之策，《元史·唆都传》载，唆都下令元军，曰："有能先登城者，拜爵；已仕者，增秩。"但潮州城，仍巍然矗立，岿然不动。

至二月底，围城已经一个多月了，元军乌古孙泽，看清潮州城久攻不下，其中一个重要原因，就是城外有许多义兵策应支援，就如无数涓涓细水汇流入渊，水深不涸，供养不绝。于是分兵攻破周边营垒，驱赶义兵。潮州城顿时陷入孤军绝援之境，形势陡转，危急万分。

二月廿九日，南门巡检黄虎子，眼见大势已去，将降书绑于箭上射出，与陈懿通谋，约定在夜晏打开南门，接应元兵。同时，元军悍将兀良哈尔，也从浮桥东门率先登城，马发率军民死守了一个月有余的潮州城，遂告陷落，大宋从此无州城。

落夜，率着残部100多人，奋力死战，退守到金山子城的马发，屹立山头，看夜色深沉，天凉风紧，寒星闪烁，钩月微明，山黯如漆，树黯如影。子城外面，烧杀掳掠，悲呼惨号，阵阵传来，惊天泣地，不绝于耳。

天将破晓，看看元兵，已经逼近子城，马发返身进入内堂，先令妻儿自缢，然后捧过大杯鸩酒，一饮而尽，全家大小13口人，壮烈殉国。

是日，南宋景炎三年（元至元十五年，1278）三月一日。

元兵破城之后，为泄久攻不下之恨，屠城三日。《三阳图志》云："焚民室庐，火焰亘天，城中居民无噍类。"就连开门投敌、引狼入室的黄虎子，也不放过。恼羞成怒的陈懿，面对毫无防备的黄虎子，手起刀落，残忍杀掉。

这次屠城，究竟杀死了多少人，迄今未有相对准确的数字。有专家估算，宋末时期，潮州所属总人口有60多万，潮州城为州治所在，人口相对集中，屠城所杀，在20000人以上。潮州大街（今牌坊街），有一条小巷叫三家巷，据说就是当时，这里有三家人，因躲藏于断墙残垣之下，而未被元兵发现，幸免于难。

诗人温丹铭曾作《潮州杂感诗》，其中吟曰："不见唆都陷城日，滔滔漂杵血流红。三家巷口留遗念，纪取胡元一劫中。"

元兵野蛮无知，毫无教养，一朝得逞，在城内肆意妄为，纵火焚烧，无所顾忌，竟把官府历朝历代所笔所录、所记所载，珍藏留传下来的诸多典章、文献、史籍、档案，都付之一炬，灰飞烟灭。从此之后，潮州本土宋代以前的典籍史料，基本上一概阙如。呜呼！后代专家学者治学，只能辗转从《永乐大典·潮州府卷》、《旧唐书》、《新唐书》、《宋史》、《唐会要》、《宋会要》等史书典籍上，去检索、搜寻、查找、收集、筛选、爬梳、辑录、甄别资料了。

对比史上有关南宋德祐二年、景炎元年、元至元十三年（1276）的一条记载，让人唏嘘不已。其载曰："十二月，南宋内府原藏经籍图书、书画等，运往大都秘书监。"接收移交档案，妥善处置，传承有序，这才是人间王道啊。

经此一劫，潮州的总户数，从南宋淳祐年间的 135998 户，锐减至元初的不足 10 万户。

后人为了纪念马发和潮州人抗元，在金山顶修筑马发墓，造衣冠冢，墓碑高近 2 米，扁宋体直书"宋知潮州军州事摧锋寨正将马公暨阖门全节之墓"。巡道张铣，并在山巅绝顶，作马公墓联，联曰："宰臣去国，少帝蒙尘，乾坤何等时，守此一片孤城，汗血难消韩水碧；井澳腾波，浔门沸浪，妻孥同就义，留得半抔荒冢，残山犹带宋家青。"马公墓旁，又广植苍松翠柏，喻义高风亮节，人称"马丘松翠"，成为潮州八景之一。

元至正六年（1346），广东道肃政廉访司事周伯奇来到潮州，问俗于民，知道隔这么多年，潮州人还哀悼马发，遂响应潮州人的呼吁，在金山南麓、学宫东侧，为马发立马公祠，供潮州人凭吊、缅怀、祭祀。又亲笔撰写了祭文，并作《宋死节臣马侯祠记》，《记》中载曰："至正丙戌（1346）之腊，予司宪问俗于潮，潮之父老，犹能言其略；及阅郡乘，乃得其人，知未有祠……即言于郡，倅贰差吉为主，治祠于学宫东偏之室。先正之，次为文告之。"

约二百年后，明嘉靖十三年（1537），潮州人仍念念不忘，自发追奉马发为"金山圣王"，并在金山西麓（今金山巷口），因地制宜，建石牌坊，曰"忠节坊"，以为旌表。牌坊的匾额为大字正书，顶天立地，丰腴端庄，气势轩昂，为时人揭阳县黄一道所书。

后来，丘逢甲凭吊马发墓，也曾留下一联，云："凭栏望韩夫子祠，如此江山，独让前贤留姓氏；把酒吊马将军墓，奈何天地，竟将残局付英雄。"一声叹息，深深感慨。又作七律《金山吊宋安抚使摧锋寨正将马发墓》，诗曰：

> 一州斗大负将军，龙去崖门冷阵云。
> 并代汗青丞相节，全家葬碧使君坟。
> 艰难残局英雄泪，零落遗碑吊客文。
> 千古韩江呜咽水，凤城东畔送斜曛。

近代史学家蔡东藩，曾著文评价文天祥等人，明知南宋大势已定，却仍然痴心不改，救亡图存，"六合全覆而争之一隅，城守不能而争之海岛，明知无益事，翻作有情痴"。马发及潮州人，何尝不是如此？

许夫人和陈璧娘

张世杰屡次欲攻打泉州，征讨蒲寿庚，其目的，还是为了筹措粮饷，看中的，乃是蒲寿庚的万贯家财，无数金银。作为南宋驻泉州的提举市舶司，蒲寿庚占据口岸要害，一生亦官亦商、官商合一，垄断了泉州香料的海外贸易近 30 年，什么檀香、沉香、乳香、降真香、龙涎香、胡椒，通通都做。有人说其"以善贾往来海上，致产巨万，家僮数千"；《宋史》也有记载，曰："蒲寿庚提举泉州市舶司，擅番舶利者三十年。"

蒲寿庚并不是汉人，他原来是大食人，其家族在 300 年前，就因为营商，从西域迁到占城（今越南）定居，后来，又从占城迁徙到广州。南宋嘉定十年（1217），蒲氏家族，又从广州，举家搬迁，到泉州定居。商人重利轻别离，而蒲氏家族却不同，蒲氏每次逐利，都是浩浩荡荡，举家迁居。从蒲寿庚的父亲蒲开宗起，还因为贸易有功，被宋廷授官给衔。

蒲寿庚精通阿拉伯语、占城语，这对于海外贸易，就占有了天大的便利。南宋时，南海海寇猖獗，泉州时常发生海寇犯泉的事件，小的不说，仅大的就有8起。咸淳十年（1274），海寇又一次攻袭泉州，其威赫赫，其势炽烈，官兵气馁，畏其嚣张，先是退避三舍，后又不见踪影。蒲寿庚却与他的哥哥蒲寿宬，逆势而为，助官宪击退海寇，因功被授予福建安抚使兼沿海都制置使，这可是全面执掌福建兵事民政、统领海防，权力大得很。

后来的历史，对于蒲寿庚的描写，大多采用演义手法，掐头去尾，欲以一斑窥全豹。国家危难，城门失火，如何处置，颇见一个人的心机和智慧。

而当其时，元军包围临安，南宋一息尚存。这个时候，元军统帅伯颜，自知长陆战而短海击，听闻蒲寿庚老于海事，拥有海舶至多，曾经派遣不伯、周青，极欲笼络招抚蒲寿庚、蒲寿宬两兄弟，却被婉言相拒。

而当陈宜中、张世杰率舟师10万，奉赵昰以及赵昺、杨太妃等，由福州浮海至泉州城南法石下辇村，欲把泉州作行在（临时首都），这时，蒲寿庚已经奉旨归降大元9个月了。

张世杰是武将出身，向来都是说一不二，兵马未动，粮草先行。此次被闭门不纳，很是郁闷，临走，以宋军船舶军资两皆不足，强行征走蒲寿庚停泊在法石一带的海船 400 多艘，抄其家产充作军资。也有一说："掠蒲氏海船二千艘，没其货物"，"掠其舟并没其赀"。

此时，张世杰从潮州回师泉州，更是志在必得，史载其"欲得蒲寿庚而甘心"。潮州凤凰山畲族首领许夫人，也率领畲家军，联合漳州畲民首领陈吊眼，在张世杰的带领下，前往泉州，讨伐蒲寿庚。

许夫人是女中豪杰，巾帼英雄，其能征惯战，嫉恶若仇，在潮、漳一带，影响之大，历千百年矣。民国三十八年（1949）版的《潮州志》记载曰：

> 许夫人，潮州畲妇也。景炎元年（1276年），宋帝趋潮州，张世杰招义军，夫人倡率诸峒畲妇应命。二年（1277）六月，世杰自将淮兵讨蒲寿庚，夫人率所部往会，兵势稍振。后帝泊浅湾，夫人复率兵海上援之，至百丈埔，遇元兵与战死焉，土人义而祀之。

许夫人战死百丈埔，许夫人和畲家军的许多风俗、着装，却随着潮州人对这支义军的缅怀和纪念，在潮州一带，潜移默化，流传下来。

打髻，本来是畲妇的一种发型装扮，宋元以后，竟在整个潮州地区盛行开来。《三阳志》有记载曰："潮州之旧俗，妇女往来城市者，皆好高髻，与中州异，或以为椎髻之遗风。"这说明，在元代以前，潮州妇女，梳头装扮，已经是以高髻为主了。潮州先民，崇尚椎髻的，恰是畲族。顾炎武曾说，潮州山畲分平鬏和崎鬏二种，指的就是梳低髻和梳高髻两种发式。而至今潮州话，仍将髻称为"鬏"，将梳发髻，叫做"打鬏"。

从梳妆打扮，可以见到潮州人的心志、心念，是随波逐流，还是念及初心。潮州妇女打鬏，有多种多样的的形式，有八字鬏、大后斗、企鬏、盘鬏、龟鬏、牛角鬏、辫鬏、梭仔鬏、吊桶鬏，林林总总。

直至晚清民国，潮州妇女仍以高髻椎结为本色。民国十一年（1922）出版的《中华全国风俗志》，对此曾有记载：

> 惟其髻发，则殊可怪。如惠来则多将发于脑后结束成小刀形，而旋其末于顶，贯于一红染之竹筒；筒长二寸许，圆径大小如银元，发突出筒外寸许，乃结以红绳，横以约长五寸之针，循下牢插；四圈点缀以珠，借壮观瞻，行时动摇不定，如鹭鸶之蹯伏颅上，诚奇观也。

有钱人家的妇女，特别是那些妩媚白皙、杨柳腰肢、莲行款步、顾盼生辉的年轻女子，更喜欢梳大后斗。就是在头上正中，自额前及至脑后，梳一面像船帆一样竖起来的、薄薄的半弧形的发髻，然后用许多小小的竹针，把它插紧夹住，还要用许多比小指尖还小的细竹圈，把它套紧，保持它的不斜不倒；存下来的发尾，从后面把它梳起，叫后斗尾；两边的发鬓，要梳成两朵半髻；

每日天微朗，就要起来梳妆，熟脚熟手的人，也要一个多钟头，才能梳好，然后用芦荟的黏液，作为发胶，抹在头发上，一头秀发，就油光黑亮，聚人目光。这种发型，配上潮州剪裁的大綯衫裤，手镯脚环，以及缠脚的三寸金莲，就是较有古风的人家中，妇女的典型服饰了。

古代潮州妇女，出门时，确实曾经戴过一种面纱，称为韩公帕，或者文公帕，据说是韩文公谪潮之后，教州民遵循古礼而定下的一种礼制。清乾隆钱塘人梁绍壬在《两般秋雨庵随笔》中记载曰："广东潮州妇女出行，则以皂布丈余蒙头，自首以下，双垂至膝……名文公帕，昌黎遗制也。"

这种面纱，清末之后，已不复见了。如今一些乡下老妇，外出或者劳作，也还会用黑巾遮盖头上，但这仅仅是为了遮风避日，挡灰祛尘，其作用与形制，比之韩公帕，相去甚远。按潮州的例俗，为亲友出殡时，也有女子用尖角皂巾遮盖头脸，这倒似是韩公帕的流韵遗风。

与许夫人的畲家军风俗着装相沿成习的，是潮州北部山区的一些妇女，她们有着戴帕仔的习俗。所谓帕仔，就是裁一块一尺见方的蓝色粗布，先在一面折出二寸的过缘，再折成对半，系于妇女的发髻之上。这些山区，是产茶之乡，山高地瘠，云蒸础润，岚气飘飘，凤凰单丛、岭头奇兰、深坑白叶，皆远近驰名。采茶时节，她们戴着帕仔，结伴上山，帕仔轻便实用，既不怕风吹，又不挡视线，举头弯腰，高摘低采，十分灵便。

采茶的时候，她们还会亮开嗓子，唱起小令小调，声音清脆，宛若啼鸟。清代吴震方的《岭南杂记》，就记录有潮州采茶歌谣若干首：

> 二月采茶茶发芽，姊妹双双去采茶。
> 大姊采多妹采少，不论多少早回家。

> 三月采茶是清明，娘在房中绣手巾。
> 两头绣出茶花朵，中央绣出采茶人。

潮州男子穿的长衫阔裤，也颇有畲家军的遗韵。长衫与外地基本一样，阔裤就是潮州一地才有的特色。这是一种宽腰阔摆的压头裤，一个阔裆深裆，甩开来足有半丈六尺，裆下接上两个阔大的直筒裤脚，每个裤筒二尺有余，裆上再用一幅一尺来高的白布缝接，称为裤头。穿裤的时候，要用两手，先将裤头从腰后勒至两肋，再从两肋，勒到腰腹正中合紧，然后向下三折，至肚脐处压紧，有时候再加上一条裤带，束紧打结。这种盘纽唐衫、高腰合裤，好多潮州男人，一直穿到20世纪60年代初期。

嘉靖年间，杭州人邵经邦著有《宏简录》一书，其云："世杰自将陈吊眼、许夫人诸翼军攻蒲寿庚，不下。"张世杰自己带兵，攻打泉州70多天，前后达3个月，蒲寿庚率部将一边协谋防守、晨夜血战，一边紧急求援。后来，元军唆都率兵千里驰援，泉州围解。

张世杰兵败、许夫人殉难之后，陈吊眼仍然率领抗元义军，在闽粤境潮州山海之间，抗击元军长达6年，追随者竟有五六万之众，当时结寨屯兵的58个寨，至今仍有遗址的，尚有归湖寨、四百岭寨、水尾山寨、石龙寨、程洋岗临江寨等10多处。1958年，在许夫人殉难的百丈埔开荒垦殖时，曾发掘出千人坑、百人义坑等坟冢遗址，由此可见，当年义军鏖战之烈、不屈之志。而在四百岭上，后人盖有陈吊王庙，塑有陈吊眼像，在四百岭下，长彬乡的村民，也起有祭祀陈吊眼的陈元帅宫，宫联对曰："百丈埔中昭大勇；四百岭上仰高风。"

陈吊眼之叱咤风云，正史、传说都有记载。潮州人目之、称之，均为陈吊王，男女老少，也皆以英雄视之。据《元史·世祖本纪》记载，陈吊眼与许夫人联合后，"势力遍及漳、汀、潮一带，号十万众，连营数百里"。

人心怀古，岁月风流。海阳归湖寨遗址，是今人常常踏青登临、对空凭吊的所在，其位于今归湖砚田村对面的凤凰山南麓，海拔304.6米，周围环绕着牛山、狮山、虎山、龙山、鹰山、鸟笼山、将军搭弓山等山，寨子之南，面临西去的凤凰溪，寨北峰峦叠嶂，直接凤凰山脉。站在寨上西眺，可以望见韩江穿山而过，碧绿如带，飘逸蜿蜒，逶迤南下。寨址于今虽然杂草丛生，荆棘遍地，但东西两面，依稀能见到各自残存的一道宽约二尺、长约百米的寨墙，墙外还挖有深约四尺的壕沟，寨址地上，仍然能见到少许宋代瓷器的碎片。

四百岭在凤凰山东部，扼闽粤驿道。顺治《潮州府志·山川部》，有"饶平小记"载曰："凤凰山在下饶堡，距县城（三饶）西北四十里，上多相思树。虎头山则在凤凰山坂头村之右，形如虎踞。陈吊眼屯众处为四壁岭"。康熙《饶平县志·山川》载曰："凤凰山在县治西四十里，高压诸峰，山顶翠如凤冠，乘风能鸣，与郡城（潮州）西湖山相应。四壁岭在东洋屯堡潘段村，相传为陈吊眼屯聚处。"

四壁岭俗称四百岭，位于饶平北部山区中，新圩与渔村之交界。当其时，陈吊眼曾带领抗元男女义军3000人，在岭上驻军。现北面山坡，还留存有校场遗址，约4亩地宽，沿山还筑有练兵、巡逻的环山跑马道。陈吊王于至元十九年（1282），被元军捕杀。每年九月初九，是他的忌日，寒来暑住，秋叶春风，迄今740年风雨岁月，四百岭陈吊王庙、陈元帅宫，潮州人年年香火不断，祠宇常新。

水尾山地势峭拔险要，处凤凰山之东北向，据闽粤两省之相交，西面是今饶平东山东明乡，东面是诏安太平哮峰村，山间有一岩洞，能通达山巅，是陈吊王结寨屯兵的58寨之一。洞内现存有"石眠床"和"石桌"各一张，相传是陈吊王住过的居所。洞东南的山坡上，尚存有一大片田园，据说是当年义军开垦的田地，共有九十又九丘，故地名曰"九十九丘田"，自古流传至今。在附近的"三层石"山坡上，兀起一块巨石，镌刻有"微凤垣市"四个大字，笔画尖细圆润，入石甚深，无落款，坊间相传，此字乃陈吊王用剑刻写，至今700多年，字迹清爽不馁。

当其时，扼制交通要冲，乃陈吊王设寨屯兵之首选。石龙寨在澄海最北面的西浦山，今潮、澄、饶三县交界处，自古亘今，是闽粤沿海陆上往来所必经。由闽入粤，过汾水关，势必经过此地，才能抵达潮州府城。石龙寨由无数大小不同的厚石覆盖山坑而形成，北面坑口有"东门楼"，是义军的望哨和指挥部，全由几块天然巨石自然垒成，有两条人工横架的石梁，可通石洞。洞内现残存有火药臼，为义军当年制作火药之器具。

程洋岗临江寨据韩江下游莲阳河和蓬洞溪，现寨北门尚存，东门存门框柱和夹在古榕中的墙基石。寨西尚存残垣和通路石级。古语云：人过留影，雁过留痕。硝烟逝矣，鏖战声绝，义冢仍在，战场依旧。君不见，这一处处石寨遗址，留下的，便是其时一段段民心不屈、护国守土的史迹，这一抔抔坟冢义坑，彰显的，乃是斯人一腔腔奋起救亡、不甘沉沦的志气。

潮州"姿娘"（女子）温婉娴雅、婀娜多姿、轻声细语、笑靥如花，骨子里却自有侠肝义胆、柔情似水、烈骨如霜、忠贞无瑕。当其时，与许夫人并称宋末潮州抗元双璧的，又有一位奇女子陈璧娘。清人阮元主修的《广东通志·前事略》，就有关于陈璧娘的记载。南宋景炎三年（1278），潮州右都统张达，在广西抗元兵败，辗转回家，夫人陈璧娘劝他以国事为重，勿沈于家，请他再去崖山，勤王抗元。璧娘又驾舟渡海，一直把张达送至南澳钱澳，临别，作《辞郎吟》四阕，慷而慨之，歌而送行：

丈夫知有宋天王，别吾去者海茫茫。
后有奸宄妾抵挡，试看风霜飞剑铓。

郎辞行，勿回顾，北去潇潇虎门树。
传檄早定潮州路，恢复中原驰露布。

郎有身，身许国，无以家为仇可复。
妾有身，身许郎，勿谓兵气不我扬。

一洗千秋巾帼态，泪痕乌在血痕在。
策郎马，送郎舟，国仇可雪，妾身何求。

后来，陈璧娘又作《平元曲》一阕，托前去崖山勤王的弟弟陈植、堂弟陈格，带给张达。知道这一别有去无回，《平元曲》写得荡气回肠，曲曰：

虎头将军眼如电，领兵夜渡龙舟堰。
良人腰悬大羽箭，广西略地崖西战。
十年消息无鸿便，一纸凭谁寄春怨。
日长花柳暗庭院，斜倚妆楼倦针线。
植兮再吸倾六罐，格也一弹落双燕。

何不将我张郎西，协义维舟同虎帐。

无术平元报明主，恨身不是奇男子。

倘妾当年未嫁夫，请效明妃和西虏。

虏人不知肯我许，我能管瑟犹长舞。

二弟慨然舍我去，日睇江头泪如雨。

几回闻鸡几濒死，未审良人能再睹。

在此，璧娘说，我是无术平元报明主，倘若是当年未嫁夫，便可仿效王昭君去和番。番人不知要不要我，我可是能歌能乐又能舞。死去活来又几回，不知与良人能否再相会？心已至此，志已至此，夫复何言。

南宋祥兴二年（1279）二月，她听闻崖山危急，毅然将爱子千乔，托寄于张达的姐姐郭张氏家，遂带领部分乡勇义军，驾船到崖山与元军血战。《广东通志·前事略》记载，元至元十六年（1279），宋军都统张达战死在崖山，他的妻子陈璧娘亲往敌营讨还尸首，妥善安葬，随后，又绝食而亡。陈璧娘抗元，《续资治通鉴》、《潮州府志》、《崖山志》、《新会县志》均有记载。

崖山之战，一直让人耿耿于怀，不能忘却。明成化五年（1469），签事陶鲁在崖山宋末行都遗址，建大忠祠，又名三忠祠，以纪念文天祥、陆秀夫、张世杰。嘉靖二十二年(1543)，督学林云同、知县何廷仁，重新修复，又增建忠义坛，亦名义士祠。张达、陈璧娘以及台山伍隆起，香山马南宝，东莞李佳之母陈氏、熊飞，湖北荆湖苏刘义，浙江天台杜浒，福建莆田陈文龙等九位忠义之士，供奉于祠内。清人丘逢甲居潮，尝作《说潮》五古十七首，咏叹潮州史事，流传甚广，影响极巨，其十三曰：

> 南风吹不竟，洲上妾送郎。
> 北风多杀声，妾心为郎伤。
> 黯然天水碧，海色明斜阳。
> 悲歌平元曲，变徵何慨慷。
> 至今红螺洲，春草为不芳。
> 男儿不报国，愧死陈碧娘。

1958年12月，广东潮剧院成立，创作的第一出潮剧《辞郎洲》，就是以张达和陈璧娘勤王抗元的事迹为蓝本。《辞郎吟》一声声唱起，陈璧娘深入人心，不泯灭矣。

与陈璧娘同一时期，又有一位潮州女诗人陈白姑，也是大义凛然，绝命而死。陈白姑是潮州海阳县陈德安之女，史上评价曰：白姑"工诗，格调淳朴流畅"。

景炎三年（1278），元军唆都攻陷潮州，在城内大肆烧杀掳掠，陈德安指派其子外出，然后自焚其庐，与内子及白姑俱死矣。白姑死前，咬破手指，血书《绝命辞》一阕于屋壁，辞曰：

戎马纷纷关井荒，此身何忍逐膻羊。

俯垂玉筋怜孤影，细蹴金莲起九泉。

自有天生冰玉质，肯为人作嫁衣裳。

百年尘世浑如梦，千古芳名照简篇。

尔后，以屋为墓，慷慨赴死。

民心自有千斤秤

　　依照元军的习惯，城市不能够有城墙。他们在草原上放牧、游牧惯了，天天面对高原阔土，远方旷野，一马平川。城墙，妨碍他们任性驰骋，率性往来，他们在这方有墙壁的天地里，觉得处处受制，心情抑郁，如禁牢笼，如坐针毡。城墙，改变了他们无数代人养成的粗犷生活。

　　在潮州归元的第 5 个年头（至元二十一年，1284），广东道宣慰使月的迷失，来到潮州招谕。下车伊始，他就遣散了原来不属于元军统领的军队，接着，又下令拆除潮州子城、外城全部城墙。短期之内，原来高古巍然，迤然有致，守家卫土，保一方平安的城墙，全然被拆掉扒毁。其他各地，大体也都是"天兵南下，平夷城壁，楼橹雉堞，一切荡除"。忽必烈和月的迷失们，以为遣散了归顺的军队，平掉了能守难攻的城垣，汉人就失去了反抗能力。潮州，又成了一个不设防的城市。

元军也不是单纯的一味鲁莽。至元二十二年（1285），潮州路总管府在"城"内宝善坊首置录事司，这是管理城市民政的一个官署。元朝以前，不论哪个朝代，都是没有专门设立管理城市的机构的。直到金、元时期，这一机构才首次出现。史载："录事司，秩正八品。凡路、府所治，置一司，掌城中户民之事。……二千户以上，设录事、司候、判官各一人；二千户以下，省判官不置。至元二十年（1283），置达鲁花赤一员，省司候，以判官兼捕盗之事，典史一员。若城市民少，则不置司，归之附郭县。"

可以看出，这是一个为了管理城市和市民，而专门设立的独立的机构。有专家言，此举"是我国中古时期建置城市的主要标志"。以前一座城垣，州治、县治都在里面，谁也不清楚是应该由刺史太守来管，还是由县令知县来管，而今明确，城域和民政、行政，都交给录事司管。有元一代，全国有 123 座城市先后设置了这个机构。

元代朝廷的思维，也有点不一样。至元二十六年（1289）夏四月，元廷又下令，禁止江南人民，挟带弓箭，违者一律充军。潮州城内，又引起了一番骚动。有传言说，10 户人家，只允许共用 1 把菜刀，还让人抬着大磁铁，沿街行走，将私藏菜刀，吸将出来。也有传言，说是 3 户共用 1 把。种种传言，众说纷纭，难有定论。其实这些，都是无稽之谈，共用菜刀，也纯是空穴来风，但已足够让人心惶恐，寝食难安。

《元史·刑法·禁令》载："诸汉人持兵器者，禁之；汉人为军者，不禁。诸卖军器者，卖与应执把之人者，不禁。诸民间有藏铁尺、铁骨朵，及含刀铁柱杖者，禁之。"明文是禁止汉人持有兵器，你当了兵，就不禁。

不仅如此，庙里也不能用真兵器："诸神庙仪仗，止以土木彩纸代之，用真兵器者，禁。"连官府的捕快弓手，也都防着："诸打捕及捕盗巡马弓手、巡盐弓手，许执弓箭，余悉禁之"。弓手只能背弓囊箭，不能带刀佩剑，近身之战，如何应敌？

当然菜刀、镰刀、斧头、鱼叉之类，这些生产、生活工具，不在禁止之列。曾经有人提出，要没收"两股铁禾叉"，后被刑部以"铁禾叉系农家必用之物，既非军器，难以禁止"为由驳回。

在元朝建立之前和建立之初，元军曾经凶悍、残暴，屠戮施虐，恶贯满盈，劣迹斑斑。等到坐稳了江山之后，元朝在管理百姓方面，却不但不再严苛，反而略显宽松，只要不造反，交赋税，别的爱管不管。也不爱搞大型基建项目，像修宫殿、筑长城，也不需要征发戍边人员，没有北方战事的压力，官员数量也少，且缺乏判案的积极性，坐马坐惯了，坐公堂反而很茫然，识字不多，连文字狱也懒得折腾。就连朱元璋在南京坐稳了龙庭之后，忍不住也与群臣感慨："前朝，是以宽纵失天下。"

录事司设立之后，虽然人手不多，衙役署丁有限，倒也扎扎实实，做了不少实事。至元二十七年（1290），录事司在全城"大籍户"，就是进行户口大清查，城内各街各巷，各里各坊，所有人丁，无一遗漏，都必须一律登记入册。这一次籍户，汇总得 3358 户，以每户 7 人计，共 23500 人，城市人口，占总人口的 5%。此时的城市人口，显然比宋代减少，这与战火蹂躏，和水东百窑村的衰落，都应有关系。

尽管城市人口减少了，全域人口，还是明显增加。有专家说，元代，潮州是广东人口最稠密的地区之一。虽然饱经战火、离乱、杀戮，但潮州人久经风浪、多历兵燹，他们惯于自我康复、自我疗伤。战争的痕迹还未完全消除，仍然满目疮痍，遍地废墟，惨不忍睹，但这时城内的商铺、作坊、酒肆，就已经悄悄地迎来一批新的店东，他们心存忐忑，却手脚麻利，很快把灰烬清除干净，把街巷整理清楚，把屋宇修葺一新，然后不声不响，不张不扬，不疾不徐，宽心柔性，又营起业来。城市复苏，四面八方的人流，又熙熙涌来。

学者梁方仲，曾经对潮州唐、宋、元三代人口密度，做过统计，其结果是：唐代每平方公里 1.2 人，在全省 27 个州中，排第 23 位；北宋每平方公里 4.5 户，在全省 23 个州军中，排第 5 位；元代每平方公里 27 人，在全省 23 个路州军司中，排第 3 位。

也有学者以年为单位，做得更加详细。比如：唐天复元年（901），潮州人口数是 80000 人，人口密度是 5.5 人每平方公里；北宋元丰三年（1080），人口数是 373410 人，人口密度是 25.2 人每平方公里；南宋咸淳六年（1274），人口数是 750000 人，人口密度是 50.6 人每平方公里；元至正十年（1350），人口数是

633240 人，人口密度是 42.7 人每平方公里。兵火消弭，社会初定，就已经人来利往，潮州又开始忙碌在繁华的道路上。

城墙拆毁扒掉之后，刚开始并没有感到什么不妥。那种宽敞明亮，一望无际，让元军兴高采烈，长调悠然；城外三角洲平原无边无际的禾苗稻海，让他们恍如回到了熟悉的草原。他们沉浸在这种故土般无遮无拦、天高地远、满目葱绿的旷达之中。让他们醒悟过来的是洪水，原来，南方的河流并不是弱水河，不是鄂嫩河、疏勒河、额尔古纳河，不是高原上那些不用堤坝、不会泛滥的河流。

元大德年间（1297—1307），韩江溪洪多次暴涨泛滥，没有了沿江城墙的守护，潮州城内狼狈不堪，人们号天叫日，怨声载道。身处洪水围困之中的元军，焦头烂额，无处下手，无所适从。明白过来的潮州总管大中帖里，才不得不申报朝廷，沿韩江西岸，修复东城墙。史载，这段城墙称东城，也叫堤城。

其时，最大的一次洪患，发生在大德八年（1304）。九月，因为飓风、海溢，大潮顶托，韩江水泄不通，江水倒灌入城，城内民舍多处漂没，淹死数十近百人。最后，朝廷出面赈灾，全城发给 2 个月的户粮。

扒城墙、毁城基，令人居无宁日，夜不成寐，做这种世上所无、匪夷所思的事，已经让人记恨在心，恼怒不已。让城墙又四面合围，重新回到从前的，还是元军。

元朝末年，山寇、海盗四起，民变不断。在元惠宗孛儿只斤·妥懽帖睦尔尚未亲政的全元三年到至元六年（1337—1340），粤中乃至潮、漳一带，人民接连起义。先是至元三年（1337）正月，广东增城县民朱光卿率众起义，反对元朝统治，潮州、漳州民众，纷纷响应。至元四年（1338）六月，漳州路南胜县（今平和县）县民李志甫宣告反元，刘虎仔即在潮州举旗起义，与李志甫遥相呼应，闽粤间骤然出现了一股反对元朝统治的潮流。

同年，朝廷派江西行省右承燕帖木儿，和怀远将军王英，带兵前来潮州、漳州，镇压起义军。王英是山东益都（今青州）人，性格刚毅，膂力过人，又擅长骑射，善使双刀，人称刀王。当其时，王英已经致仕在家，平章政事伯撒里对身边的僚佐曰："非刀王行，不能平此贼。其人虽老，可以义激。"《元史·王英传》也载曰："乃使迎致之。……及贼平，英功居多。"虽然请了刀王王英复出，但潮、漳两州义军，势头正炽，与元军激烈战斗，达两年之久。至元六年（1340）三月，元军使用南胜人陈君用之计，从背后偷袭李志甫和刘虎仔，起义遂被扑灭。

元军这个时候痛定思痛，才深知潮州无城的巨大弊害。至正十二年（1352），山海盗寇再次生乱，广东帅府不得不下令全面修复潮州西、南、北三面城防，并派出帅府照磨彭本立，总揽修缮事宜，兴工修筑。照磨是元朝的官名，原来设置于中书省，秩正八品，职能是磨勘左右司钱谷出纳、营缮料理等事。地方官署如行中书省、宣慰司、廉访司、都转运盐使司以及诸路总管府，后来也都设有照磨，但多兼管案牍、刑狱等事，且多从属吏提拔升任。明初的潮州府志《潮州图经志》对此载曰："至正壬辰（1352），因山海寇盗生发，广东帅府照磨彭本立总戎，始兴工修筑，潮民得堡障。"

此时，元朝业已楚歌四面，风雨飘摇，单靠修城，怎么挽救得了？有专家直言不讳，戳击要害，曰："筑城工程浩大。元朝末年要'兴工修筑'潮州城墙，难度很大。可能仅有简陋的堆积式工事。"元军也想不到，平城、修城，兜兜转转一大圈后，又回到原来，打落牙齿咽下去又吐出来，痛并羞辱的，是自己。

在韩江冲积平原的最南端，有一座传承千年的古村落——大牙村。这是一座与溪流和大海结伴的村庄，当它刚刚从海洋变为陆地，湿漉漉的水汽还未散走，水鸟对着这片陌生的湿地疑惑着不敢落脚，芒草和马鞍藤还未生长出来，就已经有人来到这里，捕鱼、安家。

大牙村古属海阳县，今称大衙村，隶属于汕头市龙湖区的外砂镇。这里地处韩江入海口外砂镇的最北端，三面环水，溪流汊河纵横，东面是外砂河的最上游，西面是新津河的最顶端，北面是韩江的主流梅溪河。村西面庙头洲留存有古渡口，称大牙渡，唐宋时期的古码头遗址，还完完整整地保存着，占地有 10 多亩，略呈梯子形，为江岸或者是海岸码头。1958 年，在古码头东边的一侧，曾发掘到两根硕大的船桅杆。

宋元之交，以陈懿为首的潮州豪强兄弟，号称"五虎"、"陈五虎"，就是土生土长在这里的大牙人。这是盘踞在潮州海边、活跃于闽粤之间的一个庞大的海盗集团。史载："陈懿，海阳人，与弟义、昱、勇、忠，皆以力雄于乡，谓之'五虎'。德祐间，州檄懿为寨长，懿乃私置兵器，招集无赖，出入山海中，凡邑富家尽遭劫掠。"

陈五虎的身份是地方豪强，以海盗发家，拥有不少的丁勇和财富。于是在改朝换代、风雨飘摇、政局动荡不安之际，势必成为穷途末路之下，官府不得不借以倚重的人物。"德祐间，州檄懿为寨长"，这是水军寨的寨长。淳熙末年以后，摧锋军派生出两支水军，分驻在潮州和广州，史载："水军驻扎在潮州揭阳宁福院侧，额二百人；广州驻军驻扎北门。"原本海盗出身的陈五虎，就已经拥有相当的兵力和财富，官方招安，封官许愿，如此一来，其更加嚣张无忌，扩充势力，任所欲为。

当张世杰又一次来到潮州，慰谕官民，招募民勇，一心攻打泉州，陈五虎投其所好，立即接受招降，获委任为都统。在勤王的旗帜下，凑合成所谓的诸畲兵，浩浩荡荡，前去讨伐蒲寿庚。南宋遗民邓光荐所作《文丞相传》记载曰："初，陈懿兄弟五人，俱为剧盗，世杰招之攻闽，遂剧（据）潮州，叛附不常，潮人苦之。"这已是陈五虎第二次归宋。

至元十四年（1277）十月，元昭勇大将军、沿海招讨使哈刺䚟，带兵进逼潮阳，陈懿兄弟即改弦更张，投降元朝。《元史》记载："宋都统陈懿等兄弟五人，以畲兵七千降。"随后，得意洋洋的陈懿等，带领着七千"畲兵"，就加入到了攻打潮州城的元军大兵的行列。

雷霆霹雳，电光石火，无数不夜。城陷之后，五虎残忍狡诈的海盗本性暴露无遗，令人不齿。先是出其不意杀死了日后可能会向元朝邀功、争功的黄虎子，这是一个论功行赏，马上就会面对面的竞争人物；旋即又自称元帅，醉翁之意，乃在求封侯；再又欣然接受元朝的任命，为权知州事，岂知，一个"权"字，只是权且，只是临时、暂时、代理的意思；紧接着，便是在城中杀掠，女子、金帛，悉卷为己有。如此无耻妄为，难怪后来会天怒人怨。

文天祥屯兵潮州潮阳，已是权知州事的陈氏兄弟，又马上见风使舵，投诚于文天祥，"会信国公文天祥复梅州"。文天祥遂向宋廷奏乞，将陈懿除右骁卫将军、知潮州、兼管内安抚使。文天祥在潮阳时，地方乡绅赵嗣助和陈梦龙，倾囊襄助粮草军资，尤其是陈梦龙，散尽家资，起兵赴援。此外不少潮州豪强，也起兵响应文天祥的勤王招募，如明《东里志·境事志》载：至元十五年（1278）八月，海阳县"大埕乡豪斧头老等，选集精锐，会于三山国王庙，将赴募潮阳；杀异议者，遂整众行"。方志旋又加以载明曰："按，斧头老姓陈，忘其名，以武艺长于运斧，故名。"

而陈五虎，见元军张弘范来，又马上反水，"具海舟以济弘范，既济，使其弟弘正，以轻兵直指督帐"，遂使元军，在五坡岭追上了正在吃午饭的文天祥。潮州有方言熟语曰："一样米粟，饲百样人。"与赵嗣助、陈梦龙、斧头老等潮州人相比，陈五虎不齿于人矣。

天理昭彰。不讲忠义、不讲是非、首鼠两端、反复无常、一切唯自身利益为重的陈五虎家族，后来俱遭天谴。陈懿为其子陈广所杀，陈义谋逆被抓，供出陈昱、陈勇，三人皆处死于市，陈忠则病死在岳州。反观宋、元两朝，在兵戎对垒、兵力紧缺的情势下，借助地方土豪势力的加盟，来增大获胜机会的做法，也并没有得到后人的仿效。

在人们的印象中，"百无一用是书生"似乎已成为一个约定俗成的看法。但有人也用"书生的骨头"，来褒赞书生的气节。宋末至元末 100 年间，在潮州滞留的书生，就足以端正人们对于书生的认知。

史载，宋末年间，布衣诗人、长溪（今福建福安）人谢翱，典尽家当招募乡兵数百人，追随文天祥抗元，来到潮州潮阳。抗元失败以后，谢翱将家人留在潮州，自己隐姓埋名，辗转潜入浙东，隐居于山林之间，与一帮南宋遗民，结"汐社"、"月泉吟社"，暗图恢复故国。宋亡之后，元人对谢翱追缉甚紧，然潮州人和潮州山水对谢翱家人的庇护，使谢翱无后顾之忧。环境险恶，危机重重，但他扶宋抗元的忠贞，仍然未改初衷。书生的一首首诗词，犹如檄文，令元廷如坐针毡、如芒刺背，特别难受。

在《小元祐歌送刘君鼎》中，谢翱慷慨高吟："当秋淮甸枯草黄，弯弓北向射天狼。孤星南光天狗坠，入蔡生擒完颜王。"其它诗篇，也多有匕首投枪一样的诗句，如"丈夫事业在简册，要令姓名留耿光"，"闻说就中谁最泣，女冠犹有旧宫人"，"归来多雨白生鱼，穴虫祝子满户枢"。此中，既有热血报国的情怀和志向，亦有亡国遗民对故国的哀思和怀念，更有当时沦陷区满目疮痍的凄苦荒凉景象的再现。

元至元十五年（1278），元朝去汉化的急先锋、党项僧人、江南释教都总统杨琏真迦，在宰相桑哥的支持下，于会稽（今绍兴）挖掘南宋皇帝的六陵。他用宋高宗、孝宗的遗骨修建镇南塔，用掘墓所得的金银宝器修建了天衣寺，把宋理宗的颅骨，抛弃于湖中，其余帝王的骸骨，抛撒于诸陵周围的原野草莽。

谢翱给会稽山阴人唐珏、温州平阳人林景熙出主意，在杨琏真迦掘陵的当夜，和"汐社"同侪王英孙、王易简、郑朴翁几个人，伪装成采药者，潜入陵园，冒险用他人的骸骨，暗中换取了宋高宗、宋孝宗的遗骨，又用重金恳请渔人，网获被元兵抛到湖中的理宗的颅骨，再用注明各帝年号的木匣，一一收集各帝的骸骨，趁天色暗昧未明之时，转移到会稽兰亭山之南，掩之埋之，并将宋故宫栽种的冬青树，移植到墓茔之上，作为标志。

谢翱后来告别唐珏，游走他方，作《冬青树引，别玉潜》，记叙这起慷慨壮烈而又事关绝密之举。诗曰：

> 冬青树，山南陲，九日灵禽居上枝。
> 知君种年星在尾，根在九泉杂龙髓。
> 恒星昼霣夜不见，七度山南与鬼战。
> 愿君此心无所移，此树终有开花时。
> 山南金粟见离离，白衣人拜树下起，
> 灵禽啄粟枝上飞。

元元贞元年（1295），谢翱因肺疾复发，客死于桐庐，年47岁。月泉吟社的社友方凤、吴思齐等，遵其嘱，将他安葬于富春江畔、富春山麓、严子陵钓台南，并在墓前，修筑了许剑亭。这是5年之前，谢翱约同侪好友，设文天祥神牌灵位，哭拜祭奠的地方。当其时，4个白衣书生，泣血吞声，慷慨悲歌，以竹如意击石，歌招魂之词，悼亡国之痛，歌罢悼罢，竹石俱碎。

谢翱出生福建，在广东、潮州驰骋居留，不过区区两年的时间而已，却自称"粤谢翱"，临终前，还千叮咛、万嘱咐，让吟社的朋友，在墓碑上刻"粤谢翱墓"。他在潮州的后代，已然繁衍成了一个盛族，潮州路揭阳，成了他裔孙的居住地，800来年，生生不息。

《四库全书总目提要》，曾对谢翱作出评价，其曰："南宋之末，文体卑弱，独翱诗文杰骜有奇气，而节概亦卓然可传。"

元至正二十五年（1365），西夏遗民、灵武色目人王翰，出任潮州路总管，兼督循、梅、惠三州。王翰是以书生、诗人，经幕府入仕，《全元诗》有赞曰："河西王君，用文刚直明快，遇事剖决，权势不能夺，人以为难者，君处之有余力。"

王翰治潮期间，元朝已是末年，江河日下，不可逆转。但王翰刚直守义，屹然不动，一心一意，尽忠职守。其在任上，重振潮州路学，延聘戴希文主持教授；重建韩山书院，礼请吴期担任山长，又敬邀刘嵩撰著《重建韩山书院记略》，请张泰书碑；重修韩文公祠，自己亲笔楷书苏轼的《潮州昌黎伯韩文公庙碑》，尔后泐字于石，又恭而敬之，树之祠宇。其尚文治、缓徭赋、简刑罚、平盗贼、礼儒士，教化潮州百姓善善恶恶，也为人津津乐道。

元朝灭亡以后，王翰自号友石山人，黄冠野服，混迹于田夫渔父、沙门释子之中，与最底层的百姓民众，结交朋友，视自己为芸芸众生之中，普普通通的一员。《友石山人墓志铭》中，亦载之曰："箬冠卉服，葛屦绳带，与樵童、牧竖、田夫、渔父杂处；于沙门法，虽不甚解，然时往来，听其谈论。"

当其时，王翰的方外之友，有古心淳上人、秋谷上人、古心上人、心泉疑上人、方中上人、谷肃上人、性空居士、卧轩上人等等。然而，这些四大皆空、斩断烦恼、跳出苦海、舍得放下的方外之人，最终对王翰的影响，不过为零。王翰史上称其为"河西王君"（《送王潮州序》）、"潮州督守灵武王君"（《悠然轩记》）。作为曾经恪尽职守、政声播远的潮州路总管，其内心深处，仍然是对故元的深沉感情、无尽怀念。一日落笔，画的竟然是向日的葵花，一腔感慨，油然生发，遂作《题画葵花》一阕，诗曰：

"上苑余春荦路荒，芳菲落尽更堪伤。怜渠自是无情物，犹解倾心向太阳。"以倾心向阳的葵花自况，寄托对故国往事的思念，此乃王翰的夫子自道。这种易代之际悲苦的心路历程，亦常常涌上王翰的心头。秋天来了，王翰触景生情，吟的是："雁去湖空野水深，秋风吹客上遥岑。丹枫尽逐孤臣泪，黄菊空怜处士心。雨后诸峰浮夕霭，霜前一叶送寒阴。停车欲问当年事，尺素何由到上林。"春天来了，柳暗花明，万物复苏，王翰感叹的是：

"故国栖迟去路难，园林此日又冬残。天涯往事书难寄，客里新愁泪未干。腊雪渐随芳草变，东风犹笑布袍单。堤边杨柳开青眼，肯傍梅花共岁寒。"

友人马子英寄韵相询，勾起的，还是伊的一腔愁肠悲愤："十年流落向炎州，判与刘伶作醉游。望国孤忠徒自愤，持身直道更何求。浮云往事惊春梦，落日穷途起暮愁。赖有故人相忆在，遍题尺牍海西头。"

元末战争期间，王翰也曾经谋划，自海上退却至交趾、占城，继续为元朝而战，未果。元亡后11年，王翰拒绝府县的举荐，矢志不事二主，治棺木，卧病不肯服药。有司强迫上路，王翰留《自决》诗一阕，引刃自裁，卒年46岁。《自决》诗曰：

> 昔在潮阳我欲死，宗嗣如丝我无子。
> 彼时我死作忠臣，义祀绝宗良可耻。
> 今年辟书亲到门，丁男屋下三人存。
> 寸刃在手顾不惜，一死却了君亲恩。

无子未敢尽忠，有子已然尽孝。尽忠尽孝，王翰就此舍生取义、杀身成仁，悠悠去矣，哀哉壮哉。

《四库全书总目提要》对王翰的评价曰："翰本将家子，志匡时难，不幸遭宗邦颠沛，其慷慨激烈之气，往往托之声诗。故虽篇什无多，而沉郁顿挫，凛然足见其志节。"亦有专家提及：潮州这方山水，涵养的，尽是全节尽忠之士。王翰身后，葬于隐居地福建永福永唐里林坑山。明景泰七年（1456），又迁墓于永福（今永泰）塘前乡官烈村龙泉山上，神道碑题刻"元潮州路总管王友石公墓道"。至今，墓与神道，俱存留焉。

第五章 向海而生

- 群星参斗风气开

- 粤船北去闽船南

- 潮音一曲牵人心

- 家家大厝皇宫起

群星参斗风气开

朱元璋刚刚坐上龙椅，一切都还在除旧布新，潮州府就迎来了一次空前绝后的奇遇。大明洪武四年（1371），潮州府潮阳县酉头都神泉村（今惠来县神泉镇），诞生了一位神童，姓苏名福。古郡千年，神童唯一，真乃宝贝中的宝贝。

《潮州府志》载，苏福2岁丧父，5岁还哑口无言，不会说话，"五岁不言"。一日，随祖父外出，看到路旁有一只青蛙，朝天翻仰。苏福指着青蛙，惊讶做声，曰："此'出'字也。"周围听到的人，大感骇异。从此出口成章，有如神助。家人亦喜出望外，延师教示。苏福识蛙，让人们对这个五六岁的小童，感到奇异。有一次苏福跟随母亲，到北山下拾禾穗，北山驿的驿丞，专门到田垄上相探。驿丞曰"拾穗与村童"，苏福头也不抬，云

"折梅逢驿使",当时驿丞大异。

8岁的时候,苏福作咏月诗30首,题为《三十夜月诗》,这组绝句,震动了朝野,也惊动了朱元璋。其《初一夜月》云:"气朔盈虚又一初,嫦娥应事半分无。却于无处分明有,疑是先天太极图。"《初二夜月》云:"三足金乌已敛形,且看兔魄一痕生。嫦娥不是梳妆手,尽夜娥眉画不成。"《初三夜月》又云:"日落江城半掩门,城西斜眺已黄昏。何人伸得披云手,错把青天搦一痕。"农历初一至初三的夜月形象,信手拈来,贴切自然,不假他人,自家意象,妙笔天成,又浪漫空灵,虚虚实实,诗蕴自生。

苏福未到14足岁,曾作《秋风辞》一阕,辞云:

> 庭皋梧影动,树杪秋风起。
>
> 人见秋风悲,我见秋风喜。
>
> 彤云扫尽烟尘生,万里乾坤净如洗。
>
> 冥鸿一举横四海,霜隼孤飞渺千里。
>
> 从渠伯劳燕,零落下蓬苇。
>
> 芃兰傲霜秀苍玉,丛桂摇空喷金蕊。
>
> 从渠蒲柳姿,萧疏叹零萎。
>
> 人言西风吹人老,漆发酡颜变枯槁。
>
> 又言西风生客愁,砭骨寒心裂肝脑。
>
> 吁嗟西风兮本无情,惨慄者自悚,衰谢者自惊。
>
> 丈夫不与草木腐,安于草木同枯荣。

我愿西风常识面，年年岁岁长相见。

吹将鬘发似磻溪，快我鹰扬邀云汉。

史载，洪武十八年（1385），苏福应召上京，赴试童子科。当其时，明太祖朱元璋，标新立异，一心选拔年幼可造之材，便在南京金銮殿，亲自出题面试，苏福与大他两岁的江西解缙，一同殿试。朱元璋出对曰："螃蟹横行通身甲胄。"解缙稍加思索，对曰："蜘蛛结网满腹经纶。"苏福则立即应对，曰："鸾凤高飞遍体文章。"朱元璋又出对曰："灯明月明大明一统。"苏福对曰："君武臣武洪武万年。"君是开国皇帝，臣是开国元勋，君臣神武，自不当说。13岁又两个月的孩童，如此才思，让人叹服。

后来，因苏福年纪实在太小，留京不便，朱元璋遂派吏部官员、行人林鼎元护送苏福返乡，并下诏地方官，按月拨钱银廪米供养。谁知天有不测风云，甫行至浙江濮州，染病身亡，年14岁。朱元璋得悉苏福病殁消息，追谥"文昭"，颁旨厚葬，潮阳知县杨智，奉诏于神泉赤山村马东山，为苏福营造衣冠冢。

在神泉镇的东南角，有一眼"海角甘泉"，据考证，是宋代时，海滩上的淡水泉眼，明洪武年间，砌成泉井，水清甘冽，时称"涂泉"。苏福为甘泉撰了一句独脚联，联语曰"抉取携而不竭，任卤浸咸蒸，独标平淡"，下联空出，留给后人对对。据说，曾国藩、郭沫若等名家，均曾试着作对，都觉得无法完美对上。至今，此独脚联成700年来绝唱。

潮学成为一个学派，始于明朝嘉靖年间。对潮州学派的承认，以及对其源流、人物的梳理，嘉靖八才子之首、泉州晋江人王慎中，当为第一人。他于嘉靖二十六年（1547）撰著的《送陈员溪先生之任永定序》，开门见山，就展开阐述，其曰："潮之学，自二杨先生首闻王阳明公之说于虔台，薛中离先生继之开端倡始，发新论于久蔽之际，伸特见于群骇之中，风传响应，讲者日多。当时东南楚、越之交，盛为王学者，莫如绍兴、吉安，独潮之风不下二郡，可谓盛矣。"

王慎中序文中所提及的二杨，即杨琠、杨玮昆仲，一门双进士，其与薛侃、薛侨、薛宗铠兄弟叔侄一门三进士，同为潮州龙溪都（今潮安庵埠）的佳话。而薛侨、薛宗铠两叔侄，在嘉靖壬午（1522）同科中举，嘉靖癸未（1523）同榜登第，这在广东乃至全国的科考史，可谓仅有。

王阳明理学，在明朝煌煌盛矣，其继承和发扬陆九渊的心学，又有自己的创见和新知，聚徒阐播，发散光大，在有明一朝，其声势，业已远远盖过程朱理学。潮州人薛侃，于正德九年（1514）28 岁的时候，闻讯来到南京，拜倒于王阳明的门下，学习三年。正德十二年（1517）31 岁登第之后，以归侍母亲为由，不做官，又来到赣州，第二次跟随王阳明研习三年。登第而未入仕，此前、此后、此时，都是一件稀奇事。而王门精髓，已为他所尽得。

第一个把王氏新理学，传播到岭南、传播到潮州的，便是薛侃。正德十五年（1520），薛侃与杨骥（士德）、杨鸾（士鸣）

兄弟和陈明德，一同讲学于潮州金山的玉华书院，对此，王阳明曾有文嘉许，文曰："潮郡在南海之涯，一郡耳。一郡之中，有薛氏之兄弟叔侄，既足盛矣，而又有士鸣之昆季，其余聪明特达、毅然任道之器，后先颉颃而起者以数十。""海内同志之盛，莫有先于潮阳者。"

嘉靖四年（1525），薛侃在家乡潮州桑浦山的虎山，辟书院讲授王氏理学。因王师阳明曾为其取号"中离子"，所以书院，人曰"中离书院"，虎山也被人称为"中离山"。明代学者、香山（今珠海）人黄佐，在《中离山记》中，起句就写道："中离山之名，古未有也。其得名于时，则自中离先生始。"

当其时，中离山讲学之盛，已然达到顶峰，而其影响，也已经远远超出潮州一府，甚至远远超出岭南一方，成为南方闽浙粤赣，尤其是粤闽王门学派的重镇。中离山中离书院办学的盛况，薛侨的《中离行状》就曾有所记述，其曰：当时，薛中离"日与士友，讲习不辍，四省同志，闻风远来，至不能容，各自架屋而居"。

黄佐的《中离山记》，还讲到了一件事，早在中离书院创办之时，"当时名宦若季彭山、刘晴川诸君"，就经常"日诣离山，互相讲论"。这些外籍理学名家，对于以中离山为核心的潮学振兴，贡献亦大。

史载，刘晴川即吉安籍理学家刘魁，当时任潮州通判，以对王学的共同体认，而与季本、薛侃等，同从王阳明游，相互友善。通判潮州府时，常常往来于中离山间，支持书院建设，并参与学术讨论。季彭山即山阴会稽（今绍兴）人氏、绍兴学派的重要人物季本，当时因"言事"忤逆，由监察御史贬为揭阳主簿，对揭阳地方建设，多有出力，迁长沙知府之后，对复兴岳麓书院，建树更是卓越。

如此风云际会，可以说是中离山和中离书院之幸。初创时期，筚路蓝缕，潮学即同时受到了绍学、吉学大家的某些影响，三个学派，促膝交流，使潮学得以吸收其他学派的精华营养，从而益加厚重。

方志有所记载，当年，中离山有一个开讲的报时钟，钟壁上镌刻有一首诗，诗云："晨昏二十四敲钟，声彻前峰并后峰。试问岩岩诸学士，已闻岂与未闻同？"表面看来，是说山中讲学声势浩大，师友济济，然细品之下，这镇日里指示讲心论性的诗训，岂无禅味？

而季本在中离山论学讲学期间，与理学诸君子，也不止一次地畅游兹山，为山中十八形胜，取名状景，颇为用心，并作《中离山十八景》诸诗，一一咏之。其序诗出手，即高调云之："览遍离山好洞天，杖藜到处尽云烟。中离此日藏修地，应作人间胜迹传。"中离的藏修地即中离洞，是薛侃最早在山中读书的一个天然岩洞，浅浅的，高只1.7米、宽3.3米、深7米，其时，自然是山中十八景之一景矣。

闻道有先后，传道各不同。薛侃传播王阳明理学，常常独出心裁，自成体系。他特别善于深入浅出，以故事讲道理。在《传习录·薛侃录》中，他就讲了一个"除心中杂草"的故事：

他日日在花园里帮忙，浇花、除草，付出了许多辛劳。有一日，不由得感慨："为什么天地间呀，恶难以去除，善更难以培育。"这时候王阳明刚好路过，就接口说："你呀，什么时候培养过善，又什么时候铲除过恶了？"

薛侃莫名其妙，他明明经常锄草浇花，在花园里悉心打理。王阳明不管薛侃的疑惑，而是转到另外的一个问题，他说："你这样在看待善恶，是不对的。岂不知，这些都是你从一己的私愿、一己的喜好而起念。岂知，天地万物，乃至花园里的花草，哪里有什么善恶之别。你想赏花，花就是善的，草就是恶的。你想要铺设草坪，草又是善的，草坪中的花就会被你当成恶的。花与草，孰善孰恶，本来是无法分辨，一切的善恶，都是源自于你的心念，所以你心目中的这个善恶，不是真实的。"

薛侃吃了一惊，问："那岂不就是无善无恶了吗？"王阳明曰："天下万事，本就无所谓善恶，之所以有善恶，全是你强加给它的。你说，黄金是善还是恶？"薛侃答曰："黄金于人有用，当然是善的。"王阳明说："这要看黄金在什么地方。它在你的手上，那它就是善的，可是你不小心吃进肚里，那它就是恶的。粪便在你看来是恶的，可是它能让地里长出庄稼，在农民的心里，它就是善的。你说，就像花与草各有用处一样，善与恶，能分辨出来吗？"

这样娓娓道来，薛侃，就把王阳明善恶本无固定界限的学说，讲透彻了。

薛侃讲阳明心学的修炼，也出奇的简洁明快、切实可行、不虚不玄。他用一个简简单单的比喻，就把人们不得其门、抓头挠腮的难题，立即解开了。薛侃曰："阳明先生曾经说，圣人之所以为圣，是他们的心，纯洁得就像纯金，不掺杂一分私欲。圣人之间的差异，不过是像纯金的重量不同而已，有的是一千斤，有的是一万斤。而我们普通人，也可以通过学习、实践，使我们的心，消除杂念，纯然天理。就算我们只炼成为一两纯金，也可以称之为圣人。

"一个人的成色纵然差些，修炼起来或许有困难，但可以通过狠下功夫，来弥补啊。别人下一分力，我下百分力。有的人以为，只要在知识上、才能上着力即可，不想在内心的修炼上再下功夫，这岂不是本末倒置？就像是只想着在重量上达到千斤、万斤，而不管成色，把废铜烂铁的都加进去炼，结果，是重量越多，而成色越差。

"所以我侪用功，务求日减，不求日增。只要能减去一分私心、欲念，便能恢复一分良知、天理。取与舍，全在乎一刹那的转念之间，一念之间，这是何等的轻快洒脱，何等的简便易行，何等的划得来也。"

听讲的人，醍醐灌顶，豁然开悟，乐不可支。

薛侃不但推崇阳明心学"知行合一"的精髓义理，也身体力行、融会贯通地践行"知行合一"，以探求在事功层面的实践运用。嘉靖六年（1527）年底，薛侃在桑浦山北麓一带考察，得知从海阳县龙溪至揭阳县枫口的这一带地段，"有二水自西北来，东曰洲溪，西曰西溪，东南绕郡治之南。二水迴流，相错弗通，仅十里，或为渠为池，旱干水滥"。这种旱涸则赤地龟裂，水涝则遍地渠池的地貌，使农人、商贩、船工、挑夫、居民、行者、牧童、货郎，都苦不堪言。

当其时，从龙溪（今庵埠）去往潮州府城、海阳附邑，十分不便，要往南走，经过内海，也就是如今的牛田洋，然后再沿着外海近海东行，经韩江口北溯；或者，从桑浦山的东南侧，绕到西侧，再从牛田洋沿榕江逆流而上，经三利溪抵达。由于内海暗流汹涌，有不少行人，就于半途不幸丧命。而这一路辗辗转转，绕道走来，也耗时过久。

薛侃通过实地勘查，证实桑浦山东边的洲溪和西边的西溪，中间这一段十里许的开阔地形，完全可以人工挖掘运河，使之沟通两溪，通航排灌。当时，潮州知府王袍王南湖，接到薛侃的致书倡议，立即鼎力玉成，发动沿途海阳、揭阳七都受益的民众，齐心参与，按里甲编役，分担开凿，并派潮州府、潮州卫的经历涂泊涂竹泉，协助薛侃董理其事。

工程从嘉靖七年（1528）的正月廿四开始，到四月十六夜，一轮皓月破空欲升之时竣工。专门挑在隆冬季节，农闲之时施工，此心可鉴可嘉，但天寒地冻，风号冰凉，霜刀雨箭，其中辛劳，可想而知。当溪流一经开通，天降甘霖，佳兆喜庆。百姓莫不感激薛中离与涂经卫夜以继日、浑身泥水的劳瘁之功，人人赞许，口口相传，便称这条溪为中离溪，称溪上的桥为涂公桥。并且，还精心制作了一幅"立轴"，书以嘉言吉语，嘱咐中离先生，务必转赠涂经卫，以感怀其协助开溪之劳。薛侃在自撰的《开溪记》，便于结尾处，隆重其事地记叙了此情此景：

> 　　是举，予与涂子洎、林子孚中，焦思涉泥，肇功正
> 月二十四日，越三月，哉生魄工毕，放舟试之。是夕乃
> 雨，民喜，呼其溪曰中离溪，呼其桥曰涂公桥。又曰府
> 主之惠也，于是咸造其庭以谢。民怀涂子之劳，制轴，
> 属予记之，且以为涂子赠。是为记。

《开溪记》中，还详细地列载了中离溪开挖的工程量，其
载曰：

> 　　东莆（今金石、沙溪）凿田百四十丈，浚渠百
> 丈，造桥四所；上莆（今彩塘）凿田百二十丈，浚渠
> 二百五十丈，水泒百八十丈；龙溪（今庵埠）浚池百尺，
> 修溪三百丈，修桥七所；桃山（今登岗、炮台）浚渠
> 二百六十丈，修桥四所；地美（今地都）凿田四十丈，
> 修溪百丈，桥一所；登云（今浮洋）修溪四百丈，修桥
> 三所。"

梅冈（今曲溪、埔田、云路、玉窖）虽然不用开挖人工河道，
但也要修堤、筑石亭，所以"凿田一十余亩，压田二十余亩"。
这样结算下来，整个工程，总计开凿疏浚河道 1900 丈，折合 13
里许，河面宽度，一般在 20—30 米。民间雀跃之余，连同西流

至炮台汇入榕江、东南流经鲎浦入海的天然河道，也通通合称为中离溪。当时，中离溪畔的摩崖石刻，有赞曰："此溪一通，农者利灌，商者利贩，居者利运，行者利舟楫。"实际上，受益范围之广，岂止区区所举这些，乃是遍及韩西平原的整个内洋地方。从此，从龙溪都，可以沿着桑浦山脚的运河直上潮州城，不用再绕远路了。

中离书院之于潮学，纯然只是一个肇始、开端，潮学的高峰，是在宗山书院。据嘉靖《潮州府志》记载，嘉靖十年（1531），由薛侃倡议，乡绅响应，经请示巡抚首肯，在桑浦山下中离溪畔，修建了规模颇为恢弘的宗山书院。宗山书院又名怀惠祠，用以祭祀阳明先生，并创设讲堂、经楼、书舍，作为学生士子的讲习之所；府县官员，也酌拨库银，购置院产，春秋两季，还派遣职事官员，前来主持祭祀仪式。这种官民共建的形式，直接提升了书院的地位，颇得读书人和乡贤绅士之心。

明人邹守益撰有《怀惠祠记》，对宗山书院，颇有一番描述，其曰："中为祠堂，左为讲堂，右为经楼、为宴会厅，翼而环之以书舍，萃生徒卒业，可居百人。"当然，厨房、仓库、井厕等设施，前来主祭官员的临时住所，主教、门房、杂役的居室，等等，也都会配备整齐。

《怀惠祠记》对于薛侃倡建宗山书院的初心，也有载明，其曰："潮学之兴，自中离始，中离之学，师先生而得其宗也。书院之建，远近宗依，崇师报本，萃士修学，固情义有不容已者。"

宗山书院的主讲，是潮州学派的又一位中坚陈明德。陈明德是海阳县下外莆都辟望村（今澄海澄城）人，他在年轻读书的时候，一听到陈白沙的讲学，顿然开窍，就决定不再参加科举考试了，一心问学。正德十二年（1517），他被杨鸾请到潮州府城东郊的玉林精舍讲学，引来听讲的生徒，达百外余人。三年后，他又与杨骥、杨鸾兄弟一起，在府城金山的玉华书院，切磋学问，传道解惑。此时，恰好薛侃回乡，与他们会讲于玉华书院，都是饱学之士，一来二往，相互仰慕，促成了他们转而信奉王阳明的学说。陈明德虽然绝意科举，可一肚子学问，仍然远近皆知，令人由衷佩服。

就在宗山书院落成的翌年，冬阳暖暖，惠风和煦，溪水潺潺。薛侃一番筹措，又在进山的甬道，建起了一座简朴素雅、端庄旷达、不事雕琢、古意盎然的石牌坊，坊匾正面，楷书阴刻"宗山书院"四个大字，饱满遒劲，丰润有神。落款乃是"大明嘉靖壬辰冬吉日立"。壬辰，即嘉靖十一年（1532）。坊匾背面，仅题刻"仰止"两个大字，楷书，带有行书的笔意，传为王阳明亲笔。匾背文字的铺排，疏疏朗朗，大开大张，然一眼看去，意境和视野，却无疆无界，极其弘大开阔。整座牌坊，高约6米，宽约7米，四柱、三门、二重楼，于远山旷野之中，巍然而立，极具震撼力。

牌坊落成这一年的春三月，海阳县东莆山兜（今金石仙都）人林大钦，高中壬辰榜第一甲第一名，被嘉靖钦点为状元郎。可是林大钦始终属意山林，在北京当了不到三年的翰林院修撰，终于还是找了个借口，以母亲身体不适为由，辞官，奉母回乡尽孝。

20 岁中举，21 岁即状元折桂，这在中国科举史上，实属罕见。新科的状元不知出来了没有，原来的状元 24 岁就已经辞官不做，高蹈山林，这在罕见中，更加罕见。

林大钦中举的策论《李纲十事》，的确很有独到的见解，他认为李纲忠义勇略，允孚时望，其规划措置，真足以收拾夷虏，其国是、巡幸、赦令、僭越、伪命、战、守、本政、责成、修德十事之议，都是抗金救国的良策，"使此策能行于建炎之前，则固不至建炎之祸；使此策能行于建炎之后，则亦不至有南渡之耻"。为此，他确切地断定，曰："宋，未尝无可为之势，亦未尝无可为之臣，第无能为之君。"这真是一针见血，国家兴亡，若是只有作臣子的，想作为、敢作为、在作为，能奈之何。广东提学副使王世芳、巡按御史吴麟，也是慧眼识珠，阅得此文，相与叹曰："是必大魁天下者。"

嘉靖十一年三月壬辰（1532 年 4 月 24 日），殿试那天，"天子临轩赐对。一时集于大廷者，凡三百余人"。"先生年二十二，对大廷，咄嗟数千言，风飙电烁，尽治安之猷，极文章之态"，终为嘉靖所重，御擢第一。300 余人廷试，独得第一，而这 300 余人，又是数以万计的生员，从全国各省乡试，然后赴京赶考，经过会试脱颖而出的。而这里所说的"年二十二"，当属虚龄。以《林氏家谱》所载的出生年月推算，实际上，此时只有 20 岁又 3 个月。

林大钦五千言的"廷试策"，成了他最为著名的作品。历代论者，如丁自申、郭子直、曾迈、洪梦栋、陈衍虞，均不约而同地以其比之贾谊、苏轼的策论，谓其"出入两汉，驰骤长苏"，"排荡屈注，直与子瞻《万言书》争千秋之价"。更有人称赞林大钦"诸策已高踞千仞峰头，令人攀跻俱绝"。

林大钦回到潮州以后，哪里也不去，就到了宗山书院，讲课授业，教学生，当老师。其间，朝廷虽然曾多次召唤，但林大钦皆"屡趣不起"、"屡促不就"。

林大钦的到来，使宗山书院也更加热闹起来。翁万达、林光祖、成子学、陈思谦等，这些潮州的名流大贤，纷纷造访往来，聚谈研讨，或者书信驰飞，切磋交流。加上薛侃在书院反复倡导"以诗文为虚，济人利物为本，以反心无愧为公"，潮州学派学风鼎盛，访学问学，掀起了热潮。

这里，"反心"的"反"，是《礼记·学礼》中，"知不足，然后能自反"的"反"，是反省、反听、反观、反思、反躬自问的"反"。

林大钦最出名的一副对联，是"天增岁月人增寿；春满乾坤福满堂"。当年，因为家境贫寒，林大钦十几岁的时候，就出来给人家当塾师。有一年正月初一，恰好是东家的夫人过生日，于是便请来教书的先生林大钦撰春联、写寿联。林大钦提笔蘸墨，略略思索，顷刻之间，便写出此联。由于联句词意吉祥温润、气势饱满雄健，近500年来，人人喜爱，常用不衰。

林大钦还有很多气势壮阔的佳联，如："无功社稷生犹死；有益人民苦亦甜。""不用墙垣，恐天地为我拘束；大开门户，放江山入吾胸怀。"但人们往往更喜欢他那些妙趣横生、机警诙谐、急中生智、语带戏谑的白话对子，并且一传十、十传百，传得四乡六里，城内城外，到处都是欢喜的笑声，听讲的人众。

有一个故事，说林大钦小时候，读书十分勤奋，聪颖过人。他有一个乳名叫林大茂，老师叶先生想考考他，便以"林大茂"入对，上联曰："竹架满园，岂能成林大茂？"林大钦立即对曰："梅花魁首，何曾从叶先生。"叶先生猝不及防，只好认输了事。

潮州民间盛传不衰的这些林大钦对对子的轶闻趣事，的的确确既有趣，又精彩，且丰富，让人常常忍俊不禁，开怀大笑，百听不厌，一听再听，欲罢不能。

这些轶闻趣事，虽然鱼龙混杂，真假莫辨。但不管是真的，是杜撰的，还是假托的，都是潮州人过日子、寻开心，自乐其乐的一个好由头。而此中有一点大可以肯定的，就是这些轶闻趣事当中，大都言及他年轻时的执教生涯，道出了这位潮州状元，底层乡村塾师出身的不争事实。

有一个故事，说林大钦15岁中了秀才，因家里穷，往隔壁乡的银湖村当塾师，议定一学年的束脩5两银。岁末年终，已经要回家了，还不见族长送来薪酬，只好开口讨取。族长说："以我们村名作对，对上了就给你课金。"于是便出上联，曰："银湖银湖院，银湖院后虎耳草。"林大钦想来想去，一时对不上，只能一路行返金石乡。快到金石宫前，突然有什么东西砸到头上，一看，原来是龙眼花。林大钦大喜，就跑回到族长家，对曰："金石金石宫，金石宫前龙眼花"。

此对虽然是好对子，族长却欺负林大钦年幼，竟再次食言，诬他是来此就读的，倒要他交还学金。于是闹到了海阳县衙。时遇阴天无日，公堂案头点着一盏明灯。县令对林大钦说："如何证明你是先生？本县今有一联，你若对得上，堪称儒师，薪金加倍判还；若对不上，则系学童无疑，学金还须如数交清。"

林大钦毫无难色，欣然说："好哉，门生愿聆上联。"县令随口说："一支灯，审条案，分分明明，照见东西南北。"林大钦想了想，当即对曰："五两银，课乙馆，寒寒冷冷，耐过春夏秋冬。"在我国的天干中，乙乃指东方，亦指幼苗或出芽。县令颔首，意犹未尽，又出一联曰："龟圆鳖扁蟹无头，满盘尽是壳。"林大钦不假思索，脱口而出："鳝长鳅短鳗有耳，整篮全毋鳞。"县令喜及佩服，遂判令族长向林大钦赔礼，并加倍奉还塾金。

潮州知府，也曾经与林大钦对过一对。《潮州志·丛谈志》记载，潮州知府有一夕出巡，至西门楼，适更鼓敲了四下。转到东门楼，则敲三下。知府以转瞬之间，更鼓竟如此差异，大感有弊。翌日，传守门吏，责问之曰："昨宵更鼓，为何失准？"守门吏诺诺。知府缓了一缓，曰："我今有一对，限汝三日之内对出，汝如对之不出，则将汝绳之以法。"于是念出上联："东楼三，西楼四，更鼓不明，不明更鼓。"守门吏回去，冥思苦索，抓头挠腮，仍不得其对，只好请林大钦帮忙。此时林大钦不过是个生员（秀才），却一笑而对，曰："南斗六，北斗七，诸星灿烂，灿烂诸星。"守门吏赶紧持对子呈上知府，知府听说是十五六岁的秀才林大钦属对，给予了大大的奖勉。

当其时，外地的志乘，也多有林大钦属对的记载。如汀州府（今龙岩市）《上杭县志》记述的"东莆属对"，曰："林大钦以母老乞归，道经杭邑。旧有句曰'白水磜头，白屋白鸡啼白昼'，未有对者。大钦随地询名，去县十五里，得对曰'黄泥壠口，黄家黄犬吠黄昏'，人称其工。盖白水磜、黄泥壠二地，悉杭辖也。"

还有一个故事，说的仍是林大钦当塾师时的事。海阳东莆（今潮安沙溪）上西林村的孙默斋孙员外要过生日，其时准备大摆酒席，宴请众多亲友宾客。当时林大钦乃孙员外家的先生，理应接到邀请的。但是眼看孙府的请帖都发完了，偏偏没有林大钦的份。

孙员外生日那天，林大钦呆坐家里，闷闷不乐，他母亲也感到委屈、生气，不可思议。

临近晌午，却见孙员外差仆人匆匆送来一张请帖，他母亲打开一看，脸上失色，又呆住了。此帖虽说是请帖，可里面只有四行字，全没有一句请人赴宴的文雅言辞。林大钦从母亲手上接过一看，只见请帖上书："吃尽牛头肉，猪儿借刀烹。传书人不见，片言在丹青。"心里有数，便笑着对母亲说，孙员外请我马上赴宴。他母亲不解，问："他里面没写请你赴宴啊。"林大钦乃向母亲解释：孙员外的请帖是一则字谜。"吃尽牛头肉"，是"午"字，"猪儿借刀烹"，是"刻"字，"传书人不见"，是"专"字，"片言在丹青"，是"请"字，连起来就是"午刻专请"。

席上，按君、亲、师为尊的礼数，孙员外把上席让给了林大钦。一番恭祝，酒过三巡，孙员外的二女婿翁万达，有心要试试这个敢坐上座的年轻人，便出对子，曰："眼珠子，鼻孔子，珠（朱）子反居孔子上。"林大钦欠欠身子，徐徐答曰："眉先生，须后生，先生不及后生长。"翁万达看着桌上的蟹、虾、酒菜，又随口念曰："叉手蟹，鞠躬虾，今日敢来陪进士。"林大钦微微一笑，看着长须长爪的龙虾、鲜鸡，又徐徐答来："扬爪龙，展翼凤，他年要去朝至尊。"翁万达听到这口气，有点吃惊。

这时，有风吹过，烛台上的红烛，火舌摇曳，大而且红。翁万达随口而出："烛火腾腾，如虎弄舌。"林大钦侧身，看一眼香案上缕缕上升的轻烟，接口对曰："香烟袅袅，似龙翻身。"翁万达暗暗叹服。忽然一只鸟从庭前飞过，拍翅而去，辗转高空。翁万达又曰："东鸟西飞，遍地凤凰难插足。"刚好厨子奉上一条生鱼，活蹦乱跳，请大家过目。林大钦借着活鱼，应声而出，对曰："南龙北跃，满江鱼鳖尽低头。"这下，翁万达彻底佩服了。他看着林大钦才思敏捷，口气不凡，绝不是凡俗之辈，便私下与岳丈商议，把待字闺中的小姨子，许配给了林大钦。

而最让人津津乐道的，还有林大钦要搭渡船过江，其时，艄公不肯。艄公曰："你是个教书先生，对得了我的对子，我才渡你。"林大钦无计可施，只好从命。艄公出对，曰："南船载西瓜，被东风打入北港。"林大钦一时对不上来，悻悻然僵在那里，眼睁睁看着艄公满面笑纹，坐在船尾，悠悠然曝着日头。

忽然，岸上传来了一声女人叫喊丫鬟的呼唤："夏莲。"林大钦一听，顿时开窍，也是满面笑容，扬声向着艄公，对曰："春盛装冬笋，令夏莲送去秋溪"。

春盛，潮州音念"春圣"，是潮州民间独具特色的一款竹编提篮，细篾深筐，有穹顶盖，描漆，图案多红花绿叶，亘古未变，常用于喜事、节庆的礼物迎送，有礼盒的作用和仪式感。春盛有大有小，大的春盛成双成对，装了物件，要用肩挑。直至今天，潮州城内东门街、下水门街、西马路后巷、仙街头、城中堂、佘府街的商户，仍然在坐店贩卖，民风沿习，几近千年，依然淳朴如昔。

长年累月，坊间如痴如醉，交相接力，流传下来的翁万达与林大钦的此番属对，究竟是真事，还是杜撰，至今难以厘清。但翁万达与林大钦结为同门连襟，却是史实，且广为人知。史载，孙默斋名孙有庆，生有三个女儿，别无男孩。长女嫁与海阳县南桂（今潮安东凤）人陈一松，陈后来任大理寺卿、工部左侍郎；次女嫁与揭阳县鮀浦（今汕头鮀浦）人翁万达，翁后来任宣（府）大（同）总督、兵部尚书；三女嫁与林大钦，不久，林即为金榜题名状元郎。

与坊间流传的那些谐趣、急智，生活中随处可见、信手拈来皆成联语的白话对联不同，林大钦的七言、五言，冷峻高古，意象峭拔，不同凡响。人们专注于他的策论、联话，却往往忽视了他的诗歌，也忽视了他的内心。南海之滨，气候温润，林大钦的心里，却始终一派霜天山林气象。他有一首五言《啸歌》，诗曰：

青山谁与歌，白云空婆娑。

壮心徒激烈，岁暮将若何？

三杯起高咏，一啸净秋波。

纵横何足道，意气郁嵯峨。

还有一首《秋斋闲眺》，貌似写景，其实还是夫子自道，写的是内心。诗曰：

碧草清秋丽，斋居思渺然。

远山催落日，白水净寒天。

故国风烟满，荒原独鹤还。

何当凌倒影，飞锡问真玄。

诗是格律森严，透出的，却全然是遥远年代的魏晋风度、名士情怀、高蹈不羁、毋随时流。

他的七言，似乎温润、贴世了一些，但与那些热情洋溢、妙手天成、大众喜闻乐见的对联相比，还是冷峭、淡然了许多。譬如《草堂看花三首》，说是春天里看花，但眼里看到的，不是满园春色、万紫千红、人面桃花，而好似是早春二月，春寒料峭，乍暖还寒。

其一曰："无赖春色太增情，枝枝叶叶向人倾。每愁风雨殊烦恼，却怪雨中花迥明。"其二曰："纵然花发春将遍，兰子丛萱各擅芳。一夜小塘深雨露，莲枝又放数根香。"其三曰：

"莫怪花前笑语便，人间何事苦凄然。从今扫却樊笼障，我在桃源深处眠。"

和林大钦一样充满传说、享誉街坊、让人们口口相传的，是明朝的另一位潮州才子吴殿邦。吴殿邦运气差一些，没能得中状元，他和姑苏城里的名流唐伯虎一样，中了一个解元。

吴殿邦中解元的那一年是万历壬子年（1612），第二年，万历的癸丑（1613）科，他就高中进士。吴殿邦在书法、制谜方面，已然大家，追求者万众，本地、外埠，都盛行他的匾额、灯虎，可谓洛阳纸贵。2004年3月，广东省政协，在北京举办广东历代书法展览，入展的明以前的书法真迹，少之又少，其中，就有明代潮州人吴殿邦、黄锦的书作原件。主办方从南京博物院借来的藏品、北宋潮州人刘昉的书法原作，是整个展览中，年代最早的真迹。

坊间曾经流传，吴殿邦未登第的时候，在潮州，靠代写书信、联匾为生。因为字好，润笔也比别人的贵。其时，枫溪有一个太史令，衣锦荣归，他的府第落成，照例封了20两银子的润格，派一名家丁，去请吴殿邦榜书"太史第"的门牌匾。家丁一路行，一路想，太史令权势大，叫一个穷书生写三个字，何须用这么多钱？就从红包里，抽出5两银子，装进了自己的腰包。

吴殿邦接过红包，点了银子，二话不说，便铺开纸、磨好墨，挥笔而书。写成之后，又把它郑重封好，仍交给那个家丁，带了回去。

太史令拆开一看，见纸上浓墨健笔，写的是"大史第"，连呼错了错了，写错了，要家丁返回，去请吴殿邦重写。家丁来到吴家，把写错字的事，告诉吴殿邦。哪知吴殿邦看也不看，直接就回答，云："无错。"

听到家丁的回报，太史令气咽不下，便自己带着几个家丁，一路汹汹来到吴家。吴殿邦彬彬有礼，仍然一口咬定，没有写错。太史令把宣纸展开，指着"大"字，大声质问："这怎么无错？我的纸条写得清清楚楚，是'太'，不是'大'！"

吴殿邦也不慌不忙，回太史令话，曰："我的招牌，也写得清清楚楚。写这样的牌匾，润格20两银子。"

太史令此时，才知道事情有着蹊跷，他回头问那个家丁怎么回事。这时家丁无路可退，无可奈何，只好掏出那5两银子，奉给了吴殿邦。吴殿邦接过银子，提起笔来，在纸上加了一点，让"大"字变成了"太"字，搁下笔，哈哈大笑起来。

潮州人最乐意听到的，就是这种才思敏捷、点子四出、无惧权势、绵里藏针、不露声色的才子，调侃、戏弄那些狐假虎威、仗势欺人、横行乡里的村霸、恶人，或者爱财如命、宜入不宜出、一个钱掰成两半的吝啬鬼的故事。而吴殿邦，只不过是这些潮州才子的另一个代表人物。

有一个故事，说吴殿邦撰写一副对联的润格，是8两白银。城内一个尼姑庵的住持，只送了4两银子，就要请他写一副对联。吴殿邦答应了，说："你放心，我今夜写好后，就帮你贴上去，明早起来，尼庵必佛光大增辉。"住持满意回去。

第二天一早，人们一看到庵门的对联，都咆哮起来。原来，其上联曰"一条笔直"，下联对曰"两片齐开"。

住持又气又羞，面红耳赤，跑来责问吴殿邦："你为何如此写半截对联，而且粗俗不堪？"吴殿邦徐徐道来，曰："善哉。佛门有一句话，叫'多钱多功德，少钱少炷烛'，你可想明白？"住持只好补足了8两银子，吴殿邦才为她补齐了对联，上联曰"一条笔直天界路"，下联曰"两片齐开慈悲门"。

坊间还有一说，在吴殿邦尚是举人之时，请他写字的人特别多。有个自以为是、做人狠毒的财主，建新宅时，加付重金，欲请吴殿邦写个"福"字，以嵌在门前照壁，被吴殿邦断然拒绝了。财主脸上无光，思来想去，想到了请一个射猜的高手，求他设法成全。

于是，在一个皓月当空，蛙鼓齐鸣，谜友云集，观众簇拥的射猜之夜，这位射覆高手，出了两则哑谜，一则是谜笺上写着"水火"二字，并悬挂着一串铜钱，写明射猜"俗语一句"；一则是悬着一瓶陈年好酒，一块五花上肉，并备了一张大红洒金夹宣，一支提斗大狼毫，一砚磨好的墨汁，也写明射猜"俗语一句"。

谜主对吴殿邦说："大举人，这两则哑谜，太难了，要不，你不猜吧。"吴殿邦说："呀呸，岂有此理。"只见他不紧不慢，走上前去，伸手取下铜钱，把"水火"的谜笺撕了，随口念曰："得人钱财，与人消灾"。谜主击鼓三通，曰："猜着了。下一则呢？"又见吴殿邦顺手把酒和肉取下，抓起提斗，就着砚台，饱蘸浓墨，在红宣纸上，写了一个大大的"福"字，口中念着："食人酒肉，赠人福。"谜主又响鼓三通，猜众喝彩顿起，掌声如雷，经久不息。

后来，吴殿邦才知道着了谜主的道，那个"福"字，被用在了财主家的照壁上。

坊间还传说着，吴殿邦特别喜欢吊人胃口，让人在充满期待中得到出乎意表的惊叹、窃喜。每年除夕，吴殿邦为自己家贴的春联，总是在夜里，被人偷偷地揭去，让人好笑又好气。这一年除夕，他贴出的春联，只是这样的半截，上联曰"福无双降"，下联曰"祸不单行"，于是人人见之，避而远之，春联遂完好的保留下来。大年初一一早，人们看到吴殿邦门口的对联，变成了："福无双降，今朝俱降；祸不单行，昨夜全行。"

万历四十一年（1613），吴殿邦以解元的身份，赴京参加癸丑科的考试，中了个三甲进士。按例，三甲进士只是一个空衔，赐同进士出身，一时半会儿，没有封官出仕的机会。吴殿邦岂肯就此而归，遂凭着一手好字，在京城中盘桓。

有一日，其行经魏忠贤的府前，但见门外车马云集，府内鼓乐笙歌，热闹非凡，原来是魏忠贤做生日，百官络绎，前来祝寿。吴殿邦靠近前去，想看个究竟。

只见魏府门前的埕口，摆着一面大鼓，鼓的上方，悬着一只灯笼，没有鼓槌，鼓架上挂着一把佩刀。祝寿的人、看闹热的人，熙熙攘攘，没有一个人注意到这个不同寻常的摆设。吴殿邦站立许久，看到确实无一人能识破这个哑谜，洞穿内中玄机，便决心碰一碰魏忠贤这块"硬"骨头。

他趋前拿起佩刀，用刀把敲响大鼓，又垫脚凑上前去，吹熄灯笼。魏忠贤在厅内听到鼓响，让人将击鼓者带到跟前，问："汝为何要击鼓？"吴殿邦不假思忖，随口而出，曰："操彼干戈，鼓吹灭明。"

这八个字，正中着魏忠贤的下怀，他早有谋反篡位之心，现在，这个三甲进士，才学非凡，倒可以拉拢一番，招到自己门下，就给吴殿邦谋了个电白县令。后来，魏忠贤阴谋败露，各地追查魏党，有人检举了吴殿邦。可是，当查到魏忠贤笼络吴殿邦的礼品时，但见他样样保存完好，并且每样物件的后面，都写有"屈从"二字。至于检举的吴殿邦写给魏忠贤的书信，在魏府中，却查无只字。

坊间盛传，原来，吴殿邦写给魏忠贤的信，都是用章鱼腹中的墨汁写的，初时颜色如墨，放久之后，墨迹逐渐消失，不留一丝痕迹。凭着这样的巧思和智慧，吴殿邦避过了阉党的纠缠和阉党之祸，升到了通政参议、尚宝卿。

吴殿邦以书法扬名，影响广被，至今留存下来的刻石书迹，尚有塘湖（今龙湖）古寨内的成氏宗祠、许氏宗祠祠匾，枫溪吴氏家庙的庙匾，枫溪三山国王宫内的"山国枫芷"石匾和宫前的嵌字石联"枫老山门古，溪深国泽长"。《四库全书》纂修官、顺天大兴（今北京大兴）人翁方纲，在广东担任学政期间，著有《粤东金石略》，他评价吴殿邦的书法"遒逸绝伦，合苏、米、黄之能"。认为他的书法，融合北宋诸家之长，以骨力胜。

牌坊，潮州人叫做"亭"，牌坊上的坊书，叫做"亭字"。潮州城内牌坊街有一座牌坊，南北面"亭字"，曰："三世尚书"、"四朝大老"。这8个字，每个字约一二尺大，就是吴殿邦写的。光绪《海阳县志》载曰："字皆径尺，遒逸绝伦，合苏、米、黄之能。"就是采用翁方纲的评价。翁方纲在广东督学时，到潮州看到这8个字，十分赞赏，曰："（粤）诸郡邑《志》，所载石坊极多，无足录者。潮城石坊字尤多，佳独'三世尚书'坊。"一番赞誉之后，意犹未尽，就叫匠人，架了梯子上去，把它拓下来，以便经常把玩；又将"三世尚书"、"四朝大老"8个字拆开来，重新排为"世尚四书"、"朝大三老"，意思又焕然一新，传为一时佳话。

牌坊街还有一座牌坊，朝北的"亭字"曰："盛世元凯。"朝南的"亭字"曰："戊辰八贤。"这座"石亭"（牌坊），是为崇祯戊辰科潮州8个举子同榜得中进士而建。戊辰是崇祯元年（1628），同榜进士的8个潮州人，乃是：辜朝荐、郭之奇、黄奇遇、宋兆禴、李士淳、梁应龙、杨任斯、陈所献。史书记载，斯坊建于崇祯初年。8个"亭字"，据说也是吴殿邦所写。民间流传，建坊之时，8个人合议，礼请吴殿邦题写坊匾，因差使从中克扣了润笔费，吴殿邦便有意将"贤"字写得小了一点，以试8进士之才。郭之奇灵机一动，以揉皱另外3个字，再摊平的缩字法，保持了字体的大小一致。而吴殿邦亦报郭之奇之才，将那笔润金，作为贺礼。

饶平山斗楼的得名、得匾，却是天掉馅饼，出人意料。坊间相传，吴殿邦有一次会文联友，途经饶平樟溪的龙光河畔，看见这里山峦蜿蜒起伏，松柏苍翠傲立，圆楼临溪，一水远去。他信步走近溪墘，恰遇初冬枯水之时，龙光河一半涓流、一半沙滩。他看到细沙映日辉耀，溪风顺水徐来，山村圆寨如画，田园美景怡人。一番情趣，引发雅兴，遂倚旁而立，折柳当笔，沙滩作笺，写下了苍劲俊逸、气韵汩汩的"山斗楼"3个大字。

山斗，是泰山、北斗的合称，包含着一种美意、赞赏、尊称。这时，恰好村内的渔人乘筏而来，问明底里，喜不自胜，乃放开渔筏，上岸而去，飞报乡里。乡绅知是吴殿邦的至兴力作，喜出望外，即请来塾师，临沙铺纸，把吴殿邦"山斗楼"的真迹描摹下来，刻成石匾，镶嵌于寨楼的门首。山斗村的村名，也由此而来。

吴殿邦虽然笔法崇尚苏轼，但苏氏乌台诗案的教训，却让他深感恐惧，本朝的动辄获罪，也让人后怕，仿若惊弓之鸟。史载，他著有《浮云吟》30首，还有《古欢堂集》、《匏谷诗集》等等，每刻成之后，旋即自毁其版，不传于世。如此，岂不令人扼腕。像他"鸟声花气满山溪，中有山翁醉似泥。诗思欲狂邀不得，粉墙石壁浑漫题"这样的率性之作，已然绝唱。

　　翁方纲来到潮州，对潮州的风土民情、人文底蕴、饮食起居，大感新奇。这位历官内阁学士、左鸿胪寺卿的大官，是一位饱学之士，考据、金石、书法，样样精通。《清朝书画录》把他和刘墉、梁同书、王文治并称"翁、刘、梁、王"，亦与刘墉、成亲王永瑆、铁保齐名，称"翁、刘、成、铁"。他六七十岁的时候，还能在灯下作细书，每过一岁，必用西瓜子，写下四个楷字。50岁后，写"万寿无疆"，60岁后，写"天子万年"，70岁后，变成写"天下太平"。最后一年元旦，写到第7粒西瓜子，眼睛疲劳，看不清物件了，不由感叹："吾其衰也。"不久便去世。

　　翁方纲在四库馆任编修期间，常常与朱筠、钱大昕、桂馥、黄易、丁杰等人去琉璃厂书肆访书，一伙文人，优哉游哉，东逛西瞧，点评臧否，乐得其所。翁方纲的金石拓本，大多就是那个时候所得。有一次翁方纲与黄景仁同游陶然亭、窑台，还为陶然亭撰写过楹联，曰："烟藏古寺无人到；榻倚深堂有月来。"这副楹联，就悬挂在陶然亭正面的抱柱上。

翁方纲在潮州，不仅详察了潮州儒生学习、读书的风气以及府学书院，也顺带了解了潮州的经济民生、市井日常。潮州的航运、盐业，给他的印象殊深。他欣欣然写下了竹枝词，曰："粤船北去闽船南，船船贩得潮州盐。西来水高风又急，不敢当心挂荡帆。"这样的图景，已然是宋明以来，潮州人日常生活的即景。

宋代以降，经韩江一水贯穿起来的的粤东、闽西南、赣南诸州府，已经发展起了一定的经济往来，物通有无，货畅其运，开门七件事，柴米油盐酱醋茶，盐、米，就是其中的大宗。

原来，赣东南有一条古道，这条古道开启于秦汉时期，以鄱阳湖为起点，溯抚河至广昌，再融入到赣东南至闽西之间的交通孔道。宋元时期，随着闽西至粤东的交通逐渐开发，这条古道，遂又延伸到了粤东。

宋人因地制宜，在广昌登岸之后，又分为两路，可以到达潮州。一路是由广昌，经石城的驿前镇，步运到小松，再由小松用小船，运至大犹坪上岸，然后步运至福建长汀，再从长汀以小船，沿汀江运抵广东大埔，在大埔转换成大船，顺韩江运抵潮州。另一路由广昌，经头陂，步运至宁都东山坝，再自东山坝以大、小船，顺梅江、入贡江、转湘江，溯水而至会昌筠门岭，在筠门岭上岸，步运至福建武平的下坝，从下坝用小船运抵广东镇平（今蕉岭），在镇平转换成大船，顺韩江运至潮州。

长汀至韩江，和梅江至韩江，这两段是潮盐、潮粮入汀、入梅的通道。汀州在南宋绍定五年（1232），获准改运潮盐，梅江流域的梅、循二州，自古食用潮盐。汀、梅、循三州，皆处在大山之中，崇山峻岭，层峦叠嶂，素有"八山一水一分田"之说，粮食产量之低，亘古未变。二宋交界，此处迎来了史上第二次大规模的人口徙入，粮食开始出现短缺，急需从赣南和韩江三角洲，籴入稻米，弥补不足。像志书上所载云："嘉应、镇平，不下三十万户，一岁所受，仅备三月，必仰结于潮州。"

古人曰："民以食为天。"悠悠万事，唯此为大。为了米、盐的运输之需，当地州府，多次组织疏浚汀江、梅江水道，凿石除礁，开拓纤夫拉纤小道，到了明代初期，汀、梅二江，运输条件已经相当成熟。

发源于福建武平洋石坝的石窟河，自北向南流入梅江。以前，河道布有阻流的巨石，舟楫不可渡也。明万历间，凿通之后，成为闽西南和赣南南下梅江的主要通道。史载：石窟河"为江西雩都（今于都）、兴国、会昌、宁都、瑞金，福建武平等埠运道"。贡江—羊角水—石窟河—梅江—韩江连成一线，自此，成为赣南、赣东出海的捷径。

江西泰和人，万历年间任潮州知府的郭子章，在一次巡视辖地的时候，就写过一首《镏隍夜宿》，诗云：

> 泸水驿前回，镏隍路已开。

海云随浪卷，竹月破窗来。

猿鹤时相狎，鳄鲸不用猜。

秋声飘岭树，归梦绕乡台。

诗中写到的浐水驿，即浐溪驿，在今丰顺县。从此驿往北，再过不远，便是大埔。明初在实行"海禁"的同时，对内又进行商路的开拓。当其时，广东对内的商路，分有东、西、北三条路，其中的东路，中转之地，便是当时潮州府大埔县的石上埔。史载："凡潮、惠仕宦、商贾，赴京入闽及江浙，舟止此处输，络绎不绝。"有了韩江上游的疏浚与通航之便，明代以后，潮州，又成为了沿海与内地贸易的主要通道。

翁方纲的"粤船北去闽船南"，正是写出了明清之际，韩江航运的繁忙景象。有方家言，宋代之前，韩江流域各州各府的经济，仍是处于自给自足的封闭状态，而尚未形成一个既有分工合作，又彼此相互依存的经济区。韩江浚通之后，流域四通八达，通江达海，各地方人，福至心灵，无师自通，理所当然晓得以地理地利所宜，自然而然、自发地实行生产分工，你做你的土纸、靛蓝、山货，我做我的蔗糖、苎布、干果，这样互通有无，各得所需。正如上游的食用潮米、潮盐，反过来，上中游山多林密，盛产杉木钢铁，沿海商人渔民造船，又赖之以成。

从嘉靖年间开始，闽、粤、赣三边区域内，以韩江流域为纽带，逐渐形成了一个相对独立的经济区域。一开始，贸易中心是在闽西南的汀州府，那是一个人们走熟了听熟了的地方。历次中原人南迁，由江西入福建，就都是走这个地方。慢慢，到了嘉靖后期，韩江流域的经济中心，逐渐下移到了潮州。其中，很大的因素，是潮州的地理位置优越，当闽广之冲，各色官民人等往来，无论趋广趋闽，皆以借道潮州为便。

早在宋乾道三年（1167），潮州郡守傅自修首次筑建风水驿，在他亲撰的《风水驿记》中，就曾道出潮州的地利之便，其曰："潮居广府之极东，与闽岭比壤，凡游官于广者，闽士居十之八九。自闽之广，必达于潮。故潮虽为岭海小郡，而假道者无虚日。"

《汀龙会馆志》也曾记载，曰："汀龙二州，密迩毗连，据闽之上游，下与潮属为邻，地壤相接，且鄞汀一水南流，直通潮郡，舟楫往来，众皆称便。凡商贾贩运，托业于斯者，歌乐土焉。"《长汀县志》亦载之，曰："韩江纵贯，闽汀（长汀）、杭（上杭）、永（永定）之出产，必经邑境后而可水运。"

这样，明清时期的潮州城，俨然已经成为广东省的第二大商业中心，仅次于广州。汇编的《广东历代方志集成·广州府部》的一则方志记载："粤东，城之大者，自省会外，潮郡为大。"当时，潮州城中，有所谓"不务正业"的居民10万户，"不务正业"，即对行商走贾之谓也。

不但官员、行商，喜欢从福建入粤、入潮，就是改朝换代的军队，走的也是这样的路线。明朝洪武元年（1368）二月，明兵取道水路，从福建进入广东，潮州路及所属的各县，同时归明。一心改弦更张的的明皇朝，第二年改潮州路为潮州府。也就在这一年，由通判张杰主持，把自东晋义熙九年（413）一直沿用至今的郡、州、路治，从金山脚下搬迁下来，择址在新街（今义安路头）新建知府署。

未久，新建的知府署即宣告落成。这座煌煌的崭新府署，坐北向南，就建在城央的平地，虽然不像原来的郡治那样，有后山可靠，有子城拱卫，有壕沟环绕，但气势、威仪，更胜一筹。地据城央和偏于一隅，还是大有不同。潮州府署共设有知事、同知、通判、推官、经历、照磨、检校等官廨。

慢慢，人们琢磨出了张杰堪舆功力的不凡。潮州城内，大街（今太平路）和西街（今上西平路），是两条南北走向的直街，在这两条直街之间，横亘的府巷（今昌黎路）、开元后巷和佘府街（今西马路）、开元前巷（今开元路），是三条东西走向的横街，三条横街正中，是新开辟的直街——新街（今义安路），新街从开元前巷，直直亘到府巷，这样三横加上一竖，就是个"王"字，顶上还有府署这一围庞大的建筑，就像"王"字顶上再加上一点，就是个"主"字。府署官衙，就是"主"字头上的这一点，这样执政治民，就先声夺人了。

改弦更张的事，紧锣密鼓，还做了不少。首先是改总管府为潮州卫，接着又把潮州城划为11个坊，分别命名为：承宣、宝善、澄清、制锦、甘露、华萼、春桂、名贤、顺昌、崇福、丛桂。到了雍正五年（1727），知县张士琏，又将原来的11坊，合并为7坊，这已经与现如今的街道区划，差不多了。城内7坊，曰：厚德坊（今北门直街及其东西诸巷）、和睦坊（今西门直街及其南北诸巷）、里仁坊（今府前街及其东西诸巷）、艮极坊（今竹木门街及英聚巷以北的大街部分）、生融坊（今东门直街及其南北诸巷）、长养坊（今竹木门街以南、大街东畔部分）、仁贤坊（今英聚巷以南、大街西畔部分）。

洪武三十一年（1398），广东布政使司和按察司，设岭东分巡道，驻潮州城。当其时，道台的行署，安置在金山前的宝善坊，清康熙二十年（1681），签事尚崇思，移置到城西南的名贤坊，权驻在明朝礼部尚书黄锦的别墅"西园"。

"西园"在第三街（今下西平路）灶巷尾偏南至芒巷一带，有池台行木之胜，改为道台衙门之后，其后面的街巷，就叫道后巷，或者道后。道台衙署沿用一直到20世纪50年代前期，成为粤东区委所在地，后来，又成为驻军部队的子弟学校八一学校。

永乐年间，岭东分巡道改为岭东分守道，这样，道员的职责，就从原来的偏于监察，调整到偏于行政。弘治十八年（1505），岭东分守道加兵备衔，这样，道台手中，又多了一些军事指挥权。崇祯六年（1633），当其时，鉴于倭患频仍、盗患不息，岭东分守道又添加海防兵备道关防，成为了全国极为少有的几个海防兵备道之一。

到了康熙二十二年（1683），朝廷有心加大各地巡道、守道的权限。六月，裁去了岭东分守道，另设惠潮分巡道，仍驻潮州城。究其实，不论岭东分巡道、岭东分守道，协调的都是惠、潮两府，改为惠潮分巡道，协调的还是惠、潮两府，可谓换汤不换药。史上，这一段三几百年的时期，偌大的粤东、岭东，因为撤并了循州，撤并了梅州，就是潮、惠在主政运作了。

也就是在这个时候，广东福建沿海海盗、倭寇肆虐，警报四起，海防骚动，人心惶惶，朝野震荡。山林深处，也是贼匪蠢蠢，聚众滋事，扰掠四方，不肯安宁。俟雍正十一年（1733），或许是为了减轻潮州、惠州两府的大山边地压力，好专心致志于海防，两府共割出了5个山区县，另设置嘉应州（今梅州），潮州割出的是程乡（今梅县）、平远、镇平（今蕉岭）3个县，惠州割出的是长乐（今五华）和兴宁两县。同时，改惠潮分巡道为惠潮嘉分巡兵备道，驻潮州城。

说起来，割地分县，并不是始于雍正，而是从古至今，一直没有间断，分分合合，从来都是常有的事。战乱频仍，人口流离，百业凋零，合并在所必然。岁岁平安，人烟辐辏，百业兴旺，拆分也是理所应该。托韩江水路的通达、韩江经济带的自然形成，到了明代成化年间，韩江三角洲和韩、榕、练三江平原，物产丰富，人畜两旺，百业兴盛，欣欣向荣。人口的繁衍和聚集，经济的丰饶和富足，让官府的管治有点跟不上了。鞭长莫及，山高皇帝远，有时候会让官府感到尴尬、束手无策。从成化年间开始，潮州府便出现了一波前所未有的新置县。

成化十三年（1477），两广总督朱英，奏准朝廷，析海阳县太平乡的宣化、信宁，光德乡的滦州、清远、弦歌，怀德乡的秋溪、隆眼城、苏湾等8个都，新置了饶平县。为此，他亲自踏勘，最终确定弦歌都的下饶堡（今三饶镇）为县治。

明代县城的选址，有着显著的特点，就是大多从安全与否着眼。那时，人们并没有多少交通是否方便的考虑，谁都没有三天两头要上县城的情形，一般驿传，又可以用马。三饶位于群山簇拥之中，大金山在县治，其支为琴峰、将军山，远处，还有文峰、望海岭。连绵群山，将饶平县城拱卫，背面又有凤凰山作后倚，故而，饶平县城可谓是固若金汤。20世纪30年代，日军疯狂侵略中华大地，所到之处，惨无人道。原潮属各地县城，相继沦陷，然而却有一个例外，那便是饶平县城三饶，日寇始终有心无力，望而却步，不敢染指，也不能染指。

自饶平置县开始，就像河流放闸，再拦也拦不住了。史载，嘉靖三年（1524），析潮阳县丰欢乡隆井都的三分之一，和惠来、西头、大坭三都，以及海丰县龙溪都，新置惠来县。因是滨海县，也为海防着想，县城选址在山水之间。两年之后，析置大埔。《明史·地理志》记载："大埔，嘉靖五年（1526），以饶平县大埔村置，析滦州、清远二都益之"。其时，从饶平析出滦州、清远两都，置大埔县，县治选址韩江左岸的茶阳，这是大山里边，一处高企岸畔的水路码头。

嘉靖四十二年（1563），析海阳县怀德乡的上外莆、中外莆、下外莆3个都，揭阳县延德乡的鮀江、鳄浦、蓬洲3个都，饶平县的苏湾都，共7个都，置澄海县。澄海的置县，确切说，更是反映了韩江三角洲岸线外移的变化。入宋以来，由于韩三角气候温和，土地肥沃，这片全国第7大的三角洲，吸引了无数的移民，至明代，潮州已出现了人多地少的难题。为解决移民的生活出路，当时的潮州府，便倡导在沿海的滩涂地围垦造田，置县，可以管理新增的滨海农田。

当然，当海防成为要务之时，澄海的地位就尤为突出。成书于万历二十三年（1595）的首部《澄海县志》，以及成书于嘉庆二十年（1815年）的《澄海县志》，就记载曰："澄邑居郡（潮州）东南境，山以是终，海以是始，山海之交，其形胜之大都乎。扼要害，据险阻，慎固封守，官其上者之责也。"又曰："澄无崇冈岩洞为豺虎所凭依，鲸奔鲵跃，虞在大海。……其形胜远则石城虎跃，南澳龙翔，莲花（峰）作衣，衣襟带万顷；迩则神、龟、狮、凤诸峰枕其肩脑，东、南、西、北诸港环其嘴面。匪特沿海之重地，实属全潮之襟喉。"

有人据之直言曰："澄海无有高冈石洞可供盗贼盘踞，但海寇出没无常，忧患在于海上……（澄海）不仅是沿海要地，实际是全潮州的襟喉。"《澄海县志》还多处言明：澄海乃"全潮锁钥"。这也等于说，澄海是潮州府城的前哨，或者，更直接、直白一点，其作用就是拱卫潮州城的安全。"澄海"的寓意，确乎是不折不扣的"澄清海宇"、"澄靖海氛"，舍此，别无其他。

当初，澄海县城的选址，翻来覆去，选了不少的地方，最后，还是确定在原辟望巡检司旧址，有司认为，这是最恰当的。诚然，县城不比巡检司，在平原上修筑县城，必须有所规划。终于，在大莱芜岛建了炮台，扼守海口，韩江东溪（莲阳河）和西溪（外砂河），这两条直通潮州城的重要水道，有北港和南港军队把守，澄海的防务，也分成左营守备（驻蓬洲，即今鮀浦）和右营守备（驻樟林），构成了左右两道防线。

与澄海同一年同一月置县的，还有普宁。当时，从潮阳县析出洋乌、㳽水、黄坑 3 个都，新置普宁县。两年之后，第一任知县赵钺到任。当其时，新县初创，百废待兴，县署也无有着落，只好寄设在潮阳县贵屿的民舍，借厝厕身了好些年。至万历三年（1575），置县已经 12 年了，新任知县刘钝，方筑县城于厚屿（今洪阳），又 11 年后，县治才迁到厚屿。

与三饶一样，普宁县城的选址也是一个着眼于安全与否的绝佳例子。洪阳位于普宁北部，后山、崑山、黄举山、乌泥山、铁山众山矗立，形势险要，又是一个占据优越地理位置的古县城。

嘉靖四十三年（1564），新置平远县。崇祯六年（1633），又新置镇平县。至此，有明一代，潮州府共辖海阳、潮阳、揭阳、程乡、饶平、惠来、大埔、澄海、普宁、平远、镇平 11 县。乾隆三年（1738），海阳县丰政都因距县治较远，地形险阻，官府管治不便，两广总督鄂弥达巡视潮州，遂奏请另置一县，其时，割海阳县光德乡的丰政都，与揭阳、大埔和嘉应的部分地区，合置丰顺县，隶属于潮州府。

明王临亨编撰的《粤剑编》，记载着他自己的一次行踪。万历二十九年（1601），来到潮州巡察的刑部主事王临亨，趁着月色，登上广济城楼，望着粼粼波光中似苍龙卧水的广济桥，慨然叹之曰："粤税之大者，无过此桥。旧属制府，用以充饷，用以克饷，今为税使有矣。"王临亨慨叹潮州府以桥作为关卡，收缴盐税、各税，实属一种创见。过后不久，王临亨也到杭州赴任知府。

和信笔挥写散文、以文取胜的王临亨不同，诗人喜欢吟咏。继王安中、翁方纲之后，丘逢甲也曾作有七言律诗《广济桥》，讲到潮州的盐。诗曰：

> 垒洲廿四水西东，十八红船铁索中。
> 世变屡新潮汐改，驿程依旧粤闽通。
> 五州鱼菜行官帖，两岸莺花集妓篷。
> 莫怪桥名工附会，江山原已属韩公。

在"五州鱼菜行官帖"句下，诗人自注曰："潮、嘉、汀、赣、宁，食盐皆由桥分运，故曰'广济桥盐'。又，凡腌鱼曰鱼盐，腌菜曰菜盐，每鱼、菜出，为行盐旺月。"当时，有人形容鱼、菜出，广济桥行盐之多、之忙，说在浮船上撒下的白盐，就像给桥面铺上了一层白霜。

潮州人居家过日之热衷于腌制，也与盛产白盐有关。腌咸菜、腌贡菜、腌萝卜、腌橄榄、腌凉果……潮州人把各种腌制的水果，叫做凉果；把腌萝卜，叫做腌菜脯。咸菜、菜脯，好吃至极，令人难忘。潮州人命名，多取形象，像萝卜，在潮州叫做"菜头"，花生，叫做"地豆"。咸菜、菜脯等等杂咸，腌一次可以吃一整年，凉果，腌后也能卖一整年。

对于潮州来说，有盐就有腌制。早在汉代，南海郡就已经有盐官的记载。唐李吉甫在《元和郡县图志·岭南道一·潮州》，也曾记载曰："百姓煮海水为盐，远近取给。"宋代的潮州盐，更增广规模。由于地方收入的三分之一，来自于盐利和盐税，因此对于盐产一行，倍加扶植青睐。《三阳图志》曾有记载云："潮之为郡，海濒广斥，俗富鱼盐。宋设盐场凡三所，元因之。散工本钞以助亭户，立管勾职以督课。盐之为利，即可以给民食，而又可以供国家用矣。小江场，岁办盐七千八百二十四引。"《志》中说的三所盐场，即官府兴办的三所官营盐场，即小江盐场（今饶平黄冈、澄海樟林一带）、招收盐场（今潮阳区东）、隆井盐场（今潮阳区南），管辖着今东起饶平，西至惠来，沿海错错落落共27栅的盐业生产。

其时，盐场的规模之大，很令人咋舌。像潮阳河浦华里的宋代盐场，其遗址面积，广达1000余亩。官盐的产量，也大得惊人，据《宋会要辑稿》记载："（雍熙）四年（987）正月二十五日，潮州上言，有盐六十四万余石，岁支纳三万三千石，所支不过数百石。"

当其时，潮盐的运销地域，基本是按照韩江流域来划定的。《文献通考》载，宋雍熙四年（987）以前，"旧潮州有松口等四场，岁煮以给本州及循、梅二州"。

按照当时官府的规定，潮州盐主要供给潮州、梅州、循州，后来，还被批准销往汀州。而当时闽粤赣交界地区，也是潮州盐畅销的地区。王安石《虔州学记》称，汀州与赣州，为"交、广、闽、越，铜盐之贩道所出入"。这里的食盐，原由官府统配福建盐与淮盐供应，运价既高，质量又低。闽粤赣交界各地人民，普遍喜食潮盐，于是大量汀州与赣州的商人，来潮州走私潮盐，"运潮以给民食，余则发卖江贩"。

踏入南宋，出现了一种让人耳目一新的盐户——锅户。所谓锅户，也就是称呼那些敢于尝试，敢于打破官营垄断的个体盐业生产者。自此，千余年来的盐业生产，有了亭户和锅户之分。亭户产的盐称为"正盐"，一粒不留，全部为官府无偿收取或者低价收购；锅户产的盐称"浮盐"，交税之后，即可自行贩卖。史书载之曰："正盐出于亭户，归于公上；浮盐出于锅户，鬻之商贩。"

唐乾元元年（758），海阳县置盐亭驿，这是潮州开始有盐政机构之设。宋仁宗天圣年间（1023—1031），在海阳小江，潮阳招收、隆井3个盐场，分别设置巡司，打理生产和调运；在松口、三河口、净口设置买纳场，收纳灶户盐斤，转销内地。元代潮州路扩充升格盐管机构，设置提举司，有提举一员，为从六品；小江、招收、隆井三大盐场，巡司改为管勾司，管勾司设有司令一员、司丞一员、管勾一员，专司打理产制和调运，品秩分别为从七品、从八品、从九品。明代潮州府的盐政，仍设提举司，管勾司则改为盐课司，天顺年间（1457—1464），以广济桥为盐船所必经之地，配地设管桥官，管理纳饷领引、盐场配运、掣放上桥等事项，并管理桥钞商100名。

黄梅岑《潮州街道掌故》云：

在过竹木门街不远的地方，从北向南，有一条"分司后巷"，一条"分司巷"。分司后巷，长124米，宽3.7米，原名"许厝巷"。相传明代御史许洪宥宅第于此，故名。分司巷一名"柱史巷"，巷长125米，宽4.1米，依乾隆《潮州古城地形图》注说，潮有盐务，原由府衙管理，后说"运同"于三河坝，专负责盐务，故此并建衙署于府城。不久，这个职位被裁撤，经明卫署办。清雍正四年（1726）裁改卫署，再设"运同"——清时于盐运使以下置分司"运同"或"运副"，运同即同知盐运使司事之简称——并搭住于此（柱史巷）办理。因当日盐运使分司运同于此，所以叫分司巷（此巷后面之巷由是叫分司后巷）。

黄梅岑把潮州人只知其然的两条巷名，细细道出其所以然，让人恍然大悟。原来，清初，潮州府曾在三河坝设置潮州盐运同署，总管潮桥7个盐场和29县的盐业运销。当其时，广东广西两广盐区约定俗成，在广州配商之盐，称省河之盐；在潮州配商之盐，称潮桥之盐。康熙年间，盐务一事，或由潮州知府兼任，或为专职运同，反反复复，朝令夕改，未有定制。

后来，裁来裁去，总觉得不妥，名不正，言不顺。雍正三年（1725），遂定为运同之设，秩从四品，并把运署，搬回到潮州府城。出任运同的官员，也由户部选荐，不归广东运司的调度管治。当其时有史载曰："至若潮桥二十九埠，不在（两广盐区）六柜之列，特设运同，驻潮董理，为广东盐务一大分枝。"

清代的时候，潮州的盐业，已到鼎盛之期，原来的灶户煮盐法，已然淘汰，各盐场的产出，均为生盐而不是煮盐，也就是采用了比较先进的晒盐法。这种方法，史书上载曰：

收晒之法，先耙沙，洒水晒之。晒令咸，实诸漏中，复用水灌其上，俾淋漓下注成卤。伺天气晴朗，挹埕格中，晒结成盐。向晚晒丁，次第耙收，归仓贮存。有溢于仓，则露积高阜，用草苫盖之。

这样收晒，既节省人工，更省俭燃料，所以不用去费心提倡，灶户盐民，纷纷采用。

北宋之时，哲宗元祐元年（1086），循州人李前，来到海阳县小江盐亭当亭长。当时还不叫盐场，而叫盐亭。小江盐亭在海阳县溪南狮子山下，李前甫一上任，即集合民夫，沿溪南狮子山下至程洋岗凤岭一线，开凿了一条运河，长 20 里，贯通韩江东溪和北溪。运河最窄处 180 米，宽处达 380 米，过仙门关、梅州关，沿相思堤曲折蜿蜒。开凿此河，耗时 14 年之久，至宋元符二年（1099）十月初十，才告拓通完成。李前高兴之余，作《开凿山尾溪记》一文，刻于石碑之上，又作诗一阕，也是刻于石碑之上，诗云："筑堤凿井又通津，神宇盐亭喜鼎新。力小但能支五事，增光更俟后来人。"山尾溪运河开通之后，小江盐亭所产的海盐，自此可以不经凤岭港，直接从韩江转入山尾溪运河，靠樟东港入海启运，销行全国。当其时，狮子山边商贾簇拥，成了集市，李前命名为"新市"，今称"仙市"。潮州府曾在此设一驿站，曰"小江驿"。也有专家断言，北宋王安中的《潮阳道中》，写的也是小江盐亭的灶户煮盐。

南宋之时，小江盐场每年的课利，都达到 10 万贯以上。明代天顺年间（1457—1464），两广总督府又特在广济桥设立税厂，按一定税额，对往来的盐船抽税，作为军饷。其时，广济桥税厂的税收数额，总是高踞全省之冠。明潮州知府郭子章在《潮中杂记》就载曰："潮州盐饷，先年，岁计一万二千两，至隆庆六年（1572），增额一万八千余两。"其中，仅广济桥税厂的商税银就有 6000 两，谷税银 4000 两。清张之洞的《抱冰堂弟子记》也载曰：清代，"潮桥盐务定章优奖，行之一年，已加课三万；次年，旧课正杂十三万尽复"。

天下熙熙，皆为利来。潮桥的盐税之利，让管财之人，也是笑口常开。民国时候，财政总长兼盐务署督办周学熙，于民国四年（1915），在呈给总统徐世昌的报告书中就说："潮桥地方为广东盐政的一大分支，居沿海八埠之一，产盐共分六场，行盐区域则有桥上大河小河及桥下各埠之分……"按周学熙的报告，光绪十五年（1889），潮桥的盐课正饷，已每年增至白银 35 万两；民国二年至五年（1913—1917），政府对潮桥则采取定额认饷、逐年递增的方法课税，第一年认饷 74.4 万元，第二年认饷 81.6 万元，第三年认饷 94.5 万元，再加借运闽盐出口课厘年约 50 万元，统计国课方面，因潮桥盐务而收入者，截至商包之末一年，已达 140 余万元。周学熙踌躇满志，在报告中云："以视清季正饷数目，所增不可谓不巨。"就是说对比清代潮州盐税的收入，所增何其多哉。

官方对于盐业的专卖管控，靠着发放那一纸盐引。宋代的盐引每张领盐 116.5 斤，明清两代，盐引分为大引和小引，大引是一引 300 斤，小引是一引 200 斤。这是历朝发给盐商的行盐运销许可凭证。盐引还分为长引和短引两种，长引销外路，短引销本路，长引一年期，短引一季度。每引单独一个号码，分正副两券，钤印后，从中间分成二券，正券交给商人，称为"引纸"，副券则为存根，称为"引根"。

运同管理潮盐，盐商行销潮盐，均独步江湖，与别的地方不同。

盐商在潮州各盐场购盐之后，无论近在饶平、澄海，还是远到潮阳、惠来，自盐场出发后，经海运，都要直抵广济桥掣配，然后才可运赴各埠销售。桥以北供给嘉应州、汀州、赣州等21县的，称为"桥上埠"；桥以南供给本地8县的，称为"桥下埠"；获得户部颁发盐引的盐商，有100名以上，这些人称为"桥商"。这时，出现了一个放盐斤的镖秤的专有名词——"潮秤"，每杆秤可称重150斤，连皮络尾，可达160斤。

雍正三年（1725）起，实行运同与知府分管桥务，靠近府城的广济桥西段10墩、浮船9艘，归潮州知府管辖；广济桥东段13墩、浮船9艘，归潮州运同管治。在广济桥东岸，原来百窑村龙窑逶迤、柴火升腾的那些地方，如印子山、卧石岭、白窑村，还建有盐仓85间，作为桥上各埠配盐、转运、仓储的周转仓。在广济桥附近，驻扎有由运同分司指定的68支专业载运场盐的船队（1艘为1队），往返载运场盐，来广济桥东岸的盐仓。如此操作，既减少了盐场存盐的压力，桥上埠各路盐商，也无需自行到沿海各地调盐，只需在潮桥场，便可一次办妥手续，交接盐斤，运销到目的地，因此商人，亦无不称便。

这种以官资收购场盐，按计划疏运盐斤，也是有章可循。当时，按明朝的"纲盐制"，每号盐引，折盐300斤，或银6钱4厘，称为"窝本"，另须纳税银3两，缴公使（运输）银3两。运同分司还在广济桥上设置盘查馆一所，在江面和陆上查缉私盐。专门经销潮盐的商人，门路颇广，各有来头，不单单有当地的潮商，还有外来的广商、闽商。如广州商人，用东莞的"乌槽"船、新会的"横江"船，到潮州载盐，皆获10倍之利。

潮音一曲牵人心

　　洪武十七年（1384）的十二月，一场突如其来的大火，在潮州府城熊熊燃烧，这是有史以来所记载的一次最大的失火。城中许多重要的建筑物，如官署、粮仓、兵库，还有民房，都陷入火海。锣声四起，满城丁壮，倾城而出。怎奈腊月寒冬，风高物燥，仓粮、兵器、图书、典籍，火舌吞噬，皆化为灰烬，焚荡无遗。

　　比天灾更可怕的是人祸。海阳县三饶（今饶平三饶）人饶隆海，以为明朝刚刚抵潮，根基未稳，有机可乘，在洪武十四年（1381），与程乡县的县吏陈伏相约，以陈伏为内应，饶隆海带领三饶民众，聚啸而起，旋风般打了程乡县一个不备，攻入程乡。饶隆海坐帐升堂，自称"万户侯"，过了几天惬意的日子。

　　八月，位列明朝开国功臣第二十一、封南雄侯的庐州（今安徽合肥）人赵庸，来到潮州，率领潮州卫官兵，就地出击，前往弹压。不费吹灰之力，即擒获饶隆海等150人，斩首40余级，其余协从民众，无不接受招安。这一仗，雷厉风行，速战速决，彰显了潮州卫官兵的骁勇善战，也凸显了潮州卫广东第一卫的实力。

据《明太祖实录》记载，第二年，潮州又起人祸，其载云："洪武十五年（1382）春正月，潮州府海阳县民曹名用，聚众三百余人，杀掠良民，南雄侯赵庸，调潮州卫指挥签事詹继，率兵捕之，追至昆仑山黄莺畲，擒民用并其党，悉诛之。"

潮州卫的戍边守土，保一方平安，平定这些伺机而起的盗患匪祸，声名赫赫，功不可没。究其实，广东的驻军各卫，循例，均是按照驻防的重要与否来布防设置。《明朝时期广东历史大事记》载曰："先是，洪武三年（1370）置潮州卫；五年（1372）置海南卫、雷州卫、广州左卫、广州右卫。此后直至洪武二十八年（1395），又陆续增置南海卫、肇庆卫、清远卫、惠州卫、碣石卫、广州前卫、广州后卫、广海卫、神电卫、廉州卫。广东共15卫。"

永乐五年（1407），潮州卫的一个举措，让潮州人更加感到宽慰和释然。这一年的十一月，在潮州卫卫卒谢辅等人的招抚下，凤凰山上的畲族头领雷文用，率领140户畲民，前来潮州府城，向官府归顺，心甘情愿接受官府的管治。那一刻潮州城张灯结彩，鸣放鞭炮，畲歌潮调、南戏北曲，搭台唱起，不亦乐乎。

南戏和北曲，就是潮州戏的源头。这是潮州卫、碣石卫的官兵驻屯期间，从浙、赣、中州，请戏班过来做戏，带过来的。史载，潮州卫、碣石卫的官兵，大多是浙江、江西、安徽一带人氏，按照卫所军户制度，他们携家带眷，一家妻儿老少，背井离乡，落地生根，布防落户于潮州海防一线，年长日久，思念故乡，思念乡音，乡情涌动，心浮气躁，寝食不宁，辗转难安。指挥使感同身受，发自内心体恤军士、户丁、家眷，节庆之日，往往差人前往浙、赣、皖，请来南戏北曲戏班，在旷埕广场，搭台做戏，日夜连轴，慰藉乡愁。

地处碣石卫捷胜所的洪氏家族，其《洪氏族谱》在雍正十一年（1733）有一则记载，曰："洪武十三年（1380），所城内外社，约信众议建城隍庙，加筑前戏台……复将业地赠送之。越年，庙台落成，隍爷进庙，演戏庆祝。"这里的"洪武十三年"，估计有误。这也是当地较大、做戏较频繁的戏台，称为"大棚脚"，每年演戏的台数，达200场之多。台下左右，要设8个剧评座位，备文房四宝，供文士评戏，使演出不敢苟且。

潮州卫大城所，城隍庙前也有戏台，这些来自五湖四海的军士兵卒，听南词、迷北曲之外，端午时分，想起故乡水花溅起，龙舟竞渡，不禁黯然。所城外海水连天，所城内却只有井水一味，举目望去，无池无塘、无溪无河，纵想回味一番故土划龙舟的乐趣，也无用武之地，可奈之何。

后来，他们心有不甘，朝思暮想，想出了一着妙着——游旱龙。明《东里志》已有记载，云："大城所结彩为龙舟，或以彩纸糊之，各扮故事，演戏竟日。"这些军户丁壮眷属，每年端午节前，便用竹片、竹篾，扎制成龙舟的骨架，再用粉红、大红、赤褐、青色、黄色、紫色彩纸，糊成6条龙舟，分别代表大城所中、城隍庙、关圣帝庙、五显爷庙、天后宫、鹤松庙等社庙。

大城所的游旱龙，乃全国仅此一家，别无分店。农历五月初一，直至五月初六，是旱龙出游的日子。游龙队伍，自本庙始出，有老辈尊长一位，在前头引路，泼石榴花水，潮州人曰"泼红花水"，此乃寓意驱魔降妖、顺遂吉祥，再鸣锣13声开道，接下来鼓乐齐鸣，扮演戏出故事。本社少年，肩扛锦绣标旗，壮年男子，手扛结彩龙舟，后生青年，肩抬神像、香几，老辈尊长，殿后助阵。旱龙龙角翘翘，龙眼碌碌，抬头摆尾，威严神武，游龙队伍浩浩荡荡，声威赫赫，所到之处，军民夹道喝彩。

龙舟队在所城中穿街过巷，每到城门和千户、百户衙门，都要点放地炮3响。初一、初四、初六，龙舟游到西门之外，初二这天，龙舟游到北门之外，初三是日，龙舟又游到南门之外。东门之外不去，东门外是汪洋大海。龙舟出城门后，彩龙部件和绣球，则任由尾随的眷属小孩，一哄而上，撕抢回家，插在门橺户扇，谓之：插吉祥。初五是端阳正日，游旱龙又会有所不同，纸龙舟会挨家挨厝，上门上户。这时各家各户都要开门纳吉，迎接龙舟的到来，并在司命公（灶神）前揸香祷告，祈求五谷丰登、人畜兴旺、合境平安、事事顺遂。

这些军户戍卒聘请来的南北戏班，虽然咿咿呀呀，唱的戏文唱词，潮州人听不明白，但那行腔台步，妆彩扮相，举手投足，着实迷人，也让潮州人如痴如醉，跟着入迷。明人徐渭在《南词叙录》中，曾经记载曰："弋阳腔则出于江西，两京、湖南、闽广用之。"这令人明了，至晚到明代嘉靖年间，弋阳腔已经流入闽广，流入潮州，唱响官府、民间；乾隆《潮州府志》也曾记叙云："凡乡社演剧，多者相夸耀。所演传奇，皆习南音而操土风，聚观昼夜忘倦。"

五百多年后，世人有幸得睹"习南音而操土风"的梨园行实例。1975 年 12 月 22 日，人们在潮州凤塘西山溪排涝整治工地，在靠近鹤陇山的书图村园地挖掘时，发现地表下 2 米深处，有两座并列的墓葬，墓圹东南向，墓碑及地面建筑和封土堆均不存在，只有密封的贝灰墓室，极其坚固。第二日，炸开右侧的男墓，墓盖为 3 层的贝灰沙夯合而成，每层 30—40 厘米，墓室设有墓志，有木椁，椁内再置放用梨木制作的棺木。棺内别的物品且不说，就说墓主颅下，枕垫着 1 个褐色苎布包裹，打开来，竟是一个比 8 开纸稍大的对折草纸本子，长 39 厘米、宽 26 厘米，封面左上角朱书"迎春集" 3 个字，首页题名《刘必希金钗记》。

这是迄今已知，潮州戏最早的一个写本，潮州方言入戏，此剧已见端倪，且运用自如，生动贴切。全剧共占 75 个对折页，150 面，用楷书和行书竖写，末页标明"新编全相南北插科忠孝正字刘必希金钗记卷终下"。在写本第四出左边装订线旁边，有一行文字，写着"宣德六年（1431）九月十九日"，又在末页写着："宣德七年（1432）六月口日，在胜寺梨园置立。"据此，有专家断言，这不是某个文人雅士的书斋珍藏秘玩之物，而是戏班适时穿插改

编增订的演出本子。

短则一年半载，长则三年五载，时兴和新鲜过后，人们对采用中州官话，并非乡音方言演出的戏曲，自然产生了倦怠。虽然外来的达官贵人依然激赏不已，酬神宴饮多加延请，但民间已然兴趣不再了。乾隆《潮州府志》在那则记叙之后，接着又补上一笔，其曰："若唱昆腔，人人厌听，辄散去。"

可见这是一场语言影响文化的拉锯，走马入潮的外地官员、四海融通的行商巨贾，自然爱听外江戏。乾隆年间在潮州做官的江西临川人乐钧，在其《韩江棹歌一百首》中吟曰："马锣喧击杂胡琴，楚调秦腔间土音。昨夜随郎看影戏，月中遗落凤头簪。"李宁圃的《程江竹枝词》也吟曰："江上萧萧暮雨时，家家篷底理哀丝。怪他楚调兼潮调，半唱消魂绝妙词。"程江即韩江的一段，楚调即湖北的皮黄调，秦腔即乱弹调，潮调即潮州戏，其声腔，称为潮腔。

潮州人所称呼的外江戏，即现如今的广东汉剧，此是花部乱弹中的一个分支，以西皮、二黄为主要声腔。雍乾年间（1730年前后），随着徽班的兴起而南下流入潮梅。一向以来，潮州人通称外省人为外江人，沿此称呼，来自于外省的戏，便也称之为外江戏。

其实，外江之名，也并非潮州人独创。早在乾隆末年，扬州盐商江春于扬州成立的"春台班"，亦曾号称"外江班"。然而，外江戏之所以称为汉剧，最早见诸于民国二十二年（1933）大埔人、晚清秀才钱热储所著的《汉剧提纲》一书。书中有曰："何谓汉剧？即吾潮梅人所称外江戏也。外江戏何以称汉剧？因此种戏剧创于汉口之故也。"同一年，由钱热储等人提议，将外江戏改名为汉剧，自此遂改称至今。然民间仍按习惯，称其为外江戏。

而当其时，普宁人方耀，老于官场之道，颇晓得进退，他在府中蓄养外江戏班"老喜天香班"，以应酬外地官员的娱乐之需。民间却不听这一套，他们沉迷于《荔镜记》、《荔枝记》、《金花女》、《苏六娘》，这些戏出，都是出自嘉靖、万历年间，用地方人物故事编剧，用潮调、潮腔演出，长盛不衰。

潮州人津津乐道于演身边事、身边人的《荔镜记》、《苏六娘》，耽于礼教的夫子们，却惧怕它们会伤风败俗，而不能作为潮调发展中一种过渡形式去理解它。嘉靖十四年（1535），主持编撰《广东通志》的广东监察御史戴璟，作《正风条约》，禁"潮俗以乡音搬演戏文"。其第十一条，禁淫戏。该条曰："访得潮属多以乡音搬演戏文，挑男淫心，故一夜而奔者不下数女。富家大族，恬不知耻，且又蓄养戏子，致生他丑。此俗诚为鄙俚，伤化实甚……"

苏六娘与郭继春的相悦恋爱，与《荔镜记》中的陈三五娘一样，为潮州坊间所传颂。现在已知最早的《苏六娘》戏文，乃万历年间刊刻，写家住揭阳荔浦的苏六娘，与潮阳西胪人郭继春相爱，以身相许，并以金钗罗帕为记。苏家却把六娘，许给了潮州府师爷之子杨子良。六娘不从，继春也相思病重，卧榻不起；六娘闻讯，割股煮药以治，经婢女桃花相助，两人又得以私会；因杨家逼婚日紧，六娘苦无良策，抑郁而死，继春得讯，亦自缢殉情；六娘与继春死后，阴魂去见阎王，阎王感其情真，准其返回阳间，结为夫妇。

而在当地民间，则有传说，言两人触犯乡规族法，被缚入猪笼，沉于榕江，其尸逆流，直至双溪嘴。外姓赞苏六娘为坚贞，本族诬苏六娘为淫妇，戏班演出本事，自然免不了与苏姓后人的纠纷。坊间曾相传，有戏班到某苏姓的乡里演出，一时不察，加演了《苏六娘》，该乡族老羞怒，命乡里人冲上戏棚，烧毁戏服，扣留戏箱，并要戏班赔礼。戏班不服，诉诸官府，县官升堂，听了双方的诉辩之后，心中明了，当堂具判，其判曰："荔浦荔浦苏，×乡×乡苏；苏秦东坡你不认，却认六娘做祖姑。"遂判戏班无错。

苏六娘家住的荔浦村，相去二里许地处，有一座山，名曰"桃山"，今属揭阳揭东炮台新市。桃山山色秀丽、阿娜多姿，荔浦村寨门，正对着桃山。民谣相传曰："桃花山，映面堂，必定生出美女郎。"往来者都说，寨门所向，村中必出美女。后来，果然出了美女苏六娘，又演绎了一出悲剧故事。村中族老，为使乡里勿再生出此等桃色故事，遂将面对桃山的寨门封堵。

岁月悠悠，这个寨门在封闭了500年之后，到20世纪80年代，荔浦村所在的揭阳炮台新市，为破除迷信，开拓交通，方便群众，也为了苏六娘爱情的坚贞，终于把寨门重新打开。苏六娘的戏出，一直演到了今天。

对于潮州这方土地，任他昆腔、西秦、弋阳、皮黄怎么流转，潮州人淡然笃定，一心发展自己的地方戏。二弦、椰胡、深波（低音锣）、号头，这些管弦打击乐器，都是别人家所无有的。号头俗称"呋嘟橱"，属潮调乐器，但一般不参与伴奏，在演出中，有特殊作用——吹上棚号。在乡间演出，戏出台前，先要打一段很长的锣鼓，叫上棚鼓，上棚鼓快收煞时，便由头盔师父，吹起一阵号头，四乡六里的民众，听到号头声声，晓得戏要上棚了，便川流而出，聚拢起来。演武戏，也一定要吹号头，助威生势，营造古战场气氛。

观众拥堵棚下，流连忘返，不肯归家，既听唱，亦看做。彩罗衣（花旦）扮相俊俏，做工丰富，走路小跑小跳，出手快去快收，说话颠脚顿足，对白掩嘴转睛，十分小巧可爱。丑行分工细密，表演推陈出新，个个争奇斗艳，人人各擅其招，最是百看不厌。潮丑分有10类，曰：项衫丑、官袍丑、踢鞋丑、女丑、武丑、裘头丑、褛衣丑、长衫丑、老丑、小丑。在戏台形体身段，10丑皆遵循蹲、缩、小的共同特征，也就是低矮、收缩、短小，有些动作，模仿动物，有些动作，模拟皮影、木偶。状动物，取其灵巧；摹影戏，用其机械。唱腔用豆沙喉的"痰火声"，和低8度的"双拗实"，用小调，行反腔，或者悲调喜用，十分特别。

武戏也是人们爱看的大戏。演出武戏剧目，金鼓齐鸣，群情激昂，人头攒动，彩声如雷。《秦琼倒铜旗》，众将都穿袍甲，有坐骑，打起来显威武，好排场，有气势。戏中每一柱旗杆，都要4名勇将把守，4柱旗杆，便得16名守将，破铜旗阵时，藤牌兵冒死要斩秦琼的马足，团团包围了秦琼，秦琼拍马踏过藤牌兵，场面精彩绝伦。这类戏原来是唱昆曲或者高腔，后来唱词不唱，只吹奏音乐曲牌，演员也不用开腔，只须全神表演和武打。

《方世玉打擂》，则以短打为主，也有用刀、枪、棍、棒，这出戏重功夫，重气力，重实用。据老艺人说，光拳花便有108种，许多武打动作，便是从这100多套中变化出来。这些拳术，在民间也有流传，台下的观众，便一面看戏，一面评论台上打拳的功夫。个别演员，台上做戏、台下卖武，成为了江湖人物。

《张飞战马超》是长短打并用。张飞与马超，开头是在马上厮杀，后来挑灯夜战，双方各自下马作战，张飞甚至赤膊空拳上阵。坊间相传，有一次，一个戏班演出《张飞战马超》，演张飞的是个戏艺精湛的武净，由于天热，武净画了脸谱，上了妆彩，穿了铠甲，暂且未戴挂髯。看离出台还有点点儿时间，他便坐着打盹。忽然锣声咚咚响，有人推醒他，说："该上场了。"武净惊醒，匆忙间操起丈八蛇矛，飞奔出场。马超问："来者何人？报名受死！"张飞应："我乃张——"一捋胡须，吓了一跳，下巴光溜溜的，竟然忘了戴上挂髯。情急之下，赶忙改口，曰："张飞之子'张样'是也。"马超一愣，怎么台词变了？抬眼一看，立即明白，随时接上台词，大叫："本将军不斩无名小卒，快去叫你父来受死。""张样"说："呀呸，你先能敌我三个回合，方能会我父亲！"于是双方交战三个回合，"张样"这才嚷道："呀呀呀，来者果然厉害，叫我父亲来也！"回马就走，奔进后台，戴上挂髯，旋又出台，大叫："来者休要猖狂，张飞来也！"

"张样"，是潮州民间熟语，在潮州话里是"装模做样"的意思。台上两个贤人，把这失误弥补得自然顺当，天衣无缝，台下的观众寻味许久，等反应过来，明白就里，遂都哈哈大笑，大笑哈哈，曰："老老戏，唔知（不知）挂须。"从此之后，"老老戏唔知挂须"，成了坊间又一流行的熟语。

康熙年间，漳浦人蓝鼎元，尝作《潮州风俗考》，其中曾有描写，云："迎神赛会，一年且居其半。梨园婆娑，无日无之。放灯结彩，火树银花，举国喧阗，昼夜无间。拥木偶以游于道，饰人物肖古图画，穷工极巧，即以夸于中原可也。"接着笔锋再转，跟进一步，又云："也好醋歌，新声度曲，金宵月夜，傅粉嬉游，咿咿呜呜，杂以丝竹管弦，和之南音土风声调。"一个迎神赛会、做戏酬神、万众瞩目的闹热盛况，就捧在众人面前。

屈大均的《广东新语》，也曾云："潮人以土音唱南北曲者，曰潮州戏。潮音似闽，多有声而无其字，有一字而演为二三字。其歌轻婉，闽广相半，中有无其字而独用声口相授，曹好之，以为新调者。"乾隆时四川人李调元，也曾作《南越笔记》，其中"潮州戏"条，就颇与《广东新语》相同。清初漳浦人蔡奭撰的《官音汇解释义》，其卷上《戏耍音乐》更有载明，其曰：

> 做正音，唱官腔。
>
> 做白字，唱泉腔。
>
> 做大班，唱昆腔。
>
> 做潮调，唱潮腔。

　　行家据此推测，潮剧一脉，在明代称为潮调，其声腔称为潮腔；明末清初，因此唱腔吸收了青阳腔的滚唱形式，形成新腔，曾一度称为泉潮雅调；入清之后，称为潮音戏、潮州戏，在民间，亦称为白字戏；1949年以后，采用全国地方戏曲剧种统一的称谓，遂称为潮剧。

　　就在称为潮剧不久，1953年，潮剧界曾发起一次收集旧剧目和传统艺术的运动。这次收集旧剧目的接触面很广，除粤东行署各潮剧团所属的艺人外，还面向散居在城乡的潮剧艺人、纸影班艺人、唱潮州歌册的妇女、社会人士、旧书摊、废品收购站，收集的时间持续了三四年。一直到1957年，共收集到2000多个旧剧本，许多古老的剧目，甚至300年以上的老剧目，也被挖掘出来。这是业已见到本子的确切数字，还不包括海外、闽南各地的潮剧班子保存和上演的剧本数目。而在上海图书馆的音响资料室，也保存有20世纪20年代至40年代，在上海录制的潮剧唱片剧目232个，其中有110多个，是这2000多个旧剧本中之所无。

　　潮音之盛，引人瞩目。创刊于光绪二十八年（1902）三月的《岭东日报》，当年十一月十三日就曾有报道，其文曰："潮州梨园有外江、潮音之分。外江除四大班之外，继起寥寥，而潮音则日新月盛，几有二百余班之多。"有戏班者二百余班，此乃潮音戏最鼎盛的时代矣。

潮州人把营房造屋，叫做"起厝"。"厝"，便是房屋居舍，最早的时候，叫做"巢"。《庄子·盗跖》中，有过这样的描写，其曰："且吾闻之，古者禽兽多而人少，于是民皆巢居以避之。昼拾橡栗，暮栖木上，故命之曰有巢氏之民。"《韩非子·五蠹》中，也有关于有巢氏的记述，其言："上古之世，人民少而禽兽众，人民不胜禽兽虫蛇。有圣人作，构木为巢以避群害，而民悦之，使王天下，号曰有巢氏。"

在巢居之前，人们乃是穴居。《墨子·节用》，曾有记叙，其云："古人因丘陵，掘穴而处。"西汉陆贾的《新语》，也写得明明白白，其谓："天下之民，穴居野处，未有室屋，则与禽兽同域。于是，黄帝乃伐木构材，筑作宫室，上栋下宇，以避风雨。"

从洞居、穴居，到巢居，人类是一日日进步了。早期，潮州人的住处，多是草寮，有三角形和长方形两种，是从远古的穴居、巢居演变而来。三角形草寮多是临时搭建，作为看守田园、菜地、鱼池，或狩猎之用；长方形草寮，墙壁多用泥土糊抹，室内室外，极其简朴。

潮州人什么时候开始起屋建房，今已无从查考。有迹可循的，只有澄海的汉代龟山遗址，和揭阳新亨九肚山的晋代全木构房屋遗构。九肚山晋代全木构房屋，坐北朝南，方形，室内长、宽各是 7.5 米，高 3.5 米，竖木为墙，屋顶盖木板，覆以黏土。后来，唐开元寺虽然煌煌大矣，但那是寺庙，不是民居。厝即民居，是给人住的，菩萨佛祖，住的是殿。这样说来，宋许驸马府，就是现存的潮州第一厝了。坊间所传，人人耳熟能详的熟语云："潮州厝，皇宫起。"并不是特指这座年代久远、高槛阔宅的许驸马府，而是指遍布城乡的每一座与众不同的潮州民居的精美和大气。

潮州人住厝，有独特的格局要求和审美情趣，讲究细节，苛求安全、谐调、静谧、幽雅，合得厝人（主人）意，住得心适。因而潮州的厝落，大多宅中有院，院中有室，室室相通，地广不旷，厅房多而不散，通巷（火巷）多而不乱，四水归堂，通风聚气，闹中取静。经过不断的淘汰、臧否、沿革，能自成一格的潮州民居类型，大约有 20 多种。

潮州人起厝，虽然有很多讲究，选址要请风水先生堪舆，厝的坐向也须由风水先生锁定纬度，但格局，却是传统的，沿用前人的，如"四点金"、"下山虎"、"趴狮"、"双趴狮"、"驷马拖车"、"单背剑"、"双背剑"。这些厝局,至少在明代已经定型,成了经典,从此之后,相沿成习,代代因袭引用,只是听取风水先生一声吩咐,改变坐向分金而已,极少有人,再去做改变或者创新格局。

风水先生选择厝地,会根据厝地所处的地理位置、地形地貌,给予冠名。似龙的叫龙地,似凤的叫凤地,似龟的叫龟地,似蟹的叫蟹地。一些整片土地似龙,而所择厝地,只占一小部分,便结合所占的部位取名,如在中间的称龙腹,在尾部的称龙尾,在头部的,称龙头、龙喉,等等。

因厝形的格局成为了定式、定制,难以突破,人们在造屋的时候,为了出新,引人注目,获得赞誉,便在选材用料、请营造师傅、构想泥木工艺上,下心思,花心血,木雕、石雕、漆画、壁画、嵌瓷、贝灰塑,通通用上;斗拱、雀替、闪门、临趾、封檐、柱础、门簪、楹联,应有尽有。有些人家,屋架上的楹桷,还要着色上漆,且都是统一颜色,红楹青桷,十分醒目。

以前起厝造屋,是有规矩限制,任何人不得僭越,否则吃罪不起。让潮州厝能像皇宫一样起的人,是陈北科。史载,陈北科,姓陈名洸,潮州府潮阳桂山都贵屿人,明正德六年(1511)进士,授户科给事中。当时,与陈洸同朝为官的贵屿人,还有陈江。陈江是陈洸的从兄,正德九年(1514)进士,任南京户科给事中。为了易于区别,民间便把在北京任户科给事中的陈洸,称为"北科",而把在南京任户科给事中的陈江,称为"南科"。后来,嘉靖年间，陈家兄弟又同时官任黄门侍郎，一时震惊朝野。

坊间相传，陈北科有一次与皇帝下棋，突然天空划过一道闪电，惊雷炸起，顷刻间下起了暴雨。与皇帝下棋的北科，停下手中的棋子，对着窗外叹气，眉头紧锁。皇帝问陈北科心想何事，陈北科回答："看到这雨，臣想到了家乡的父老乡亲，如今，又到了家乡的雨季，不知又要倒多少房子，又要死多少人了。"皇帝遂问："那为何不把房子加固？"陈北科又回答："大明朝律令，房屋建筑乃有规定。本来，臣家乡潮州靠近海边，那里的百姓，原可以用贝壳烧白灰，加沙土，建起的房屋，非常坚固。可是，没有圣上的恩准，老百姓哪敢建这白灰屋呀。就算能建，百姓们也不知道建什么样的房屋才好。不过，臣在京城，看到这里的房屋，牢靠坚固，也非常繁华。"皇帝听了，龙颜大悦，说："难得卿心怀百姓疾苦。也罢，以后卿之家乡房屋，就按京城的房子建。"

陈北科就把北京的三合院和四合院，带到潮州来，并且根据南方多雨的特点，加以改造，并把房屋的大门，按皇宫的开门方式，开在中轴线上，这是四合院不能与之相比的。因有皇帝的恩准，潮州的民居，乃得以大量地运用木雕、石雕等做装饰。

嘉靖六年（1527），明世宗朱厚熜赐陈北科在家乡贵屿营造府第。陈府坐东向西，总面积3829平方米，由国库出资，以皇室风格建造，采用围墙式的营造方法，其围墙平均厚度为82厘米；只一个大门可供出入，门槛高达68厘米。这在当时，是除了紫禁城外，少有的门槛这么高的府第了。大门为皇式朱漆铜钉门，门墙退入，门前檐下深宏阔大，宽敞通透，五开间一溜过，潮州人谓之"大廊下"，每扇门有 7 行铜钉，每行 6 颗，共 42 颗，门匾"黄门第"三个大字为阳刻描金正书，饱满厚重，丰腴有神，顶天立地。府内雕梁画栋，屋顶为琉璃瓦加龙头，正厅并排悬挂嘉靖皇帝御赐的两块牌匾，其左"立朝风载"，其右"紫阁名臣"，皆绿地金字，上下长款，右边墙壁，还立着嘉靖皇帝的圣旨。站在府前，可见练江蜿蜒流过，碧波荡漾。

嘉靖十年（1531），陈北科被恩准回梓，告老还乡。史载，北科回乡之时，官船驶到练江村前登岸，船上杂役抬上五只大箱子，村人以为北科当了大官，发财归来。到家时，北科当众打开箱子，里面都是书画卷轴。嘉靖十二年（1533），为了让家乡人都能看到、欣赏到这些名作佳构，陈北科择日把全部书画作品，悬挂于贵屿通衢闹热的店铺门前，为期三天，日间街路上面，搭上白布遮阳，夜间街路两旁，配上照明的大灯笼，这种沿街摆设的书画展览，潮州人叫做"街路棚"。消息像风一样传遍潮州府内各邑，前来观赏者成千上万，络绎不绝，有走路来的，有坐轿来的，有驾船从练江来的，练江上一时舟楫辐辏，灯光倒影，满江风月，小街上也人山人海，你来我往，热闹非凡。"街路棚"书画展览一直延续不断，2014 年，被列为国家级非物质文化遗产。

2013 年，位于潮州老城区的 14 座古民居，被列为第 7 批全国重点文物保护单位。一个批次、一个小范围内，竟然有 14 座老宅，被国家作为文物，指名道姓要重点保护，这在全国，迄今为止是绝无仅有。这 14 座古民居，都近在咫尺，走路串联，也就是一时三刻。这些明、清沿用下来的老宅，主体建筑、院落、装饰，都基本保持完整，大多仍由建宅主人的家族后代，在继续居住使用。其实，在厝厝相连、巷巷相通的潮州，好物件比肩而邻、比肩而立，近在咫尺，并不奇怪。

14座古民居，包括辜厝巷林宅、郑厝巷蔡宅、甲第巷外翰第、甲第巷大夫第、德里旧家、辜厝巷王宅、兴宁巷大夫第、红栏杆、东府埕儒林第、卓府、马使埕闫宅、青亭巷大夫第、黄尚书府、铁巷陈宅。

位于西街（今上西平路）的黄尚书黄锦的黄府门匾是"当代龙门"，望京楼（今北马路与中山路相交）旁的卓总兵卓兴的卓府门匾是"建威第"，这两座大宅都是驷马拖车。驷马拖车规模宏大，房间、厅堂众多，过去多被人们称为"民间皇宫"，因而在潮州各地，至今仍是人们的佐茶谈资。数将起来，真正能建得起如此规模如此格局的房屋者，极少数矣。昔时，整个潮州，几乎每个乡都几十个村，才能数有一两座，潮州城内，也是屈指可数。

驷马拖车格局四四方方，无声而威严，很是巍峨壮观，整落厝共有67个房厅99个门，且房房相连，门门相通，无论从哪一个门出入，都能去到目的地，也就是说，厝里面没有死胡同。驷马拖车对外开的门，共有7个，7个门造型不同，用途也各异。两边广场与从厝相交处设的龙虎门，平时洞开，供厝内之人进出，到了夜间，一边的龙虎门便关紧，只留一门出入，这样易于保卫。

后包两个侧门，俗称后门，平时不打开，只是后辈同窗来访，或是女眷有时外出，才打开。中间大门（中门）不轻易打开，遇到重大节日、重要情况，如祭祖祀神、迎亲嫁娶、官府来宾、名流来访，才大开中门。两边火巷侧门的开关，也有讲究。左侧巷门，谓之礼门，取器重礼遇之意，平时来访的客人，都是从这个门进，入门后，走一进的龙虎门入外埕（外天井），再从二进的中门入内厅；客走时，不走来时路，不行来时门，是从一进的龙虎门，往右侧的巷门出，因而，这个门又称为义路，寓意情义久在，以后还会再来。

黄尚书府始建于明崇祯年间（1628—1644），坐北朝南，面宽50米，进深77.5米，占地4200平方米，正门原来朝东，通西街，后来，又辟有一门，朝西，通打银街，称做"新门"。东西二门之间，有广阔无比的外埕（天井），外埕北面正中，有朝南中门，即整落府第的大门，大门正对面照壁前，原来有一座御赐的牌坊，造型别致，与众不同，民间象形地称其为"鸡心亭"，亭匾北面上书"累朝元老"，南面上书"三达尊"。《孟子·公孙丑》云："天下有达尊者三：爵一、齿一、德一。"即官阶、年序、品行，三者皆能达到人人尊而敬之。尚书府俗称"三达尊"，即源于此。

卓府前也有旷埕，双头龙虎门，旷埕前正中间，有一面嵌瓷的"麟吐玉书"大照壁，照壁背面，是一口水光天色的大池塘，围以精雕细琢的石栏杆。整座卓府，始建于同治元年（1862），竣工于同治十三年（1874），共历时13年。在民国十一年（1922）辟马路的时候，池塘被填了，照壁也破了，现在照壁仍存有半堵，隐藏在卓府对面的楼层后面，池塘则成了文星路头。

昔日的潮州，大厝身（潮州人拟人，把"厝落"叫做"厝身"）或者祠堂宫庙，前方埕口，必有池塘，谓之风生水起。这与古人的风水理念，或许有关，但更多的，乃与地理的生成条件相关。韩江三角洲过去乃是沧海，后来因地壳变化，加之韩江沙土冲积，变成了三角洲平原。人们在这里居住过日，开发营生，便要适应这里的环境。这里沿海的地势低，海水常常倒灌，引起内涝，人们在这片土地上盖房起厝，首要的，就是地基必须填高。昔时人工肩挑手扛，一把锄头，一担畚箕，工具落后，到远处的山上取土，花时费力，徒劳往返，不足取法。人们逼上梁山，终日筹划，灵机一动，想到了就地取土，夯填地基，取土之后，那个地方，自然就成了池塘。这也使得潮州的村村落落，池塘星罗棋布，三步五步，便是一个，令人诧异。

潮州人把大厝营造得美轮美奂、优雅儒气、舒适宜居，属慎终追远、怀本报恩的人伦大事，更要毕恭毕敬，礼仪有加，超乎寻常。康熙《潮州府志》，对潮州民居乃作过如此描述，其曰："营室必先祠堂，明宗法，继绝嗣，重祀田，比屋诗书经诵之声相闻，彬彬乎文物甲于岭表。"乾隆《潮州府志》也记之载之，曰："望族营造屋庐，必立家庙，尤加壮丽。其村坊市集，虽多茅舍竹篱，而城廓中，强半皆高闶闳厚墙垣者。三阳及澄、饶、普、惠七邑，闾阎饶裕，虽市镇也多鸟革翚飞。家有千金者必构书斋，雕梁画栋，缀以池台竹树。民居辄用蜃灰和沙土筑墙，地亦如之，坚如金石。即是飓风摧扑，烈火焚会，而墙垣卓立无崩塌者。界过惠州、嘉应，虽间有之，然不及潮远甚。"

盛极一时的潮州祠堂，可谓洋洋大观矣，单潮州城内，就有祠堂60多座，四乡六里，山野平原，大村小寨，无村无祠堂，少的一座两座，多的五座七座，宗祠、大宗祠、房脚祠（即派系子孙纪念先祖建的祠，有长房祠、二房祠、季房祠等等）、纪念祠、私祠、家庙遍布。

潮州城内，有时一条路、一条巷，就麇集了数座祠堂。在开元后巷，有黄氏宗祠、郑氏宗祠；佘府街，有吕氏宗祠、曾氏宗祠。后巷和佘府街，位于今西马路的东段，在今上西平路之东。佘府街是因为侍读学士佘志贞的府第在此（钉鼓巷左侧）而得名。佘志贞原名艳雪，康熙十八年（1679）进士，官至侍讲侍读学士，入直南书房，任政治、唐诗类函两局纂修官。在史馆20余年，每召见，都称旨，康熙常赐予手书、松花石砚。

在九板桥头（今中山路中段），有蓝氏宗祠、李氏宗祠、程氏宗祠；柳衙巷内，有张氏宗祠、陆氏宗祠、邢氏宗祠、方氏宗祠；铁巷内，有陈氏宗祠、黄氏宗祠；猷巷内，有余氏宗祠、翁氏宗祠、王氏宗祠；还有旧县巷的廖氏宗祠，兴宁巷的徐氏宗祠，薛厝巷的黄氏宗祠，羊玉巷的邹氏宗祠，义井巷的陈氏宗祠，翁厝巷的翁氏宗祠，蔡厝巷的蔡氏宗祠，石牌巷的叶氏宗祠……

祠堂多了，这些各姓各氏的祠堂，潮州人就都习惯直呼其姓，曰"某厝祠"，如：李厝祠、廖厝祠、吕厝祠、郑厝祠。薛厝巷的黄厝祠，建成于乾隆四十六年（1781），是由乾隆二年（1737）进士、云南易汀县知县、海阳人黄有德倡议，潮州府辖下海阳、潮阳、揭阳、饶平、澄海、惠来、普宁、丰顺、大埔九邑和南澳厅黄氏宗亲群起响应，踊跃捐资，经数载精构落成。

九邑同宗共建一祠，这在中国历史上，殊属罕见。乾隆四十六年（1781）刊行的《黄氏渊源·董理祠事序》，曾有记载曰："宗祠一大所，堂宇三大栋，左右两从屋，前后胎池，甚是宽展。周围，共有五十余间。论地势，则枕前案备得龙脉之凝注；论体式，则上巩下固备极轮奂之美观。备岁事，则春祀秋尝与祭之宿住有地；遇考期，则文人武士科岁之馆寓可安此。"黄厝祠最为可贵的是大门门楼的石壁上，镌刻有明末清初大书法家董其昌、王铎、钟孟鸿、张瑞图的题诗，这些石刻、石雕、石构，体例硕大，匠心独运，予人震撼，现收藏于潮州博物馆作为常设专题展览。

佘府街的曾厝祠（今潮州市中医院院址），由曾国藩的胞侄、先任潮州知府后任惠潮嘉道的曾纪渠，于光绪十五年（1889）倡建，光绪十七年（1891）落成，可谓速战速决，潮州府九县以及厦门曾氏宗亲贤达，鸠工建筑。曾厝祠系横列两院式格局，这在祠宇无数的潮州府，也是特例。祠堂左院为主院"宗圣祠"，以祭祀宗圣曾子为主，右院为曾氏书院。主院为三进两天井、两拜亭、两廊从屋、戏台；书院亦三进而无从屋，以区别主次。主院的戏台联，是一对长联，上联云："陈鼓乐以从事蒸尝，肃肃雍雍，岂等逢场作戏；"下联云："荐馨香而安排歌舞，洋洋洒洒，何殊饮蜡吹幽。"书院的戏台联，也是一对长联，上联曰："左始祖右列宗，辟建双祠念先泽绵长，洵是兴歌起舞。"下联曰："此夸胜彼称强，平分两局看登场声色，可能异曲同工。"此两联无署名。当其时，宗祠大祭时，两祠各演戏一台，戏金由公费从蒸业中支出，不在值年的祭费之内，盖因演戏花费较大，单独列支。自光绪十八年（1892）起，潮州府九县曾氏，以"仁、义、礼、智、信"五字，分五股轮流，按年祭祀，周而复始。

潮州人热衷于归宗、拜祖，既有抱团合力、同族一心的认同，亦有家族兴旺、先祖福荫的感恩。潮州人把祠堂内的神龛看得无比珍重，认为这是祖宗神灵归宿的地方，是他们注视、庇佑子孙后代的所在。

潮州的神龛有竖式和横式两种。竖式称为竖龛，档次高，但体积较小，置放神位不多，安有两扇龛门，平时不许打开，只有祭祀之时，才许大开。竖龛内设置台阶，为三至七级，辈分高的牌位，安放于最高台阶的中间，其余神位，按辈分昭穆有序安置。昭穆是传统宗法制度，昭位于始祖左方，如二世、四世、六世，穆位于始祖右方，如三世、五世、七世。竖龛多设立于公厅、家庙、私祠，安放于大厅或主殿中间偏后的位置，与厅的后墙保留有一定的距离。龛后面留出来的空间，潮州人称为"后路"或"留后"。据说，留有"后"，人丁才兴旺，门路才宽广，子孙才发达。潮州城内，几乎每家都有一个公厅，每家都有一个神龛。

横式的神龛称为座龛，这种龛面积大，几乎与祠堂的大厅同宽，里面也设置台阶，为五至九级，不装龛门。座龛神位多，多用于宗祠，龛位设立于大厅靠后墙处，龛与后墙不留空间，潮州人谓之"背靠背"，有凝聚力。

神位似乎只有在潮州这个地方，才有许多奥秘，深不可测，外人不知堂奥。神位潮州人叫做家神牌，家神牌初看一模一样，但里面机关密布，秘不可宣。

家神牌一般是分为内外两层，像一个袖珍衣柜，小巧玲珑，可以打开，但不安合页，以活动榫卯拆合。外面一层写着亡者生前名讳、学业、职位，里面一层注明亡者生辰八字、亡故时间、风水何处。外面的文辞，供后代子孙缅怀歌颂，祭祀之时唱讳祈祷。里面一般不许打开，只有编修族谱或骨肉相认，需要查对，以及遭逢变故，不知亡者生辰八字、葬于何方，万不得已，才能打开查阅，打开之时，照例必须举行一系列仪式，以安抚和告慰神灵。

潮州人儒家为本，慈悲为怀，注重人伦，隐恶扬善。对待亡者，更是如此。奈何人生在世，错失总是难免，对于犯错之人，逝后能否入祠配享祭祀，乡规族法，自有规矩。一些犯有大错，但情有可原、能入祠进龛者，则虽在文字上隐去其过错之事，然牌位却做了巧妙的暗记，内里乾坤，只有打开牌位，才能明了就里。

有鉴于此，潮州神龛的一行行牌位，牌身和牌座，虽外表一样，内里却有着三种不同的制作形式。一种是正常牌位，座里面的卯，是呈90度角的台阶状，似一只高背椅，俗称"太师座"、"高椅座"，这是正常人亡后入祠用的牌位。一种是犯有重大过错者的牌位，座里面的台阶卯，呈70度角，看起来就像一个人屈膝，俗称"跪座"。这种牌位用于触犯国法被流放或被处以极刑者，以及父母健在而自己先亡者，古人认为，子先逝于父母者，大不孝，也就是说，不忠不孝者，牌位要入祠堂，就用此跪座。一种是有悖人伦，但不犯族规，能入祠享受祭祀者的牌位，这种座里面不设台阶卯，而设直角卯，俗称"企（站）牌"。这种牌位，常用于一种人，即青壮年逝世之后，子幼妻娇，家无劳力，妻不愿改嫁他乡，又不愿意守寡，经家长、族老同意，招赘他人进门，撑起这个家庭。这种人俗称"夫替"、"叠墙头"。夫替虽不违背乡规族法，但因让原配（夫）失节，血脉传承不纯，有悖人伦，故夫替逝后入祠，牌位采用站牌形式。还有一种庶母，即妾，不能入祠享受祭祀，儿孙在家为她设立牌位，或儿孙发达，为她建私祠专祀，其牌位也是这种形式。

康熙年间，潮州海阳县塘湖（今龙湖）古寨，便有一座专为庶母营建的女祠——婆祠。潮州人素来注重传统，遵循古训，承认嫡系，原配、嫡母叫母亲、阿妈，妾、庶母叫阿婆。婆祠就是塘湖富商黄作雨，为他的生母周氏所建。婆祠位于塘湖古寨北门旁边，保存完好，因其门楼极为宽阔，有 10 余米之多，民间称之为"阔嘴祠"。

塘湖的得名，也与起厝有关。从韩江大堤俯瞰，塘湖东临韩江，西、南、北三面，有无数的池塘环绕，这些池塘，便是塘湖的先人，于唐宋创乡起厝时，挖土泥、垫地基、烧砖瓦而形成。塘湖现存的古宅，最早的，便是南宋嘉定七年（1214），中探花的姚宏中的探花第。

黄作雨出生于明万历年间，承先人遗业，经营有方，"家资丰盈，甲于潮州"。明天启七年（1627）过江进澄海县学，后学业优秀，循例选拔为国子监监生。当其时，官学有着定额，府学每年选拔 2 名，州学每 2 年选拔 3 名，县学每年选拔 1 名生员进国子监，这些生员称为贡生，而进国子监的学生不用参加府试、乡试，直接参加会试。黄作雨的生母周氏，虽由婢女而为人妾，但聪颖贤淑，持家有道、教子有方。在父亲和生母的教诲下，黄作雨温文敦厚、仗义疏财，多次出资组织乡勇，御敌退贼，保一方平安。康熙初年，周氏66岁善终。后来，塘湖黄氏宗祠破旧重修，黄作雨出巨资玉成其事，遂议将其生母牌位放入宗祠，遭到族人的合力反对，以为祖宗的规矩不能逾越。然黄作雨宅心仁厚，念念不忘生母的养育之恩，乃力排众议，再斥资在宗祠的旁边，建起了这座比宗祠阔大、气派的私祠黄周婆祠，以供奉周氏的牌位。

婆祠门匾的"椒实蕃枝"，出自《诗经·唐风·椒聊》，其句曰："椒聊之实，蕃衍盈升。"借椒树的籽实众多，来比喻子孙繁衍，开枝散叶。此四字乃行书楷写，遒劲有力，饱满敦实，神采丰赡，为康熙四十八年（1709）进士翁廷贵所写。

在潮州，宅心仁厚的人不单黄作雨，潮州人大多忍让、委婉、和为贵、宽为怀、退一步、不做绝。坊间相传，清朝枫溪人吴二爷，大兴土木营建府第，他派人四处采购到一批名贵木材，其中一根海南楠木，质地之佳，世所罕见，被誉为"铁骨柴"，正好做大厅的栋梁。营建吴二爷府第的工匠中，有一对做木工的老搭档，一个叫阿才，一个叫阿兴，两个人都认为，历来做栋梁的，用上等杉木就够了，这样名贵的楠木，本来是做好家具的，用它来撑屋脊，可惜了。看着这根楠木做栋梁后还能剩二尺多，两个人心里，就都在打这根楠木的主意。

翌日开工，两个老搭档一看"铁骨柴"，不禁心头一阵打紧，回测楠木的长度，足足短了四尺有余，再看两头，都有崭新的锯痕。两个人明白，横祸由己惹出，事已至此，互相责备也无用，只有坐等被送去官府判罪坐牢，或者嫁妻卖儿倾家荡产以作赔偿。正当两个人心慌意乱、手足无措之际，吴二爷踱步过来，一看楠木和两个人的神色，知道工匠动了手脚，正想追问究竟，但终归是见过世面的厚道君子，晓得宽容待人，遂调转话头，改口问之："二位师傅，莫非我买的楠木短了尺寸？能否用什么东西垫接？若不能弥补，候我再使人去重新买一根来。"

两个木匠被二爷这番话打动了心怀，也开动了心窍，争着说："二爷，不是楠木不够尺寸，是我俩从风水考虑，认为这大厅的栋梁平架不如垫架，若双头垫架，则福至双全，财丁兴旺。我俩锯下两端木料，正准备凿成祥瑞之物，在双头架接栋梁。"吴二爷面露笑容，顺着台阶下，说："那好，我看二位能不能把它们凿成二尾鲤鱼，让鲤鱼张开大口，来衔接紧栋梁吧。"后来两个匠人使出浑身解数，把鲤鱼凿得栩栩如生。鲤鱼衔梁，就成为了潮州民居远近闻名的特殊结构，寓意家有余（鱼）粮（梁）。

光绪十三年（1887），海阳人、广西思恩知府黄鹏飞，在潮州城内新街的铁巷头，为自己营造一座生祠，黄鹏飞号己畧，祠堂的门匾，便楷书阳刻五个大字：己畧黄公祠。黄梅岑的《潮州街道掌故》，在"侍卫府巷"条，记载有黄鹏飞的家事，其云："走过西马路抵开元路口，此处前叫'猪仔场'。在猪仔场的十八曲巷口，昔有一'急公好义'坊。《海阳县志·卷二十·建置略四》：'急公好义坊……在十八曲巷口，为道街署理广西思恩知府黄鹏飞继母二品诰命夫人林氏建。'据说光绪末年西北水灾，清廷谕勉人民捐款救灾，林氏毅然将所蓄款赠救灾黎，故命建坊旌表。""道街"可能有误，应该是"道衔"，史称，黄鹏飞的思恩知府是加了道台衔。

在营造己畧黄公祠过程中，黄鹏飞想出妙招，他找来两帮工匠，让他们在祠堂的中轴上，扯上一道布障，使两边互相看不到对方，然后八仙过海，各显其能，每一边结构上的斗拱、雀替、楹载、石柱、木雕、漆画、石刻、嵌瓷、灰塑，内容上的戏出故事、历史掌故、说书人物、花鸟虫鱼、飞禽走兽，都让工匠们尽情发挥，争奇斗艳，搜肠刮肚，穷尽想象。然后于竣工之日，撤去布障，请来社会贤达名流，评比两边工匠，看哪一边更有创造、更加优秀、更是精良、更具震撼，便予以重重的褒扬与奖赏。这样，两帮人都是推陈出新，造极登峰，绝处求胜，都是解数使尽，旗鼓相当，难分伯仲，最终都得到了当时和历史的褒奖。诗人吴金水，游览己畧黄公祠之后，曾作诗咏之，其诗吟曰："三十三年成一祠，敢同鬼神斗瑰奇。栋梁雕尽人间景，己畧黄公尔是谁。"

第六章 彷徨之间

- 禁得人身禁不了心

- 逼得人种田如绣花

- 一里长桥一里市

- 这次城堤修得好

- 总有兵锋次第起

禁得人身禁不了心

明朝打下天下以后，朱元璋也曾想效法前朝，开放朝贡贸易，树立中国天子统驭万国的威仪形象。洪武三年（1370），朝廷在宁波、泉州、广州设置了三个市舶司，但布局之后，又举棋不定，逡巡不前，疑虑重重，犹犹豫豫，设立了许多束手束脚的限制，诸如规定"宁波通日本，泉州通琉球，广州通占城、暹罗、西洋诸国"。这样看来，虽然有诸多的限制，海外的贸易市场，还是颇为广阔。到了洪武七年（1374），朝廷认为"倭患起于市舶"，又撤销了宁波、泉州、广州三个市舶司，绝日本贡使，只允许少数国家前来朝贡，朝贡之外的附带物资，诸如香料、珠宝、象牙、犀角之类，才允许与官方进行贸易。而民间的通商贸易，则完全堵死，不留余地。

郭子章在《国朝平寇记》上，曾有记载，说洪武二年（1369），"倭寇惠、潮诸州"。据称，这一批倭寇，是元朝伐日本的时候，留居在日本的"南人"，也就是出身南宋境内的汉人。陈天资的《东里志》卷一，亦有记载，曰："盖元伐日本无功，南人被留于其地者，以数万计。自是习熟海道，寻寇海滨，自澄莱至广惠千余里，咸被其害。"

史载，元伐日本，共有三次，除了第三次流产，其余两次，均以失败告终。第一次伐日，是在元至元十一年（1274），元世祖忽必烈建立元朝不久，还没有统一全国。当其时忽必烈义理在手，剑指东瀛，委托高丽造大小战舰 900 艘，联合蒙、汉和高丽军队共 30000 多人渡海远征。由于后援不力，加之遭遇飓风，元军有 13000 余人丧身风暴，最后只能撤军。

至元十八年（1281），忽必烈准备更加充分，发动蒙、汉和高丽军队 14 万人，分两路进攻日本，一路 40000 人由忻都、洪茶丘率领，从高丽渡海；一路由范文虎、李庭等率领的江南屯田部队 10 万余人，从宁波、定海出发。元军出征虽然声势浩大，军威赫赫，但内部却忧患重重，互有戒心，凝聚不力。强行登陆之后，即遭遇台风，又遭到日本幕府的掩杀，元军死伤惨重。这次"弘安之役"，令人唏嘘不已，十多万大军远征日本，最后只有 3 名士兵拼凑小船，逃回中国。《元史·日本传》记载："十万之众，得生还者，仅三人耳。"《中国历史纪事》也载曰："元世祖命范文虎等攻日本。七月，飓风毁船。八月，诸将弃船逃归，全军仅存十之一二，范文虎所领南军得还者仅三人。"

伐日无功而留下的大量俘虏，蒙古人、色目人、北人，都被日本人杀掉，南人则不杀。因为南人大多温顺、驯服，好奴役，少反抗。

后来，因为连年倭寇、海盗频繁，洪武二十年（1387），海阳县南澳岛的居民，被命令全部迁入内陆居住。《东里志》上有一条记载，最为详确，其文曰："四澳旧有居民，国初属海阳，与黄隆、海山俱为信宁都地。洪武二十四年（1391），以居民顽梗，尽发充海门千户所军。因误粮饷，仍发回四澳渔耕。永乐间，倭夷越海劫掠，难于防御，将吴宗理等九十五户，徙入苏湾、下外二都安插。原田地五十三顷令抛荒，不许人耕，以绝祸根。原粮一百九十五石，派洒二都赔赈，后乃均分海、揭、潮共纳。"把南澳岛的居民发充为海门千户所（应为潮阳千户所）的军户，理由是"居民顽梗"。这一年，潮阳千户所刚刚建立，发南澳岛居民充军，有点像洪武十五年（1382）"籍广州疍户万人为水军"的做法，史载："时疍人附海岛，无定居，或为寇盗，故籍而用之。"三年后潮阳千户所由招收都（今达濠一带）迁至新兴乡海口村，才更名海门千户所。

蓝鼎元的《潮州海防图说》，曾详细描述了南澳岛的四澳，乃隆澳、深澳、云澳、青澳。青澳在东，涛流险恶，无泊舟善地；云澳在南，近岸皆沙，水浅风飞，巨舰亦难停顿；深澳面北，半倚山河，外险内宽，千舟可聚，若北风狂发，则不如隆澳之安；

隆澳在西南，南飙骤起，则又宜于深澳；深澳之口为青屿、为腊屿，与长山尾汛，皆捍卫门户的要地。

其实，早在10000—8000年前，南澳岛与附近的众多岛屿，本来就是大陆的一部分，或者说与大陆相连，后期因全球气候变暖，冰川融化，海平面上升，潮州断陷盆地，开始变成了古海湾，遂使南澳及周围的岛屿，孤悬海上。

朱元璋登基以后，自以为聪明，却智者千虑，必有一失。他的皇朝，由于缺乏足够的近海防御和跨海作战的能力，而采取保守的迁海政策，全方位退守内陆，把近海、沿海的岛屿，悉数放弃，殊不知这些岛屿，便成了倭寇、海盗的窝点、贼巢。蓝鼎元就曾指出："明人防海，知设水寨于柘林，而不知南澳之不可弃。迁其民而墟其地，遂使倭奴、红彝，盘踞猖獗。"

南澳的位置，实在非同小可，其地处韩江入海口外，独立于大陆之缘，扼海外交通之要。成书于崇祯二年（1629）的《闽书》，谓其地理形势曰：南澳"四面阻水，可三百里；潮则通柘林，漳则通玄钟，历代居民，率致巨富"。顾祖禹的《读史方舆纪要》，对南澳岛港湾交错，有田可耕，有险可依，也多有描写，其云："其山四面蔽风，大潭据中，可以藏舟"，"内宽外险，腊屿、青屿还处其外，一门通舟，中容千艘，番舶、寇舟多泊焉"。

舍弃南澳，则让倭寇、海盗有了极好的冲破明朝海禁，躲避、抵御官军的隐秘地和根据地。辑于天启元年（1621）的《武备志》，就曾言及朝廷舍弃南澳之弊，谓其予倭寇与海盗以周旋、喘息之机，其曰"广捕之急，则奔闽，闽捕之急，则奔广"，再急，则奔海外。

海禁、倭患的接踵而来，让一向背山阻海、靠海吃海的潮州人，备受艰难与煎熬。本来，潮州地处沿海，资源匮乏，与内陆交通及经济交往不甚方便，人们只能挺身冒险，向海而生，通过风高浪急、漂泊无涯、生死难卜的海外贸易，以求发展，故自隋唐以来，一向素有"潮、漳以番舶为利"、"非为生于海，则不得食"、"出没巨浸，与风涛争顷刻之生"的历史传统。

而与宋元以前诸朝开放贸易相违背的明朝禁海令，则严令"寸板不许下海，寸货不许入番"，并制定了极其严酷的法律，《大明律》有律条曰："若奸豪势要及军民人等，擅造三桅以上违式大船，将带违禁货物下海，前往番国买卖，潜通海贼，同谋结聚，及为向导劫掠良民者，正犯比照已行律处斩，仍枭首示众，全家发边卫充军。其打造前项海船，卖与夷人图利者，比照将应禁军器下海者，因而走泄军情律，为首者处斩，为从者发边充军"。对参与买卖外国商品的居民，也不放过，其令曰："敢有私下诸番互市者，必置之重法，凡番香、番货皆不许贩鬻，其现有者，限以三月销尽。"还明令要推行株连，曰："严禁沿海居民，私与贼市，其邻居不举者连坐。"

第一个被处斩的，是洪武年间举家逃生到海外的潮州人陈祖义。陈祖义于永乐五年（1407），诈降被第一次下西洋的三宝太监郑和识破，带回北京，被明成祖朱棣斩首示众。当年，像陈祖义这样越海逃生的人，有数以万计，明人张煊的《西园见闻录》，就曾记载过海禁之后，这些为了生存，逃往海外谋生的人，其云："国初……两广、漳州等郡不逞之徒，逃海为生者万计。"陈祖义到了南洋以后，做起了海盗营生，鼎盛之时，超过了几万之众，雄霸于日本、台湾、南海、印度洋等海面上，是当时那一片海域的霸主，曾经掠夺海上船只过万艘，攻打过沿海城市 50 多座，朱元璋曾最高悬赏 750 万两白银，来缉拿陈祖义。

朱明王朝这种罔顾民生、置民于水火的做法，势必行之不通。滨海的民众，生理无路，兼以饥馑荐臻，无所得食，那么，剩下来的就仅有一条路，铤而走险，以求一逞。实际上，有明一代，东南沿海民间非法的海上贸易，从未间断。据《明英宗实录》记载，正统年间，潮州就已有滨海之民，"私下海，通货爪哇"；成化二十年（1484），"有通番巨舟三十七艘，泊广东潮州府界"；嘉靖《潮州府志》也载曰："闽粤滨海诸郡人，驾双桅，挟私货，百十为群，往返东西洋，携诸番奇货。"

最好的交易地点，莫过于南澳。日本、荷兰等多国商人，心知肚明，亦云集于此，前来贸易。《筹海图编》曾对这些地下贸易，有着详尽的记载，云：海商们"定期于四月终至，五月终去，不论货之尽与不尽也。其交易乃搭棚于地，铺板而陈所置货物，甚为清雅。刀枪之类，悉在舟中"。

当其时，沿海的许多豪门、官员、官员眷属，都与外商、海盗有着关系，而对于升斗小民，不能通番，则无疑于生计无着，坐以待毙。与其束手无策，困在一隅，不如参与到和海盗的私通接济活动中，以"一叶之艇，送一瓜，运一樽，率得厚利"；有的则干脆加入其中，把海盗当成职业。这样的禁海，完全适得其反，恰好让海盗们具有了民众基础，官兵来围剿海盗之时，沿海民众的反应是："每见官兵动静，则星火徒报，官府密令哨探，则推避不从。"

与南澳一海之隔的柘林，也是海舶贸易、交换商品的理想之地。嘉靖十七年（1538），饶平知县罗胤凯所作的《议地方》，曾云："柘林前金门一道，上据白沙墩，下据黄芒、南洋，外跨隆、深、云、青四澳，内则延袤黄岗、海山、钱塘、樟林等处乡村，闽广货舟所经，本地鱼盐所萃，颇有贸易之利。当风汛时月，每有番舶据海劫掠，而濒海顽民，又乘时入内港为患，岁无虚日。""嘉靖时，番船已经常往来，知暹罗与潮人之移殖交流，由来久矣。"《读史方舆纪要》也记曰："柘林澳在其南，暹罗、日本及海寇，皆泊巨舟于此。"《东里志》亦载曰："后澳，在柘林西山之麓，澳面宽平，水波不兴，可容千艘。"

由于占有如此的地理优势，继南澳之后，柘林也成了一处私贸中心。饶平人许栋通倭的船舰，与日本的商船往来频繁，柘林就成了他的主要停泊点，常常有商船几百艘，停泊于此。此时柘林入口的货物，主要有大米、白砂糖、布匹，出口的货物，则有陶瓷、红糖、茶叶。

万历元年（1572）冬天，柘林被饶平人林凤攻占，林凤拥有战舰300余艘，40000余众，在柘林驻扎的那一段时间，与外国商船在海上互市，柘林湾成了通商贸易的闹市。

当然，作为传统和牢靠的根据地，并有较多活动的，还是南澳岛。终明一朝，潮、漳所有的重要海上武装集团，其主要人物如许栋、许朝光、曾一本、谢策、洪迪珍、林国显、徐碧溪、林道乾、杨老、魏朝义、郑芝龙，都曾经在此盘踞。许朝光日子过得逍遥快活，竟效法大王，带领随从，华装艳服，招摇过市，穿行于沿海村寨，忘记了"卿本何人"。乾隆《潮州府志》写道，许朝光不单在南澳修宫室、建敌楼、筑城寨，也"分遣其党，据牛田、鮀浦诸海口，商贾往来，给票抽份，分曰买水。朝光居大舶中，击断自姿，或严兵设卫，出入城市，忘其为盗也"。

假如不带偏见，平心而论，许朝光的"买水"，却也有他的独到之处。他自任"澳长"，将类似于后来的"海关"和"海洋执法"的职责，结合在一起，并仿照官方的市舶机构，对往来的商船"抽分"收税，交税的海商称之为"买水"，澳长则要保证船、货在海上的安全。

史载，做"澳长"的并不止许朝光一人，林凤，还有后来的郑芝龙，在私商贸易之外，都效法了许朝光的这一个"抽分"法，与官府争夺商船税。这种类似于收取保护费的收费，让他们的收入更加稳定，朝廷浪费了海洋，海盗们不肯浪费。

在南澳岛深澳湾接近入海口的地方，至今还有一处名为"吴平寨"的村庄，这可能是中国漫长的海岸线上，唯一一个用海盗的名字命名的村庄。吴平是嘉靖年间，活跃在南澳岛的众多海盗首领之一，民间称其为"吴平王"，对于他的传奇故事，人们一直津津乐道，比如他虽然五短身材，个子不高，但精干彪悍，多谋骁勇，能在海里潜游七八里，从诏安游到南澳。

比如他嫉恶若仇，爱恨分明。当初他在人家为奴，主人待他和善，主母却待他刻薄。当海盗后，吴平善待主人，却掠走主母，在她的双乳缚上水壶，并令她裸身磨米，人动则壶摇，水倾则淋其身，以为报复。

嘉靖四十四年（1565）秋，吴平寨外，曾有过一场恶战，对阵的双方都是声名赫赫，一边是战功卓著的戚继光、俞大猷，一边是"设三城海上，纵横南澳、浯屿间"的吴平。

吴平早已料到会有此一战，他在寨前的海湾里，布下了海底石墙，阻止俞大猷率领的水军。双方的力量对比是：吴平战船400艘，众10000有余；俞大猷统领的福建、广东水兵，战船300艘，戚继光统帅的"戚家军"，5000人。可见吴平的实力，丝毫不逊于朝廷的正规官军。之前，俞大猷曾对他有过招抚，但他虚与委蛇，旋复反叛。

此番，戚继光一到南澳，即在外围运石、沉船以阻塞港口，同时以兵船环列南澳岛，将全岛封锁，随后登陆，与吴平恶战数天。后俞大猷赶到，与戚继光会同作战。此后，戚继光做出战略调整，以精兵2000在正面佯攻，又以精兵3000，从云盖寺登陆，芟刘林莽，且息且进，用三日时间开出一条秘密小道。布列妥当，铳炮齐发，杀声震天，从背后奇袭吴平，打了他一个猝不及防。

是役，吴平大败，仅一日夜，被俘斩者万余人。吴平仅率百余人驾小舟逃脱，后又被俞大猷的部将汤克宽，追击至安南（今越南）境内，不知所踪。有人说他战死在安南，也有人说他又再次逃走。顾炎武在《天下郡国利病书》中，作这样的记载："然，往有亲见平鲜衣怒马，在京浙间为富商大贾。平已炙其面……人无识者。"

逼得人种田如绣花

朱明王朝的海禁，就好比怕水、不会水的人，到了海边，看到风起浪涌，波涛卷来，劈头盖脸，气吞山河，夺人魂魄；那声势，那阵仗，吓得他心中惶恐，一刻不留，掉头就跑。持续的海禁，一波比一波严厉，让沿海的人民，很是受伤。潮州处山海之间，人稠地狭，生存空间仄逼，自古以来，大多数人靠海为生，正如《澄海县志·潮汐》所载，早已形成了"耕三渔七，商舻贩舶往来如蚁"的局面。现在，寸板不许下海，寸货不许入番，人们龟缩在山海之间这一片狭长的冲积平原上，"土田所入，虽有大年，不足供三月粮"。《澄海县志·风俗》，把潮州这种人多地少、产出有限、供求失衡的尴尬，直接记录在案。人们在多少无奈之中，只能收起杂念，收拢脾性，潜心下来，琢磨着如何重新规划生计，如何重新适应环境，生存下来。

世人所谓的潮州人种田如绣花，就是在这个时候，逼出来的。史书记载，明代，潮州农民就已经懂得复种和轮作耕种。有一首押潮州话韵的传统民谣，在作田人的口中传唱，词曰："荷犁牵牛下田中，生为农夫忙又忙。一年四季忙不了，春夏过了又秋冬。"作田，是潮州人对田园的一种认知，作田需要用心，需要管理，需要研究，像写作、运作、操作、细作，不用心不行；不像种田，种田可管可不管，种下去了，任它自生自长，收多收少，都可以。

潮州四季温暖，季季皆可耕种，潮州的农民，一年都是农忙，几乎无有闲时，不像北方，冬天来了，农田一切农活皆停下来了，人们不须劳作，无所事事，就是农闲。自从明代潮州的作田人发明了复种和轮作，潮州的农村，就再也没有农闲。复种是大田里一年种双季水稻，再加种一次麦、薯、麻、蔗之类，让作物一年三熟。三熟制并不是一成不变，为了提高产量，减少地力消耗，作田人还不断尝试，试验轮作。有时候是春收小麦、夏收水稻、秋收水稻或花生；有时候是春收红薯、夏收水稻、秋收水稻；有时候三造是小麦、花生、水稻；有时候三造是小麦、水稻、红薯；或者蔬菜、水稻、水稻；又或者大豆、水稻、红薯；甚至绿肥、水稻、水稻……

农人们一年一年摸索，收成的情况熟记心里。史载，人们曾经尝试一年种三季稻，三季稻虽然有利于增加产量，但禾本作物，在大部分耕地上长年连作，一年内本田期长达330—340天，这样一种掠夺式的土地经营，使土地缺乏肥力，又容易滋生病虫害。几年尝试下来，农人们的评价是：因小失大。

精耕细作，不遗余力，也是作田人自明代传承下来的。弘治十二年至十八年（1499—1505），潮州知府叶元玉，遵循汉制，于春季时，巡视所辖州县，督促耕作，曾写下记事诗《至揭阳》，诗曰："太守行春到揭阳，村村男妇事耕桑。道旁野老无拘束，笑指公家马足忙。"

隆庆二年（1568），知府侯必登春耕时到达潮阳，看到的，也是人们备耕动用犁耙，防倭不离武器。当其时，他以兵部郎中出任潮州知府，莅任之后，立即罢去徭役捐税，革除苛政，专注防倭，给老百姓以休养生息之机。方志上载，"民获安居"，皆侯氏力也。这一次他来到潮阳，老百姓纷纷掌灯照明，一起拥到城门口迎迓，让他颇生感慨。《晚至潮阳》，写的就是他这一次巡视的所见所感，诗曰："耒耜方春举，干戈向晚亲。牛呼曾失犊，犬吠乍归人。雾月明山路，轻云散海滨。儿童亦知喜，灯火拥城闉。"

潮州人最拿手的精耕细作，便是间套种，此乃两种耕作方法：间种和套种。间种是在种植主种作物期间，间种不同的早熟作物，间种作物早收，主种作物迟收；套种是在主种作物生长的中、后期，套种不同的迟熟作物，主种作物先收，套种作物迟收。间套种的方法不尽相同，形式五花八门，多种多样。平原地区，以幼龄柑园的间种，和部分粮食作物、间套种经济作物为主；

山区、半山区，以番薯、花生间种大豆，幼果林，间种杂粮和药材为主。这时期，已经有稻底小麦、稻底豌豆、稻底麻、稻底菜，秋花生套种甘蔗，过冬薯间种小麦，稻底薯间种大小麦，花生间种大豆，花生套种甘蔗以及蔬菜等各种间套种。

潮州人作田，巧手细心，日日农忙，本来是人多地少，也变成了人手紧缺。男人下田种作，女人便主内持家。女孩自小就要学针工，习手艺，帮母亲操持家务。嫁出之后，成了别人家的新妇，不仅要遵守家规、族规、乡规，还要侍奉翁姑、夫婿，做好家务。

潮州风俗，每日天微朗，新妇就要起早下厨煲糜，接着要赶紧梳妆，再打水给翁姑、夫婿洗面，早餐要盛好白糜让他们先吃，自己最后才吃，然后一刻不停，洗碗、洗锅、煮猪食、喂猪、喂鸡、洗衣服、择菜、洗菜、煮中午（饭）。午饭后，才有稍微歇息的时间。下午，又要做女红。潮州人选女婿，怕选错对象，耽误女儿终身，相亲的时候，除了看相貌体格、言谈举止，一定要问他知不知道生产季节的特点，若对生产内行、耕作熟悉，说明勤劳可靠。所以生儿子的父母，供他读书的同时，也要传授老农的耕种经，防备看女婿的时候出丑，遭人嫌弃。于是有人就把耕作经验，编成了歌谣，有《四季生产歌》，其曰：

> 正月落早种，二月荫南瓜。
> 三月种地豆，四月茄开花。
> 五月桃李熟，六月摘西瓜。

七月采龙眼，八月剥麻皮。

九月鱼菜齐，十月新为炊。

十一月柑红皮，十二月梅开花。

人力落（勤劳），地不惰，

老伯公（土地爷），说好话。

还有《早稻生产歌》、《晚稻生产歌》等等。

打春是潮州的一项重要农事祭祀。立春的那一日，潮州府各个县的知县，都要率领僚属，到县城的东门外，举行祭芒神、迎春耕的仪式。立春的前一日，会有人将事先用稻秆、树枝扎好的一座芒神，和泥塑的一头土牛，迎到东门外。在立春日的破晓时分，便列队前往祭祀。祀完，由知县带头，每个人鞭打土牛三下，以倡导人民勤耕力作。打春之后，会有各种各样的庆典活动，唱春牛、舞春、游神赛会、舞社火、唱潮腔，热热闹闹，因此，打春，也叫做闹春。民国时期，潮州还有不少县城在举行打春活动，民国二十九年（1940）前后，形式上有所变化，有的县城，以真牛代替土牛，祭祀之时，县长把一块绸缎挂到牛角上，扶犁扬鞭慢行一周，并撒下一把谷种，称为示耕。

打春的节气，在潮州特别的明显，这时，北风犹如强弩之末，吹不来了，南风带着海上的水汽，一路吹来，给平原北部的山峦挡了，城里城外，烟雨蒙蒙，雾岚袅袅，布谷声中，一派迷离。

海禁以后，重心转到农事上面，潮州人一门心思，想着要把农事，打理得十全十美。水稻浸种之时，人们要举行择吉、驱邪、祭神三种仪式。早造浸种，吉日须选在正月初四之后。坊间传说，腊月廿四，诸神上天述职，到正月初四，诸神才能回到凡间值守，初四之前浸种，就得不到神灵的保佑。稻种用洁净的清水洗净之后，人们须郑重其事地泼洒七色花水，就是用红花、抹草、春草、榕叶、竹叶、麦穗、厚合等七种吉祥花草浸过的水，以驱魔瘴、辟邪气，祈愿稻种在洁净的环境中，发芽、生长，毋生病害虫害。接着，人们还要带着祭品，来到育秧的田头，拜祭土地伯公，烧香祷祝，祈遂心愿。

　　已经把作田做到了极致，干脆把祭神，也祭到极致。潮州人遵从内心，信奉心到就好，心诚则灵。冬至前后，是潮州人封冬的日子。冬至在潮州是一个大日子，潮州人把冬至叫做冬节，是与春节同等重要的节日。一年四季，春夏秋冬，只有春节和冬节。春节要做粿，冬节要搓圆。搓圆就是浸糯米、舂糯米粉，用糯米粉和开水，在冬节的前一夜，搓成白白的汤圆。这些汤圆一粒粒只有指关节大，实心无馅，沸汤之中，浮在汤上。冬节那一日清晨拜天公、上午拜祖宗，都要供一碗冬节圆。冬节拜天公、拜祖宗、吃冬节圆，是一种仪式，但有一些汤圆必须留下来，不能吃，要用来封冬。留下来的冬节圆，用拜祖、拜天公上香的香杆，串成一串一串的，在冬节的夜间，端一盏豆油灯，挨着插在福德庙、宗祠、神龛和谷仓、麦仓、豆仓、米瓮、眠床、门窗、灶头，还有鸡栏、鸭栏、鹅栏、猪舍、牛棚。有些人家，甚至在家中的器物上，也粘上几粒冬节圆。

　　饶平的封冬，比别处更是讲究。冬节那日，家家户户会煮上一锅冬节圆给耕牛吃，还会在耕牛的两个角、脊梁和尾巴上，分别粘上三粒捏成"一"字形的冬节圆，这十二粒冬节圆，代表一年十二个月中，耕牛无病无灾，体壮膘肥，有力康健。

元军入主潮州以后，潮州人看着这些手抓嘴啃，食牛、食羊的异族，不为所动。《潮州志》载，曰："畜养原为农业中之一支，惟州属极少专营，所有多为家庭副业。"潮州人养牛多为役用，除通常耕耘田园之外，开糖寮时，则用以榨糖。近水的农家，多养水牛；山居，则养黄牛。水牛每日可耕田四五亩，黄牛仅日耕两三亩。农家养猪极为普遍，每户一头，多者两三头，以收肥料为主要目的，肉食倒在其次。养羊不甚普遍，仅山区有少数富裕人家养殖，每群十余头，多者三四十头，放牧于山野草地，城镇日常食宰极少，年节拜祭及祠祭所需，则尚足自给。潮州城内新街（今义安路），有两条巷，一曰宰牛巷，一曰宰羊巷，那是潮州音谐音口误，以讹传讹，约定俗成，实则一是宰辅巷，一是载阳巷。

养鸡养鸭养鹅，是通常的家庭副业。潮州人吃白切鸡，有一个人无我有的诀窍：备一深锅沁凉的白开水，沸水急汤中的光鸡，八成多火候，速提上来，迅疾插入凉白开中，这骤然而至的急冷，令鸡肉立即收紧，鸡皮自然脱开，白切以后，肉质紧、脆、细腻，肉汁内涵，鲜美至极，且不塞牙。自然冷却的白切鸡，肉质松垮、粗糙，没有这样极致的口感。饶平、澄海的狮头鹅，人人皆知，自不必说了。

潮州人把田园，分得清清楚楚，田是种植农作物的，园是种植经济作物的。海禁以后，潮州即大规模栽种水果。《永乐大典·潮州府》载：

> 若夫果实之生，不能以数计。其可品者，若杨梅、若枇杷，以春熟；若荔枝、若莲房，以夏熟；秋则龙目（眼），冬则黄甘（柑）。杂于春夏间者，曰梅、曰李；于秋冬间者，曰梨、曰柿。历四时而常有者，曰蕉、曰甘蔗。间见时有而不可以常有者，曰菠萝蜜；昔无而今有者，曰葡萄、曰木瓜。

不列其中者，还有橄榄、杨桃、菠萝、芒果、木子、蜜桃、青柚、黄皮、石榴、林檎，等等。

果农种果，所花心思，完全不亚于稻农，他们因地制宜，大田种柑橘、香蕉、杨桃，山坡种桃李、青梅、橄榄、菠萝、荔枝，厝前厝后，种龙眼、黄皮、枇杷、石榴。

潮州诸水果中，潮州柑最负盛名。唐初漳州别驾丁儒的《闲居二十韵》中，有"蜜取花间液，柑藏树上珍"的诗句，说的就是潮州柑。陆游有一次食柑，触及心事，心生感慨，尝作《南窗擘黄柑独酌有感》，诗云：

> 放翁潦倒鬓成丝，也把花前酒一卮。
> 何限人间堪恨事，黄柑丹荔不同时。

与陆游心存块垒、忧然不乐相异，苏轼依然风轻云淡、超然洒脱，虽然连遭贬谪，囊中羞涩，来到柑园，仍然大快朵颐，完了，还作《食柑》一阕自嘲，诗曰：

> 一双罗帕为分珍，林下先尝愧逐臣。
>
> 露叶霜枝剪寒碧，金盘玉指破芳辛。
>
> 清泉蔌蔌先流齿，香雾霏霏欲噗人。
>
> 坐客殷勤为收子，千奴一掬奈吾贫。

　　潮州柑好，橙则逊之。明黄佐的《粤会赋》曾载曰："柑橙丸金，此地橙多酸，不如广州之甘美也，海、揭诸邑人，常与槟榔合食之。"黄佐不是潮州府人，也未曾到过潮州任职，不知潮州人不喜食橙，而喜食柑。郭子章在潮州当过知府，知道潮州人的品性嗜好，他在《潮中杂记》就专门提及，云："潮果以柑为第一品，味甘而淡香，肉肥而少核，皮厚而味美，有二种，皮厚者尤为佳。"郭子章提到的"皮厚者"，就是潮州椪柑，当年，曾作为贡品，奉献朝廷。"有二种"是指潮州椪柑、潮州蕉柑。后来，还培育出第三种，潮州雪柑。黄佐提到的，就是第三种，潮州雪柑，确有点橙的样子和味道。

　　《潮州志》也曾记载云：

　　潮州果类，以柑桔为最著，实大而汁多。岁输津沪南洋，数值至巨，且曾远销伦敦市场，饮誉欧西。昔日本人曾采州产柑苗回植台湾，惟收效不及斯土。本州所产，则以鹳巢、彩塘一带为最佳。

据考，鹳巢栽种柑橘，始于嘉靖年间，到乾隆的时候，柑橘特别是椪柑，已成为主要特产。鹳巢种柑人有谚，云"柑食人影"，实则谓种柑的人，必须勤勉，时时出没于柑园，悉心照料。人在柑园，人影，势必也在柑园。

潮州柑，尤其是潮州椪柑的滋味、样貌、皮色，实在引人关注，让人过齿不忘。民国二十四年（1935）十一月三十日，《申报》本埠增刊，曾刊有一则时人评论，云："潮州柑上市了，那碗样大的柑，会使你垂涎三尺的。"民国十年（1921），署名为"抱一"的旅行记者，到潮州以后，也曾经撰文曰：潮州"农夫种柑一亩，岁可得三百余元……已骇人听闻矣"。而当其时，更有专家刊文曰：我国柑橘产额在世界位列第三位，全国"每年柑橘产额约一千万元，而潮州柑产额已占五百万元之巨，则我国柑橘其一半出产于潮州，由此可见潮州柑在世界上、全国上所占之地位矣"。

明正德四年（1509）十二月，一场大雪，不期而至。这让罕遇飘雪的潮州人，措手不及。人们既紧张，又有点畏惧，打开客厅门缝，探头探脑，瞅一会儿，又缩回去，默不作声。

不久，人们觉得潮州的大雪，也不外如此，就是冷一些，冻一些，让人发抖，指尖脚尖发麻，手臂、胸腹起鸡皮疙瘩，肚子里，老觉得空空如也。比起年年说来就来、暴戾无度、摧枯拉朽的台风、暴雨、海溢，大雪，反倒感觉危害不大。人们套起絮了棉絮的肚兜、裤腿，拎起了焚着火炭的火篮（笼），也就觉得，与老天爷相安无事了。

这一次大雪，史书上有着记载，曰"积雪一尺多厚"。此后，见诸史书记载的，还有康熙二十九年（1690）冬，和雍正七年

（1729）春。此类经历多了，人们才心有余悸，也晓得了，大雪会冻死庄稼、林木、果蔬、人畜。

正德的这一场大雪，只是让潮州人观望了一会儿，踌躇了一会儿，晚出门了一会儿。有心急性急的潮州人，按捺不住，迎着飘雪，出街上市，开门撑窗，做生意了。

广济桥也一样，人们里三件外三件，再着一件棉袍，袖着双手，耸着两肩，踏着白雪，就到桥上来了。宣德十年（1435）王源扩建广济桥后，桥上那些亭台楼阁，慢慢变成了人们营生买卖、摆摊设点的所在。过往的行人，过境的旅客，也贪图这种方便，享受这种直捷，顺手买卖，省却了多少麻烦。官府把桥名起得冠冕堂皇——广济桥，民间却买卖两便，有利可图，铜臭炎炎，大家怕亵渎了官府的威严仪端，便从俗从众，以口口相传的小名唤之，曰"湘子桥"。

早年，湘子桥的桥市，常常见诸文牍。有专家谓，桥的地理位置，和建筑形式，使它很快就成为了一座热闹非凡的桥市。当其时，天刚破晓，江雾尚未散尽，桥上已是人声鼎沸，史载"人语乱鱼床"；待到晨曦初露，店铺竞相开启，茶亭酒肆，各式旗幡迎风招展，更有登桥者抱布贸丝、问卦占卜，摩肩接踵，车水马龙。

明人李龄，在《广济桥赋》中有这样的描写，其云：

若夫殷雷动地，轮蹄轰也；怒风搏潮，行人声也；浮云翳日，扬沙尘也。响遏行云，声振林木，游人歌而驿客吟也；凤啸高冈，龙吟瘴海，士女嬉而箫鼓鸣也；楼台动摇，云影散乱，冲风起而波澜惊也。此等绘声绘色，也不知是写桥，还是写桥市。

入夜，湘子桥又是另一番情景，月牙高挂，鱼贩犹在，桥上桥下，游人摩肩，花娘花艇，燕语莺声。有诗人情不自禁，抚桥栏杆，即景吟诗曰：

> 吹角城头新月白，卖鱼市上晚灯红。
>
> 猜拳蛋艇犹呼酒，挂席盐船恰驶风。

俞蛟《潮嘉风月》云："潮州居羊城东北，山海交错，物产珍奇，岭表诸郡，莫之与京。以故郭门内外，商旅辐辏，人烟稠密，俨然自成都会。""京"本义高、大，"莫与之京"，乃形容首屈一指，无与伦比。当其时，潮州成了内河水陆交通的大码头，一桥一江，十字交汇，岭南岭东各州，以此为枢纽，陆路进京，走广济桥，过福建江浙；水路进京，船驶韩江，北上闽赣。这种地利，促成了湘子桥桥上桥下的数百年繁华。同治七年（1868），英国摄影师约翰·汤姆逊来到潮州，旋被湘子桥的独特身姿所折服，他用三脚落地、乌布遮盖的木头风箱照相机，拍下了湘子桥有史以来的第一张相片，制成明信片，并在明信片上详加说明，其云："潮州韩江桥也许是中国的一条最值得一提的桥。它和伦敦老桥一样，它们都为城市提供了一个可供居民做生意的地方。"

其时，坊间曾经笑谈，云："到了湘桥找湘桥。"说的是湘子桥上，桥屋比邻，市肆毗连，熙熙攘攘，人头攒动，完全是一副街市的场景，全然无有一种桥的味道，致使一些慕名前来的旅人，到了湘子桥上，还到处找人打听湘子桥在哪里。坊间还有一说，曰："桥顶食炒面，大街看亭字。"说的都是潮州必须去的地方，湘子桥上的面食店，白糖炒面，加豆芽葱白，独具风味，清脆爽口，人不能忘；大街上石牌坊的亭字，出自名家手笔，俊逸典雅，让人仰望入神，揣摩默记，书空流连。

湘子桥的热闹好玩、营商便民，让韩江的船户、艇家、渔父，闻风而动，闻讯而来。他们簇拥在桥下，翘首仰望，却不知所措。桥上的小商小贩观望好久，灵机一动，用绳子缚住竹篮，从桥上吊下，汝交钱，我交货，一笔买卖，瞬间成交。更有商家精明，在桥墩上安装木梯，好让桥下的人，上桥买物，自己也好下桥，看看船上，有什么新鲜好物，可以采购。

湘子桥的这种盛况，催生了一首民谣，曰：

> 到广不到潮，枉费走一场。
>
> 到潮不到桥，白白走一遭。

这首民谣，历三几百年，在四乡六里，广为传唱。至于民谣是自本地人起始，还是外来者首唱，一直不为人知。

一里长桥一里市，得益的是百姓，桥的维修管养，则由官府担承。史载，盐运同知分管桥务期间，东桥桥墩和浮船如有损坏，均由盐务拨款维修，在盐的饷价项下之杂项费用列支；若桥墩、浮船被洪水摧毁，也由盐务负责修复。道光二十二年（1842），韩江水涨，东岸桥墩被洪水冲溃9座，其时，盐务负责修复5座，其中，由嘉应盐商丘慎猷捐千金修复1座，平远、蕉岭盐商捐修3座，潮桥海运船户捐修1座。

《潮州志·丛谈志》曾载云：

当太平盛时，人易为乐。而城东临河一带……商贾辐辏，市舶连云，榷馆傍岸，挑贩络绎；茶居酒帘闹其上，水榭笙歌喧其下，官绅士庶之所登临，篙工民夫之所游憩。

如此美妙的一个地方，名士题咏，骚客品花，踵相接也。与金陵的秦淮花船、广州的珠江花舫、浙东钱塘江的江山船一样，潮州的韩江六篷船，也应景而生。陶文鼎在《潮州竹枝词》中吟咏：

湘桥如画水当中，才过三篷又六篷。
毕竟山川须点缀，一双蝴蝶布帆风。

六篷船潮州人叫做客船，或者疍家渔船，张对墀的《潮州竹枝词》，就把俗称为疍家渔船的六篷船，摹写得让人遐想，其曰：

> 蛋船无数大江中，蛋妇如花倩倚风。
> 多嚼槟榔当户立，一笑一迎玉齿红。

从清早期至清末叶，韩江流域上上下下，都行驶着这些扬着蝴蝶帆的六篷船，它们风姿绮丽，兼具载客与玩乐的双重用途，官商士旅，皆可乘坐。嘉应州知州黄鸿藻，在题为《题韩江坐钓图》的诗上作注，特地解释道："潮州六篷船，每张两帆，如鸟振翼，俗呼蝴蝶帆。"陶文鼎在《潮州竹枝词》也自注曰："潮州人以布帆张船两畔，名蝴蝶船。"

坐此船者，非官即商，一般人，也就是偶尔试水而已。当其时，潮州有3种饮誉大江南北的货物，曰潮糖，曰潮蓝，曰潮烟。潮蓝，即是蓝靛，在化学染料未发明之前，是最重要的植物染料；潮烟，是一种优质烟丝，刘鹗在《老残游记》中，曾经提到的"兰花潮烟"即是，汪曾祺忆写昆明的文中，也曾经提过。民国十四年（1925）出版的《六十年来岭东纪略》则载之曰："潮嘉两属以潮阳、揭阳、饶平、大埔、梅县栽种烟叶为最多。产品分赤叶、黑叶两种。赤叶为黄烟丝之原料，向上海方向输出；黑叶则为黑烟丝之原料，为地方人民所需要。"

其实，潮烟也注重外销，在外销中，各家烟号，非常专注烟丝的包装，据说，因烟丝包装极为严密，其装箱的烟丝运到南洋一带时，打开盖子，往往还感到一股暖香气。烟的妙处，被潮州人用到了极致。光绪《潮阳县志》曾载云："烟，潮音芬，高数尺，棉产为上。梢叶承露，制烟极佳。干及低叶用插稻根，可杀害苗诸虫。""棉产"，当指棉城一带所产。

潮中曾有专家言："中国风月文化多与烟水鳞接，别有一种柔情似水、烟水天涯的文学色彩。"此语妙哉，一种女人水做，温婉柔媚之感，如在眼前。俞蛟的《潮嘉风月》，即是一卷言风月的文言小说，此书专记潮州、嘉应二州青楼艺妓诸事，分为《丽景》、《丽品》两篇，上篇总述二州青楼盛况，下篇逐一介绍二州的佳丽名妓。《丽景》开篇，即直奔主题，其曰：

> 昔韩文公贬潮州刺史，驱鳄鱼之害，开文教之端。后人追慕其德，名其江曰'韩江'。越今七百余年，烟波浩渺，无沧桑之更。而绣帏画舫，鳞接水次；月夕花朝，鬟影留香；歌声戛玉，繁华气象，百倍秦淮。

说是文言小说，其实记载的都是真人实事，并非杜撰。当其时，六篷船媚兮雅兮，不同凡俗，人称"花艇"，舟中歌妓，则云鬟分梳，薄如蝉翼，峨眉约秀，淡若春山，彩袖曳风，唾花凝碧，绣鞋步月，瘦玉生香，人称"花娘"。花娘花艇，亦是湘子桥的标签。俞蛟记叙的竹姑、贞娘、月凤、郭十娘、麦凤莲、吴小金、麦凤妹，皆眉黛楚楚，一笑嫣然，缓行独立，倍觉娉婷。濮小姑、曾春姑，更是花中仙子、人中凤凰，凌风高蹈，仰者无数。

乾隆十六年（1751），浙江仁和人吴颉云，道光三年（1823），广东吴川人林兆棠，这两位状元郎，都曾光临过六篷船。据《丽品》开篇第一人、花魁濮小姑花事所载，吴颉云曾与小姑燕婉，其后，题便面二首以赠，其一曰：

> 轻衫薄鬓雅相宜，檀板低敲唱竹枝。
> 好似曲江春晏后，月明初见郑都知。

其二曰：

> 折柳河干共黯然，分襟恰值暮秋天。
> 碧山一自送人去，十日蓬窗便百年。

便面是一种扇面，以前的人用来遮羞、掩面；想见你了，又嫣然一笑，玉指轻移，便面低落，秋波流连，咬齿含羞。便面的半落全落，抑或不落，全看主人此时的内心。

吴颉云走后，濮小姑不愿复理故业，遂出私囊千金，于湘子桥边，筑精舍数间，焚香礼佛。后闻吴君逝世，设位哭奠，数日不食而卒。

《潮州志·丛谈志》，亦曾记载六篷船轶事。有魏阿星者，性情豪爽，人称侠妓。其时，有一落魄书生，流落潮州，遇阿星不弃，助其解忧；不久书生病倒，阿星又为他求药问医，服侍三月有余，待病愈之后，复赠与盘缠，以资返乡。10年之后，书生题名金榜，重游旧地，而阿星薄命红颜，已于多年之前，香消玉殒，葬于湖山之冈，后人谓之曰"花冢"。书生在江边呆坐不起，追忆往日情谊，涕泪交加，痛恨苍天之不公。有江宁（今南京）知府李宁圃闻之，怦然心动，作《潮州竹枝词》歌之，竹枝词曰：

> 金尽床头眼尚青，天涯断梗寄浮萍。
> 红颜侠骨今谁是，好把黄金铸阿星。

疍女倚户临风，巧笑倩兮，撑杉排的汉子，却傲立潮头，尽逞英姿。当年，湘子桥如长虹卧波，横江而过，势若关隘，必然会阻碍行船放排。其时，上游诸县货船、竹木筏，到了潮州，都必须先到北门外的江畔集结，一般货船，靠北堤畔，竹木筏，泊意溪堤。于是堤市自然形成，百业兴旺腾蒸。据乾隆《潮州府志》载曰："北厢堤和归仁堤长六百余丈有奇，障水田数千万顷，沿堤上下，居者鳞集。"北厢、归仁这两处堤段，就是北堤。

当其时，北堤沿江有石门斗、思妈宫、林厝等码头。坊间相传，北堤江段，自青天白日江心的龙湫宝塔，至竹竿山口，称屠牛洲，因此处江边，昔时有屠牛场而得名；亦称牛肚洲，盖此处江段，为韩江之最宽，如牛肚之大，潮州人有谚云"人心肝，牛屎肚"，都是宽和大的比喻。从屠牛洲西岸的七丛松，一直到竹竿山，是船筏的抛锚地，而商铺一间一间，则从金山脚下，一直去到崩堤隙，即林厝码头的上方，原来的龙母庙那里。这一段二里来长的堤顶，约有商铺100多间，经营的有杂货、大米、鱼、肉、烟、茶、酒、糖果、海贝灰、木料。

与北堤对岸的意溪堤，亦称意东堤，其堤市的规模及繁荣程度，更胜北堤堤市许多。各类商店，鳞次栉比，分布于东津到橡埔的沿江堤顶，还有坝街一带，形成了一个"丁"字形的商业区，杉行、佣行、布铺、米店、屠业、冻果、烟酒、饮食、药材铺、木工店、香枝、豆制品、饼食、剃头铺、长生店，各色店铺有600多间，而其中的三分之二，就分布在六里长的意溪堤堤顶。桥市堤市，遂成就了韩江特色。

有专家言，韩江水运发达，北堤及意溪堤位于无海潮影响的最前沿，从河港的选址看，这里港宽流缓，水静江深，当是最佳的条件，屠牛洲两岸成了千里韩江的特大港，那是理所当然。

湘子桥横江而卧，让江上产生了一个惊险的行当——撑杉排。上游几十个县下来的排筏，到了意溪靠岸，排工们如释重负。这些外地来的排筏，须雇请当地撑杉排的接替，才有可能通过湘子桥。上游各县，称竹木放运为放排，下游潮州北门外和意溪人，却称为撑排。放排是顺水漂行，一二人足矣。排筏过湘子桥，却是苦力活兼技术活，须三四个人，全神贯注，分工默契，合力撑排。此项营生，自明末以来，只有北门外和意溪人能为。

据坊间相传，韩江水涨水涸，四季不同，撑排以金山脚下江边一块巨大的平石水位为准，若水涨淹石，船筏势必顶托桥腹，必须歇掉作业，等待水位退下。船筏过桥，一般都在第八、第九两墩之间通过，这是湘桥所有桥墩之中，最好通过的墩门，有 3.8 丈宽。当其时，是订有"放桥"的规定的，但一般的放桥，并不是解开浮桥，让船筏通过，而是上游洪水来了，其势汹汹，解桥行洪，免得冲毁梭船。所以一切船筏，无论是大是小，都要穿桥洞而过。

上游来的所有竹木、杉柴，依例都必须在意溪重新编扎，这些重新编扎过的排筏、柴把杂筏，长约 12 丈，宽度一般在 3.2 丈，长松、杉竹排，也不超过 3.6 丈，这样桥墩与排筏的间隙，就只有几十厘米，排筏通过桥下墩门，简直靠挤过去。

撑排有许多过桥的诀窍，可以用竹篙插江底支撑，用双手托顶桥腹支撑，用竹篙或用双手对桥墩支撑，对并排而行的大船借力支撑，借助水势，巧妙过桥。坊间有"就势借势"的熟语，说的就是撑排过桥的秘密。

说撑排惊险，是因为在金山的江边，垒丁字坝护岸，江水冲顶，水流激湍向东，而排筏要过的墩门，又在江心与浮桥相连，当排筏随激流急遽漂移，如脱缰野马，长驱直下，控制 12 丈长的筏体对准墩门，不偏不倚，一泻而过，避免冲击、撞击桥墩或者浮桥，是一大难题。提前减速、校准、躲避漩涡暗流，对撑排人是极大的考验。

其时，若有外地主家要求一同下筏过湘子桥，则必须事先商定，务必听从指挥，不许出声，勿发表意见。因过桥惊险万状，主家从未经历，必定恐慌，如若引起争执，错失稍纵即逝的时机，更容易发生撞击、被旋流打横卡住、甚至竹木筏断折、筏头插入江底、散排的事故。若主家不能服从，则任聘金如何丰厚，撑排绝对不会接活。

这次城堤修得好

　　洪武元年（1368），沉寂了一段时间的开元寺，又开始香火旺盛。起初，人们以为是信喇嘛教的元军走了，汉人坐朝，当然又会尊奉汉传佛教。有人竟怀念起那座元代的陨石香炉。不久，到开元寺礼佛的檀越、信众，惊讶地发现，山门的额枋，换了，原来的开元禅寺，换成了开元镇国禅寺。"镇国"这样的名堂、字眼，岂能随便就用，看着它，念着它，总归会让人感觉到心情异样，有点兴奋。

　　有好事者，便向大和尚打听，方知道是指挥俞良辅，向朝廷请封得来的。其时，倭寇犯我沿海各府，入元以来，潮州城池损毁，尚未修复，不足以抵御倭寇侵犯。且喜倭寇信佛，只犯沿海，不犯潮州。俞良辅遂以开元寺能镇境保国，奏请朝廷，加封为镇国禅寺。

俞良辅是赳赳武夫，惯于行兵打仗，脚踏实地，颇能做事。洪武元年（1368）二月，俞良辅带兵接管潮州，三月，朱元璋在潮州置兴化卫指挥分司，以俞良辅为指挥。洪武二年（1369），兴化卫指挥分司改为潮州卫指挥司，俞良辅仍为指挥。军人做事，确实有军人的主张、做派，务实、不奢华。通判张杰他们，致力于建潮州府新府署，彰显新朝圣能，俞良辅却乐得坐享其成，你们搬吧，搬了，我把指挥司署，安置在你们搬走的地方。

明初的《图经志》就记载云：潮州卫指挥司位于潮州府城之中，"在金山之麓，子城之内，系元总管府旧廨"。根据规定，其时，潮州卫也设左、右、中、前、后5个千户所，均驻扎在府城之内，指挥司的西边。

坊间相传，来到潮州以后，俞良辅做了大量的工作，安民告示、整饬纪律、恢复生产，皆成效甚大。眼看人们喘过口气，心神定了，守土御敌，便成了当下的第一要务。洪武三年（1370），俞良辅开始率众修复城墙。他依据原来宋城墙的旧基础，全面加固，城墙内外，皆用石砌。洪武五年（1372）完工之后，城墙高2丈1尺，城基阔2丈2尺，城顶阔1丈2尺，周围1763丈。后来，崇祯年间，城墙加高至2丈4尺，清代之后，又加高至2丈5尺。

俞良辅从守卫着眼，只在东西南北四周城墙，开了7座城门，比之宋城的11门，削减了4门。城门之外，皆砌筑瓮城，有人喜欢斯文一些，称之为月城。城门上均建有望楼。东城开城门最多，有四门，正对浮桥的，原来叫浮桥门，现在改叫东门，往最上面是上水门，门左有一个涵洞，引韩江水入府学泮池，经太平桥绕海阳县治，过湖头桥，透西湖出三利溪；往下有竹木门、下水门，宋朝以来，滨江此一处城门，都命名竹木，可知韩江水域，盛产竹木之多，这种遵循民间叫法，不用文人命名的例子，也是稀绝罕见。南城开南门，前有涵沟，通韩江，过城西，出三利溪。西城开西门，左有水关；引韩江水入下水门，经开元寺，绕小金山，会大街、新街、西街诸沟之水，而出西关。北城开北门。东西南北四门，还增建有义仓。环城还筑有敌台44座，窝铺67处，雉堞2932齿。

俞良辅所修的潮州府城，设施可谓十分完备，其中的敌台、窝铺、瓮城，都是宋城所未曾提及的新设置。

20世纪70年代，在潮州城上游的枫溪、归湖一带的数里江岸，曾发掘出土有明代的砖窑群，其烧制的青灰砖，都是长40厘米，宽20厘米，厚12厘米，有的砖条上，铭刻有"潮阳县造"、"海阳县造"之字样。经过鉴定，这是洪武初年，为建府署、筑城墙及其后续城垣维修烧造的专用砖。

当其时，修城、建署所需的伕役、劳务、工料等，均由潮州府属各县、卫分担，这种就近备料，减轻运输负担的做法，实在明智。而城垣的主体虽然内外甃石，然城楼、敌台、窝铺、雉堞等，则仍需用砖条砌筑。

府城也从南宋的以南门为主门，改为以东门为主门，东门上建的望楼，曰"东门楼"，共3层，屋顶为歇山顶四面重檐，宽五开间，盖以琉璃瓦，上顶层的屋脊两头，饰卷草图案。斯楼落成之时，但见金碧辉煌，雄伟壮观，其风格气势样貌，与同时期朱亮祖在广州越秀山顶所建的镇海楼相一致。

洪武十年（1377），指挥曹贵到任，他巡城一周之后，有所触动，把南门改为镇南门，北门改为望京门，西门改为安定门，其余城门仍皆照旧。后来到了宣德十年（1435），王源全面维护和扩建济川桥，并更桥名为广济桥，东门和东门楼，随之也顺应桥名，改称广济门和广济楼。

潮州可谓把城墙用到极致。潮州人把城顶叫做马路，是兵爷骑马巡城走的通道。潮州城南北长约5里许，东西宽约1里多，坊间相传，民国以前，城内民居的屋脊，不得高出马路，这样巡逻东、西城的官兵，好隔城相望，便于管辖。如此，潮州的城墙，可以防洪、可以御敌、可以治安，作用何其多也。

俞良辅虽为武将，却有文人情怀，他在修复潮州城墙之后，想起州城有多个古称、别称，乃取最雅致的一个，倡议邑人，以后称潮州城，宜用"凤城"。俞良辅的倡议，得到了多数人的沿用。清末广东诗人黄遵宪《将至潮州又寄诗五》，也将潮州称为凤（凰）城，其诗曰：

> 片帆遥指凤凰城，屈指家山尚几程。
> 以我风尘憔悴色，共君骨肉别离情。
> 一灯缩缩栖鸦影，四垒萧萧战马声。

回首六年离乱事，梦馀犹觉客心惊。

潮州别称凤城，确实由来久矣。南宋王象之《舆地纪胜》，曾有记载云："［潮州］潮阳、义安、凤城、鳄渚、揭阳、海阳。"引号内这些地名，皆为潮州之古称或者别称。成书于宋嘉熙三年（1239）仲冬的祝穆《方舆胜览》，其卷三十六《潮州·事要》亦载曰："郡名：潮阳、古瀛、凤城、金城、鳄渚。"祝穆解释说，凤城以凤凰山得名，金城以是州旧属于金氏，鳄渚以鳄鱼名。

《方舆胜览》之《形胜》又载曰："凤凰山，在海阳县，昔有爰居来集，因名之。"《尔雅·释鸟》中有注云："爰居，似凤凰。"凤凰山的得名，乃是因为古昔之时，有似凤凰一样的祥禽瑞鸟，喜欢到此栖息。

宋以前的文人，的确也爱用"凤城"之称。宋绍兴进士黄补，曾到过潮州，他在《博陵家塾赋》中有句云："凤城，越东之佳地也；林君，凤城之伟人也。"中书舍人、宝章阁待制李公甫致嘉定元年(1208)赴任潮州知州张镐的《李公甫回张潮州启》，有祝贺之句云："演纶鳌禁，剖竹凤城。"隆兴二年（1164），福建兴化人林元忠新任潮州知州，兴化同乡、提点广东刑狱龚茂良，帮老乡代写了一封答谢宰相的书信《代潮州林守谢宰执》，其中也有句云："鱼佩虎符，香自凝于燕寝；凤城龙首，患何有于鳄溪。"

俞良辅确是一个有深谋远见、雄才大略的人。修城的同时，他又在海阳县的苏湾都，创设了一座明代沿海最早的水寨。顺治《潮州府志》记载曰："洪武三年（1370），指挥俞良辅创水寨于苏湾都。"清顾祖禹《读史方舆纪要》卷一百零三《饶平县》亦载云："水寨在县西，去柘林一日程，近澄海县界。洪武三年，指挥俞良辅筑城，周不及二里，凿池于内，置水关于西北，隔内通海港，自南面西，转入水关潴于池，以泊战舰。"

这一座水寨，比之福建三水寨的设置，还要早17年。顾炎武在《天下郡国利病书》曾云："寨游之设，古未有也。明洪武二十年（1387），为闽海防倭计，遣信国公汤和、江夏侯周德兴分行海上，闽省置水寨三。"也许是低调使然，俞良辅创设的这一座水寨，人多不知。嘉靖四十五年（1566），两广总督吴桂芳上《请设沿海水寨疏》时，还信誓旦旦曰："尝窃考之，广中素无水寨之兵，遇有警急，方才召募兵船，委官截捕。"

洪武之初，尽管其时潮州及所属各县，均已归附明朝，然而在广袤的山区、滨海及农村地区，仍有为数不少的豪强自立门户，聚众自守，携械自重，未曾归顺。洪武四年（1371年），俞良辅率领精兵数千，从潮州出发，深入边远各地，征讨残存的反明势力。大军所至，民匪难分，叹如之何。

当其时，潮阳县新兴乡溪头寨，地处偏僻，人迹罕至，寨人自恃地利，高枕无忧，尚未归附，当然成了俞军的目标之一。眼看对溪头寨的征剿就要开始了，危急关口，花甲之年的周氏妇郭真顺，作《上指挥俞良辅引》，于大军入寨之际，长跪于道路之中，恳切阐明溪头寨无人有反对朝廷的妄为举动。诗曰：

> 将军开国之武臣，早附凤翼攀龙麟。
> 烟云惨淡蔽九野，半夜捧出扶桑轮。
> 前年领兵下南粤，眼底群雄尽流血。
> 马蹄带得淮河冰，洒向江南作晴雪。
> 潮阳僻在南海濒，十载不断干戈尘。
> 客星移处万里外，天子亦念遐方民。
> 将军高名迈前古，五千健儿猛如虎。
> 轻裘缓带踏地来，不减襄阳晋羊祜。
> 此时特奉圣主恩，金印斗大龟龙纹。
> 大开藩卫制方面，期以忠义酬明君。
> 宣威布德民大悦，把菜一笠谁敢夺。
> 黄犊春耕万陇云，鳌龙夜卧千秋月。
> 去岁壶阳戍守时，下车爱民如爱儿。
> 壶山苍苍壶水碧，父老至今歌咏之。
> 欲为将军纪勋绩，天家自有麒麟笔。
> 愿续壶民歌太平，磨崖勒尽韩山石。

六旬老妪，白发苍苍，马首陈词，真情流露，一字一词，发自肺腑，委婉恳诚，不假虚饰。俞良辅被郭真顺的这种直率陈情和真挚坦诚打动了，慨然对郭真顺曰："此贤妇所居，其民必驯。"遂下令退兵。

史载，郭真顺生于元皇庆元年（1312），潮州府揭阳县龙溪都（今潮州潮安区庵埠）郭陇村人，卒于明正统元年（1436），乃元末明初著名的女诗人，120岁时，还写作《归宁自序》二首，其一曰："天甲年来度二周，桑榆暮景雪盈头。五经立业儒家雅，三子成名壮志酬。"其二曰："桥梓有光联俎豆，柏舟无憾泛横流。阶前玉兰森森秀，斑彩扶来到首丘。"

当其时，其夫其子都早已不在人世，但她仍然很健康。由于怀念故旧，思恋娘家，所以要孙子们陪她去探望一下。尽管岁月已然过了百年有余，人事也已经面目全非，但故乡风物依旧，人情如前，让她不禁诗兴勃发，沛然咏之。又5年之后，郭真顺才溘然长逝，享年125岁，成为中国历史上最长寿的女诗人。明清之际，钱谦益编《列朝诗集》，曾收入其《上指挥俞良辅引》等诗，是潮人中唯一有诗作入选者。《明诗别裁》等等，也收录其诗。

1957年商务印书馆《中国人名大辞典》记载，郭真顺出生于潮州的书香之家，父亲乃县学教谕，幼读诗书，过目不忘，年轻时已通晓经史、诸子、诗赋。其在元末之时，嫁与潮阳县城西处士周伯玉，婚后夫妻自耕自乐，读书课子，一起过着隐居生活，时人称誉"海滨冀子"。

坊间有传，元朝末年，群雄并起，反元义军各树旗帜，山海群盗也趁机各立门户，郭真顺随周伯玉避居于乡村。其时，一班青年人正筹谋以联络守望、保卫家园为名，啸聚举义，听说周伯玉是个有学识的长者，即推他为首领，主持村寨大事。伯玉推却不了，回家告诉郭真顺。郭真顺认为，这班青年人个个骁桀自用，其气方盛，势必都不能为人下，若是答应了，就会成为"祸首"。她对周伯玉盘算道："矜能炫智者败，轻敌寡谋者亡，不度德量而先于众者祸"，此实际是"外负智勇之名，内收败亡之实"。由于周伯玉应允在前，郭真顺为他想了个称疾勿往之计。

几天之后，一班人果然来找周伯玉，周按郭真顺的安排佯卧不起，令众人颇失所望，但他们还想等待周伯玉病恙好转，起来视事。郭真顺急忙回说，诸位是不知道伯玉无能，谬推重寄，他这是福薄灾生，突然发病，这也是天意啊。她就此婉转地劝告众人，尽快地更立贤者，以免致失时机。众人觉得有理，遂另立首领。不久，因意见不合，杀了所立之人，自相雄长，寨中大乱，周伯玉则幸免于难。

其时，寨中多有既务农又经商的，都喜欢囤积食粮以防战乱，郭真顺却劝周伯玉勿存余粮，同时，于晚上闲暇，纺制绳索，人皆未知其意。至寨中内乱，附近盗贼得知，趁乱陷寨，能抢的抢，抢不了的，都付之一炬。周伯玉乱中按郭真顺所示，用绳索绑住妻儿，并自行捆缚，假装被抓住，使盗贼不加注意，然后乘间得脱，逃至潮阳溪头寨。

在潮州大街宫仔巷、石牌巷口，有一座"木天人瑞"坊，坊主刘起振，与郭真顺一样，也是一位勤奋好学，长寿而又充满传奇色彩的老人。刘起振生于顺治六年（1649），从康熙初期起，无数次参加科考，又无数次失蹄，到雍正四年（1726），78

岁的时候，才中了举人。又屡试不第。乾隆元年（1736），刘起振88岁了，想赴京考试，又怕年齿大了，惹人笑话，子孙阻止，不好出门，便先寄居到亲戚家里，托雇小船，留下一封家书，悄悄地走了。

到了北京，刘起振舒了一口气，住到了潮州会馆。当年，武状元黄仁勇，两淮盐使、直隶总督郑大进，大清银行监督曾习经等等举子，进京赴考，居多都会住到潮州会馆，最终得以成就功名。这一次，刘起振终于否极泰来，中榜了。乾隆元年（1736）夏四月，及第者有金德瑛等334名进士，除了一甲3名，二甲若干名，刘起振名列三甲第250名，可谓名在孙山前，相当幸运。而这一科，与刘起振一样，80岁以上赴考的举子，共有3名，以刘起振年齿最长。之后，刘起振被赐予翰林院庶吉士之职，回家颐养天年，乾隆三年（1738）90岁时，又远上京师，由大学士张廷玉引领觐见，被升授翰林院检讨后返乡。

大清高宗纯皇帝（乾隆）实录记载曰：

兵部尚书傅鼐奏：今科会试，各省年老举人，八十岁以上刘起振等三人，七十五岁以上冯应龙等五人，七十岁以上李琬等十五人，七十岁宋士正等二十人。请饬令查阅闱卷，拣选进呈。得旨，着交大学士等，照傅鼐所请行。

乾隆十三年（1748），广东提学副使夏之蓉校士入潮，与刘起振相见交谈，这年刘起振刚好100岁，仍神清志明，鹤发童颜。

夏之蓉有感，赋诗《介刘检讨百岁》赞叹，诗曰：

> 暮年趋玉署，恩命脱朝簪。
>
> 上寿古称百，达尊公已三。
>
> □书能细字，挥尘尚雄谈。
>
> 五十余初度，相看发已毵。

乾隆十六年（1751年），皇帝南巡，这时，刘起振已经103岁，闻讯，特地跋山涉水，风尘仆仆，从潮州赶赴杭州，迎驾觐见。爱新觉罗·弘历见到这位精神矍铄，有心有意、远道而来的老臣子，也喜出望外，感动的心情无以复加，加封刘起振为翰林院侍讲，赐予貂皮荷包等物，还赋诗一首并序以赐。皇帝序曰："翰林院侍讲刘起振，年一百三岁，自粤东来浙迎驾，诗以赐之。"皇帝诗曰："台背耸隆肩，来瞻跸路边。成名后梁颢，得寿拟彭篯。人瑞今犹古，经传后继前。越都无虑远，应是地行仙。"诗后又有款曰："乾隆辛未上巳日御笔。"乾隆意犹未尽，还书匾一方以赐，匾曰："词垣耆瑞"。

乾隆还传旨有司，由他出钱，在潮州大街御制牌坊，旌表刘起振。牌坊面北横匾"木天人瑞"，下镌"乾隆丙辰进士、钦点翰林院庶吉士、戊午引见特赐翰林院检讨加一级，赐金建坊"；牌坊面南横匾"玉署仙班"，下镌"赐进士及第、奉直大夫、翰林院侍讲、前翰林院检讨加一级刘起振"。"木天"、"玉署"，均为翰林院的别称，"仙班"借指朝班。"赐金建坊"，这是所有旌表牌坊中，最高的等级了，世上并不多见。

《潮州市志·大事记》载曰："海阳人刘起振中举人，时78岁。刘起振88岁再次赴试，考中进士。乾隆帝游江南时，在杭州接见他。这时，刘已103岁，被皇帝赐为翰林侍读。4年后，刘起振去世（一说刘活到114岁）。"泰国刘氏宗亲总会修编的《刘氏族谱》记载曰："刘起振，前清乾隆钦赐翰林，寿一百一十四岁。高宗南巡见驾，御赐貂皮荷包。"

自洪武朝创设的军户卫所制度，已实行了将近200来年，岁月磨蚀，慢慢地就有些松弛，犯人充军、重文削武，使军人的地位，不断降低，军官贪赃枉法和兵丁逃亡，时有发生，让朝廷分外伤神忧心。招募制，让兵员来去自由，且改变以前训练军官不指挥打仗、打仗军官不组织训练的旧制，遂与卫所制并行。

嘉靖四十三年（1564），朱厚熜设总兵驻潮州，兼镇江西的南（南雄州）、赣（赣州），福建的汀（汀州）、漳（漳州）和广东的惠（惠州）、潮（潮州）。两年之后，因原潮州总兵需啸命、牵制三省，管理不便，故改设广东总兵，仍驻潮州。总兵署又叫总镇署，在原子城内，占地颇巨，其前门在今中山路，后墙亘至金山脚下的金山巷，右侧为官诰巷，左侧至金城巷，规模相当壮观。总镇署内，有箭道、观德门，而在官诰巷的另一侧，有马草场。后来，总镇署内，还增设了马道、箭场。官诰巷那一大片地方，以前就总称为镇内。

官诰巷内，原来曾建有一个圣旨亭，供奉和记载着朝廷敕封的圣旨官诰。而在总镇署的右墙往西几步，就是"七星步月"。这是潮州的一处名胜古迹，位于金山脚下。史载，这里有一片碧波沟塘，上有七孔石桥，每逢月夜，月光自上半夜到下半夜，由东到西，泻入桥孔，映照水中。美景如斯，行人每每到此赏月，不忍离去。金山上金山书院的学子，也会三三两两，到来此地，对月吟诗。

坊间相传，七星桥从今七星桥巷巷头起始，至今苏悉地园佛堂止，全长约二三百米，原来桥上未有栏杆，常常有小孩，在桥上戏耍后落水。故老还相传，这一带原来是金山脚下的房子，金山巷头，住着许多客家人，他们在这里做买卖，卖面食、豆腐，生意十分好做。

隆庆年间（1566—1572），朱载坖诏刘光辰到潮州担任总兵。民间传说，刘光辰上任不久，就有人找到门外，称是刘光辰的亲戚，要见刘光辰本人。刘光辰虽心有疑惑，也不便断然拒绝，遂吩咐把那位亲戚带进来。可是横看竖看，来人一点都不相熟，便问来人有何事体，为何自称本镇亲戚。来者不慌不忙，问刘光辰是否姓刘。刘光辰点头答是。来者则说，小民来自海阳县潘刘村，也是姓刘，与大人五百年前是一家，这不是亲戚吗？刘光辰笑了，看他接下来是何说辞。来者说："大人，我潘刘村乡众，为了纪念先人，集资兴建祠堂，匠人问村里可有出过大官，出有大官，祠堂门就可以开三门并排，光宗耀祖，福荫后人，长盛不败。"

刘光辰听到此处，不禁插问："潘刘村可曾出过大官？"来者微微一笑，说："潘刘村并未出过大官，可刘氏倒是出过一位赫赫有名的总兵官。"刘光辰一听，大笑不已。笑罢，盯着来人，说："你这次认亲，就是为了能建个三门并排的祠堂？"来者点点头，说："祠堂名为刘氏，就不仅仅只是纪念潘刘村的先贤，也是天下刘氏族人的先贤，大人如能玉成，则天下刘姓之大幸。"来者情真意切，言辞诚恳，颇能服人，把刘光辰给说动了。如是，潘刘村的刘氏二房祠，遂得以不逾规矩，建成了一座三门并排的宗祠，自明代至今，香火依旧。

潮州人把中秋节过成了一年最好的时光，轻松惬意，笑语欢声，了无挂碍，无有除夕日一年将逝的急迫匆忙，春节降临了期待一年好运的盼望祈祝，元宵筹谋开张大吉耕种劳作的分神用心，清明祭祖追先的忙碌思念。中秋乃一个最是清闲的节日，人人面上挂笑，个个月下吹风。

中秋之夜，月儿最圆最亮，适合家家团聚赏月，潮州人坐下来，在天井外埕抬出八仙桌，摆上五果、糕点、饼食、茶叶、芋头、芋卵，再用枫溪的古彩薄胎细瓷瓶，装小半瓶水，供上一支两支从莲缸里折下来的含苞欲放的白莲花，一碟两碟从庭树上摘下来的白玉兰、茉莉花。素月馨花，油灯蜡烛，把一家人聚齐，谈天赏月，这样中秋就过得富有节气，过得具有仪式感。

所谓仪式感就是拜月啰。潮州人称拜月为拜月娘，月属阴，叫太阴娘，潮州民间管它叫月娘。

潮州水果多，中秋时令，应时的水果，有蜜柚、红柿、黄柿、石榴、龙眼、油甘、番梨（菠萝）、林檎、杨桃、莲雾、香蕉、白饭桃、青皮梨，等等。五果就是在应时的水果中，任选五样，各家各户，各按喜欢的口味吧。但是蜜柚，总是少不了，蜜柚个大，青皮柚、黄皮柚，都是柚皮油滑光润，上尖下肥，样子好看可爱，用红纸剪一个红双喜贴上去，满桌皆是喜气洋洋。

拜月娘都交由姿娘和侬佳负责，成年男子少有参加叩拜。潮州人叫女人为"姿娘"，叫小孩为"侬佳"。李宁圃有一首《潮州竹枝词》，词曰："销魂种子阿侬佳，开幞千金莫浪夸。高卷篷窗陈午宴，争夸老衍貌如花。"清张心泰《粤游小志》里，曾解释曰："潮州六篷船呼幼女曰阿侬佳，呼婿曰老衍。"其实，潮州人不管幼女、幼男，若用潮州话叫，都叫"侬佳"。

中秋这日，除非出远门，若在近毗的家人，不管忙否，都要放掉手头的各事，于傍晚前返家团聚。吃过晚饭，姿娘人洗浴之后，换好整洁衫裤，便带领侬佳，摆好香案五果芋头之类，等候月娘升起。这时至拜月结束，姿娘和侬佳，都特别安详，无挂无虑。人定之后，目色（目力）会格外锐利，万里无云，星汉隐去，独一轮皓月，大人会来到外埕中心，指着皓月，对侬佳说，哪个阴影是嫦娥、哪个阴影是吴刚、哪个是玉兔、哪个是蟾宫。侬佳影影绰绰，点点头，仰望明月，十分虔诚。

皓月高挂，清辉映地，有人便会端来一盆井水，在水面轻轻地放一根针，让它浮着，这时针的下面，会出现种种不同形状的影子，姿娘人，便根据这些影子，来感知未来日子的好坏。心情好，感知的都好。

拜好月娘，差不多已是戌时亥时相交，也就是夜间9点或者9点1刻左右。此时热气全消，清风徐来，夜凉惬意，一家人大大小小，就在外埕竹椅、条凳坐下，掰柚，掰水果，剥芋，食膀饼、云片糕、酥糖、豆方、豆条、绿豆糕、芝麻糕、膀糕、冬瓜册，配红泥炉、薄锅仔、榄核炭、风炉扇烧水冲泡的工夫茶，配用冰糖、冬瓜册冲泡的莲花水。无事在心，无牵无挂，大人慈爱，小孩欢乐，全不知时已夜阑。

膀糕、膀饼，是潮州糕点饼食中的上品，膀其实是"膋"的音误，两个字潮州音都是"啦"，"膋"本义血管脂肪，通假为动物油脂，《诗经·小雅·信南山》有句云："取其血膋，是烝是享，苾苾芬芬。"意思是动物的油脂烹饪后，脂香四溢，不同一般。潮州人世代重视传统文化的传承，潮州方言存古较多，古字古词隐藏其中，"膋"这种冷僻字，才得以沿用至今。

明陈天资《东里志》有载：中秋节，"人家儿女，于月下设糕饼、果品、衣环之物，类月而拜，以请月姑。"顺治《潮州府志》也有记载："中秋玩月，剥芋食，谓之'剥鬼皮'。"糕饼中的膀饼，即潮式月饼，口感独特，别具风味，与京式月饼、津式月饼、苏式月饼、广式月饼，并称于世。拜月的芋头，则要选个大的，蒸熟之后，肉白而松，皮有裂痕者尤佳，芋卵亦是一样，须皮有翻卷开裂为佳，潮州风俗，谓之为"笑"。

隆庆二年（1568），知府侯必登莅任，他喜欢到府城下游东溪、西溪、北溪三江分叉口的江心沙洲岛游玩。岛上清静幽雅，风物非凡，北眺近山笔架，远山凤凰，江中湘子桥，江岸广济楼，天上白云悠悠，身畔帆影片片，虫声在耳，风声在襟，好一处妙境天成。他心情大爽，信笔一挥，把原来的"老鸦洲"，命名为"凤凰洲"，并在凤凰洲上最北端，筑建一座10余丈高的凤凰台。台上起有敞亮通透的亭阁，由8根檐柱和12根门柱支撑，形成一个三开间，中间高，两侧低，成三山式的格局造型。亭阁的屋面由高低不同的两个层次构成，产生了前后六面檐口，两侧二面檐口，八面出檐，八面檐花，檐口起伏，高低错落，峻峭飘逸，凌空欲起。亭阁朝北上槛有匾"有凤来仪"；朝南有匾"中流砥柱"。

凤凰台乃是一处借景赏景的典范，登临高台，举目四眺，四望皆是佳景，比之广济楼的"万峰当户立，一水接天来"，韩山上韩山亭子的"城抱江如带，天垂嶂列屏"，更是气势雄阔，风景无边。其寒来暑往、秋去春回，四时江山皆不相同，晴天雨天、阴天雾天，景致迥然有异，大雨小雨、烟雨细雨、豪雨骤雨，胜境心境，千变万化，天差地别。海阳人、乾隆进士郑兰枝作的《凤凰时雨》，吟咏的正是这里夏天午雨午晴、神幻莫测的时雨之境。诗曰：

凤城郊外耸层台，时雨霏霏渡水来。

云锁湘桥疑海市，烟迷笔岭忆蓬莱。

一天银竹侵朱槛，八面檐花点碧苔。

霁后山川多景色，老鸦洲上好徘徊。

侯必登之后，明清历代官宦、士绅，先后在此倡建了十相祠、凤台书院、文昌祠、龙神庙、天后宫、鲁公祠、周公祠、镇洪寺、奎阁等 10 多处景物，凤凰洲头，成了潮州又一胜迹。

入明以来，朝廷把禁海内迁，说成是休养生息，其实这是一种掩耳盗铃，障眼之说。朝廷画地为牢，为自己休养生息，内地还好，日子依然，沿海百姓，就彷徨无助了。后来虽然永乐朝、嘉靖朝等屡有开禁、解禁，但仍然施无定法，时不时就复禁一下，收紧一下，让人无所适从，愤恨不已。

天顺三年（1459），程乡人罗刘宁聚众举事，与官府对抗，千人之师，不断出没于惠州、兴宁、长乐和潮州府属各县。一次攻打海阳县，被潮州知府谢光，派兵打败。弘治十四年（1501），苏孟凯举义。苏孟凯原来是饶平县弦歌都凤凰村村民，以算卦卖卜为名，与其弟苏晚仔、其子苏隆，聚众山林，昼伏夜出，时常出没于海阳县的各个村落，劫掠富户，甚至诛杀饶平县丞倪禄，很快发展到 1000 多人。副使涂升，带领潮州府的官军前往征剿，然未能获胜。弘治十五年（1502），参议冯良辅、知府叶元玉，亲自督兵，前往凤凰等地围剿，苏孟凯被杀，苏隆逃脱。而后，苏隆继续纠众与官府对抗，斗争一直坚持了 8 年，直到正德三年

（1508），苏隆被擒，举义被剿。苏孟凯的这一次揭竿，让潮州府大为震动，遂于弘治十五年（1502），在凤凰山坂头村设巡检司，派兵驻防，以加强对山区的防御与管控。

还有人胆大包天，不单聚义，还公然打着反对朝廷的旗号，自称皇帝。嘉靖三十九年（1560）五月，饶平人张琏，与程乡人林朝曦、大埔人萧晚、小靖（今茶阳）人张公佑，在闽粤赣边界聚集各县民众共约10万人，宣誓举事。

张琏是饶平县乌石村村民，曾当过饶平县县吏，因盗窃官银被发觉，逃入山林。此时，张琏自称皇帝，号"飞龙人主"，在饶平柏嵩关筑营寨，造宫殿，开科设官，改年号为"造历"，同时分兵攻打闽、粤、赣部分州县。

这次起义，声势浩大，震动了南方三省。朝廷派提督侍郎张臬、都督刘显、参将俞大猷等，先后调集官军20万，到闽粤赣边，以及潮州一带，围剿起义军。经过3年战斗，张琏失败。嘉靖四十一年（1562），各起义军首领，先后被擒杀，无一幸免。

天启七年（1627），福建人刘香，纠众流劫潮州府，以及海丰、长乐等县。第二年四月，被官兵四面围攻追杀，刘香走投无路，赴海焚舟自杀，其家属60多人及部下1000余人，四下星散，逃亡到外地投军。

崇祯五年（1632），海阳县丰政都（今丰顺县）人张文斌，聚集几千人起义，占据揭阳县岐山蜡烛寨，流劫于海阳、揭阳、大埔等县。起先，还接受招安，不久，又反叛为寇。这一年十二月，总兵邓愗官带兵往丰政都捉拿张文斌，潮州知府黄日昌，海阳县令江愈敏，揭阳县令冯元飙，分兵配合邓懋官围剿蜡烛寨。第二年正月十五日，张文斌招架不住，率500多人逃跑，正月二十二日，被江愈敏捕杀。

明清之交，征战不断，纷纷纭纭，变幻莫测。时局如此，竟让很多人心态为之一变，揭竿而起，痛快一回，打赢了就是赚的，抱这种想法的，大有人在。

崇祯十七年（顺治元年，1644）正月，福建姜世英带领一伙农民，号称二万人，从诏安越过饶平，浩浩荡荡向潮州各县进兵。二月，郑芋匏带领一帮弟兄进攻潮州，被明军打败。三月，叶老祝率领几千人进兵潮州城，驻扎在韩江东岸，福建参将施福，领兵从苏山坝追至茅坑，一路斩杀掉队农民，叶老祝被擒。五月，胡尾老从归仁都（今登塘）的方向，用云梯攀城，袭击潮州，城内明军发大炮，胡尾老被击退，去返漳州。七月，姜世英无路可走，向潮州官府请求招抚，巡道叶重华假装接受，约姜世英一伙在演武厅集合。姜世英一众首领到达演武厅时，毫无防备，被当场擒斩。

其时，正是南明与清军在南线打得难分难解，不可开交。南明隆武元年（顺治二年，1645），澄海人黄海如，看准这个时机，趁着政局动荡不安，打着"复兴"的旗号，招集民众造反，劫仓库，放囚徒，毁官署，杀了举人戴星、贡生郭云龙，并拒绝澄海县令刘琪的招抚。这一年的闰六月初三，黄海如带兵攻打潮州城，知府杨球事先觉察，捕杀内应，遍城设栅，并招募街坊民众武装防卫，参将刘远指挥民兵筑营应战，黄海如败退。

这种乡村社会郁积久矣，不吐不快，遍地开花，但求一逞的造反、起义，着实让官府头疼万分，穷于应付。当其时，声势最大、最厉害的是九军攻城。明末之时，揭阳人刘公显，聚众举事，他在揭阳县南塘山建营、铸印、选官，自立国号"后汉"，改纪元"大升"，设15个大营、13个大府，其中由曾铨、马麟、马殿、马登、傅达、邱瑞、黄甲、吕忠、吕玉9个人分别带领的队伍，称为九军。在黄海如六月、七月两次攻城溃败之后，九军也觉得机会来了。

史载，黄海如斯人，原来是潮州府的一个小吏，后来到南澳岛从军，自此以后，他自以为也是行伍中的人了，且能文能武。第二次攻城的结果，却完全出人意料，潮州金城营都司龚萧钦、总兵吴六奇设伏对付他，黄海如浑然不觉，中伏后仓皇败退，还不知道是中了谁的埋伏，败得完全是莫名其妙。

九军就是在这一年的十一月初三，进攻潮州。其时城内偃旗息鼓，按兵不动，以静制动，以逸待劳，暗中观察。九军洋洋自得，节节推进，眼看就到了潮州城下了，胜利唾手可得。突然间城内大炮齐发，炸死炸伤九军100多人，九军见城内早有准备，又戒备森严，退归揭阳。

南明隆武二年（顺治三年，1646）十一月二十日，清军佟养甲、李成栋率兵从福建开进潮州城，掌管潮州的南明官员——降清，潮州正式改用清朝纪元。随后，清兵马不停蹄，一路西去，攻克惠州，觊觎南明的最后一方国脉——广州。

南明的灭亡，最值得嗟叹的，不是清军打败南明，是南明自己内讧。广州一个皇帝绍武，肇庆又冒出一个皇帝永历，清兵大军压境，他们都没把心思放在抗清之上，而是互相叱骂，互相火并，互相攻伐。可叹明朝已经退无可退，两支明朝的军队，却因为双方的主子一门心思互争正统，倾巢而出，对峙三水。广州城防空虚，一切皆成定局。

十二月，进占潮州的佟养甲、李成栋，一面利用原明朝潮州府、惠州府的印信伪造文书，派人矫装前往广州向绍武帝报告惠、潮两府平安无事，一面于十二月十五日，精选17名骑兵假扮商人，另外派部分精兵化装潜入接应，直奔广州绍武帝行宫（原都司署），生擒明朝宗室王子世子共24人，绍武帝朱聿鐭与大学士苏观生自缢身亡。也有一说，朱聿鐭与明朝宗室王子世子共25人，于顺治四年（南明永历元年，1647）正月二十日，在广州双门底（今北京路）被当众斩杀。

最大的战事，发生在顺治十年（南明永历七年，1653）。此前，城头变幻大王旗，杀人犹如风吹书。几年来，先是清广东提督李成栋，于广州越秀山镇海楼发动兵变，诛杀清两广总督佟养甲，尔后在南雄宣布广东叛清附明，并传檄广东所属各级各州县，一概反清，归附南明永历朱由榔；由是，永历派肇庆巡道李光垣来潮州任惠潮巡道，调南宁知府凌犀渠来任潮州知府，怀集知县桂岳改任海阳知县；桂岳莅任之后，弗忍潮州总兵车任重的部下胡作非为，责之罚之，并得到道、府二级长官的支持，车任重记恨，遂借口在开元寺聚会议事，借机在席间，杀死李光垣、凌犀渠。

车任重这个人，是明朝末年，于归善（今惠阳）县加入举事的农民队伍，后受到清廷的招抚。其蛮横杀死惠潮巡道、潮州知府之举，令人愤然。不动声色的李成栋，密令部将郝尚久，带兵前往潮州袭击车任重。郝尚久亦是行伍之中，有计有谋之人，其时郑成功正在福建与清军激战，郝尚久假称援闽助郑，于除夕日把队伍安排在潮州城南门外崇福庵休整。初一这日，郝尚久整好冠服，入城拜会车任重，及后，车任重到南门外回拜，郝尚久趁其不备，捆而缚之，将甚斩杀。随后，郝尚久被李成栋重用，任命为潮州镇总兵。

就在一次次的尔诈我虞，左摇右摆之中，郝尚久镇守的潮州城，亦经历了南明、清、南明的几次轮回。顺治九年（南明永历六年，1652），潮州揭阳人，南明东阁大学士，兼礼部、兵部尚书郭之奇，策动潮州反清复明，《潮州志·大事志·清》记载曰："九年，明大学士郭之奇策动全潮反正，以应西师。"当其时，郭之奇在永历政权中，负责联络广东、广西抗清义师，此次策动全潮反正的方略，包括：策反郝尚久反清归明；集义旅以应"西师"；联络恩平、新兴（今台山）、阳江一带据点的王兴所部，以抗击清军；撮合肇庆、广州、惠州、潮州合力大举。

所谓"西师"，实乃原张献忠大西农民军的余部，在张献忠战死后，由其部将孙可望、李定国、刘文秀、艾能奇带领，由四川进入贵阳，不久进入云南，并经营云南以作根据地。鉴于当时的形势，大西军决定联明抗清，拥戴永历政权，复由云南而入贵州，开赴西川、湖南抗清前线。尤其李定国部骁勇善战，收复了湖南大部分州县，又收复了广西全境，这在南明史上，堪称空前。接着李定国又挥师广东，接连攻克肇庆、高州、廉州、雷州，与郑成功遥相呼应。在这种形势下，郭之奇拟定的"以应西师"方略，是完全有可能实现的。

此时，清朝在广东尚立足未稳，如不内讧自残，南明的兵力，也足可观。郝尚久遂响应郭之奇的号召，在金山顶上构筑营寨，密谋反清。其时，清巡道陆振芬曾密报曰："近尚久深沟高垒，调集四面土官，勾引郑寇入潮阳、揭阳二县。"李定国攻入广东的消息传来，郝尚久认为时机已到，立即起而响应。顺治十年（南明永历七年，1653）三月二十二日（一说十五日），郝尚久拘捕清廷设置的惠潮巡道陆振芬（一说沈时）、潮州知府薛信辰，以及普宁、澄海、揭阳、饶平等县知县，任命李信为潮州知府，还委任了其他的地方官员，派使者与李定国取得联系，着密使请郑成功出兵，并下令军民解辫裹纲束带，自称新泰侯，同时采用永历年号，改官署，集年饷，在山顶凿井、储粮、备军械，巩固金山营寨。郝尚久的反清复明，令原来连成一片，相互呼应的广州平南王尚可喜与福州的靖南王耿继茂，东、西交困，处境被动。

闰八月十三日，清靖南王耿继茂、靖南将军哈哈木，统领10万满汉军队以及1700名奉调来援的南赣地方杂牌军，收取潮州府属各县之后，杀到潮州城下，围攻郝尚久。这时，郝尚久派往各县的队伍，都已退回城内，史载："郝尚久所遣攻各邑兵，皆退回据守。"坚持了一个月，郝尚久几次派人向郑成功求援，郑成功惮其屡屡反复，本拟不伸援手，翼将周全斌劝他，所以郑成功着北镇将领陈六，御统五镇，先入揭阳港观望。援师行动缓慢，当船行到南澳，听到潮州城已经于九月十四日（一说九月十三日）陷落，陈六遂返航。

当其时，郑成功的兵力，自称有数十万，史家言，这可能有所夸张，但在十万以上，殆无可疑，且郑氏拥有大小战船上千艘，机动性很强。其兵力部署，每镇为500人，此番援潮的五镇，不过2500人，杯水车薪，只不过虚晃一枪，做做表面文章而已。

顾诚的《南明史》载曰："郑成功对广东潮州地区一直非常重视，这是郑氏家族军粮的主要来源地。""他的意图却是希望把潮、惠地区据为自己的粮饷、兵员的补给地，而在郑军与永历朝廷之间最好是留下一片清方管辖区，打掉这座隔火墙对郑氏集团不利。"呜呼，由是，整个战局的失败，业已注定。

九月十四日这天，攻城的清军兵分两路，一路用巨炮攻打西门、北门，一路渡韩江由东门登城，郝尚久的部下王安邦开门接应。其时，天下大雨，江水暴涨，城内一片混乱。清兵大举入城，郝尚久抵御不住，与其子郝尧，在金山寨山顶，那口深数十丈，宽逾丈许，汲水可供万人之用的巨井，投井自尽。眼见郝尚久、郝尧相继投井，耿继茂仍心有不甘，命捞取而戮其父子尸体，并纵兵大肆屠杀，血洗潮州城。史书记载曰："纵兵屠掠，死者约十万。"

清兵掳掠成性，掠卖妇女更是惯例。屠城之中，妇女的受害，最为酷烈。潮州城内被掳者中，有丘恭、赵玑姑嫂。坊间相传，丘恭，海阳人，赵家媳妇，能诗。顺治癸巳（1653）城陷，被俘北去，过龙川通卫驿官梅阁，以泪和墨，题诗于壁，其诗凄断欲绝，乃血泪写成。其《官梅阁题诗》曰：

> 十日离乡音已稀，愁眉生怕送残晖。
> 天涯破镜知谁在，塞外悲笳去不归。
> 望到故山心化石，听来杜宇泪沾衣。
> 五更画角城头月，吹落旗亭促马飞。

诗壁之下，又复跋之，跋曰：

妾凤城赵家妇也，命薄罹难，虽死未遑。旅次残魂，庶祈灵于雁使，叠镜于鸾班；血洒官亭，见者怜之。

次日，其小姑赵玑继至，见壁上诗，知出自其嫂之手，更觉得悲从中来，几不能自已，旋次韵续于其后。其作《和题壁次韵》诗曰：

> 分明笔仗影依稀，惊阵啼鸦散夕晖。
> 去国竟成千古恨，抱琴共应九泉归。
> 才高柳絮余香溥，命薄桃花卸舞衣。
> 泪眼相逢何日事，一声鼙鼓各魂飞。

潮州传

下亦有跋于壁曰：

儿与嫂，共笔砚者四载矣，癸巳城陷，被俘至此，见壁间诗，知出嫂手。嫂乎嫂乎，儿和在斯。倘嫂一日生，重过此地，再见泪笔，儿死犹生矣。

诗中的"桃花"，指的是桃花夫人，即史书上载的息妫，春秋时的息侯夫人。楚文王听说她美貌绝伦，于是动念，灭掉息国，把她抢来作自己的夫人。"卸舞衣"，乃沦为战俘而结束歌舞生涯。息夫人亡国被俘，尚立为君夫人，而姑嫂被掠，只能被卖去做婢做妾，惨兮！

此次城陷，妇女死事者尤夥。史载，太仆卿辜朝荐之女辜兰凤，嫁贡生夏含曜，癸巳城陷，凤恐受辱，自经死，著有《啸雪庵易解》二集。龙溪溜陇乡郭邦璠之妻蔡氏，四川道蔡御史锜的长孙女，亦以苦节自励，九月十四日听到郡城陷落，泣曰："吾家距郡城六十里，寇将至，奈污辱何？"这一夜，哀谢所生及姑氏恩，投于井死。诸生陆光第的妻子陈氏，城陷，其惧受辱而赴井，不死，又引刀自裁。大宗伯黄锦长子的侧室吴氏，亦在这一日赴井死。而文学黄高标的妻子林氏，城陷之后，惧怕罹难，护姑絜孤远避，食贫孀守。城陷后能"护姑絜孤远避"，真能干非凡，也是极为罕见的幸存者。

男子死节者，亦大有人在。陆宽的长子陆应奎，由副贡领崇祯十五年（1642）乡荐。应奎渊博善文章，犹通世务，山河改色，

440

便掩关治学，不再闻户外之事。清顺治六年（1649），被强行任命为兴宁教谕，两年后找了个理由，回到潮州。郝尚久反正，陆应奎亦参与其中，事败，则含笑死之。户部主事林佳，是大理寺卿林熙春的儿子，城陷之后，清兵找上门来，林佳抱着乃父林熙春的灵柩，历数清兵罪恶，慷而慨之，詈骂而死。

曾参与筹谋反清复明的前朝遗老，兵败之后，隐匿、逃亡、藏身山间水边，亦被穷追猛打，倾家荡产，几不保命。像这种杀掠劫抢，敲骨吸髓，狠命勒索，清兵美其名曰输饷劳军。潮州后八贤之一、崇祯元年进士、保宁（今四川阆中）府知府、福建福宁道巡道梁应龙，明亡之后，弃官归梓，住在东津。这次避兵，只带着一个小厮，漂泊流亡到了饶平平溪山里，境况凄凉。幸亏还借吴六奇之力，输资捐财，饷劳清军，才得以保全眷口家业。

协谋举事的崇祯礼部尚书黄锦，逃匿到海阳河内桂坑荒山野岭中人迹罕见的乱石埠，拣一堆山涧溪畔的乱石洞穴栖身，还不忘苦中作乐，将洞穴命名石庵。荆棘铜驼，遗民零落，黄锦的遭遇，与梁应龙何异。饶平县方志《人物·黄锦》中有载曰：

清兵入城，家属或殉、或缧、或散亡，财物尽被掠夺。事稍定，靖南王耿继茂始著其家输饷劳军，释放囚系，许逃者归家不问，已幸匿免。惟所有鳌埠、龙溪、鸥汀各处庄园，概鬻以抵赎，存者极鲜。越明年冬，诸孙稍集。

清兵如此心狠手辣、勒逼脧剥，且以家人生死相要胁，城中官宦世家，何尝不是一样遭遇。

马发守潮州，元军屠城，郝尚久反清，清军又是一次屠城。哀哉，两次遭遇屠城，这在中国的城市中，少之又少。有史可鉴，癸巳屠城之后，城内惨不忍睹，一片狼藉，但见尸首，不见人迹，但闻风声，不闻人语，但见雨滴，不见泪滴，受难者十万众矣。《潮州志》有载曰："清兵既退，西湖主持僧德海，及义士钟万成，敛尸瘗之西湖山，曰普同塔。"《西湖山志·普同塔》也载之云："依浮屠法，聚而焚之，以其余烬瘗于塔内。"《潮州志补编·古迹志》也载曰："而瘗是者，则为十余万尸之骨灰耳。"

乾隆《潮州府志》曾记载海德和尚，其曰：

海德，饶平人。俗姓萧，幼剃发修真于揭阳观音堂。丙戌（顺治三年，1646）海贼陷揭阳，积尸数万，海德收而瘗之，作同归冢于旧教场。癸巳郡城破，横尸遍野，又与义士钟万成，收遗骸十余万，作普同塔于葫芦山。"

雍正《揭阳县志》，也记载了钟万成其人，曰：

钟万成，在城人，精于岐黄之术。顺治癸巳郡陷，同僧海德，收骷骸十余万，择湖山石岩之左埋之，为普同塔。

葫芦山普同塔在西湖山南麓，面对碧水，背倚青山，紧挨南岩。塔高 3 米有余，六面七级，塔前石碑，一人多高，镌"普同塔"三个大字。塔外之围屏，左右有联，合曰："逝者如斯夫；掩之诚是也。"此墓联为集句联，左联出自《论语·子罕》，右联出自《孟子·滕文公上》。邑人王师愈，曾作有《普同塔》诗凭吊，诗曰：

> 孤塔斜阳里，西湖曲水滨。
>
> 但知心有恨，不辨骨何人。
>
> 浩劫城真洗，荒涂草不春。
>
> 伤心重觞起，有宋景炎民。

1989 年 10 月，在修复浪西楼（贾岛《寄韩潮州愈》云"一夕瘴烟风卷尽，月明初上浪西楼"）时，久已填平、不见踪影的郝尚久、郝尧相继投井的那口大井，被意外发现，井口宽 3.8 米，井围 12 米，有青砖叠砌的井壁深 18 米，底下尚有泥土淤积的井壁未有砌砖，工人怕塌陷不敢清淤，未知还有多深。此井所在的位置，在金山北阁的山巅，浪西楼前矣。

北阁矗立的这段金山，为全山最险，巉岩突兀，俯视韩江，宋代子城的城墙，至今依然雄踞山上，凌风听涛，棱角分明。史书有载曰：

"北阁"，在金山东，有石跨城，特崎河干。明嘉靖中，巡道江汇，镌"青天白日"四字于其左，摩崖正书，大径尺许，旁

443

小字直书。按：江汇，江西进贤进士，嘉靖十二年（1533）任岭东兵备道。清顺治间建阁。康熙中，知县颜敏文又镌"砥柱"二字于阁后。阁旧悬佛灯，江船往来，掩映如画，为郡城八景之一。乾隆中，巡道康基田葺之，名"韩江楼"，其下为"长寿庵"，亭有石级回环，幽深如洞，上通杰阁，游客多来登临。

北阁最出名者，乃北阁佛灯，这是立于阁后山石之上，木杆高耸的一盏佛灯。坊间相传，夜间佛灯点明，其光灼灼，上游至归湖、头塘、赤凤，下游至浮洋、急水、江东，江上行船，艄公客旅，都可以望见，犹如一盏航标，让人心明眼亮、宽怀松懈、安然无躁。

曾有人假状元林大钦之名，作《北阁佛灯》诗咏之曰：

> 燃灯火自西方流，北阁慈云胜十洲。
> 一点星星入不见，炎凉世界此中求。

倒是郑兰枝呈奉乾隆的《北阁佛灯》诗，是真的，其诗曰：

> 城北烟林阁几层，琉璃座上看燃灯。
> 一痕隐射青天静，半点长随白日凝。
> 影什晨星悬古刹，光分夜月挂岗陵。
> 梵宫自是长明镜，照彻韩潮万象澄。

第七章 新的岁月

红头船出海

潮州陷落于清军之手，这样，郑成功攻打起潮州来，顺带征粮、征饷，就更加名正言顺，师出有名，无所顾忌。单顺治十七年（1660），郑成功就两次征潮。先是三月，郑成功指挥1000余艘巨舰，停泊于揭阳炮台外，并带兵攻打潮州沿海各县，十一月，又回头再次攻打潮州城。这让潮州镇总兵黄应杰，穷于应对。

康熙元年（1662），为了防御郑成功的进攻，爱新觉罗·玄烨下令在潮州实行海禁。皇帝新登基，冀望令行禁止，特派出吏部侍郎科尔坤、兵部侍郎介山、平南王尚可喜、镇海将军王光国、协镇广东将军沈永忠和提督杨遇明等一干大员，王公贵胄、一品二品，浩浩荡荡，到潮州巡勘海疆，在海阳、潮阳、揭阳、饶平、惠来、澄海等滨海地带，筑小堤作为海界，建墩台73座以为瞭望，并迁沿海各县居民，入内地50里居住。

有史家言，这一段时期清朝的海禁，根本不是禁贸易、禁通商，纯粹是出于军事的需要。郑成功的海师，让他们坐立不安，烦恼丛生。潮州这块"肥肉"，又常常让郑成功馋涎欲滴，时不时就来一次。

康熙三年（1664）三月，玄烨又派吏部尚书伊里布、兵部侍郎硕图，偕藩院将军、提督等，再次到潮州巡勘沿海边界，增筑墩台，并再徙边界居民入内地50里。这次迁界，范围之大，涉及潮州城周边的龙溪（今庵埠）、上莆（今彩塘）、东莆（今金石、沙溪）、南桂（今东凤）四都和秋溪（今铁铺、官塘、磷溪）、江东、水南三都的一部分。史书记载，迁界内的民众，流离失所，辗转他乡，有的沿街行乞，有的老死病亡于迁徙途中，一派凄凉惨绝景象。康熙五年（1666），海氛仍炽，其焰旺旺，玄烨一时别无他计，干脆撤销澄海县，并入海阳县，直至康熙八年（1669），才又恢复。

坊间相传，这一年，盐价似山洪暴涨，贵得如爬梯登高。由于迁海划界，原潮州府的盐埕，都被刘在界外，城内及邻近各县，食盐来源几乎断绝，一时间盐价腾涨，不好收拾，民众只好节盐淡食。有的人，竟汲取潮水或用卤草，烧煎取盐食用。这次海禁，一直持续到康熙二十三年（1684），清廷收复台湾之后，准许澄海、南澳等地居民回原籍耕作，准许对外贸易，海禁才告解除。

康熙开海的标志，就是在广东的广州、福建的漳州、浙江的宁波、江南（今江苏、安徽）的云台山，分别设立粤海关、闽海关、浙海关、江海关，作为其对外贸易和征收关税的机构。这四大海关，总领各所在省的所有海关口岸，通常下辖有十几个至几十个口岸。

康熙二十四年（1685），粤海关在潮州设立第三总口，即潮州总口，下辖有双溪口、溪东口、汕头口、潮阳口、后溪口、海门口、达濠口、澄海口、卡路口、南洋口、府馆口、东陇口、樟林口、黄冈口、马塘口、北炮台口。

总口驻在海阳县庵埠寨水吼桥边（今万和路 1 号），潮州总口亦称庵埠总口、庵埠海关。当其时，总口实行分头银，即关税承包，每年约征银 33000 两。但是，让人宽心柔性的日子仅仅过了 30 多年，康熙五十五年（1716），玄烨又来了，开海的政策，又缓缓地收紧、收缩，这一次实行的是南洋禁海。就全国而言，南洋禁海虽然并非全面禁海，但是南洋乃潮州的传统贸易目的地呀。这样的海禁，导致四五千金建造的大船，任其朽蠹于断港荒岸之中。其给潮州带来的灾难，由此可见一斑。有专家直言："海禁给潮州人民带来重大灾难，生产、贸易受到严重破坏。"

雍正即位之后，头疼的，竟然是缺钱少粮。他曾经有言曰："历年户部库银亏空数百万两，朕在藩邸，知之甚悉。"雍正继位，面临的首要问题，纯粹得他自己都吃惊，就是赚钱。雍正元年（1723）夏天，爱新觉罗·胤禛作出了一个决定，皇帝诏曰："着将出海民船，按次编号，刊刻大字，船头、桅杆，油饰标记。"并且规定："福建船用绿油漆饰，红色钩字；浙江船用白油漆饰，绿色钩字；广东船用红油漆饰，青色钩字；江南（今江苏、安徽）船用青油漆饰，白色钩字"。于是乎，所谓福建绿头船、浙江白头船、广东红头船、江南青头船的称呼，便在民间叫将开来。也就在这一年，广州海关监督，在分头银之外，又征收百分之十的附加，名叫"缴送"，并将这些税收，源源不断收归国库，没过多久，海上贸易的金银，如同潮水般涌了进来，一时之间，俨然成了国富民强的重要财政资源。

米缺粮贵，也是摆在雍正面前的紧迫问题，向来繁华富庶的江南、华南，这一问题尤为突出，尤其是粤、闽，"逼近海岸，山多田少，民稠土狭，产谷稀少"。史书记载曰：当其时，"广东米价腾贵，每石卖至一两八九钱至二两不等"，"广东一岁所产米石，即丰收之年，仅足支半年有余之粮"。同样，福建的官员，也在抱怨："本地所产，不敷食用。"

雍正二年（1724），一艘载有大米的暹罗贡船，来到粤海关，言准备运米到广州贩售。雍正获悉之后，倍加欣慰，不仅宽恕了那些迁居海外的华人，且许可他们继续运载大米，听其贩卖，还亲自规定："米谷不必上税，着为例。"

以前，渡海去而不返的潮州人，大都留在了南洋，现在，他们装载着暹罗的大米及其他的货物，向北归来。商船载米回国，同船所载的其他商品，如苏木、铅、锡、药材、香料，还可以享受关税上的折扣，这使船户们赚取了更大更丰厚的回报，真是彼一时也，此一时也。史书有载，对于暹罗贩米的贸易，"商民尤为踊跃，每一洋船回，各带二三千石不等"。

潮州海港众多，有红头船出海者，不下十数，如潮阳隆津港，有船64艘，南澳几处港口、庵埠港、海门港、达濠港、甲子港、澄海南港，也都有红头船。然举大者莫如饶平的柘林和澄海的樟林，红头船出海，也以这两处海港为最。史书记载，雍正年间，在柘林港从事海上贸易的红头船，有300—400艘，经营红头船的船主有24家，大商户有300多家，居民达2万多人，有40多个姓氏，单新盖的宗祠，就有19座；海港内商贾辐辏，众船云集，帆樯林立，舳舻相接，千帆竞发，人潮涌动。行船人都信奉妈祖，每年的妈祖诞日，更是闹热非凡。有一年，竟延请了20多班戏班，同时搭台做戏。从柘林湾内的西澳岛，到岸上的新街，海上距离约4里，其间的海舶，一艘接着一艘，俨然浮桥，西澳的岛民，居然可以通过船舶，步行到新街看戏，堪称奇观。

饶平高堂乡有一姓吴的红头船商人，在柘林港有10艘大包帆的船队从事海贩，其获利之溥，令人咂舌。他及船队的人在高堂乡盖了72座祠堂，占地1亩以上的大厝54座，2—4亩的大厝19座，让人见识了红头船时代的繁盛。

樟林港的红头船，历雍正、乾隆、嘉庆、道光、咸丰五朝，已拥有数十支远洋船队，而每支船队，有船几十至上百艘，这样，就共有红头船千余艘，出口有陶瓷、红糖、茶叶、靛蓝、樟脑、渔网等，进口则大米、豆类、胡椒、名贵木材、金银珠宝、钻石首饰、象牙玳瑁、西药洋货等。当其时，有所谓的"闽商浙客，巨舰高桅，扬帆挂席，出入往来"，"乃濒海之一大都会"之称。

樟林港最繁盛的时期，当推雍正元年（1723）至乾隆五十六年（1791），在这大约70年的时间里，这里形成了八街六社的商贸格局。所谓八街，指的是港埠中心的仙桥、长发、古新、广盛、顺兴、洽兴、永兴、商园8条街，六社是围绕这8条街的东、西、南、北、塘西、新陇6个村社。其中，仙桥街、长发街最繁荣，民谣有云："金仙桥，银长发，天上神仙府，地上樟林街。"

有人归功于天降祥瑞，吉兆连延。也是，雍正七年（1729），春降瑞雪之后，农历十月十五日，天气晴朗，当夜，整个潮州府五彩云环抱月亮，光华灿烂，人们又惊讶又高兴，这样的天象，亘古未见。果然，这一年的年冬（晚稻），大获丰收。第二年，潮州府粮食的收成，又是大丰收的年景，每斗米，才卖银子5分。

当然，这样的米价，就像昙花、烟花一样，耀眼一瞬而已。

嘉庆初年（1796），樟林又因港口兴旺，增建了新兴街等3条街道和许多铺屋，这些街道铺屋，各营其业，有海产、渔网、打铁、打石、染织、糖房、火窖、豆行、米行、屠宰、中草药材、当铺、洋货等等。其时，广东仅在潮州樟林一地征得的税银，就占全省总税收的五分之一。

坊间相传，昔日樟林港口有一处胜景，曰"仙人翻册"。讲的是从远处看去，帆随船转而变化的景象。当时，海船满帆乘风入港而来，因航道转向，船和帆也必须随着转向，远看犹如仙人无形的手，在一页一页地翻动书册，妙不可言。

红头船上，除了常规的大宗出口货物，还有大量的土特产品，如铁器。清代潮州乃广东著名的冶铁中心，所产之铁，质量上乘，而当其时，暹罗长期与缅甸对峙，对铁器等军需物资有较大需求。暹罗王郑信，就曾派人通过官方渠道，到家乡潮州采购大量的硫黄和铁锅。《粤海关志》记载潮州溪东、达濠等港口，每年有大量的铁锅销往海南岛。潮州红头船商人上报销往海南，为的是免关税，实际上这些铁器，大多是销往暹罗。

潮州的大量建筑材料，也是暹罗急需。暹缅战后，暹罗重建，需要大量的建筑材料，潮州红头船商人，乃将大量的砖瓦、琉璃瓦等，源源不断地输往暹罗。暹罗人喜欢潮州石雕，各大寺院也摆设潮州石雕，于是红头船商人从潮州往暹罗时，往往购买石雕压舱。潮州输往暹罗的商品，还有书籍、纸张。清代福建汀州已是著名的造纸中心和印刷中心，汀州的纸张和书籍，也多是由潮州销往海外，除了日本，暹罗也是较大的中国纸张书籍市场。

樟林的林五，是著名的红头船商人。他的先祖于康熙三年（1664），来到樟林风伯庙一带，搭寮捕鱼，到林五的祖父林淑滋时，已经家业有成。当时正值雍、乾之交，红头船贸易勃然兴起，林淑滋当机立断，弃渔而从事海贩。嘉庆二年（1797），刚刚中举的林五，弃儒从商，经营家族的振发行。他参与红头船远洋航行，亲自到南洋各地，从事商贸，其振发行的红头船，一年间往返暹罗两次，将潮州陶瓷、咸菜、菜脯等土产，运往南洋诸港。这是一种独到的眼光。当其时，在暹罗的潮州人约有 300 万，马来亚、爪哇（今印尼）各有约 80 万人，星洲（今新加坡）约 50 万人，安南（今越南）、缅甸、高棉（今柬埔寨）、寮国（今老挝）、苏禄群岛（今菲律宾）加起来也有 300 多万人。咸菜、菜脯，这些不烂不臭，别人瞧不起、不想去做的生意，又恰恰是家乡口味，聊慰思乡之情的家常小菜，该有多大的需求量。振发行，拥有"万昌"、"万盛"、"万隆" 3 艘特大的红头船，其"万昌"号还是当时首屈一指的大洋船，200 年后，樟林人还把"万昌"的中桅，当作高大的象征。

程洋冈的蔡彦，是成记、加合红头船、红糖联合企业的创始人。他的父辈自从运营"蔡万盛"洋船业发达后，也于嘉庆后期，举家迁移到樟林来。蔡彦有一个创举，他创立了隆成号船垄，前后往暹罗订造了红头船近100艘，给船户们使用，彼此之间约定，若5年内，船遇风险沉没，则一笔勾销，若5年内平安行驶，则本利一并归还，时称红头船债。

红头船商人与糖商也是密不可分。清代潮州四大富商之一的棉湖富商郭来，既是糖商，又是红头船商人。郭来的蔗糖生意，从康熙年间，就已经起步，到雍正初年，已形成相当规模，他从周边以及市集收购红糖，再用糖漏，过滤成赤砂糖，然后加工装包北运。郭来设有4个收购店、13个货栈，加工场有几百名工人，每年收购和加工的红糖，约有几万担。他加入红头船海贩以后，即拥有一支自己的船队，向苏杭、上海、南京以及日本、朝鲜、南洋等地，贩运赤砂糖。

当其时，亦有潮州糖商，从糖蔗中，压榨加工出一种膏巴糖，这是一种黑糊糊的、黏黏的、膏状的半成品糖。糖商们把膏巴糖简单包装，即可以上舱，发运往行销地。到达行销地后，再在当地重新加工成白糖。这样节俭省却的包装、搬运、装卸、人工、物料等料工费，一年下来，数额颇巨。潮州有句俗话，"细数畏算盘"，就是说哪怕钱银再少、数目再细小，累积起来，算盘一加，也是大数。从潮州运往江浙沪、南洋诸国等潮糖行销区，采用的都是这种模式。加工后的白糖，品相口感俱佳，上海人美滋滋地叫它"糖霜"。膏巴糖之举，在整个华南蔗糖产区，只有潮州一地才有。

道光二十年（1840），隆都前溪人陈焕荣，在香港自营货运经商，成为当年樟林港最著名的红头船主，人称他"船主佛"。他在香港创办的乾泰隆，是华人在港最早开设的老商号之一，主营是转口贸易代理，即把中国的大豆、食油、杂粮、蔗糖等出口到东南亚和南洋诸岛，又把东南亚和南洋诸岛的大米、海味、木材等转口到中国和日本。货物由南北各国客商提供，乾泰隆负责联系买主和发货转运，收取2%的佣金。这种生意，有一个好处，本钱不用太大，营业额却可以做得很大。但也有一个弱处，只赚佣金，利润薄，要做好、有赚头，必须有源源不断的大笔生意。陈焕荣人缘好、信誉高，客户接连上门，生意应接不暇，一派兴隆。

有红头船商人，把市场，拓展到安南。从安南运回大米，也是一条途径。史载，乾隆三十二年（1767），澄海民人杨利彩运回洋米2700石，监生蔡志贵运回洋米2200石，民人蔡启合运回洋米2200石，林合万运回洋米1800石、谷500石，蔡嘉运回洋米2600石，姚峻合运回洋米2200石，陈元裕运回洋米2200石。至嘉庆、道光年间，潮州与安南之间的贸易日益兴旺，潮州红头船多在安南贸易，甚至有超越中暹贸易的势头。

也有红头船商人抄近路，到台湾运大米，从柘林到台湾高雄，相距只有160海里。潮州人称台湾米为"大员米"，并且用"大员米食不够"，来讽刺某个人阅历肤浅，幼稚无知。"大员"，是闽南话"台湾"的发音。而潮州人用"溜过乌水",夸喻某个人经过风浪,处事老到。"乌水"是指台湾海峡的黑水沟。"溜过"即是"渡过"。至今,台湾还有一处街市,命名潮州镇,是屏东县的一个镇。

自从红头船可以出海,潮州人专营、特营的天分,就发挥得淋漓尽致。潮州盛产荔枝,隆都一陈姓庄家,就打起了转销荔枝的念头。荔枝远销,难就难在保鲜,隔上三天四天,果壳就由鲜红变黑,水分蒸发,干硬瘪瘦,品相难看,味也变了。他左思右想,想出了一个主意,将重点放在了荔枝的保洁灭菌,每一颗荔枝,都得仔细挑选,去掉残次劣质之品,然后用盐水洗涤去污,晾干灭菌,再行装瓮。瓮中盛有浓度调配适当的盐水,荔枝浸泡在盐水之中,经过一两个月,仍然鲜艳如初,口感绝佳。盐水荔枝一经进入东南亚与南洋,即打开销路,盛况不衰。

雍、乾开海之后,造船的材料,遂深感紧缺。此前,清廷和郑氏对峙,都加紧督造战船,沿江沿海的造船巨木,消耗殆尽。而造船所需之大量巨木,"非数百年之木不中程",至少,也要生长60年到80年。一方面是木材紧张,一方面是开海以后,新一轮造船活动勃然高涨,需要更多的木材供应,其结果,便是木价与船价,双双上涨。史载,清初,大木"一株值价不过数两",到乾隆时,桅木已涨到"一根需价四五百金"。《论南洋事宜》亦有记载曰:康熙年间,"打造洋船,每只需要用数千金或千余金",雍正时,"内地造一洋船,大者七八千金,小者二三千金"。

这个时候，从南洋海贩回来的船户们，带来了令人兴奋的消息。他们看到，暹罗"从海口到国城，溪长二千四百里"，"夹岸大树茂林"，而且木质坚实，适宜造船。在广南这里，出产一种高达8丈，通体无节的桅木和盐舵木。在吕宋群岛，"树木约4200种，高约50丈，便于建船、屋"。在苏禄，林木高大，木材众多，铁力木尤为丰富。在婆罗洲北岸，也有不少松木，堪作大桅。这令中国商人欣喜不已。

暹罗的木材充裕且价格低廉，商机饱满，这让商人们心痒难耐，按捺不住。朝廷虽然意见难以捉摸，但闽粤沿海之人，搏风击浪，向来不乏冒险精神。第一个见诸记载的是乾隆九年（1744），福建龙溪人林捷亨、谢冬发等，陆续从海外造船载米，回来厦门。商人们这一大胆的突破，地方官员，予以默许。

潮州红头船商人，在暹罗的深山老林中，物色到可以做龙骨的楠木，可以做大桅的松木，可以做底板的柚木，可是峡高途远，消耗巨大。他们干脆就把船厂拆分为两部分，把粗加工厂设在高山上，就地取楠木造龙骨，取柚木造底材，形成大型帆船的粗坯，让船工顺流驾驶而下，进入下游的深加工厂，再行完善。这一招真妙极了，既节约了木材的损耗和搬运费用，又绝大地提高了效益效率。

红头船造好之后，潮州商人不仅遵照规定，在船头两侧刷红漆，而且别出心裁，在两侧红油上又画了黑油圆圈，如同鸡目一样。按民间的说法，船上有眼，才不致迷失航道。船头画上了黑圆圈，整条船看起来，就像一只晨鸣中的大公鸡，英姿勃勃，威风凛凛，广州人把这种与众不同、观感另类的红头船，称为鸡目船。

画鸡目是为了醒目、精神、昂首，船内也要各出奇招，彰显个性，打扮得雅致有范，粗犷又不失文气。樟林北社"和春"号洋船，舱内显眼之处，就挂上冠首嵌字长联，其上联曰"和之璧，隋之珠，璧合珠联歌满载"，下联曰"春自南，秋自北，南来北至庆荣归"。

潮州人还想出办法，既不违反规定，又能多挂风帆。他们在三桅的中桅上，高挂巨帆，上面再加叠帆，加上船头、船尾每桅各有一帆，这样遇上好风，四帆齐张，船行如飞。为了使船牢靠长久，造船使用铜钉，不用铁钉，铁钉容易生锈。作为船碇的大铁锚，甚至有3000多斤重，比起早先的石锚、木锚，恍若隔世。

潮州开埠

　　红头船出海，一发不可收拾，潮州人散布南洋各地，不仅贸易海运，行商买卖，他们根深蒂固的生活习惯、细察入微的行事做派，竟潜移默化，悄悄地改变当地人的日常生活。打燕窝制燕窝这种本领、技艺，就是南洋人跟潮州人学的。暹罗湾里，有一种叫做鳐的大鱼，形如锅盖，长着尾巴，每次咬钩之后，就丧心病狂，命都不要地四处游窜挣扎，三番五次地把渔舟拖得几欲翻船。末了体力耗尽，浑身酸软，无招可使，就趴在海沟里，一动不动，任渔人怎么收钓，就是钓不上来。原来，这鱼身上，自有天生的附着力，一旦咬钩之后，陡然就生出一股无可名状的疯狂劲，一旦附紧海底的礁石、珊瑚或者水草，任他李元霸、宇文成都再世、项羽、鲁达重生，力拔山兮气盖世，倒拔合抱垂杨柳，也别想能揪动它。以往遇到这种情况，渔人无一例外，只能悻悻然剪断钓线，闷坐船头，无功而返。

　　潮州人有办法，他们教当地渔人，用另外一根钓绳绑住一个秤砣，再将这根绑着秤砣的绳子与钓到鳐鱼的钓绳拴在一起，让秤砣沿着钓绳慢慢沉下去。到底了，就一手收紧钓绳，将钓绳绷得紧紧的，另一手将秤砣绳一收一放，一收一放。在这收收放放之间，秤砣就一次一次地直击鳐鱼的鼻梁，让它晕眩难受，痛不欲生。如此反复再三不断持续地砸，鳐鱼伏不住了，痛彻肺腑地翻起筋斗，垂头丧气浮出海面，任渔人打捞返航。

大洋里的"龙兵过"，南洋人也是听了潮州人的解说，才明白过来。远洋浮海的人，都会遇到，洋面似乎是风平浪静，但水底下仿佛千军万马，呼啸奔腾、喧嚣躁动的气势，明显可感。水被搅动，眼前的海，一派墨染的凝重。先前还若隐若浮的鱼脊豚背，就跃动了，起跳了，先是一双海豚，破阵而出，腾空而起，它们滑翔而过，引发后面成群结队的海豚，如流矢飞石，抛砖掠燕，在海面穿梭腾越，翻滚翔滑，此出彼起。这些海上精灵，竖着身子腾起，横着身子砸下，就是为了震晕周围的鱼群。潮州人告诉南洋的土著，鱼群和马群、羊群一样，都有领头，将这些领头的鱼都砸晕了，降伏了，跟在后面的亿万鱼虾，就乱成了一团，不知何去何以，任凭海豚、鲸鱼，生吞活食。

潮州人在南洋无处不在，与南洋人和衷共济、休戚相关，已然水乳交融。曾有专家言：潮州"明代的瓷碗，改变了东南亚人民的饮食习惯；陶瓷改变了东南亚人民的殡葬方式，并影响了他们的价值观念；军持及书阿拉伯文字的瓷器，对伊斯兰教在东南亚的传播，无疑也起到了重要作用"。也有专家指出，婆罗洲的居民热衷于收藏陶瓷，在当地的社会生活中，陶瓷被视为财产地位的象征，而其中的杜生族，还有着瓮崇拜。

韩江流域盛产陶缸、陶瓮，潮州生产缸缸瓮瓮的作坊，更是遍布四乡，挨家塞巷。潮州人日常生活喜爱腌制，腌咸菜、腌贡菜、腌菜脯、腌橄榄、腌凉果。咸菜、菜脯腌一次，吃一整年，凉果腌好后，卖一整年，卖到苏杭上海，也卖到南洋各埠。腌菜腌果，都用各种大陶缸，陶缸、陶瓮，销量巨大。到南洋的潮州人，理所当然也把这种血液里的生活习惯带过去，陶缸腌制，陶瓮装殓骨殖。

有眼光长远的潮州商人，不只把生意做在南洋，而且把船头掉向华北、江南。方志载曰："邑自展复以来，海不扬波，富商巨贾，操奇赢兴贩他省，上溯津门，下通台厦"，"至于巨商，逐海洋之利，往来乍浦、苏松，称富室者，比比皆是"，"邑之富商巨贾，当糖盛熟时，持重赀往各乡买糖，或先放账糖寮，至期收之；有自行货者，有居以待价者。候三四月好南风，租舶艚船，装所货糖包，由海道上苏州、天津。至秋，东北风起，贩棉花、色布回邑，下通雷、琼等府，一来一往，获息几倍。以此起家者甚多"。

《韩江闻见录》亦载曰："南澳之地，正南出，入海无边际，未有道之者；凡船道，皆下西南行，上东北行。谚所云'上至天津，下至马辰'是也。"马辰，是南加里曼丹一个港口城市。《历代宝案》也记载云："林任等六名，系广东潮州府饶平县人，驾林福礼船只，通船共三十三人，于道光十年（1830）五月二十二日，装载糖货出口，六月二日于上海县贸易，共收棉花、米豆等物，十一月十一日开驾回籍。"《晏海溯论》记载云，嘉庆十六年（1811）六月，"澄海县界，客船六十余号，各装糖包，满载或三千包，或四千包，连船身计，一船值银数万，将往苏州、上海等处"。仅此一行，价值即达白银上百万两。

有学者言，江南之人，习尚食甜，以糖为佐料，作佳肴，像淮扬菜、苏锡菜、苏帮菜、杭帮菜，都是偏甜，又喜制作各种甜食、蜜饯等，就连染丝上色，也需用糖，其用糖量之多，可谓巨大。江南自己不产糖，日常所需，都必须从福建、广东输入。吴三桂、尚可喜、耿精忠三藩之乱时，江西道梗，江南"糖价骤贵"，三藩平定之后，"广糖大至"，价格回落。可以说，广糖、福糖，直接影响到江南人的生活。

史载，康熙开海后，"闽粤人于二三月，载糖霜来卖"；乾隆一朝，广东糖占由乍浦入口糖的三分之二；道光时，江南乃至以北数省，所需食糖，都是由闽粤洋船运到上海之后，再行转卖。广东所出之糖，主要产自潮州，尤以潮州的海阳、揭阳、潮阳、澄海四县为最。

乾隆年间的潮阳知县李文藻，对本县所产的黄糖、白糖，相当自视，曾赋《劝农》诗曰："岁岁相因是蔗田，灵山西下赤寮边。到冬装向苏州卖，定有冰糖一百船。"其时，潮阳所产的黄糖、白糖，"商船装往嘉、松、苏州，易布及棉花"。揭阳所产白糖特佳，时人称赞曰："棉湖所出者，白而香，江苏人重之"，且"江南染丝必需"。到光绪之时，潮州"每年运出糖包多至数十万，遂为出口货物一大宗"。而清中期的江南，人口已有2000多万，每年输入的糖，多至上亿斤。

也总是有灵光乍现、嗅觉锐敏、眼光独到，善于在日常那些不起眼的事物中，捕捉到商机的潮州人。隆津港开港以后，潮阳沙陇有一姓郑的商户，专门收购家家户户都在种、都在磨的番薯粉，用红头船载往苏杭上海，供纱布厂浆纱，以此而致巨富。

潮州商人财势力足之后，就在江南的中心苏州，建潮州会馆。当其时，江南还未拆分成江苏、安徽，上海也只是松江府下属的上海县。苏州潮州会馆起初是在明朝天启年间（1621—1627），兴建于南直隶金陵（今南京），康熙二十一年（1682）移至苏州阊门外北濠，后来，"潮人之仕宦商贾，往来吴阊者，踵相接"，会馆太小，不敷使用。康熙四十七年（1708），重新选址于苏州上塘街义慈巷西首兴建新馆，历9年方告建成，今门牌号为上塘街278-1号，仍存在。会馆建成之后，潮商欢欣雀跃，发自肺腑，乃曰："凡我潮之懋迁于吴下者，日新月盛。"

会馆头门朝北，外墙高约10米，面阔15米，两侧呈八字形，门墙两边起点相距28米，实在壮观。外墙通体以磨细青色方砖斜角贴面，组成菱形图案，秀逸豪放与庄严典雅，两相兼具，肃穆而又灵动。墙开石库门三，一大两小，中匾"潮州会馆"，下有吉祥人物缠枝花纹砖雕衬托，左匾"河清"，右匾"海晏"，三匾均为阳刻隶书砖雕。大门左右，仵立着两只从潮州运来的一人高的大石狮，石狮以油麻石精雕而成。入门过道之后，即为戏台，戏台朝南，进深6米，飞檐相错，精雕细刻，美轮美奂，无与伦比，其歇山顶、垂莲柱、八角形藻井、镂雕额枋，大气而又精致。

会馆主要由七县组成，首海阳、次澄海、次潮阳、次饶平、次惠来、次普宁、次揭阳，管理上也由七邑轮举，三年一更。主持馆务的专人，称为董事，任期三年。从康熙四十七年（1708）到乾隆四十一年（1776），68 年间，苏州潮州会馆所置的房产不动产，共计有房子、商铺 18 处，还有多处放租收银的田亩，产业时值，约达 30665 两银子，其中有一处房产，竟置办在了北京。当其时，苏州潮州会馆的产业，在苏州近百所会馆中，占第 2 位，而就地方府一级会馆来说，潮州会馆的产业，则是首屈一指。

据苏州《潮州会馆记》记载，乾隆十六年（1751）和二十二年（1757），皇帝两次南巡，途经苏州上塘街，均允许潮州会馆设立香案，跪接圣驾于会馆门外。乾隆对潮商也恩礼有加，《会馆记》载之曰："天颜温霁，赏赐彩缎二十匹。"

不只潮州商人出资支持会馆，潮籍官宦，也鼎力玉成。史载，北京潮州会馆分称南、北、西三馆，共有六处，其中三处为主产，余属附产。

潮州会馆北馆，位于北京宣武门外延寿寺 100 号（今宣武区延寿街 12 号），这是潮籍京官陈时谦，在乾隆三十四年（1769），捐献 1000 两银子，会同族人陈芝，以苏州潮州会馆的名义所购建。嘉庆《澄海县志》有载，陈时谦"历署广信、南康二府，皆有惠政，循良懋著，以报最引见，回任候升。其在都门日，见外廊营潮州会馆湫隘，捐金千余两，与孝廉陈芝，择地构屋于前门外延寿寺街。自是公车选人，至如归焉。高风义举，至今七邑，犹啧啧称道勿衰"。

苏州《潮州会馆记》也记载曰："乾隆三十四年（1769），契买京都张素亭房屋一所，价银一千两，坐落京都琉璃厂延寿街北头，坐东朝西，门面前后地基计六进，门口有'潮州新馆'匾额。"

康熙十三年（1674）三月，福建耿精忠，与云南吴三桂、广东尚之信一起，宣布叛离清廷。四月，潮州镇总兵刘进忠，即密派部下杨希震前往福州，与耿精忠联系，要求其派闽兵入潮，并决定潮州府11个县同时举事，归附耿精忠。

而其时，清廷派有11岁的续顺公沈瑞与副都统邓光明，统率旗兵，驻扎潮州。当时旗、汉双方有约定，沈、邓的旗兵驻城南，刘进忠的汉兵据城北，城中立栅为界。

四月二十一日，正逢刘进忠的父亲生日，沈瑞、邓光明与刘进忠的中军李成功、参将张善继密谋，决定在这一日，先向刘进忠出击。然而，李、张二人谋袭不成，被刘进忠捉拿，沈、邓即指挥旗兵，与刘进忠在城内激烈巷战。

激战之中，刘进忠在羊玉巷口的四狮亭前翻身坠于马下，邓光明追上，将左手铁链，望刘进忠打下，却打在了石狮的头顶，石狮的狮耳，被打去了一只。从此潮州也留下一句歇后语，曰：四狮亭石狮——独耳。

刘进忠逃过一劫，杨希震从漳州请来的援兵又赶到，沈、邓旗兵势单力薄，退出府城。比之沈瑞、邓光明的审时度势，知进知退，广东巡抚刘秉权，却孤忠勇猛，带兵攻打潮州两个月，就因劳累过度，病死军中。

　　刘进忠反清，不久就被潮州人写成了白话长篇历史小说《三春梦》，当时作为禁书，作者不敢具名，书为手抄，直到民国初，才有石印本。这是潮州现存最早的一部白话文小说，章回体，三十三回。"三春梦"是匿名作者的一个比喻性命名，刘进忠反清，前后恰好三年，三春与三年相合。"梦"至少寓托了作者的三层含意：其一，此次起义，对于潮州人民，是一个糊涂梦，三年过去，潮州面目依旧；其二，对于刘进忠，是一个荒唐梦，他因此而死于九泉之下；其三，对于潮州通判严三春，是一个噩梦，他梦中上天堂，醒来却下地狱。

　　在潮州人的感觉中，刘进忠反清的震撼，以及邑人黄仁勇高中武状元的惊喜，都不及太平军所带来的震惊。

　　嘉庆元年（1796），爱新觉罗·颙琰登基，海阳莆东（今潮安古巷孚中）人黄仁勇，考中恩科武进士第一名，状元及第。黄仁勇乃读书人出身，家境贫寒，12岁时才进入本乡私塾读书，但寒门出贵子，黄仁勇穷而不卑，勤学不辍，于乾隆四十六年（1781）得中文秀才。其岳父慧眼识人，见女婿身高力大，英姿飒爽，膂力能举300余斤，料定日后必有所成，便劝他修文习武，以证正果。果然，历十来年孜孜不倦，以文辅武，乾隆五十七年（1792），即考中武举人第37名，四年后嘉庆登基特开恩科，黄仁勇在会试中又考中第2名，殿试时，颙琰喜爱他的文武双全，特钦点他为武状元。

　　太平军虽然未到潮州，但其声威势焰，震荡四方。道光三十年（1850），于前一年五月因病奏请开缺，六月十七日回乡调治的林则徐，被朝廷任命为钦差大臣兼广西巡抚，带兵前往广西围剿太平军。史载，林则徐"叠次宣召"，仍不回京，九月十三日，爱新觉罗·旻宁下诏，诏曰：着林则徐"作为钦差大臣，颁给关防，驰赴广西会剿……星驰就道……毋违朕命"。十月初一，卧病的林则徐在家中接到这道措辞严厉的圣旨，第二天即抱病启程，途经潮州。

林则徐何等人也！潮州百姓，夹道迎迓，争相目睹这位平躺在轿里，日进百里的心仪之人。潮州知府吴均，何其幸也，有幸拜会了这位壮志凌云、家国为重的榜样之人。《清史稿》记载，林则徐"行次潮州，病卒"。《潮州市志·大事记》记载："十月，林则徐从福建家乡抱病出发上任，途经潮州，会见潮州知府吴均。"

十月十九日，林则徐来到潮州普宁县城洪阳，下榻在城隍庙附近、作为此次行馆的文昌阁后座东侧厢房，因沿途劳顿，旧病加剧，积劳日久，不能恢复，一代伟人，遂在十一月间一个早晨，病逝于潮州。至今，在潮州开元寺里，仍张挂着林则徐手书的一副对联，其上联曰"敬能慑身，勤无废事"，下联曰"谦以养德，俭以济人"。

太平军虽然远离潮州，但他们的消息，依然不时传来。咸丰七年（1857），太平军在上杭、武平、瑞金等地与清军激战，太平军被杀无数，尸体从韩江上游，流经潮州出海。史载，自五月十六日至二十二日，尸体总计不下3000具。

以前是风声鹤唳，这次，太平军真的来了，太平军真正来到潮州是咸丰九年（1859）。正月，骁勇善战的翼王石达开，派出所部一支军队，从福建、江西进入广东，进攻潮州大埔，二十七日，大埔陷落。二月初二，太平军退出，挥师南下，逼近饶平，过后，复又进军攻打大埔三河坝。同治三年（1864）九月，太平军陆顺德部，又攻陷大埔，并从福建方面，挺进饶平的边境柏嵩关。潮州总兵出动黄冈协的驻防部队前往抵御，双方交锋几十次，太平军的谍报人员也潜入潮阳一带策反，引起当局的极大震惊，潮州府城以及各县，再一次加强戒备。翌年二月，太平军丁太阳部，又从福建四面攻打饶平，广东布政使李福泰带兵前往围剿，队伍驻扎在潮州。四月到十月，太平军汪海洋部10多万人，以及丁太阳的人马，多次攻打饶平和大埔，闽浙总督左宗棠，也施以援手，亲自带兵驻扎在饶平、诏安闽粤交界的汾水关，并会同浙江提督鲍超，分兵布防大埔三河坝，扼守太平军从大埔、饶平攻打潮州府城的通道。

当其时，山雨欲来，天象怪异。史载，"道光五年（1825）八月，出现彗星，长一丈多，十月以后消失"；又曰，"咸丰十一年（1861），五月，彗星出现在西方，一个月后才消失"。彗星总是拖着长长的尾巴，像一把扫帚，闲庭信步，掠天而过，潮州人以形象称之"扫帚星"。以"扫帚"名之，总之是和晦气连在一起，令人隐隐生出不安、不祥之忧虑。当时，和彗星、和太平军一样，同样让人忧心的还有洋人。

从嘉庆十九年（1814）开始，已经有鸦片贩子和外国船只，在潮州洋面和南澳岛游弋寄泊，道光四年（1824），闽浙总督赵慎畛，向朝廷奏告，其曰：

> 本年春夏之交，准据水师提督来函，及各属禀报，有夹板夷船三只，在金门、铜山、南澳一带洋面寄碇，兵船向其查询，言语不通。……并准两广督臣阮元咨开，此项夷船，系由小吕宋等国驶来，希冀贩售鸦片，业经通饬查禁等情。

这份奏折，说明当时西方鸦片贩子，已经通过菲律宾等地，来到广东、福建沿海贩售鸦片，而南澳，则是他们的活动地点之一。

道光十二年（1832），英国东印度公司派遣"阿美士德"号间谍船沿中国海岸线进行侦察活动，其航行的第一站，就是南澳岛。东印度公司职员胡夏米在给公司的报告里写道：

> 南澳是广东第二个海军根据地，一半位在广东，一半位于福建。它是总兵官或提督的驻所，在他的指挥下，共有军队5327人，其中4078名属广东，1159名属福建。但是这些军队的实际存在，除了在花名册中以外，是很可怀疑的。……海湾入口处有炮台两座，较高的一处有炮八尊，较低的一处有炮六尊。海湾内部另有小炮台一座，上面并未架炮。

可见，他们对当地的情况，已掌握得相当仔细。此后，闭着眼睛也摸得一清二楚的南澳岛，遂成了外国鸦片趸船的停泊地，

"作为供应与伶仃岛联系的双桅帆船的存贮站"。通常，鸦片贩子是从澳门私运鸦片来到这里，由此转售潮州、闽南一带，或者再转到北方，或运销闽浙沿海。

道光十七年（1837），有一个叫亨德的美国人，曾作为美国旗昌洋行的职员，乘船到南澳从事鸦片交易，他这次运到南澳的鸦片，有300箱。他在自己所著的《广州番禺录》里写道：他所乘坐的"玫瑰"号船，在南澳岛内部抛锚，靠近两艘英国的双桅帆船，船名叫"奥米卡"号和"芬德来总督"号。他的船到达南澳不久，就有挂着"副总"旗号的当地清朝官船，前来他的船上，名为进行检查，实为接受贿赂。等到清朝官船离去之后，中国的买货者，就可以肆无忌惮地登上"玫瑰"号船，在惊人的短时间内，从"玫瑰"号上购得鸦片，搬到他们自己的船上。

自从洋人的双桅帆船游弋在潮州这片洋面上，洋人就再也不会舍弃这片宝石般蔚蓝的大洋了。他们处心积虑的，就是怎么好好利用这片大洋、掌控这片大洋。咸丰八年（1858），彗星又出现了，一个多月以后才消失。就在这一年，发生了一件事，从此渐渐改变了潮州的格局。六月十八日，中美《天津条约》，六月二十六日，中英《天津条约》，六月二十七日，中法《天津条约》，三个条约分别签署。关于在潮州开埠通商的条文，也分别载入了这3个《天津条约》之中。

最先签署的中美《天津条约》，其第十四款条文曰：

大合众国民人，嗣后均准挈眷赴广东之广州、潮州，福建之厦门、福州、台湾，浙江之宁波，江苏之上海，并嗣后与大合众国或他固定立条约准开各港口市镇，在彼居住贸易，任其船只装载货物，于以上所立各港互相往来。

又8天后签署的中英《天津条约》，其第十一款条文曰：

广州、福州、厦门、宁波、上海5处，已有江宁（今南京）条约旧准通商外，即在牛庄、登州、台湾、潮州、琼州等府城口，嗣后皆准英商亦可任意与无论何人买卖，船货随时往来。至于听便居住，赁房、买屋、租地起造礼拜堂、医院、埋茔等事，并另有取益去损诸节，悉照已通商五口无异。

再1天后签署的中法《天津条约》，其第六款条文曰："

中国多添数港，准令通商，屡试屡验，实为近时切要，因此议定，将广东之琼州、潮州，福建之台湾、淡水，山东之登州，江南之江宁六口，与通商之广州、福州、厦门、宁波、上海五口准令通市无异。

据此，美、英、法三国，可以说都已获得在潮州开埠通商的权利。然而，当时还约定，中美、中英、中法3个《天津条约》，都还需要互换批准书后，方能生效。换约时间定于 1 年后，即咸丰九年（1859）六月。

孰料，到了约定的换约之时，清廷与英、法战火再起，中英、中法《天津条约》，皆未能如期互换批准书，条约所规定的各项条款，包括潮州开埠通商，自然也就不能生效。唯有美国公使华若翰，在英、法军队自大沽口退走后，按照清廷要求，从北塘经天津入京，并在回程中，于咸丰九年（1859）八月十六日，在北塘与大清代表、直隶总督恒福，互换了中美《天津条约》批准书。于是，美国先于英、法享有《天津条约》所规定的各项特权。

当中美《天津条约》互换之时，清廷考虑到各口通商事宜，并不止涉及美国一家，而此时英、法条约尚未议定，未便两歧，因此提出，该约有关条款，须暂缓实施，应俟英、法两国一律定议之后，再开新章。华若翰当场表示应允，然而从北塘回到上海后却反悔，提出条约已经易换，决当遵行。并且提出，不仅原开的五口贸易，须照《天津条约》所订新章完纳船钞，而新开之潮州、台湾两口，亦请迅定早期开港，好让其领事官即往莅事。清廷指派的钦差大臣、两江总督何桂清，在上海与华若翰展开谈判。几经交涉，华若翰始终坚持其要求。

咸丰九年十月十五日（1859 年 11 月 9 日），清廷寄谕何桂清，说同意华若翰的要求，其谕曰：

> 潮州、台湾两处，各国私自贸易，已越 3 年，此次米酋恩请先行开市，亦因贸易已久，欲掩其私开之迹，尚属心存恭顺，自

未便执意阻止。俟何桂清与该夷会晤后，妥为筹议，具奏到日，再将潮州、台湾开市，并先完船只吨钞事宜，降旨明白宣示。此外如该夷别有要求，仍应据理驳斥，毋得率行允许。

咸丰九年十月二十一日（1859 年 11 月 15 日），清廷再次发下上谕，其谕曰：

何桂清在昆山，与米利坚使臣华若翰会晤，该使臣以宣示条约等三事为请，此外各条，及上海善后章程税则，均照前议缓办。经该大臣与该使臣要约明白，该使臣惟求恩膏速沛，俾永久相安，情词尚属恭顺。加恩着照所请，所有潮州、台湾两口，准米国先行开市，并照新章完纳船只吨钞，其余新章税则等项，展缓举行。该大臣即行文各海口，一体遵照办理。

这样，美国终于取得在潮州先行开市的权利。

爱新觉罗·奕訢首肯潮州对美先行开市之后，即谕令何桂清，咨会广东方面官员，就潮州开埠一事作出具体安排。咸丰九年（1859）十二月初，两广总督劳崇光，与何桂清会衔奏报咸丰帝奕訢，言潮州开埠的安排，一是拟将潮州税务归并粤海关监督划一办理，因为潮州原来设有税口，既由海关管理有年，一切事宜可以驾轻就熟，自应归并粤海关，援照广州大关征收夷税章程办理，毋庸另议更张，以归划一；二是决定于潮州开市伊始，添委妥员，前往督率稽查，俾昭慎重，具体人选是曾任粤盈库大使、熟悉关务的陵水县知县俞思益。此后，潮州开埠的各项事务，即按这个安排进行。美使华若翰，也由上海来到广州，与劳崇光商议开关事宜，华若翰派遣美国驻广州领事裨烈理，为署理潮州领事，也赴潮抵任。

咸丰九年十二月九日（1860年1月1日），潮州如期对美开市。海关潮州新关设于潮州外港汕头，正式名称曰"潮海关"。这也是汕头开埠之始。参加潮州开埠设关筹备工作的，有同知衔、陵水县知县俞思益，潮州通判林朝阳，美国署理潮州领事裨烈理，还有中国海关第一任总税务司、英国人李泰国。由是，潮州新关，成了继上海、广州之后，第3个建立这种由外籍税务司控制的"新关"之处所。

潮州开埠之后，担任潮海关首任税务司的，乃是美国人华为士，其兄，便是当时美国驻华公使华若翰，华若翰让他来担任潮州新关的首任税务司，是再自然不过的了。当其时，潮州对美一国先行开市的局面，实际上并未能维持多久，英、法等国很快就接踵而至。其实，何桂清早在他奏请清廷批准美国在潮州先行开市时，就已经预料到，英、法两国会利用同中国已签订条约中的有关规定，"援一体均沾之例"，"相率前往"。当时，他的态度是：如若英、法提出这一要求，"臣自不便拒绝"；"若该酋等并无照会前来，则仍置之不议，以免迹涉求和"。

等到咸丰九年十二月九日（1860年1月1日）潮州开埠之时，英、法两国，果然向劳崇光提出要求，曰："援例请在潮州开市。"劳崇光把英、法两国的要求奏报奕訢，其曰："察其意甚坚，而其词尚顺，合无仰恳天恩准其一体照办，以示羁縻。" 奕訢对此奏请，并未作明确答复，算是加以默认。于是，潮州在开埠后不久，亦对英、法等国开放。

咸丰十年五月（1860 年 6 月至 7 月间），英国并派遣坚佐治，为首任驻潮州府领事，抵达潮州外港汕头。而这时，中国与英、法间的战事，仍在进行。

渔沧变迁

　　潮州人的求神拜佛，久负盛名，潮州城内的寺院神庙，一如繁星密布，不胜枚举。人们的虔诚执信，心口如一，天下无匹。七月十五盂兰盆会，开元寺内放焰口，和尚法师，高坐祭棚，居士斋姨、檀越善信，合十躬身，听经念佛，人头涌动；大街小巷、拐弯抹角，处处香烟缭绕；举目上下，城南城北，满街的路面、墙脚，都遍插燃香，撒遍米粟，街头巷尾，摆满祭品，一处连着一处；如此声势浩大，实为别处未有。

　　开元寺地藏阁的放生法会，也是水泄不通。寺院里的得道高僧，法力据说是很了不得的，其放生咒念诵，能让那些将欲放生的黄鳝，一条条直立起来，仰起脑袋，垂直身子，像一根根小木棍，在木桶里竖着，听着咒语。

　　与别处地方不同，潮州神庙之多，蔚为壮观。城隍庙在县巷，历来是府、县同祀，乾隆年间，在府城隍庙的东侧，再建县城隍庙，府城隍曰"威灵公"，县城隍曰"显佑伯"。文昌庙在海阳县学宫后面，后又另建文祠于竹木门街，前祀文昌，后祀文昌先代。关帝庙一在道署衙后，一在总兵镇署之右，民间集资建的关帝庙，一在西湖山顶，一在竹竿山，一在南门堤边，城内各个角落，还建有多处关帝庙。元帝庙原来叫玄帝庙，宋代叫真武庙、玄武庙，因为避讳，一改再改，民间俗称北爷宫；元帝庙一在北门直街望京楼后，俗称真武宫，一在南门外观音堂街，一在北门外埠头尾，埠头尾的庙又名武当宫，坐南朝北，这种坐向，在神庙中极是罕见，一在西关外，一在浮洋市，城内各个角落，都还有北爷宫。望京楼真武宫那里，还有一座玉皇庙，玉皇庙有一附祀之神，曰九皇菩萨。天后宫又名妈祖庙，一在东门内，一在凤凰台，城内的两浙、嘉应、镇平、汀龙各个会馆，都祀有天后。药王庙原来依附于开元寺后殿，后来分建于翁厝巷。双忠庙在新街头。安济王庙在南门堤侧。明贶庙又名三山国王庙，最大的一处在韩山麓，还有一处在北堤渡头，一处在西关外，其他城内各处，都有或大或小的三山国王庙。真君庙，民间称真君宫，在西门北隅。火神庙，俗称火神爷庙，在新街管巷。马王庙，在大街太平桥头，庙内有一口巨钟，坊间相传，本城有火警，钟能自鸣。清水庙，亦称清水宫，祀大禹，在南门内古树庙旁。龙母庙，在北门堤上。七圣庙，又称七圣夫人宫，在湖山南岩之侧。华仙庙，祀华佗仙师，在湖山南岩之上。雨仙庙，在浮洋斗门村，庙虽不在城内，但与本城天旱求雨，关系密切，每次求雨，雨仙神像，都要抬到开元寺内，供人膜拜祷祝。五显古庙，亦称五显宫，在府仓内。香芭古庙，在北门直街。坐城北爷宫，在考院衙街东头，靠城墙。九龙古庙，在南门外。木坑圣王庙，民间叫木圣庙，祀介子推，在湖山对面刘厝埔，猴洞右畔。老太夫人宫，祀介子推之母，城内各处都有。太岁星君，原祀于春城楼，后移祀于东门楼，神座在一楼楼面，朝向东门街；史载，太岁有三，一曰年太岁，左行28宿，12年为一周天，一曰月太岁，一曰旬太岁，东门楼所祀为年太岁，城内居民，每年春月求神许愿，冬月酬神还愿，太岁星君，是必拜之神。岳鄂王，在城内无有专庙，祀于东门楼三楼楼面大厅北侧，大厅正中祀关帝，岳鄂王阶前有秦桧夫妇跪像，配联一对，其上联拟秦桧口吻，曰"仆本庸才，有贤妻何至于此"，其下联仿王氏口气曰"妾虽长舌，无老贼不致今朝。"在联语中可谓别开生面。龙尾圣王，祀何野云，何野云本是陈友谅部下，陈失败后，何流落潮州；何野云擅长堪舆建筑之学，城内许多厝屋设计，都是他的手笔，厝局不求对称，奇形而稳固，民间称他为"虱母仙"。名贤庙，在西街与佘府街交界，庙匾有"名胜境"3个大字。田元帅庙，在西街与开元街相交，祀戏神雷逢春，凡梨园子弟，皆顶礼膜拜，庙内亦祀华光大帝。老君堂在下东堤头。枌榆庙，在下东堤尾，因祀天后娘娘、泰山娘娘、曹娥娘娘，又称三妃宫。魁星阁在南门韩江边。白沙庙在北门外北堤顶。福胜庙在开元街与新街尾交界。渔沧庙，在城西一隅。李爷宫靠近渔沧庙。

比鸦片更先来到潮州的是洋教，顺治七年（1650），由天主教西班牙多明吾会派出的西班牙籍传教士杜士比、丁热力、欧巴泽，来到澄海盐灶传教。康熙五十九年（1720），天主教澳门多明吾会传教士，又来到惠来葵潭石门坑传教。与西班牙传教士杜士比、丁热力、欧巴泽来到澄海盐灶传教差不多同一时期，葡萄牙多明吾会传教士，也到过潮州府城传教。雍正二年（1724），潮州城内已有教堂之建筑，面积2200多平方米，后毁弃。当其时，无恒住之教士，每隔一年或数年，则有福建之多明吾会教士，或澳门之葡萄牙教士，来此巡视教务。

就在洋教大举传入的时候，潮州的和尚，也为护教而动。乾隆三十年（1765），开元寺方丈释静会大和尚，为法轻身，以齿序八十的高龄，不顾年迈体弱，不畏路途遥远，亲自偕师侄道昆，跋山涉水，专程到北京恳请颁赐藏经。静会和尚因讷于言、勤于修，乾隆皇帝感其真诚，将手拊于其肩，称赞，曰："真是老实和尚。"机缘巧合，此后，静会和尚得以紫衣披肩，且绣上了金龙爪。

当时，乾隆特诏准颁赐开元寺《龙藏》藏经一部，并诏令派员赍送，随藏的四面"奉旨颁供龙藏"黄缎令旗，至今保存完好。皇叔和硕庄亲王大字楷书的"万德庄严"黄缎横披随藏，和硕庄亲王又赐书大殿、禅堂、初祖堂三处门匾。乾隆三十二年（1767），静会和尚奉藏回寺，路上打着"奉旨颁供龙藏"的杏黄大旗，浩浩荡荡，回到潮州。

这部《龙藏》，为雍正年版御正、御刊梵本《大藏经》，共1667种，7240卷，另有目录5卷、御制序文1卷。当时，共用梨木经版 79036 块，共 154211 连，分装于 724 个印有龙纹图案的函内，名为乾隆版《大藏经》，亦称《龙藏》。其雕刻始于雍正十一年（1733），到乾隆三年（1738）十二月十五日印刷告竣。因当年只准印 100 部，历经"文字狱"、战乱、动荡，至今能完整保存下来的，几乎仅此一部。为了保护这部来之不易，又曾遭逢劫难的《龙藏》，开元寺每逢农历六月六日晒经节，都要依照惯例，组织僧尼居士，对所藏的经典，全面进行翻页、晾晒、整理、扫除蛀虫，逐卷翻阅清理，安放防蛀药物。

1989 年，北京文物出版社准备重印《龙藏》，鉴于乾隆年间，曾多次发生撤经毁版之事，所以派人四出前往全国各地寻访所缺底本。他们终于在开元寺查找到《开元释教录》、《辩伪录》等四种完整底本，是寺僧在乾隆时，不忍撤毁，而私下保存起来的经卷。

道光三十年（1850），法国籍的李神父到潮州巡回传教。人们对这种洋人的洋教，既新奇又惧怕，既偷偷观望，又心存忐忑，总保持着一种距离。这一年，罗马教廷发出通谕，潮州府之传教事务，由法国巴黎外方传教会传教士接替。光绪元年（1875），法国籍劭神父来到潮州，广设书斋，在府城置高三老厝为教堂，其时，潮州府城成了全潮天主教的中枢。

道光二十七年（1847），德国巴色城布道会与瑞士基督教信徒共同组织"崇真会"，派遣教士往各地传教，黎力基牧师被派来潮州。人们完全分不清天主教和新教，只是把新教笼统地叫为基督教。只有信教的人，才知道其间教派、分支的差别及原委，才知道天主教是自上而下，教规森严，一统到底，而从天主教分离出来的新教，有长老会、浸信会、复临安息日会等教派。潮州的基督教长老会，于咸丰六年（1856）由英国传教士宾为邻牧师、戴德生牧师传入。施饶理、金护尔、卓韦廉、汲约翰等英籍牧师，也常常来到潮州，宣道布道。

西医也开始传入潮州。同治四年（1865），高似兰医生以长老会传教士的身份，被派驻潮州府城做开荒工作。人们看着这个年纪轻轻的穿白大褂的英国人，不用摸脉搏、不用看舌头、不用望面色，就也能看病施药，而且药是白白、细细、圆圆的一小片，很是不解，也很是新鲜。很多人跃跃欲试，后来多多少少总有忌惮，又望而却步。但是，像鲜蔬上市、生果新摘，那种青翠欲滴、新鲜诱人，引得人心头痒痒，欲罢不能，巴不得尝新尝鲜一样，就有人抱着何妨一试的心情，迈出了一步，就去试一试了。迈出去的人有的表现大大方方，有的姿态却捏捏扭扭。

起初，高似兰只能住在城外。城内的一间小礼拜堂，实在太小，根本没有任何多余的地方可以做宿舍，供医生、教士住宿。不得已，在上东堤虎尾巷，又租了一栋有两间房子的老厝，一间做礼拜堂和诊所，一间做医生的宿舍，兼做药房。最初的 3 个月，在这间狭窄的房子里，共有 3500 人就诊。及后，又次第租赁到大街分司后巷、北城西湖墘马使埕猴洞，地方渐渐大了，能做礼拜、能开诊所、能办学校。

高似兰所选中的猴洞，是潮州的一处私家园林，为明万历

二十六年（1598）进士、福建左布政使黄琮府邸的后花园。黄琮
与礼部尚书黄锦，是堂兄弟，其祖父黄允德，乃海边的一个盐户，
因其目光豁达，舍得花费，极尽所能地供应子孙读书，果得好报。
坊间相传，黄琮与黄锦都是盐户子弟走上仕途，所以为官当政之
时，十分体恤百姓疾苦，做事也恪尽职守，民间口碑甚好。史载，
黄琮在布政使任上，曾在各府、州呈送的全省官员花名册上，将
一名年轻的小吏，误注为老年，后来，一次偶然的机会，见到这
位小吏，才知道他正值盛年，为此黄琮颇为懊恼，责己甚深。翌年，
他有公务进京，即亲到吏部引咎自责，并恳请吏部予以改正，以
免贻误这名官吏以后的晋升。大街军厅巷口的"皇命三锡"、"文
宗方伯"坊，就是旌表黄琮的牌坊。

　　猴洞乃典型的潮州私家园林，集居住与园林为一体，有咫尺
山林之况味和野趣。这是一处典雅、讲究的书斋侧院布局，狭小
的空间之内，假山叠石，园圃铺地，杂树乱花，山屋、洞穴奇崛。
黄琮又喜欢养猴，"梧桐深处"的花园门匾，至今尚在，却鲜有
人提起，"猴洞"的俗名，倒传开了。

　　光绪二十年（1894），美国基督教浸信会的传教士金士督、
希里纯、马卡磊，陆续来到潮州，他们在南门外韩江对岸的笔架
山麓，建造了两座牧师楼，这下，牧师的居住条件，大大改善了。
潮州人隔江望着这两座有楼有梯、依山傍水、田园在前、绿树于
后、厝局异样、面貌别致的洋楼，谑称它为"番仔楼"。浸信会、
安息日会，也于光绪二十年（1894），先后在大街马王庙、西街
十八曲，创办宣道所传教。

诊所还不是医院。英国长老会雄心不已，于光绪十八年（1892），在南门外南堤头建福音医院和教堂，历经四年，光绪二十二年（1896年）3月，医院和教堂同时落成，英国人为了纪念宾为邻牧师，把福音医院命名为宾为邻纪念医院。医院设有病床40张，门诊分内科、外科、眼科、牙科，还附设妇产科，自此，西法接生，传入潮州。浸信会在新街头建的教堂、安息日会在十八曲建的教堂，也分别在光绪三十二年（1906）、三十三年（1907），建成宣教。

潮州最早的天主教堂，乃建于上水门附近，其时，规模并不大，后来，迁于城西李爷宫巷，曰"老圣堂"。光绪八年（1882），法国传教士在李爷宫巷旁边的渔沧巷，又再扩建洋楼及天主教堂。渔沧乃潮州的一处风景名胜，景致绝佳，南明永历（1647—1661）年间，太常寺少卿辜朝荐，有一处园林辜厝亭，就在这里。而辜朝荐在潮州的两三处别墅园林，都是一流所在，野趣盎然，韵味十足。

《海阳县志·卷三十六·古迹略一》有云："辜家园在城西隅，明太常寺卿辜朝荐别墅，其地环池纡折，号十八曲，有岩石及曝书亭址尚存。"林大川《韩江记·辜家花园》则曰："亭台久废，池沼犹存，有名无实矣。然自巡道大街进巷，至西巷大街出巷，转转折折，其弯十八，因名十八曲。人入曲中，不辨方向。昔有一对，云'到此难分南北'，无人能对。一日，有才人进巷以对，指巷而言，曰'就是这个东西'，人皆叫绝。"黄梅岑的《潮州街道掌故》，也记载曰："辜朝荐宅第，除南门辜厝巷之宅第及此十八曲花园外，渔沧巷以前天主堂内还有一辜厝亭，闻说也为辜家所有。"

像这种私家园林，潮州还有多处，莼园、淞庐、湘园、锻圃、磊园、渫园、半园、林厝花园、卓府花园、王宅花园、黄宅花园。两浙会馆，亦属一处私家园林。这些园林，多有人酬唱咏赞，如锻圃，清蒋依寄有诗咏之，诗曰：

> 梨云梦断蜂鬓老，柳絮风来燕语柔。
> 槛外回塘澄似月，帘前疏雨暝如秋。

磊园，也有清人洪图光《磊园诗》可稽，诗云：

> 梦中神王百花洲，此日欣从元礼游。
> 曲径云梯看石润，高台隐雾觉风柔。
> 得邻喜借南州榻，望古遥瞻铁汉楼。
> 尚愧河阳无一树，寒香漫说近罗浮。

美学家王朝闻对此曾有点评，其曰："原以为徽州的民居最好，想不到潮州的更有特点。"

光绪十一年（1885），法国人布塞克神父，呈请潮州府批准，在渔沧巷原教堂附近，购地建造大堂。渔沧这块地方，名气大哉，潮中历来多有好评。《潮州史志资料选编·古城概览》载曰：

渔沧，在城西渔沧巷，中有池为翁厝池，池东又缀连一小池，状如蜘蛛，池中跨墩桥通渔沧庙。相传此地系阱池之处，环植芦荻，故称芦荻洲。秋时繁花高映，红如幢盖；月夜渔舟归来，轻风吹拂，荻影摇曳，舟楫若隐若现，令人叹赏。明唐伯元有诗咏其景，云："萧萧芦荻边，载酒趁斜阳；醒来疑作梦，捱舵过潇湘。"清乾隆年间，被列为"潮州内八景"之一，称："渔沧芦荻"。

布塞克神父主持大堂奠基之后，即由法国人罗尚德神父继续主持建设工程，全部建筑，一概由潮州工匠负责完成。当其时，这样的大层高、大面积、大跨度连续拱建筑，施工难度极大极其复杂，广州的圣心大教堂，就曾经因为工匠力有未逮，不能胜任，给予撤换。潮州大堂历时19年，至光绪三十年（1904），大堂建成，堂内通高14米，面积1242平方米，南面3个大门，东、西两侧伸手各1门，空中俯瞰，屋面呈十字造型，予人以震撼。教堂落成之时，法国神父丁热力主持举行了圣母进堂祝圣大典，教堂遂命名曰"圣母进教之佑大堂"。此堂乃有史以来，广东第二大的天主教堂，仅次于广州圣心大教堂。教堂内还设有修女院、育婴堂、真原小学堂。

其时，大堂门外，渔沧水波激滟，芭蕉、椰树随风摇曳，芦荻仍在，三三两两，风中摇摆。大堂之内，肃穆庄严，所有的穹形大窗台，都镶着法国的彩色玻璃，祭台上方的3幅彩色玻璃圣像，令人顶礼仰望。16根大罗马柱和26根罗马边柱，支撑着28个拱顶连成的天花板。传声效果极好,神父在讲台布道,无需借助工具,全堂各个角落,都能清清楚楚地听到。

潮州圣母进教之佑大堂的时钟楼,与一般天主教堂的钟楼相比,更有其独特之处。从5楼到7楼这3个楼层,是圆柱形,7楼的屋顶,是半球形,球弧朝上,呈六角形的灰、铁栏杆,环绕着半球,一个高高的十字架,矗立在半球的中心之上。6楼有一口铸着圣女圣若亚纳像的大铜钟,钟高1.8米,一把20多磅重的自动敲击锤,每至正点时敲击2次,第1次提前2分钟敲击,第2次正点敲击。当年,时钟楼报时的钟声悠扬响起,绵延远播,响彻城中,惠及枫溪、意溪、磷溪。

两年之后,丁热力神父把真原小学堂设置成男、女两分校,开了潮州女子入学之先河。

铁路风波

坊间传言，有潮水的地方，就有潮人，有钱赚的地方，就有潮商。在传统社会，士农工商，等级有别，但凡有点出路，读书也好，种地也罢，就是学点手艺，打箔做鞋，也不会去经商。林大川在《韩江记》卷五，就记载了他家七代，在潮州城老君堂附近，前面开店、后面作坊，经营针铺的情况。其先祖林俊髦，擅琢针，取名曰"俊髦针"。由于俊髦针"货归真实，利取零些，故近而川广苏杭，远及南交各国，女惟俊髦针最合用，商惟俊髦针最易售，世传七代，人养三房凡几百口"。其时，他家门口，有一副对联，其上联曰"喜与皇家补衮"，下联曰"巧为游子缝裳"，口气颇为自负。也有人戏谑道，那些潮商，首富都是被逼出来的。

潮州商帮，并不止固守在潮州、汕头，或者南洋各埠，在国内商场上，也可以媲美徽商、晋商。他们多年从事季节性海运贸易，使潮州货享誉大江南北。一年之中，两次季风，北上南下，一往一来，就赚了大钱。这种不事生产，低买高卖的贸易风格，被视为潮商发家的看家本领。其时，上海的糖类杂货行业，基本为潮州人垄断，所以，上海的潮糖杂货业同业公会，既是同乡团体，亦是同业团体。

潮州商帮另一个较集中的行业，乃典押业。上海开埠以来，典押业中，"十之八九为潮州帮"。其时，任上海潮州会馆董事的是郭富生，其子郭启东曾说，上海全埠约有800家押质铺，翁姓潮州人开的，就占300家，其中最多的一个翁姓潮州人，开了21家。在潮州帮盛极的时代，上海银钱业中，潮州人已经不输宁波、绍兴帮，几乎操控有金融界一半的势力。潮州烟土商在晚清民初，也一度垄断了上海的鸦片生意，诞生了一批潮州富商。杜月笙未发迹之时，想进入鸦片买卖行业，为此跟潮州烟土行老板很亲近，潮州大烟土商陈玉亭50岁寿诞，杜月笙还上门拜寿。徐珂在《清稗类钞》中，曾发感慨，曰"潮人善经商"。因为潮州商人头脑灵活，计算缜密，更富有冒险精神，一旦认定了有利可图，绝不瞻前顾后，犹豫不决，即刻就会行动，倾家投入，赢了立马成为富商巨贾。

潮州商帮的信条，也有别于他人，他们信奉闷声发大财。明清以来，低调就是潮州商帮的共识和标签。以前，人们说起商帮，总是言必称徽商、晋商，很少提及潮商。确实，潮州商帮的发家路径，与徽商、晋商的红顶商人、御用商人截然不同。从明朝海禁那些挺身试险、行走海洋的海商集团开始，他们就与朝廷、官府保持距离，甚至不惜以对抗的姿态，游走在灰色地带，以求发家致富。

轮船业兴起，风云一时、风光无限的红头船，随之没落。潮州人并没有惋惜、留恋、嗟叹，而是壮士断腕，马上果断转身，投向这个新兴的行业。《潮州志·商业志》，对这些迅速投身轮船业的潮州南北港商贸业（又称运销业）的时代弄潮儿，有着记载，其云：他们的"运销范围，就地方则遍及上海、镇江、芜湖、汉口、大连、天津、牛庄、烟台、青岛、安东、营口等处，论货品则遍及米粮、豆粕、麦粉、豆类、酒类、咸鱼类、干果类等物，运出者则以土糖、纸箔为大宗，旧麻袋次之。所租轮船，以货的多寡而定，少则数号合租一轮，多则一号租用数轮"。

史载，其时，天津的特产烧酒，年产 1000 余万斤，其中绝大部分由天津潮商运到汕头，除销售潮州各地外，还出口东南亚等地；天津出产的冬菜，一经运到潮州，即一举成为潮州菜不可或缺的调味品，而在天津，却寂寂无声，人们不晓得如何用它去调动味蕾。

在近代经营南北港商贸业的潮商中，海阳人陈雨亭具有高明的经商才能。他善于审时度势，抓住商机，在晚清轮船业的勃兴中，捷足先登，自北而南，于我国沿海的一些口岸，建立了陈氏的南北港商贸业经营网络。

陈雨亭本名陈承甲，又名泽润，雨亭是当时人们给他的雅号。道光二十二年（1842），陈雨亭出生于海阳县凤山村，咸丰四年（1854），其父带着妻儿，为避乱而移居澄海县鮀江都蓬洲村。当一行来到邻近的举登村时，已是日暮，天又下着大雨，路滑难行，只有 12 岁的雨亭感慨曰："日后我会发迹，定要修好这条路。"后来，他果真实现了这个诺言，不仅修好了路，还在路旁广修雨亭，让行路过往的人们，换肩歇脚，坐下休息。人们欢喜在心，都称他为雨亭兄。他也欣然领首，乐于用此雅号。

咸丰十年（1860），陈雨亭从南洋学徒来到辽宁营口，在一姓郑的潮阳人开的裕仁商行当会计。陈雨亭乃做事业的人，年纪轻轻，从南洋来到东北，并没有像其他后生人一样，满怀新鲜，好动爱玩，闲心闲情，溜达冰雪天地，一睹雾凇奇观。他一边竭力襄理商务，一边攒钱参股运营，至同治四年（1865），已经拥有了裕仁商行 40% 的股权。此时，适逢潮州人、洋务派重要人物丁日昌任苏松太兵备道，办理对外交涉需要资金，陈雨亭颇识时务，在经费方面，予以鼎力支持，又因他懂得英语，遂被丁日昌聘为营口海关道署帮办。

营口是辽东湾内、大辽河入海口的一处良港，有辽东半岛作为屏障，绝无风浪扰袭之忧。其腹地极其辽阔，有陪都盛京（今沈阳）乃至整个东北。咸丰八年（1858）中英签订的那个《天津条约》，把牛庄、登州、台湾、潮州、琼州五口列为通商口岸。其时，英国人托马斯·密迪乐乘坐军舰，驶抵牛庄，对牛庄港口进行普查，发现濒临海城河的牛庄河道淤浅，虽然是东北的水陆大码头，商业繁华，但要命的是大船无法进入，倒是附近辽河入海口的没沟营（今营口），水深港阔，适合大船进出，于是便指没沟营为牛庄。咸丰十一年（1861）四月，营口正式代替牛庄开埠，因《天津条约》内容无法更改，对外统称牛庄，遂使中外文献中，出现牛庄和营口的地名混淆。

陈雨亭何等精明，他抓住营口初创，百业待兴，把裕仁商行改组为佣行，代客办货，并自己租赁轮船，往来运载南北港货物发售。与其兄、弟在汕头合作经营的盛源米行，也扩张成为盛源进出口商行，以适应发展南北港商贸业的需要。雨亭兄没有让自己闲下来，他马不停蹄，在营口创设裕盛源行，在上海创设裕盛源分行、仁盛行，在烟台创设裕盛和行，再在汕头增设仁盛行、仁源行、裕仁盛行，这些商行，将北方和上海的面粉、豆饼、棉纱、棉布、豆类、酒类，租轮船运往汕头，再销往潮州各地以及嘉应、闽西南、赣南，而在汕头的商行，则购进潮州土特产，诸如土塘、陶瓷、茶叶、柑橘、竹器，租轮船运往上海、营口等地销售，获利十分丰厚。当时，有友人记述曰："陈翁在清季拥有家资千余万两，享有潮州第一富户之誉。"

近代潮商之中，不乏各种著名的代表人物，有洋行买办出身的大潮商，有南北港商贸业出身的大潮商，有旅居国内沿海口岸出身的大潮商，有海外潮人出身的大潮商。

潮州人有一句口头禅，曰"看阳盼"。"勿给你看阳盼"这句话，便与洋行买办大有关系。行家考证，说潮州话"阳盼"二字，与北方话"洋盘"谐音。"洋盘"即洋人在中国开设的商行、洋行，也即是"外行"，这样，"看阳盼"，意即看外行、看着你啊是外行，"勿给你看阳盼"，意即不要给你啊看成外行。

"阳盼"是一种借喻。丘逢甲曾予以称赞，曰"审时度势"、"崛起就时"、"卒如所志"、"以商伟于潮"的萧鸣琴，却是一位洋行买办出身的大潮商。萧鸣琴本名钦，又名挥五，字鸣琴。他在潮阳棉城西的西园，乃是岭南十大名园之一。萧鸣琴是洋行买办出身的大房地产商，他在西园，广交文人，与康有为、丘逢甲、夏同龢等皆有交情，西园的假山石、楼台匾，多为当时名家书法，"钓矶"、"潭影"、"螺径"、"蕉榻"、"桔隐"、"引鹤"、"探梅"、"小广寒"、"水晶帘"、"别有天"、"灵水洞"，大多是康有为、夏同龢、林伯虔、林佐熙等的手笔，"蕉榻"房匾和"西园"门匾，都是光绪二十四年（1898 年）的贵州状元夏同龢的碑体力作。

丘逢甲从潮州韩山书院来到潮阳东山书院，有一年多时间，经常涉足西园，留下了 38 首西园题咏，其中有诗吟之曰：

> 叠石为山山上台，池亭窈窕画图开。
> 江山漫说潮阳好，只为西园也合来。

萧鸣琴的高堂 71 岁寿诞，丘逢甲为其撰著《诰封夫人萧母姚太夫人七秩开一寿序》。

像萧鸣琴这样的潮商，大有人在。萧鸣琴出身并不显赫，只是一个木匠、木器店老板。起初，他用全部积累，为进入汕头的英国商人营建土木楼房，第一、第二两次，均不合业主要求，返工重建，耗尽了他的所有积蓄。所幸获得亲友的襄助，第三次重建成功。这种履行协议、遵守信用的做派，大得英商的欣赏，遂被聘为怡和洋行的买办。后来他自己独立营商，曾经投资 5 万银元，购买 4 艘小轮船，经营汕头至潮阳、汕头至揭阳的内河客货航运，坐着这种便捷火轮的潮州人，都称萧鸣琴曰"钦爷"。丁日昌到汕头招商填海造地，萧鸣琴投资 20 万银元，购得汕头基督教浸信会镇邦街礼拜堂外两边的海滩，续建至安、怡安、阜安、镇邦等街道末段至海墘内街的楼房、铺户、仓库。西园是他斥资 38 万两银子，于光绪十三年（1887）营建，光绪二十四年（1898）竣工。丘逢甲到汕头创办同文学堂，以洋文数理教学，萧鸣琴也曾鼎力相助。

从潮阳铜盂来到上海的郭子彬，本来在上海开设郭鸿泰土行，清朝末年，清廷宣布禁烟，不准买卖烟土，上海的土行，成为了查禁的主要对象。在这段时间，郭子彬没有张皇失措、坐立不安，他经过深思熟虑，感到贩卖鸦片害国害民，必须及早调转经营方向，改变以前贩卖鸦片留给人们的不良形象。他在上海滩反复走访，潮糖、潮烟、潮蓝、杂货、押质、典当、瓷器、茶叶、神纸、南金、凉果、饼食、糕点，都有数以万计的潮州人在经营，不便插入，他便把停止鸦片买卖的钱银，转而投资上海的钱庄、实业，在鸿祥、信裕、晋安等 4 家钱庄，共参股 11.8 万两银，又以鸿裕号为名，独资兴办 4 家面粉厂、1 家织布厂。

第一次世界大战期间，欧洲激烈争战，棉布、棉纱输入中国的数量锐减。民国四年（1915），郭子彬与表弟潮阳金浦人郑培之合作，投资 150 万两银，在上海麦根路（今淮安路）购地 100 亩，请英国工程师设计，创办鸿裕纱厂，拥有纱锭 62816 枚、布机 244 台，既产纱又产布。民国七年（1918），郭子彬又与郑培之合作，投资 10 万两银，在麦根路康那聪路口（今泰兴路康定路口）创办鸿章纺织厂，初期有木织机 400 台、染缸 8 只、职工 300 人。民国九年（1920）又大幅度为鸿章纺织厂增加投资，投入 150 万两银，添置纱锭 24536 枚、木织机 416 台、铁织机 24 台，淘汰旧式染缸，添购机械化染色生产设备，全厂职工，激增至 1200 人。

民国十二年（1923），复旦大学兴建心理学院教学楼，郭子彬全额出资 5 万两银，楼冠名曰"子彬楼"，今尚存；其时，复旦大学心理学院的开办费，也是其子郭辅庭所捐。

白驹过隙，荏苒之间，白云苍狗，1988 年 4 月，上海国棉第十三厂，又恢复之前的旧名，以上海鸿章纺织厂作为厂名，斯人筚路蓝缕，后人尚前事不忘。

电话来了，电报也来了。光绪十四年（1888）二月，广州至潮州的电话线架通，电报局也设在了道衙后的叩齿庵，过了两个月，招商局也在潮州设置了轮船码头。过后，邮政局也择址，设在了上东堤与竹木门街的交叉口。

最初，用来传送电话信号的是电报线，但用这种线路传送电话，耳机里一片唧唧喳喳，噪声烦人，干扰很大。人们不得不想尽办法，改进通信线路，采用另一根导线，作为回路的线路，来减少噪声的干扰。黄式权在《淞南梦影录》中，有所记载，曰："其法沿途竖立木杆，上系铅线二条，与电报无异。惟其中机括，则迥不相同，传递之法，不用字母拼装，只须向线端传语，无异一室晤语。据云十二点钟内，可传遍地球五大洲。"电话也采用音译英文 telephone，译作"德律风"。

光绪十五年（1889），升迁在即，留在安庆等待候补的无为州原知州彭名保，设计制造了中国的第一部"德律风"，取名"传声器"，通话距离，可达 300 里。

"电话"的叫法是从光绪二十六年（1900）开始，两江总督兼南洋大臣刘坤一，"因防务戒严，省垣地方辽阔，文武各员分驻较远，遇事传商，深虑稽延"，奏准"分段安设德律风，以线传语，以期呼应灵通"。他在南京润德里成立了江南官电局，设立了电话交换所，名称就叫"德律风总汇处"。在这之后不久，包括鲁迅在内的一群在日本的绍兴籍留学生，联名给家乡写回信，信中写到"电话"时，特意注释道："以电器传达话语，中国人译为'德律风'，不如电话之切。""电话"一词是日造（译）汉语，慢慢的电话就叫开了。

潮州的电话是国内比较早开通的，比电话更早开通的是电报，光绪九年（1883），就已经在潮州地区落地。其时，国内的电报干线有津沪线、苏浙闽粤线（亦称沪粤线）。光绪七年（1881）四月，津沪电报干线架设，人们充满期盼，翘首以待，仅七八个月功夫，全长 3075 里的津沪电报线路，于十二月就架设完成且投入使用。

隔年（光绪八年，1882），长达 6000 多里的苏浙闽粤线，就多地开工。潮州府抓住架设上海通广州的电报线路途经汕头的机遇，未雨绸缪，出手快捷，于光绪九年（1883）在汕头衣锦坊设立电报局。当时，衣锦坊电报局里，穿着长袍马褂、拖着长长辫子的潮州电报人，操作着韦斯登重锤式波纹电报机的场景，让人既新鲜、好奇，又觉得不大搭配，忍俊不禁。

中国人的汉字，与洋人的洋文字母不同，他们的摩斯编码，汉字完全使用不上，这让引进电报，等着使用的官商人等，焦急难耐、无可奈何。同治十二年（1873），驻华的法国人威基杰，冥思经日，忽有所悟，他参照《康熙字典》的部首排列法，挑选了6800多个常用汉字，用每四个阿拉伯数字代表一个汉字，编成了第一部汉字电码本——《电报新书》。这种编码方式经过了好多次改良，遂成为了中国通用的"四码电报"。

"四码电报"里颇有难度的日期编码，是同治七年（1868）状元、苏州人洪钧发明的。光绪十三至十六年（1887—1890），洪钧出使俄、德、奥、荷四国，他运用游历得来的知识，用地支的子、丑、寅、卯等12个字，代替月份，用《平水韵》中韵目的东、冬、江等31个字，代替日期，比如子东就是1月1日，寅江就是3月3日。其时，电报在汕头落地以后，收费非一般人所付得起，光绪九年（1883）之时，一封电报一般以25或30字起算，收银3毫，以后，每个字的费用是银元1毫，当其时，1毫可以买大米16斤，或者鸡蛋30个。

本来，五月节，扒龙舟，是人们每年必需的热闹。这一年，光绪二十四年（1898），五月端午节，韩江上赛龙舟，人们一如旧例，蜂拥而来，聚集观看，场面火爆。没想到，靠近城门的广济桥西岸第3墩，栏杆突然折断，桥上倚栏观赏的民众，收脚不住，纷纷掉落，一时淹死几十人。

比落水溺毙更可怖的是鼠疫，这一年四月，潮州城内城外，鼠疫流行，米价大涨。偏偏桑浦山又狼虎成群出没，东莆（今金石）、上莆（今彩塘）附近各乡，中午以后，都关门闭户，路上行人绝迹。第二年四五月，鼠疫继续流行，龙溪（今庵埠）特别严重，仅茂龙一村，便死了好几百人。

光绪二十六年（1900）春夏之间，鼠疫依然流行不歇，大有蔓延之势，但人们的心思，都不在这里了。正月二十五日之夜，戌时，盗贼窜入金山顶火药库，盗窃火药，心慌再加上仓促，误引火药爆炸。一时间天崩地陷，山摇地动，烈焰冲天，震动传达200多里，北至大埔三河，东南达澄海等地，均有震感。附近民房倒塌几十间，压死居民17人，伤者无计，马发墓前，地裂数尺，守管金山机器局的武弁父子，同时丧生。这样的惨案发生，谁还有心去关注鼠疫？

电报、电话、轮船的便捷，让潮州人有目共睹，火车的好处，他们也时有所闻。自从雍正七年（1729），潮州商人雇工在古巷锡坑山和厚婆坳等地开采锡矿、钨矿，潮州人就明白，一种与以往农业、手工业不同的劳作、实业，正在走来。光绪二十五年（1899年），华侨富商张弼士，被委任为闽广农工路矿大臣，他上书《招徕侨商兴办铁轨支路》，奏请清廷允许招商兴办支线铁路。其时，路权的争夺，已然十分激烈，几条草创在即，还未上马的干线，路权竟然大部分攥在外商手里，民间的保路风潮，也时有发生，这些都让朝廷如鲠在喉，忧心不已。从光绪十四年（1888）起，美、日一些机构，就一直不肯罢休，力图修筑潮汕铁路，奈均未获得清廷同意。

鉴于此，张弼士一直专诚慎重，几经酝酿，力邀好友、梅县松口人、爪哇苏门答腊华侨张煜南回国，商讨在韩江下游，兴建连接潮州与汕头的潮汕铁路。光绪二十九年（1903），由张煜南（号榕轩）与其弟张鸿南（号耀轩）出面，上书向清廷提出筑造潮汕铁路的申请。当其时，铁路方兴未艾。新兴的汕头港和潮州府的腹地，乃至嘉应、闽西南、赣南的广袤区域，人流物流，都可以纳入其中接驳，其益处显而易见。清廷工部和矿务铁路总局还给出了意见，希望预备日后将铁路从潮州延伸到梅县。

慈禧亲自召见张煜南问询，听其条陈，并诏复准许修建潮汕铁路，潮汕铁路有限公司即奉准成立。在潮汕铁路有限公司立案章程中，有专门声明，资金全为华资，不得暗招洋股，要使路权，全部掌握在中国人手中，达到"立权在我，利不外溢"的宗旨，并与清廷签订50年后收归国有的条约。

其时，张煜南曾上书曰："方今国家举行新政，首先铁路为大宗"，汕头"为潮州咽喉要隘"，可"招香港、南洋各华商及洋籍人集股开铁路，名曰潮汕有限公司"。后来，洋籍人集股遭到反对。因为当时，全国各大铁路均系筹借外款修建，路权尽失。对此，朝廷希望，"其小枝分路，若有华商集股兴办，亦足以保持利权之一助"，且认为，"此路本轻利重，华商不难自力"。

当年，潮汕铁路有限公司于香港永乐西街吴源兴南北行设立港局，负责招募股款，不久转设于汕头埠至安街，督办张煜南被朝廷赐予二品顶戴花翎、候补四品京堂，算是与道台平级。

光绪三十年（1904）二月，清廷铁路督办大臣盛宣怀，向张煜南介绍推荐詹天佑任潮汕铁路设计师，因其时詹天佑任职于山海关外的铁路总局，张煜南即向詹天佑的上司、直隶总督兼铁路督办大臣袁世凯，面商借用詹天佑，得到袁世凯的同意后不久，詹天佑即莅汕勘测设计铁路路线。带着张煜南安排的几位助手，他们从汕头出发，一路向着潮州城推进。詹天佑长年在铁路一线工作，耳濡目染，亲身接触，熟悉和深知老百姓对铁路线的设计非常敏感，尤其是房屋拆迁、祖坟迁移，事涉财产更涉风水，如若处理不妥，则可能引起百姓的不安与仇恨。当年铁路初入中国，就遇到这个问题。

詹天佑在与助手们的接触中，了解并洞悉潮州人的家族观念很重，所以在规划和设计铁路线时，尽可能地避开百姓的聚居区和坟墓集中处。经过两个多月的勘测，于五月间将全部路线测量完毕。从地形、水陆、居民关系诸方面综合论证，詹天佑认为，循韩江沿护堤路建铁路效益更加全面。他将全部工程包括路轨、桥梁、月台、机车、车厢、扳道、指示灯等的图纸、说明和预算，交给英国人的怡和洋行估价，整条铁路的造价，计需180万至190万元。其时这条路线，称为乙线。

福建安溪人、落籍台湾的商人林丽生，是铁路公司的倡建总理兼总司理，他与日本人爱久泽直哉乃老相识，其时他把勘测路线和建筑铁路的全部工程设备，介绍给爱久泽直哉承办，并于光绪三十年（1904）二月，以公司的名义，与爱久泽直哉订立了草约。随后于四月间，爱久泽直哉派出日本工程师佐藤谦之辅等23人来汕，选定了一条穿越人烟稠密的乡村地区以及多农田与坟墓的路线，这条路线，称为甲线。比之詹天佑的乙线，甲线短了几公里，预算仅需180多万元，约比乙线便宜10万元。

线路短、造价低，又有草约在先，公司遂决定由爱久泽直哉以100万元的工程造价，承建潮汕铁路。可惜，事与愿违。此线路虽造价较为便宜，但要通过众多人烟稠密的乡村，穿过农民赖以生存的农田，驶过人们慎终追远的祖墓，这些对当地风俗民情未加以考虑的做法，当为日后铁路的修建，留下隐患，埋下祸根。

光绪三十年八月（1904年9月28日），潮汕铁路正式开工兴建。按照日本人设计的线路，筑路过程，果然如詹天佑所预料，遭到了当地百姓的反对，并且引发了人命案。其施工过程中，日本三五公司故意扩大路基，损坏沿线田园，在迁房移坟上未处理好，加上日本铁路工人往返践踏于村落间，引起沿线农民的怀疑与反对。尤其是光绪三十一年（1905）一月，铁路施工至海阳与澄海交界的葫芦市时，日本人考虑到要在人口密集、经济比较发达的龙溪都（今庵埠）设站，遂改变原来的筑路计划，决定舍直取弯，使铁路从龙溪中心穿过。这样，修筑路基时，势必毁坏龙溪两大姓陈姓马陇村和杨姓文里村的大片田园和墓地，同时把文里村一分为二，一时民怨鼎沸。文里村70多岁的乡绅杨元荣，亲自往海阳县请愿上书，要求不得改变原计划，维持原路线。

正月二十一日，月浦村乡民与日本筑路的工程人员发生纠纷，葫芦市一带的数百名乡民，执旗持械，群情激昂地冲入葫芦市日工棚厂，当场殴伤日工1名、护勇3名。此时，适逢运料船抵达码头，船上的2名日本工人躲避不及，遂被乡民打死，乡民旋又将棚厂及办公处烧毁。马陇、文里二村的乡民，也闻讯而至，乘机将葫芦市长期勾结日本人的奸商陈顺和的家，抢劫一空。二十二日，龙溪都百姓示威罢市，抗议日本人不按计划路线筑路，有意破坏农田。

时称的"葫芦市事件"发生后，驻汕的日本代领事天野恭太郎立即向清廷提出强烈抗议，要求赔偿、抚恤受难的日本员工。清廷大为震动，责令公司停工，并限期半个月内自行了结。两广总督岑春煊派洋务委员温宗尧、庄允懿莅汕查办。日本政府乘机向清廷提出要求，共5项，其中的"自此以后，铁路归日本经办，并由日本派兵保护"被拒绝。温宗尧、庄允懿应承负责惩凶、赔偿、抚恤。

在各方面强大的压力下，陈、杨二姓乡绅，便在穷人身上打主意，拟以每人1000银元的代价物色替死鬼。文里村的杨阿会，家境贫寒，生性软弱，便被物色为替死鬼。陈姓乡绅乘19岁的店员陈元贞半夜如厕，将其绑架，强迫去替死。杨元荣判监禁5年。赔偿日本人命及抚恤费26000银元，由马陇陈姓、文里杨姓各赔

10000 银元，月浦佘姓赔 6000 银元，并立约不再发生纠纷，事件方告结束，史称"潮汕铁路案"。

光绪三十二年十月（1906 年 11 月 16 日），铁路建成通车，总造价 300 多万元，竟比詹天佑的乙线增加了 110 万元。全线共设有 9 个车站，起点汕头厦岭，途经庵埠、华美、彩塘、鹳巢、浮洋、乌洋、枫溪，至潮州府城西门外七圣乡。路长 39 公里，沿线架设桥梁 27 座，采用中国铁路标准轨距 1435 毫米，单线，在彩塘站设会车双轨。铁轨购自英国，火车头由美国制造，其火车头重量 51.5 吨、锅炉压力 12 个大气压、火车头时速 60 公里，其余车辆、材料均向日本购买。初始有火车头 3 台、头等客车 3 台、二等客车 3 台、三等客车 30 台，有盖货车 20 台、无盖货车 20 台。铁路通车，反响之好，自在意料之中。光绪三十四年（1908），铁路公司又延筑潮州城至意溪支线 3.1 公里，全长扩至 42.1 公里，火车站 10 个。

民国二十二年（1933），广东省政府曾筹划从广州修一条接驳潮汕铁路的铁路线，二十六年（1937），又计划将潮汕铁路向北延伸经梅县至赣州，但由于"七七事变"，计划搁浅。

铁路建成之后，余绪并未停歇。当时铁路从初期的募股 100 万元，扩至 300 万元，张煜南、张鸿南兄弟各认股 100 万元，林丽生 80 万元，吴理卿 20 万元，之后吴理卿的 20 万元由林丽生受买。然林丽生有日资背景，在募股时并未查悉。日本三五公司在获得了铁路全部工程承建权之后，日本媒介《支那杂志》公开大肆吹嘘，竟说潮汕铁路为日本投资兴建。当时中国留日学生对此义愤填膺，多次电请清廷商部查究，潮州名士吴子寿、林少梅、萧永华、沈友七、朱商岩起而响应，以该公司掺有洋股，请求商部及邮传部查办。结果证据确凿。商部与张煜南等密商，由张煜南买回林丽生所持股份以保路权。但在日本暗中指使下，林丽生死不退股让股，经过多次交涉，直到光绪三十五年（1909）八月，双方才订立退股受股合约，其合约曰："先由该公司付给林丽生利息 32.5872 万元，股款则由张鸿南分六次交还。林丽生所执的股票及其他一切合同、单据缴回该公司注销。"张氏兄弟为保路权，损失了 32 万多元，终将洋股事件平息。

第八章 大门打开

- 换将犹如走马灯

- 汕头独立建置了

- 东征，东征

- 潮州七日红

- 筑起新的长城

换将犹如走马灯

铜锣是不是从编钟发展而来，这个还真不好说，但铜锣作为一种乐器，在我国有着悠久的历史，却是千真万确。明朝以降，铜锣作为响器、打击乐器，在戏曲音乐、舞蹈音乐和传统吹打乐中，广为应用。潮州戏、潮州音乐、潮州大锣鼓使用铜锣，更是已臻化境。史上，潮州城内外有13间锣鼓馆，民间谓之曰"十三组"。

据民间文字记载，咸丰四年（1854），海阳上莆（今彩塘）人吴忠恕，与游僧亮，在桑浦山麓的宝云寺聚众拜会，一月之间，发展到几千人。这些农民军围攻潮州府城时，已有锣鼓馆中人，上城协助官军防守，被称为"七坊义民"。潮州的锣鼓馆既是帮会，又是鼓乐团体。潮州大锣鼓出游，往往便是游神赛会的高潮。在以后的岁月里，锣鼓馆不仅在潮州城内有所发展，而且延伸至城郊四处，在潮州全府，也有数不清的锣鼓班。其时，城内的区域，分为厚德、艮极、里仁、和睦、长养、生融、仁贤7坊，刚开始的7间锣鼓馆，分布于7坊之间，故有一坊一馆之说。7间锣鼓馆中，有5间是依附于官衙的，曰：

镇衙馆，馆名古松轩，是潮州镇总兵衙门的锣鼓班；

道衙馆，馆名仁和轩，是惠潮嘉道衙门的锣鼓班；

府衙馆，馆名义英轩，是潮州府衙门的锣鼓班；

县衙馆 （馆名缺），是海阳县衙门的锣鼓班；

中府衙馆，馆名永胜轩，是中营衙门的锣鼓班。

锣鼓馆的人员，大体上是本衙门的员役差吏，也有在近里巷的闲散人员，被吸收帮场。还有2间依附于街坊，曰：

真君宫馆，馆名永义居，地头神庙是西门真君宫；

长养馆，馆名古蓬轩，地头神庙是南门清水宫。

其时，依附于衙门的5间锣鼓馆，其行政区域是艮极、仁贤、里仁、厚德4坊，依附于街坊的2馆，则是和睦及长养2坊，唯独生融坊未有锣鼓馆，所以一坊一馆之说是不确的。

几十年后，在生融坊的区域内，出现了一间锣鼓馆，俗称城顶馆，馆名聚英轩，以东门楼的"东为万春"四个字作为灯笼、标帜；从镇衙馆分出考院馆，馆名蓬仪轩；从府衙馆分出岳伯亭馆，馆名集毅轩；从镇衙馆的地盘内，由城外金山脚陈厝楼，沿江一带向南延伸，经上水门外，至坐城北爷宫南侧，与考院馆接壤，划为新馆范围，馆名□英轩。经过了这一番消与长之后，潮州城内的锣鼓馆有 10 间，加上南门外的南门顶馆，馆名老聚英轩，南门中馆，馆名群英轩，以及南门下馆，馆名和英轩，合共就有 13 间锣鼓馆。

其时，潮州城西门外还有长裕、和平等 7 间锣鼓馆，桥东和北门外也各有 3 间锣鼓馆。每年正、二、三月，举城狂欢、万人空巷、里外重围、水泄不进的安济圣王、玄天上帝和关圣帝君三次全城性大游神，这些锣鼓馆从未参加，所以被人们忽略不计。

锣鼓馆游神时，三支大红呢质标旗前导，旗杆需用新斫的 5—6 米苗儿青竹，竹梢需带新叶，梢尾用细红绳吊着 3 块红砖压坠，两个百媚千娇、面容姣好的妙龄女郎，一左一右，一个横在肩上擎标，一个左侧陪傍护标，随着脚步，竹梢一上一下摇动，煞是引人注目。标旗上缀有垫棉浮凸的黑呢大字，分别标上地名、锣鼓馆馆名和本境神庙庙名，像府衙馆，3 支大标旗上，分别标着：古义安郡、义英轩、五显古庙。大标旗之后，游神队伍依次为斗锣 8 面，钹子 2 对，接着大鼓、大小唢呐居中，又有横笛、短笛、洞箫、胡弦、二弦、秦琴、月琴、胡琴、扬琴、大阮、中阮等管乐弦乐和大钹、钦子、亢锣、苏锣、云锣、曲锣、铜盅、大锣、深波随后。若是遇上夜间，则配上漆有馆名或地名的大灯笼 2 对，火把若干，每支队伍，约在 50—70 人之间。

游神之时，城内无论是大街上的大小行铺，或是巷中的住户人家，一律在门口设置祭坛，潮州人叫"神前"，神前用大红纸饱墨挥写"恭迎圣驾"四字贴于正中，焚高香、摆粿品、置五牲、挂鞭炮、锡器馔盒、银锭蜡烛、酒水烟茶，一应俱全。圣驾每到一处大置搭的神前，都要停下来，神前众人一面燃放鞭炮，一面烧香、火化元宝，跪拜祈祷、问神攒福。瞬间后，游神队伍便抬起神轿，按设定线路，继续巡游，直至游遍全城大街小巷。其时，潮州城鞭炮硝烟之浓，对面看不到人，历数小时而不散。

每年这3次大游神，是潮州大锣鼓班的大检阅、大较艺、大竞赛、大显摆，特别是正月安济圣王出游时，从府衙大门镇海楼，到出入东门去而返，这一节路段，13馆精英云集，好手翘楚，倾巢而出，名鼓师、名乐师，亲自随队献演，盛况空前。这个时候，城内城外、四乡六里，所有的大锣鼓迷，蜂拥而至，聚而不散，夹道而观，尾随而去。

为了在游神赛会拔得头筹，每年的冬季，各个锣鼓馆，就得每个夜间在馆内教练演奏。各个馆的鼓师，教练时特别严肃认真，不许分神出错。据目击者说，鼓师对演练多次出错的人，有时就叫到跟前，举起鼓槌，迎头一敲。尽管被敲打的人，或是平常桀骛不驯、横行街巷的恶少，此时也只有羞容而无怒态。

潮州大锣鼓的铜锣，以方潮盛铜锣最负盛名。自道光年间（1821—1850），海阳县浮洋仙庭村方氏第17代孙方明治，在浮洋墟新埠头创设方潮盛铺号以来，作坊生产日益兴隆，光绪年间（1875—1908），方潮盛铜锣已享誉潮州府，尤以首创的低音铜锣深波、高音铜锣曲锣为著。

坊间相传，福建诏安一个潮州戏班的深波沙哑了，任他们费了九牛二虎之力，仍无济于事。后来慕名前来潮州浮洋，请方氏传人方俊壮修理，方俊壮一听试音，便明白此锣在剧烈颤抖时，被人突然用掌强按锣心中部，使声波骤止，剩余的冲击力，瞬间改变了传播方向，严重干扰了声音环域的传输，从而导致音质紊乱沙哑。方俊壮正在赶制别人的锣件，二话不说，拿起定音锤，对准受伤的环域，反其道而槌之，像追打跳蚤一样，一下下急促向锣心靠拢，最后一锤，向中间重重一击，然后，便对锣主说："好了，请交 100 文钱。"

锣主敲锣一试，果然音色如新，复原如初。他转念一想，我辛辛苦苦做一夜戏，唱破喉咙，累到脚酸手软，仅得 30 文钱，你三槌两槌，就要 100 文钱，锤太重了。他只付了几文钱就抬锣要走，方俊壮见他无照价付钱，不急也不恼，一手拿过锣锤，对准深波就是一槌，手掌强按锣底，这大深波又沙哑了。锣主也学着刚才方俊壮的样子，一下一下，有板有眼地敲打，可深波就是老样子，沙声黯哑，扰人清听，一如废物。方俊壮可怜他满头大汗，劝道："我为了学会这门技术，已然打破了好几个深波，花了二三千个日日夜夜，收你这 100 文钱，补不上我用掉的锣锤。你若嫌贵，待到你把这深波打烂了，到时更是得不偿失。"方俊壮重新修锣，还是刚才那几下子，深波又悠扬如故，声波远扬。民间有谚语赞曰"千锤百炼，一锤定音"，"少一弦亦歌，少一锣无乐"，就是称赞方潮盛铜锣。后来，方潮盛铜锣又传到了纽约证券交易所，其每日股市开市，敲的就是方潮盛铜锣。

清朝末年，庚子赔款的总额，达到 4 亿 5 千万两白银，从光绪二十七年（1901）开始，清廷为了偿还赔款，不得不广开财源，向各行各业并征税捐，大者有粮捐、盐捐、官捐，小者有杂捐，如彩票、房铺、渔户，等等。然而，如何确保税捐的顺利征收，成为清末各级地方官员的头等大事。由于大部分赔款都被分摊到地方各省，因此清末的潮州，遂有了"报效"的施行。

其时，潮州一些较大的商行，如糖行、纸行、布行、船行、竹木行等，先后以1万至6万两不等进行认捐，潮州"报效"的总额，不低于20万两。然而，"报效"的进行，却并不乐观。光绪三十一年（1905）四月二十三日《岭东日报》有载曰：

> 查潮州商务，夙称富庶。数十年来，从未抽厘助饷。方今库帑匮乏，筹措为难，万不获已，始有斯举。名为报效，实则免厘。抽自买客，无损于商，事属权宜，款尚易集。仰见大宪体恤商情，无微不至，稍明大义、通达时务者，尤宜竭力从事，共济时艰。顾此事自光绪二十七年（1901）黄镇军开办，以迄于今，时阅四载，久无成效，推原其故，悉由商情涣散，意谕分歧，甚至阻力横生，迟疑观望。

"报效"从上而下，足足推行了4年，却未有大的进展，久无成效的原因，也是多方面的。其当时，在行业商人的抵制活动中，以屠户的罢市影响最大，反抗也最为激烈。史载，从光绪二十八年（1902）七月至三十一年（1905）七月，3年之间，潮州境内，较大规模的屠户罢市，约计10次，其中最严重的，是光绪三十年（1904）三月，潮州府城爆发的全城罢市事件，其时，朝野震惊，全国愕然，影响之大，无出其右。潮州屠户的行动，无形之中左右着整个潮州"报效"的施行，而屠户最为集中的海阳县和澄海县，则成为风暴的中心。

光绪二十八年（1902），隶属于省厘务总局的潮州屠捐局，在汕头成立，由其派人直接全权管理屠捐事务。当年，屠捐的承办人为陈广成，他以 6 万银元，承揽了潮州全属的屠捐，而其一筹莫展之后，二十九年（1903）四月，南洋巨商杜以胜取代陈广成，成为了潮州屠捐的承揽商。然而这种通过中间商认捐尔后抽收的方式，对于屠户而言，实际上是祸患无穷，这些人并非行业商人出身，由于有屠捐局授权，屠户们担心他们有肆意抽收屠捐的行为。正因为这样，屠户与承办商之间的斗争，无休无止。

几年下来，潮州的屠捐征收，举步维艰，而更为重要的，是整个潮州的"报效"，也未有实质性的进展。当时之所以出现此种情况，一方面与行业商人的抵制有关，另外，也与地方官员的督办不力、甚至是有意如此不无关系。纵观其时，道、府、县的各级官员，有不少对于屠户的罢市，是同情甚至是宽容的，道台褚成博，就曾多次向省城陈情请求免除"报效"，澄海和海阳，均是屠户斗争最剧烈的地方，而他们的知县，通常都能理解，态度宽容。当然他们也是担心，一旦屠户罢市，影响非同小可。

光绪二十九年（1903）五月，杜以胜接替陈广成办捐以后，禀请海阳县知县徐隽声予以协助。徐隽声表面上一再催促，然而，他并未有设定催缴的最后期限，以至于大半年过去了，仍无有成效。徐隽声的这种不偏不倚、不温不火，使得厘务总局对地方官员的无所作为大为光火，极其愤慨。

徐隽声在海阳县知县的位置上待了两年，光绪三十年（1904）三月被调离。继任的，是向以强硬闻名的王铨刚，还有与王铨刚一同抵达海阳县处置屠捐的洋务局洋务委员邵思源。这一人事的调整，表明了朝廷的态度，新抵任的海阳知县，将会与厘务总局一起，以屠捐作为重点，打开潮州各项税捐的局面。

从光绪三十年（1904）三月十一日起，海阳县在王铨刚、邵思源二人的策划下，开始捉拿抗捐的屠户。十二日，屠户不得不相率罢市。此后几日之间，愈来愈多的屠户，纷纷聚集到潮州府城，并商定在十五日府城文武官员行香之时，向道台褚成博抗议。谁知，公开的抗议让褚成博没有了周旋的退路，况且，屠捐之事也并非潮州官员所能够决定，而且这也仅仅是"报效"当中的一项，如果松口，必然会影响到其他行业"报效"的进展。当日，屠户们的诉求被褚成博一概拒绝。盛怒之下，屠户们开始袭击在场的文武官员，场面一片混乱。

此后，其他行业的商人如纸行、鱼行，也加入了罢市的行列，而府城的其他商店铺户，因担心受到暴乱的冲击，亦纷纷关门闭户，以致形成了全城总罢市的局面。此次事件的详细经过，香港《循环日报》和上海《申报》，以"潮州民变"为题，均作了大篇幅的报道。

当日，潮州屠捐局、洋务局被拆毁，片瓦不留，床榻桌椅，则被搬到街上用火油焚烧；邵思源的内人寄居洋务局中，突被搜获，众人诟詈交加，尽情侮辱；大街载阳巷口黄占梅所开的黄千盛金银店，因藏匿屠捐委员，遭到抢劫；而府城的大小官员，也不得不仓皇逃避。事后，迫于形势，主事的王铨刚、邵思源因办事不善，被相继罢免。承办商杜以胜，也因人身安全问题，偕同妻小，回到澄海家中躲避，后被撤换。有13户屠户，也因此遭到官府的通缉抓捕，以示惩戒。

罢市事件之所以屡次发生，全因屠户担心承办商与分包商肆意抽收，任意勒求，事实也确有这种情况。《岭东日报》曾载曰：

潮阳沙陇猪捐，自去年由郑某包办，承饷四百余元，而抽收之数，增至一千三百元之多。是以肉价腾贵，细民不堪。现已届期，郑某仍欲照旧办理。各屠户以怨声鼎沸，恐生事端，故于初二日一律停止宰卖。

又载曰：

惠来县猪捐，近归某绅承办，设局抽收，闻该局办理不善，各屠户颇不贴服，数日前一起停卖。局绅仍着局丁登门催缴，屠户与之争论，局丁遂敢毁店殴人，现闻有人为之调停，尚未开市云。

光绪三十三年（1907）农历四月十一日，潮州黄冈爆发武装起义，这是孙文领导的推翻清王朝的10次武装起义中的第3次。此前，光绪三十一年（1905）八月，孙文在日本起了一个日本名字，叫中山樵，并在日本的东京，联合兴中会、华兴会、光复会，成

立了一个中国同盟会。继而他又来到了新加坡，成立同盟会星洲
分会，且以饶平籍侨领、同盟会星洲分会副会长张永福的晚晴园，
作为居住地和活动场所。

在张永福的介绍下，两位海阳籍华侨许雪秋、陈芸生，在新
加坡谒见了孙文，并且加入了同盟会。回国以后，他们又串联原
黄冈三点会成员陈涌波、余既成加入同盟会，还通过他俩，在
黄冈、浮山一带，发展会员。当其时，丰顺、饶平、揭阳、惠来、
澄海等地，就有同盟会头目数十人。许雪秋被孙文委任为中华国
民军东军都督，给予鹰球图章及旗、徽式样后，即以汕头为基地，
吸纳、运动会员，散发票布。票布犹如传单，亦是标识，正面绘
一鹰一龙，并写"地道光明"四字，背面盖有一印，印文炎兴堂。
愿入会者，每人给银4元。到光绪三十三年（1907）初，仅黄冈
一地，便拥有会员1000多人，秘密总机关就设在黄冈担水巷2
号的杂货行泰兴号。

光绪三十三年（1907），许雪秋等人谋划，决定在是年农历
四月十四（5月25日），联络潮梅各属，以及惠州、钦州、廉州、
诏安各路义军一致行动，同时电告孙文。孙获悉后，专程带着胡
汉民、汪精卫及日本的池田吉、萱野长知等，于二月初赶至香港，
部署这次举事。

然而，潮州方面，举义之事不知怎么风声渐露，未久便被官
府发觉。黄冈都司隆启火速上报，潮州总兵黄金福，即派守备蔡
河宗，于农历四月初十（5月21日），带着配备新式枪械的防兵
20名进驻黄冈。当晚，适逢商民演戏，防兵在台前调戏妇女，捕

去出面干涉的党人 2 名，并拟搜查泰兴号总机关。同人被捕，机关泄密，矛盾激化，千钧一发，这让陈涌波、余既成苦无良策，焦急万分，认为不能坐以待毙，而应先发制人。起义遂提前于农历四月十一（5 月 22 日）举行。

四月十一日夜间，陈涌波、余既成召集党人 700 余人，在黄冈北郊 3 里处的连厝坟，誓师起义，宣布军法 10 条，悬杀敌擒敌赏格，接着，兵分四路，进攻黄冈。陈涌波、余既成身先士卒，率队冲锋。战斗中，忽降大雨，义军所用，多为旧式鸟铳，弹药尽湿，陈涌波便改用火攻。熊熊烈焰之中，陈涌波冒着枪弹，叱咤指挥，一夜血战，首先攻陷黄冈协署，继而夺取守备署、柏林司、巡检署、海防厅署、都司署，占领黄冈，生擒守备蔡河宗、都司隆启，诛杀巡检王绳武、守城把总许登科，驻黄冈的潮州同知谢芝馨、都司陆熙逃跑。其时，香港各报，均有大字标题云"黄冈土匪造反，围杀当地长官"，其文有曰："甚至留学生及地方农工商学与游勇参加在内，举动文明，秋毫无犯，必定孙逸仙之革命党在黄冈起义。"或赞之曰："其气之壮，足以泣鬼神而惊天地，震中外而醒人心。"

次日，在都司署成立军政府，以陈涌波为司令、余既成为副司令，同时，以"大明都督府孙"或"广东国民军大都督孙"等名义，发布文告，宣称"为官府苛税，民甚难堪，专欲除暴安良"等，并颁发纪律 10 余款，大体仿照《革命方略》。其内有"私藏口粮者罚"一款，"私藏口粮"，显然是下层贫民内心世界的真实反映。

军政府通令各商店照常营业，无须惊扰。由于米价昂贵，每升售钱 80 文，军政府限令以 50 文出粜，不得多取，因此，"附近贫民从之者甚众"，并有滨海渔民，撑船前来参加，起义军迅速发展到五六千人。此外，军政府并通知地方殷实富裕之家，交献钱粮，据其时报载，"富室均被勒提军费，为数甚巨"，"一廖姓者二次被勒，至有三四千元之多"。

潮州黄冈起义告捷的消息，立即震动海内外，香港各报都登载黄冈起义的消息。许雪秋闻讯即从香港率革命党人回汕头，分赴丰顺、揭阳、惠来、澄海等地催促举义响应。两广总督周馥一面电责黄金福，令其立功自赎，一面派水师提督李准率水陆兵丁继进，同时电请闽浙总督松寿拨队防堵。

十三日（24 日）夜间，起义军在洪洲截击黄金福部，又于十四清晨与清军再度激战。其时，余既成曾披发痛哭，动员群众，义军大受感动，身带双刀，背着湿被棉胎，准备肉搏。坚持一天半时间，终因枪劣弹缺，伤亡过重，于十五日退回黄冈。十六日又探知广东水师 2000 余人即日来汕，革命党人权衡再三之后，决定暂时把队伍解散，一部分撤到福建乌山据守，一部分由海道潜往香港等地的同盟会机关，伺机以图再起。

是役，革命党人在黄冈阵亡 18 人，在洪洲阵亡 77 人，在清军入黄冈后被捕杀 66 人，共牺牲 161 人，负伤逃往海外后死亡 176 人，捐躯者合计 337 人，为 10 次武装起义中，死难最多的一役。陈涌波、余既成等首领，潜往香港。

庚子赔款摊派以后，人们感觉，风气变化很快，很多新鲜物事，让人新奇、不解，又应接不暇。或许是进入了新的世纪，很多新的名堂，层出不穷，光绪二十七年（1901），城南书院奉文改办为两等小学堂，接着，惠潮嘉道旅潮两等小学堂、城北有德两等小学堂、东凤育才高等小学堂等一批小学堂陆续开办。二十八年（1902），金山书院改称潮州中学堂，继续招收潮州府属9县的学生。当其时，清廷于光绪二十七年（1901）曾下兴学诏书，谕令有曰：

除京师已设大学堂应切实整顿外，着将各省所有书院，于省城均改设大学堂，各府、厅、直隶州均设中学堂，各州、县均设小学堂，并多设蒙养学堂，其教法当以四书五经、纲常大义为主，以历代史鉴及中外政治艺学为辅。

韩山书院的改制，曾有过一次争执。光绪二十八年（1902）夏，潮州知府惠昌，拟将韩山书院改为新式学堂，但不久丁宝铨任惠潮嘉分巡道，丁巡道认为韩山书院是属于惠、潮、嘉3府（州）的书院，改设为新的中学堂乃仅属于潮州府，故不得混改，如能改成惠、潮、嘉3地共属的师范学堂则最为适宜。韩山书院因此一时未能改为学堂。

光绪三十年（1904）年初（也有一说是光绪二十九年【1903】），迫于上司的命令，惠潮嘉分巡道褚成博将韩山书院改为师范学堂，初名潮州师范学堂，于农历四月正式开办。光绪三十四年

（1908）二月，学堂奉到印章一枚，文曰"惠潮嘉道初级师范学堂关防"。后来，官方对学堂的正式全称为"广东省惠潮嘉官立初级师范学堂"或"广东惠潮嘉韩山师范学堂"。

由于情势的变迁，商人的地位，亦大为改观，传统的商人们的组织，如早期的行会、善堂，亦相应地有所变化。光绪二十五年（1899），出现了第1个有关商会的民间拟定之章程——《拟中国建立商业会章程》。其后，到光绪二十八年（1902），上海通商银行总董严信厚，组织成立了上海商业会议公所，这是近代商会的雏形。就在这一年农历的一月，潮州也创立了潮州府商会，此乃是全国最早成立的4个商会之一，其时，与差不多同时期成立的上海、宁波、广州3个大埠的商会比，其架势与阵容，毫不逊色、难分伯仲。有方家言之，须如此，方可与潮州商帮相匹配。

最让人意想不到的是新闻纸，一纸风行，老少咸宜，坊间发生之诸事体，无论大小良莠、好歹香糗、正经诙谐、得体出格，一律登之，只讲事实经过，概不美之丑之。把以往口口相传的所见所闻、街谈巷议，变成浅显易懂、直白如话的白纸黑字，广为传播，令世人皆知，的确令人耳目一新，大开眼界。社会各阶层都能读到看点，人们争相宠之。光绪二十八年（1902）春，《岭东日报》率先在汕头创刊落地，报纸发行潮州府各县，还辐射到嘉应各地。后来，宣统三年（1911），周楚云在潮州城创办《韩江报》，未几，《粤南报》、《自由报》、《晨钟女报》、《民报》、《民治报》、《建设报》、《潮安报》、《大公报》、《商报》、《大光报》，一如雨后之笋，纷纷在潮州城拔尖冒芽。一个濒海府城，远离中枢，地处一隅，如斯多家报纸冒出，可见斯文之盛，资讯之多，广告之繁，读者之众，财力之足。

潮州黄冈起义之后，人们都心知肚明，晓得山雨欲来，大厦将倾。周楚云创刊《韩江报》后不久，1911年10月10日，武昌城头一声炮响，举国欣然，清廷山崩之势已成。仅1个月时间，湖北、湖南、四川、山西、陕西、广西相继独立，脱离清廷；广东也于11月8日，宣告独立。广东宣告独立的当日，一向城府甚深、不动声色、机关算尽的潮州府知府陈兆棠，也不迟疑，表示响应革命。

其时，潮州镇总兵赵国贤，是汉军镶旗满人，武状元出身。陈兆棠会同赵国贤的部属、驻潮州巡防营管带徐士庸，来到镇台衙署，对赵国贤声言曰："革命党要驱逐鞑虏，恢复中华……现粤省业已独立，易旗换帜。制台系满籍，自属驱逐之列。大人理应卸甲归田，山河归我汉人自治。"

赵国贤无奈，即日卸任，交出兵权，然后乘肩舆离潮州城抵西门外火车站，未料为民军张壮飞部所阻。赵又折返镇署，孰料一进衙门，见僚属尽散，屋内家私用物被人搬取一空。赵无限感慨，彷徨悲愤，悬梁自尽，毙于镇署之中。

11月10日，陈兆棠致电汕头于是日成立的革命军，宣布潮州反正，欢迎革命军进驻潮州。11日，革命军粤军第4军司令张醽村、副司令孙丹崖、民军首领梁金鳌率领800多人，从汕头乘火车至枫溪，由西门进入潮州。惠潮嘉兵备道吴煦、海阳县知县谢质等一批官员，闻讯逃遁。

其时，陈兆棠有一个弟弟，在广东军政府都督胡汉民身边任职，他又与民军首领梁金鳌通了声气，因而事先获悉革命军内部不和，起义前曾在汕头各自招兵买马；新建的民军更是衣冠不整，器械残缺，持枪的人不足一半。因此，他通知巡防营人员，将城门四开，让革命军入城，既不抵抗，亦不接待，观察动静，相机行事。

当其时，革命军入西门之后，即分为3股，各行其是。孙丹崖部，兵员最多，出大街后，直入镇台衙署；张酴村部，装备较好，入城后，绕道西门城边，入道台衙署；梁金鳌部，人数较少，不与前两股同行，另驻考院中等农业学校（今卫星路）。3部入城驻定后不久，梁部中即有谣言传出，"陈兆棠拥护革命，民军将拥其主持潮州政局"；又传曰："孙、张不睦，正各自备战。"

这时，陈兆棠也派兵两哨，登上镇台衙署后面的金山顶，居高临下，以示威胁。哨是清兵的建制，其1个哨，相当于1个连。陈兆棠从赵国贤的手中接管了3个营的兵力，加上道、府各衙门亲兵，又占据着金山、西湖山、府衙的镇海楼几个制高点，还对革命军各个驻地的附近要道路口，派兵把守，予以钳制，因而自以为实力雄厚，控制了整个潮州城。张酴村、孙丹崖先后派人与陈兆棠接洽移交兵权事宜，都被陈兆棠借故拒绝。至14日，毕业于韩山书院的梅县丙村人、革命军领导郭典三，带队要巡防营缴械时，被清军反扑，郭典三也遭杀害。至此，陈兆棠两面三刀、投机革命的嘴脸纤毫毕露。其时，陈兆棠口口声声推托之词，乃"既已反正，为何还要缴械"，并污蔑革命军"此种行动，形同土匪"。

15日，学生军教练翁敏，带着学生军战士萧娘清、曾澄海、钟烈、黄日晖、赖焕臣、廖永兴、黎祥光等人，在大街开展剪辫子宣传与活动，街上来来往往的民众，驻足接受者与观望者甚多。此时，陈兆棠竟纵部追捕并杀害此8人，这起事件，史称"辛亥潮州起义八烈士"。面对如此险恶形势，革命军内部意识到，若不联合对敌，就有被陈兆棠消灭的危险。是日，驻潮州的3支革命军部队，在张醁村的统一领导下，重新布置兵力，并将计就计，由参谋谢鲁情密函陈兆棠，函称："张、孙不和白热，火并之势必行。张已调汕头精兵二百名来潮，土客籍民军将于是晚决战。届时，毋庸介入，两勿相助，事后将有以谢。"陈接函以后，信以为真，并无疑虑，且踌躇满志，以得利渔翁、坐收残局者自居而疏于戒备。

11月16日，革命军依计行事，于凌晨1点发起总攻。城郊与镇署附近的清军，一经接触，纷纷投降，自动地剪辫、缴械。进攻府衙镇海楼的革命军到了楼下，因楼高备密，壁垒森严，由下仰攻颇难得手，故久攻不下。从东公界和西公界两侧翼强攻，也不济事。革命军几经商量，乃改变进攻方法，火烧府楼，即以火油淋湿棉被，围堆于镇海楼下，再用消防用的水栉，将火油喷射到楼上，由敢死队员投掷炸弹、火棉。顿时，火光蹿起，烈焰熊熊，可俯瞰全城的镇海楼，未几即燃烧崩塌。清兵无心恋战，丢弃号衣，扔掉枪械，四处逃窜。另一支迂回的革命军，则从县巷的县衙，翻越府衙的后墙，攻入府署的大堂。直到此时，陈兆棠才知道中计，但已腹背受敌，大势去矣。第二日中午战斗结束，唯不见陈兆棠踪影。

此役革命军大获全胜，陈兆棠却逃匿无踪，遂全城戒严，并张贴布告，悬赏 500 银元，缉捕首恶陈兆棠。革命军中的学生军，对陈兆棠的漏网非常气愤。参军萧公溥率队巡查，第一夜县衙有人纵火，又传陈兆棠藏于县衙内，萧公溥立即率队赶到，然陈兆棠已趁人们救火，满街混乱之际，抽身逃走。

当夜，陈兆棠躲藏在东公界一户卖粿条面汤的小贩家中。翌日，小贩上街见到赏格，返家与妻商议，拟献陈以获赏。料不到其妻不肯，瞒过丈夫，纵陈逃逸。18 日夜间，萧公溥率队巡至下水门城脚，忽听到城顶有外江人的隐约呼唤声，萧觉得有异，即上前侦查，夜色中看到两个黑影，正欲攀绳缒城。萧看得清楚，一声令下，众人一齐扑上，当场抓到两个剪掉辫发的外江人，一个穿西服，一个着短衫，经过查核，穿西服者，正是陈兆棠。

翌日一早，陈兆棠落网的消息甫一传出，全城军民人等欢欣开怀之时，突然传来城内各国教堂，将以各国领事的名义，出面保释陈兆棠的信息。革命军军部迅速召开了专场会议，认为，"不杀陈兆棠，无以平民愤"。唯恐发生变故，决定枪决后再呈报省府。

1911 年 11 月 22 日 8 时，革命军将陈兆棠吊缚于竹梯，梯边从上而下悬着一幅长条标语，其文 11 字，曰："处决民贼陈兆棠以谢天下。"陈兆棠被押至镇署前的照壁下枪决。临刑前，陈兆棠拟好电文致其家属曰："不死于君，不死于国，死于因果。"其伏法后，翌日，军部接到都督府一纸电报，是其弟联络都督府同僚，运动胡汉民同意，释放陈兆棠。可是已经迟了。

改元民国以后，刚开始人们很不习惯。以前，"留头不留发，留发不留头"深入人心，现如今，早上起来，梳头洗脸，一摸后脑，没有辫子，心里头会兀然一个咯噔，整个人愣怔在后窗下的毛巾架前，铜脸盆里的水，也在毛巾架上，晃个不停。8个学生军在街头游说剪辫，忽被乱枪打死，至今，也仍在人们的心里，留下了一缕阴影。

某些习俗、礼仪、礼数、称呼、着装，也变得面目一新。女人不用缠足；人们相见，不用叩拜、作揖、相揖、捧手，而改用鞠躬、握手；不再称大人、老爷、老总，而称先生、同志；清朝的官服被废除，孙文创造的中山装成为时尚，西装也渐为人们所接受。

比无辫可梳令人更无所适从的，是那些来来回回变换不止的官府名堂。民国元年（1912）2月26日，章太炎在《大公报》上发表文章，题目曰"条拟官制之要电"，向当选临时大总统的袁世凯建议："废省存道，废府存县，县隶于道，道隶于部"。这个建议，符合当时袁世凯削减南方各省都督权力的愿望，得到了袁世凯的赞同。

民国二年（1913）1月8日，袁世凯公布了3个《划一令》，从这个时候起，人们就发现时局变幻莫测，让人莫衷一是，一颗心整天悬着，没着没落。且看地方长官，如走马灯一样更换，一会儿来的叫潮州安抚使，一会儿来的叫潮梅绥靖督办，又一会儿来的叫潮梅镇守使，再又叫潮循道道尹、潮梅防务督办、潮梅善后处处长、潮梅护军使。这些人来到潮州城内，关防刚刚开启，屁股还未坐暖，就又被另一个人接替了。

更让人寝食不安、忧心忡忡的，是政局的极度不明朗。一会儿实行地方主义政策，扣留盐税，拒绝省里委任官员；一会儿站队拥戴北京政府；一会儿宣称脱离广州政府；一会儿则军政直属北京政府，民政则商承省长办理。既然官吏政客自己都水性杨花、朝三暮四、骑墙跟风，抱大腿、挑肥瘦、为一己，人们也就像过眼烟云一样看之。匆匆过客，沐猴而冠，就是当其时，人们对潮州官员杨柳属性的印象。

事后，让人记忆犹新、看作笑话的，是有人企图浑水摸鱼，分一杯羹。民国三年（1914）3月30日，袁世凯任命吴祥达为广东潮梅镇守使，潮州驻军归吴祥达统领。4月28日，梅县驻军邓承旸团举事，反对龙济光对广东的统治，营长王国标自称曰"广东讨龙军潮梅总司令"，并以"革命军大都督陈炯明"的名义，出示布告，带领讨龙部队前来攻打潮州城。29日，讨龙军进城，城内的人们躲在门后侧目，看看这些人来后，有什么施为。不久，讨龙军被龙济光部击败，王国标阵亡，邓承旸败走经江西时被捕杀。人们也才恍然大悟，无有势力后台、无人撑腰，想得渔利，找死。

汕头独立建置了

剪辫之后，人们还在适应，现在，又有新的招数，要让人熟记、使用，遍告亲朋好友、旧雨新知，避免行差踏错。民国三年（1914）1月，国民政府公报公布了《内务总长朱启钤呈大总统拟改各省重复县名撮举理由分别说明请鉴核批示文》，公文里列举了改重复县名的必要性，其曰："两汉迄于明清，年代久远，拓地恢廓，建置并析，纠纷参错，混郡邑而从同。"其时，自两汉乃至民国，随着历史的发展，以及各朝各代建置并析等原因，重复的县名，愈来愈多，故在推行政务的时候，省与省之间、县与县之间，容易混淆。

公文概而括之曰：当其时，"二县同名者七十四，三县同名者十有二，四县同名者四，五县同名者三，六县同名者一"，

"施之政事则彼省与此省糅杂，播诸重译则甲县与乙县混淆，乡土之观感易泯，地理之名实不符。丁大政之革新，蕲人心之爱国，允宜丕扬国光，冀诸勿坠。况土地为立国之本，正名实敷政之先，关系重大，曷容缕晰是。"故对全国重复县名126处进行重新改名，其执行的原则是：保留设置较为古远、政区较为稳定的地名，而改掉重名的其他地名；已开为商埠，并且对外条约中所涉及的县名，考虑其影响，虽设置时间晚，但也尽量不改；保留边疆地区的县名。

遵照内务部关于改定全国重复县名的通令，广东省民政长李开侁，传令各县知事，全省改动13个县名，计有：东安改云浮、会同改琼东、西宁改郁南、新安改宝安、新宁改台山、镇平改蕉岭、昌化改昌江、长宁改新丰、长乐改五华、石城改廉江、万县改万宁、永安改紫金，海阳改潮安。至于海阳之改潮安，内务部改定各省重复县名及存废撮举理由，附有简要之说明，其曰：

"海阳"，山东省，应存；理由：山东海阳县系清雍正十三年（1735）置，迄今仍之。虽与广东省重复，然广东海阳本属潮州府附郭首县，应复旧名，故该县似仍可其故称。广东省，拟改名潮安县；理由：广东海阳县晋咸和中置，至唐初为潮州府治，民国二年裁府留县，与山东省重。自应规复旧府名称，拟定名潮安县。

革命党胜利之后，坐了江山，便不像以往一样，一往无前，不管不顾，它也要考虑到平衡各方各面的利益。读书人的地位，大不比从前，商人的地位，倒节节上升，明显可感。辛亥革命后，革命军首领张醁村，被广东当局委任为革命军粤军第4军司令，统领潮州地区。当时，称其为第4军政府。然潮州绅商并不接受这名客籍首领，认为他不能代表潮商的利益，也未有能力整合地方军民。随即，潮州商人采取自保行动，扶植代表自己利益的军队。他们率先联合香港潮商，呈请广东护军使陈炯明，撤换张醁村，由陈宏萼另组正式军队。陈宏萼为澄海人，符合潮商自治的利益诉求。

陈炯明同意潮商的诉求，民国元年（1912）1月，任命驻虎门统领陈宏萼，为潮州安抚使。1月10日，陈宏萼率部600人到达汕头。3月，惠军统领林激真意图将其势力扩至潮州，未果，即改道由碣石进军潮阳，3月15日攻占汕头，抢掠商场，焚毁报馆，控制电报局，汕头局势紧张，驻汕头各国领事纷纷调水兵登岸戒备。潮州安抚使陈宏萼，被林激真部打败，乘日本兵舰逃往台湾。

林激真部的这一番抢掠，使商人损失惨重，当地绅商，遂再次请援于旅外潮商群体。各地潮州会馆、潮商公所，纷纷致电孙文、袁世凯、黄兴等，向陈炯明施压，要其出兵平乱。其时，陈炯明部，正与民军王和顺部，在广州打得不可开交，但面对海内外潮商团体的共同呼吁，不得不予以重视，调派吴祥达率部2500人，乘特派的英国军舰，莅汕驱赶林激真。

这种兵荒马乱、动辄激战的日子，潮州城内的人们，早已司空见惯，见怪不怪。至少自清朝开始，城内人，就在每条大巷小巷的巷口，设置栅栏，栅栏开两扇栅栏门，一边的栅栏门再开一个小门。早上栅栏门洞开，街坊邻里自由出入，入夜栅栏门关闭，留下小门，让人行走，夜深，小门也关闭，不许出入。巷口栅栏前的墙壁，用铁钩挂一盏燃火油的风雨灯，照明至天光开栅栏门，才去熄灭。如此，街坊四邻轮值看门，避免外人、陌生人杂沓，使深夜变得安详，让人觉得心中踏实，睡觉安稳。这些巷口栅栏的痕迹，直到 20 世纪 60 年代，还能看到残留。

开元寺的云板木鱼、晨钟暮鼓，早晚之间，悠悠扬扬，也能让人在动乱惊悸之中，感到一些宽心舒畅。每日的晨早 3 点钟，开元寺打 4 声板，此即催起板，僧侣闻打 4 声板，一律起床；3 点钟至 4 点半，上早殿，开元寺有和尚、学僧 100 多人，这时要一齐到大殿做早课，礼佛、出堂、念诵，殿上煞大钟和敲大鼓，铜磬、木鱼、铜盅、铜铃，随声行板；5 点至 5 点半过早堂，即一齐到斋堂食斋饭，过早堂也要敲云板、接引磬，维那举腔、起腔，众僧同诵供养偈和饭讫偈。夜间 9 点半即开大静，停止静坐参禅，大殿鸣大鼓，提警全寺僧众就寝养息。寺在潮州城中央，更深夜静，关门闭户，路无行人，板磬之拍、钟鼓之声，让世人听之闻之，亦沉寂下来，入静无扰，平和随性。

开元寺的作用，还真大。民国八年（1919）5 月 4 日，五四运动在北京爆发，不久便扩大到潮州。5 月 6 日，汕头的《公言日报》率先报道了北京爆发五四运动的消息，潮州、汕头、揭阳、普宁等地学生，纷纷举行集会、游行示威。5 月 7 日，潮州城内，由省立潮州中学（金山中学）和省立惠潮嘉师范学校的学生发起，城内 2000 多名学生，举行反帝爱国大游行，声援北京学生爱国运动。学生们手执校旗和写着标语的小白旗，高呼："收回山东权利！""誓死不承认廿一条亡国条约！""打倒北京卖国政府！""抵制日货！"游行至大街时，查收各铺户的日货。5月 11 日，各校学生还在开元寺前举行潮州学生救国联合会成立大会。此后工界、商界、妇女界、农界、自由职业者、青少年等爱国团体相继成立，23 个爱国团体进一步组成潮州各界救国联合会。在学生和青年工人的带动下，没收了肖金昌的日货，在开元寺内公开烧毁。

民国九年（1920）1 月，前身为潮州城东青年图书社的潮安青年图书社，在开元寺内开设新刊贩卖部，销售来自京、沪的《新青年》、《新朝》、《新生活》、《新妇女》、《少年中国》、《少年世界》、《独秀文存》、《胡适文存》等数十种书刊。这年的 5 月 1 日上午，青年图书社和工界联合会，组织和发起各工团 2000—3000 人，在开元寺大殿前的广场集会，庆祝五一国际劳动节，会后举行游行，夜间演出轰动一时、提振民心的反映朝鲜民族斗争的话剧《安重根刺伊藤》。开元寺素来慈悲为怀、服务众生，信哉斯言。

民国改元以后，虽然军阀混战，山头割剧，打打杀杀，不可开交，南北易帜，不得安宁。但比起清朝裹足不前，因循守旧，死抱祖训，慢慢吞吞，还是大有改观，面貌焕然，新生事物，新鲜观念，新的气象，总是不期然间，突然而至。民国十年（1921）

7月，汕头埠在澄海县的治下成立市政厅，历史上初次被称为
汕头市。

其时，内务部于民国十年（1921）5月，草拟了《市自治制》，
交行政会议审查，7月，大总统徐世昌以教令公布，9月，又制
定颁布《市自治制施行细则》。市自治制规定市分为特别市和普
通市两种，特别市由内务部呈请行政院以命令定之，其余的均为
普通市；特别市的地位相当于县，和县同受省的直接监督，京都
则受内务总长监督，普通市隶属于县，受县知事的直接监督。北
洋政府时期，实际上确定为特别市的为数并不多，主要有京都（北
京）、津沽（天津）、淞沪（上海）、青岛、哈尔滨。

据民国《潮州志》的记载，其时，汕头市政厅的实际范围，
仅有汕头埠、崎碌、礐石，面积6.83平方公里。而汕头埠在
历史上，是韩江口外的一片汪洋大海，随着泥沙的冲积，到嘉
靖九年（1530），从老妈宫到崎碌一带，形成了一条沙脊，渔民
在这里设栅捕鱼，称为"沙汕"。万历三年（1575），韩江出海
口的沙脊已经积聚成片，堆积成形，渔民称为"沙汕坪"。康熙
五十六年（1717），清廷在这里建烟墩、筑炮台，作为防守营汛，
称为"沙汕头"。当时的炮台，建在今外马路升平路头，门匾有
石刻曰"沙汕头汛"，现存于崎碌的石炮台，则是之后于光绪五
年（1879）筑建的。石炮台建成之后，原沙汕头汛就作为防守营
汛的衙署。雍乾年间，这里除了捕鱼者外，还有盐民利用海水晒盐，
今盐埕头至华坞路一带，当时都是盐田。

咸同年间，那些英国、德国、法国、美国、日本、挪威领

事，那些在潮州城不得其门而入，被潮州城内的民众，堵在街头，围在巷口，哄、轰、糗、咒，砸鸡蛋、扔砖头、丢果皮、贴标语、举横幅的番仔、红毛、钩鼻，如今，在沙汕头，在这方新开垦的处女地，却正好安营扎寨，得其所哉，设领事馆，或置领事署。那些对潮州城垂涎三尺，却一直挤不进去、一事无成的各国洋行，像英国的怡和洋行、太古洋行、新昌洋行、新德洋行，美国的美孚洋行，德国的鲁麟洋行，也都在沙汕头，堂而皇之，开门撑窗，剪彩营业。

民国十七年（1928）7月，南京国民政府成立后，公布了《特别市组织法》和《市组织法》，分别规定特别市与普通市的组织形式。这两个法仅实施了两年，即于民国十九年（1930）5月，被新的《市组织法》所代替。新的《市组织法》将市分为行政院辖市和省辖市两种。院辖市的条件是：首都；或人口在百万以上者；或在政治上经济上有特殊情形者；虽符合上述一、二条件，而为省政府所在地者，应为省辖市。根据这一规定，确定南京、上海、天津、青岛、汉口为院辖市。后来，国民党"中政会"议决以陕西长安（西安）为陪都，改名西京，为院辖市。而北平、广州人口虽符合院辖市条件，但当时为省会所在地，故根据设市条件的第3项规定，为省辖市。及后，河北省会迁址，北平恢复为院辖市，再后，重庆成为陪都，升格为院辖市。

而省辖市的条件，则为：人口在30万以上者；或人口在20万以上，其所收营业税、牌照费、土地税每年合计，占该地总收入的二分之一以上者；省辖市地位与县相同。其时，省辖市虽然为数不少，但仍有一些经济、文化比较发达的城市，因不符合以上要求，而被宣布废市改县，如：苏州、无锡、烟台、郑州、福州、芜湖、南宁等。有论者认为，南京当局关于设市的条件过高，考其原因，概出于财政因素，其曰："设市后行政经费增加甚剧，负债累累，省政府不愿补助，遂主张裁撤。"

根据南京国民政府改革原市建置的《市组织法》，民国十七年（1928）7月，汕头市政厅拟改组为汕头市政府，呈请省政府上报。民国十九年（1930）11月25日，第一次国务会议决议，暂准汕头设市，汕头市政厅改为市政府建制，隶属于广东省政府。按《市组织法》的规定，汕头之正式独立建置，自斯日起。

汕头正式独立建置之后，由于不是析分，自身地盘实在过小，就像一个人被缚住手脚，捆紧体肢，动弹不得，无法施展，遂于民国二十三年（1934），由省出面，划定市区范围，其四至为：东至新港海坦，西至浔洞山，北至华坞，南至礐石山，面积30.36平方公里。

至于为什么叫汕头，至今未有全面的考证材料。《康熙字典》关于"汕"字，有两种释义：一是鱼游水貌；一是捕鱼工具。还有一种说法，汕是指水边有沙丘的地方。民间据此判断，可能当时是捕鱼的所在，故称为汕头，后来，附近沿海，又发现有新的捕鱼所在，先来后到，故称为汕尾。在潮州话的语境里，有头有尾，最是圆满。汕头还有一个别称，曰："鮀岛"。《潮州府志》有载，汕头位于鮀济河出口一侧，三面环水，形成半岛，且曾属鮀浦司管辖，又盛产一种称为鲨鱼的小鲨鱼，因而称为鲨岛。

与苏州、无锡、烟台、郑州、福州、芜湖、南宁等的废市改县形成鲜明对比的是，汕头的正式建置，恰好是汕头历史上最兴旺发达的繁荣时期。据民国《潮州志》载，当其时，汕头"商业之盛居全国第七位"，仅次于上海、天津、大连、汉口、胶州（今青岛）、广州，"港口吞吐量居全国第三位"，仅次于上海、广州。汕头有模有样、骑楼风情的旧中心市区"四永一升平"（永和街、永兴街、永泰街、永安街和升平路），恰恰也是在这个时期，由澄海籍的泰国华侨陈黉利，购地建楼近400座，形成了一个基本的格局。

东征，东征

潮州之地，处于东南沿海，每年夏秋之间，往往都有台风来临，所带来的洪水暴雨，风灾涝灾，十年九遇。冬春季节，又常常遇到春旱。其时水利不昌，靠天吃饭，史书记载，明清时期，每遇春旱求雨，都是由官府斥办，府尊县尊，带头祈求。这样积久成风，相沿成俗，陈陈相因，以至于求雨的程序、仪式，也都有一定的规例。

民国改元以后，世事日新，求雨的发起单位，也变了，变成潮安县商会，主持神事活动，则由集安、杏苑、崔福德善堂和念佛社、开元寺5个慈善机构负责。此时期，求雨的临时机构，名称曰"求雨公所"，其成员多为地方绅商、善堂堂董，以及热心社会慈善公益事业的人士。

求雨活动的进行，较之以前，也稍稍有所改变。先是由求雨公所的人员，到浮洋斗门村请来"风雨使者"，俗称"雨仙爷"，请神时鼓乐迎来，送神时鼓乐送往。风雨使者请进城之后，露天供在开元寺大殿前广场，让他头戴竹笠，受民间香火。若越三日而未雨，就掀去竹笠，让圣者在烈日下曝晒，并由县商会通知禁屠，不准肉铺屠宰卖肉；再越三日而未雨，县商会便通知禁海，不准鱼铺卖鱼。此两禁，意在表明诚心斋戒求雨，期望感动上天，早降甘霖。

求雨的另一项神事活动，便是到城内的神庙求雨。头一日黄昏后，参加求雨的人们，齐集南门清水宫前。出发时，以一对写着"祈求雨泽"的白底墨字大灯笼为前导，开元寺方丈身披法袍、顶戴法冠，走在队伍的前头，热心公益的善信人众，尾随其后，默祷而行。求雨的人数，从数百人至上千人不等。从清水宫出来后，沿大街北上，沿途以钟声为号，三步一跪。队伍在三步一跪间一起一伏，成波浪状，路人围观者甚众。其经过路线，为大街之太平桥头，入县巷，先到城隍庙求雨；接着到卓府前玉皇宫求雨；最后，沿着北门直街到陈厝楼前，上北堤顶到竹竿山关圣帝君神庙求雨。回途步行至南门清水宫散队。求雨的去程，虽然只有10里，然沿途要三步一跪，实在是辛苦。

求雨的过程中，如若被大雨淋透，则幸莫大焉。抗战之前，有一年求雨，人流从竹竿山回城，适天降大雨，途经大街吴祥记百货公司门前，该号财东吴雪薰命伙计抬出大批毛巾，分发给参加求雨的人，而路旁围观者，无一人冒领。

清帝逊位之后，民国广东副都督陈炯明，几年之间，取替了胡汉民、龙济光、李开侁、朱庆澜、李耀汉、张锦芳、莫荣新等，当上了粤军总司令、广东都督、省长。民国九年（1920）8月，陈炯明奉孙文之命，在漳州举行返粤讨伐桂军誓师大会，以其心腹洪兆麟为第1路军司令。9月7日，潮州一带既定，裁撤潮梅镇守使，任命洪兆麟为潮梅善后处处长，驻守潮州。

其时，受潮流影响，潮州城也正在除旧布新，疏导交通，开辟马路。据《潮州市志》载，民国九年（1920），潮安县政府向各商户摊派，全面拓建城区马路。潮州城的街巷，原来都是用油麻石板，横铺竖砌，岁月的打磨、街坊的行走，以及四乡六里的邑人、走南闯北的商旅、迎来送往的官绅，把这些石板，行踏得油光锃亮，温润如凝脂。当时，自北向南，共开辟了太平、湘园、北马、文星、青天、昌黎、白日、义安、西马、太昌、太元、东平、汤平、东门、水平、开元等16条马路，总长6000多米。

以今天的眼光来看，这次开路，还是颇有见地。以大街为主轴，从太平桥头直至南门，辟为太平路。开元前巷、下水门街，辟为开元路、水平路。这两条路往南的城区，不辟马路，保留原来街巷、住户的格局。自这两条路以北，太平路以东，自坐城北爷宫、都察院衙、考院开始，向南接连辟出东西向的青天路（今卫星一路）、太元路、太昌路、汤平路、东门街、水平路；上水门街自府学门对直，辟白日路（今卫星二路），与之直亘的东街（上东堤），也辟为东平路。这些马路，昔日，原来都有赫赫的街名，如青天路，昔称察院衙街、考院街、坐城北爷（街）；太元路，昔称状元亭巷；太昌路，昔称竹木门街。现如今，街巷辟为马路，而这些马路，因为靠近韩江水道，通过东城的上水门、竹木门、东门、下水门，连接韩江黄金水道，形成城内繁华的交通网络。

其时，这是潮州城最洋气的一片城区。这片城区，向来，因其接近韩江码头，在水路畅达、陆路未修的年代，商贾接踵，贸易发达，货畅其流。马路开辟之后，资金涌来，洋房洋楼、南洋西洋，连户成片，民国风韵、骑楼风情，至今仍存。坊间相传，当其时，湘子桥的桥面、栏杆、夜明灯，都是这片城区内的绅商，像吴祥记、大祥、郑义成等百货公司、商号、鞋庄，派人、派伙计，前去打扫、抹擦、添油。

太平路以西，辟有东西向的湘园路、昌黎路、西马路。湘园路自西湖起始，自西向东，到猴洞的这一段，昔日称为刘厝埔，是黑旗军首领刘永福及其家人的住地。猴洞所在的地名为同仁里，对过为打银街，自这里到西街口的九板桥头，昔日称城守头，是城守营都司署的所在地，城守头靠近同仁里口，旧时有一座大祠堂，曰"慰忠祠"，是潮州镇总兵卓兴，于同治八年（1869）奏请朝廷修建的，祀昔年一起出生入死死难的将卒。过了城守头，西街口往东，昔日称九板桥头，九板桥又称石人桥，至今这里仍有一间大厝，外埕植桂花梨树，置梧桐巨石，大厝右侧有一书斋，名曰"铭雀砚斋"，斋有嵌字长联，为斋主黄霖泽自撰，其联曰："铭室傲高人，苟可调琴阅经，楼台何必夸铜雀；砚田无恶习，敢谓工书善画，门第居然拟石斋。"

《潮州志·艺文志》有载曰："黄霖泽字笠艿，初得铜雀台瓦二，因以名斋，性好收藏，嗜书画、古瓷、印章、金石，搜集侈富。"

书斋石匾"铭雀砚斋",相传为光绪间状元黄思永书,书斋内厅"退一步斋"横幅,为扬州知府伊秉绶书,另一边挂的《退一步斋序》小字,为邑人王约公撰书,厅内陈置古瓷字画,有张船山、刘石盫字幅,斋半边有假山小池,上有小楼,楼上有王文治书陆放翁名句,其句曰"小楼一夜听春雨",故楼名曰"听雨楼"。在假山畔有小桥通大厝,厝内厅中,挂何绍基书"四谦堂"三个大字,故厅名曰"四谦堂",也陈设古瓷书画。

铭雀砚斋对面为名士李沭甫家,李沭甫擅书,其书斋名颇显豪气,曰"护万卷书斋屋"。过九板桥头往东,就是昔日所称的卓府埕,卓府埕过望京楼往太平路头,就是昔日的镇台衙门潮州总镇署。昔日称为镇前,现在仍有人如此称之。

这条马路开辟的时候,恰好与建湘园的时间相近,又是湘园所在的地方,所以初建之时,叫湘园路。到东征军胜利,陈炯明倒台、洪兆麟逃逸,为纪念陈涌波、余既成的丁未年黄冈起义,路名曾改称为丁未路。民国十五年(1926)西湖定名为中山公园,这条路遂改称中山路。

昌黎路故称曰府巷、府前,是因其居中的位置,乃府治之所在。民国十一年(1922),这里辟马路时,因巷头昔有昌黎旧治坊,故更名昌黎路。昔年在昌黎旧治坊旁边,有一家开智书局,再过几步路,还有一家青年书店。开智书局为南门外谢氏谢锡勋所创,时当清末,谢锡勋很有学问,具新思想,故开设书局,弘扬文化。青年书店原是青年图书社,民国初在开元寺内设新刊贩卖部售卖进步书刊。后来由社员集资,租得府巷头这一地方设立青年书店,其时还售卖创造社郭沫若、郁达夫、成仿吾、张资平等的著作，以及《拓荒者》等刊物。

昌黎路还有很多经营笔墨文房之店，其中以"刘扬元"、"陈登科"两家最有名。刘扬元笔店在青年书店对面,《潮州志·丛谈志》有载曰："潮州府巷之刘扬元笔店，自宋开设至今，惜近寥落，笔不佳矣。"这家千年老店，当日颇负盛誉，然而后来刘家数代嗣继无人，由其老伙计陈家继续经营，生意时盛时衰。而刘扬元毛笔美誉早播，故招牌不改。

陈登科笔店创于乾隆十六年（1751），民国初笔店主人陈增城，为人仁厚，朴素勤俭，喜结交朋友。不久得中"万国储蓄会"奖金，因此有资金扩大营业，其时，还有名制笔师傅李甲乙指导制笔，帮同经营，所以营业大为发达，以"国色天香"、"凌云阁"、"大小由之"等笔出名；同时代售上海"胡开文"名墨及各种书画用品，名噪一时。此外，还有龙门阁、陈志成、陈志盛、荣兴阁、梅花堂、振福昌、丹桂堂等笔店，其中龙门阁较为出色，虽开设迟了一些，但店主为陈登科店师傅李甲乙之子李作明，他制笔认真细致，甚为用者赞赏。

过了龙门阁笔店，不远就是万寿宫。这里本来是旧通判衙署，乾隆十四年（1749），通判衙署移驻庵埠，总兵方耀遂于光绪二年（1876），率绅士郭廷集，在通判署旧地建起了万寿宫。40多年之后，民国九年（1920）政府拍卖官产，充盈府库，基督教长老会购得万寿宫，至十一年（1922）才签完购买合约，改建为教堂，两年后落成，命名"中华基督教堂"，并举行献堂典礼。

当其时，万寿宫的前厅，改建为教堂的崇拜大厅，前厅与中厅之间，是教会学校育才小学与教牧楼两座楼，分立于教堂崇拜大厅之后，其中间是一个花园，后座则是学校的礼堂。教会同期还在万寿宫的东边，同时开办治平小学和韩德幼稚园，这一片地方，坊间就俗称为"治平"。长老会的信徒，家谱一般都会保存完整，因为他们在皈依基督的时候，教会会烧毁其家中的神主牌，但牧师一定让他认真抄录，使他知道根在哪里。潮州长老会的长老，几乎清一色都是城内的名医，有萧惠荣、林起、林惟中、林轩悟、柳德生、郑晓初、郑心言等。

府巷昔日还有好几家裱画铺，最有名的为"茹古斋"，店主为王秉，店创于光绪中期。其次"多宝斋"，店主刘亚光，还有"大新居"，店主雷大新。

西马路东通太平路，西达西门古。辟马路之前，有许多名称不同的段落。大街太平路往西，到新街头这一段，因为在开元寺背后，昔日称曰："开元后巷"或"后巷"。在后巷过去的新街头，有一座基督教浸信会的教堂，曰：城中堂，以前也曾叫"讲书堂"，教堂内办过一所教会学校，曰大同小学。清末之时，由于城内信教之人日多，故此建立城中堂。

城中堂过佘府街、名胜境之后，是莲花井。潮州城内，原来有两个防虞井，一个在曾厝巷口，另一个即莲花井。防虞井为备疏虞，作取水救火之用。莲花井为圆形，井栏3尺有多，井台石壁，镌"莲花古井"四个篆体大字。井壁以石砌构，呈六角形。有石碑刻光绪二年（1876）重修及左近人家姓杨者，让出己墙，作修建古井之用等字。

昔时，莲花井为冲天泉，泉清甘冽，水源充沛，直喷而起，每逢正午，日光直射，井中即现莲花，清晰可见，使人叹为奇观，故称"莲花午照"，为潮州内八景之一。坊间相传，起初，因井内泉水冲急，不时挟喷井底泥沙，故以刻有莲花之石板，盖于井中泉口，使泉水缓慢喷出，清澈可用。是于每日正午日光强烈直射井心之时，莲花遂也即时可见。

林大川《韩江记》有载曰："莲花井，在郡西，井内有石刻莲花，故名。昔日每逢日午，则花浮出水面。后为屠狗者所污，其花遂杳，而井尚存。"林氏乃咸丰年间人，所言井内莲花，为屠狗者所污而消失，未必尽然。据坊间父老言，民国初，名胜境附近人家，有日午于井中汲水者，井中莲花，还有时依稀可见，故也难以断言，莲花何时消失。依理，应是由于社会发展，近旁盖有高房大厦，致日光不能直射井心，使莲花无以复见。

莲花井一段地名，称"名胜境"，有时亦称"莲花井脚"。再过去即是右营前，右营前也叫洪厝埕，以前这里是右营游击行署，康熙三十八年（1699）所建，辛亥革命以后，还偶尔或有驻军。西马路开辟之后，莲花井到右营前，马路两畔建有张公馆和柳园，都是洋房别墅，极一时之盛。张公馆为张如岚、张哲君兄弟拍得右营官产所置的洋房，柳园则是名西医柳德生从张家兄弟手中买来的别墅，院庭宽敞，栽花种竹，芭蕉婆娑，幽雅宜人。张家兄弟口碑不好，使力尽势依附洪兆麟，借以抬高身价，潮人侧目嗤之。柳德生则医术精湛，临床勤慎，求医者多获痊可，故名著本埠，其开设的开通药房，位于东门街头，求医者众。药房至今仍在。

右营前行过几步，有十二家巷、十八曲巷，再过，就是杏花胡同。明沈榜《宛署杂记·街道》记载曰："胡同，本元人语，字中从胡、从同，盖取胡人大同之意。"由此看来，这条巷有胡同之称，当始于元代。胡同内转弯处，昔日有一朱家花园，园主朱湘岩，擅文能诗，厅前绿竹映阶，朱藤覆檐，旁边花园，木石佳置，假山池塘，有小轩玲珑，清幽怡人。长夜冬晨，谈诗话文，烹茗对弈，潮中书画家饶若呆、文人陈梧卿，时常到此谈叙。

杏花胡同行过，这一段昔称水关脚、真君宫。水关脚、真君宫已经到了西门城下，一南一北，在路的两侧。水关脚所在的水关上，昔日还有一座水仙宫。水仙，唐司马承《祯天隐子神解》中有提及，其谓"天有天仙，地有地仙，水有水仙"，即水中神仙。春秋战国时，伍子胥自杀，吴王以其尸沉江中；楚大夫屈原，投汨罗江自沉，后人以扒龙舟祭之。《越绝书》称伍子胥为水仙，晋王嘉《拾遗记》称屈原为水仙。

自太平路往西，与中山路、昌黎路、西马路相交，南北向的，还辟有北马路、文星路、义安路。北马路先前称北门直街，但这只是俗称，其正名称赞善街。明嘉靖《潮州府志》记载："自北门抵观音阁，曰赞善街"，"嘉靖九年（1530），知县丘其仁拆观音阁，取道由布政司后，抵卫署西偏，辟为广衢，直达善坊巷"。顺治《潮州府志》记载曰："自北门抵玄武庙，曰赞善街"。光绪《海阳县志》亦载曰："北门直街，月城内起"。

文星路一头是卓府，一头是孔庙学宫，取名文星路，绝对与文庙有莫大的关联。原来，海阳县衙所在的县巷，以及城隍庙，也要经由此道通行。文星路上有几落大厝，兰园、梓园、宋家园、纯园、安定世家，都是潮中颇为有名的园第大厝，名士翁辉东、胡孔昭，名宦吴少荃，名商宋紫云，都住在这里。

义安路先前称府前街，亦曾称曰仙街、新街。民国十二年（1923）这里辟马路时，因潮州历史上曾两次称义安郡，遂把府前街改名称义安路。府前街街名自不用说，在府治前即是。仙街、新街之名，也都由来有自，顺治《潮州府志》记载曰："自府治承宣坊直抵甘露寺坊巷口，曰仙街。"乾隆《潮州府志》亦载曰："潮州府署，枕金山……明洪武改为卫署，通判张杰移建新街。"

昔时，府前的府仓内大士庵，尤为出名。府仓是潮州府的常平仓，乃古代官府平抑粮价、储粮备荒的粮仓。乾隆《潮州府志》载曰："府仓五十间，贮谷二万八千一百一十五石三斗。"《海阳县志》亦载曰："府常平仓，五十间，在府治左。"坊间相传，府仓内大士庵的观音大士，原来供在府署内，属府尊夫人顶礼专奉。由于大士特别灵验，求拜者络绎不绝，日日簇拥。府衙岂是人们可以随便进出的地方，故府尊夫人善心，把大士从府署内移到府仓内，与信众平民一起，执礼求拜。

府前街昔年有许多客顶籍及福建人，他们多来此开店，或打制铜器、或磨镜、或造漆箱、或做木器家具。坊间相传，《荔镜记》中的陈三陈伯卿，自泉州赴兄任所，途经潮州，因爱慕黄五娘，便由仆人奉夫，介绍到这里的福建同乡李公店内学磨镜。丘

逢甲在潮州居留期间，曾就陈三磨镜之事，在他的《记黄五娘事》
诗中，专事吟咏，诗曰：

> 艳词空谱荔枝香，磨镜遗闻事渺茫。
> 谁知五花新院本，英雄儿女再登场。

府仓往南到宰辅巷头有一间"晋兰亭"笔庄，创于光绪年间，
为潮州制笔名店。主人池雁秋，曾拜江西人童师傅学制笔，后经
营彩凤楼笔庄。有汀州友人来潮，此君诗文书法俱佳，觉得彩凤
楼之名，太俗，建议改为晋兰亭，取晋代王羲之在兰亭修禊、会友，
并写出扬名天下的《兰亭序》这个本意，且愿意为之书写招牌。
池雁秋在其《造笔诗》中，有描摹其严谨造笔的诗句，其云："有
如用兵与用药，半生心血已消磨。"晋兰亭名笔，以"落纸如云"、
"铭心小楷"、"得水龙"、"狼毫"为最佳。

新街头往南几步，过双忠庙，有一段地方，称王双举。和王
双举连在一起的，是镇平会馆。镇平是韩江支流石窟河的流经地，
其会馆是一落颇为豪壮的大厝，起于明末清初，虽是客家人的会馆，
却是潮州厝的样式，院庭幽敞，有竹有花，颇显清概。其厅谓"镜
海堂"，堂有联，联曰："家蕉岭，客韩江，菊谊兰交，到处订宾
朋道义；馆凤城，襟鳄水，山辉川媚，于斯萃海岳精华。"后堂正中，
挂赖昭所作的《蕉阳图》，画家于图上自题二绝句，其一曰：

> 客中仍自恋枌榆，缩取蕉阳景入图。

三日一墟人趁市，市声吹到凤城无。

其二曰：

一帆来往最便宜，坐贾行商未远离。
纵有相思仍易解，邮筒三日到家时。

太平路的格局，至迟在北宋年间，已基本定型。民国十一年（1922）这里辟马路时，在最北端的路头，掘到一块元致和元年（1328）的石碑，有1米来高，2米宽，上书"太平"两个大字，故把这条大街，命名曰"太平路"，还于路之起点，筑一圆形坛台，置盆花环绕，曰"百花台"，把掘出的石碑，竖于其上，让市民和各色人等观赏瞻仰。潮州城内这次辟修马路，共历时6年，至民国十四年（1925），方告结束。

洪兆麟任潮梅善后处处长驻扎潮州期间，其所作所为，实在无谱。无谱是比离谱，让人更加无语。民国十二年（1923）11月中旬，洪兆麟在汕头筹饷局设土地处，规定：凡田地铺屋，都应持契交税，逾期查验未交者，即一律作窃据处理而充公变卖。历史上，潮州府县居民，祖业无契者甚多，此规一出，民愤极大，群情汹涌，继而相约罢市，势成燎原。其时陈炯明正在创建模范省，闻讯也觉得洪兆麟的胃口太大了，便下令撤销。洪兆麟为缓和局势，撤去了土地处处长周醒南的职务，并取消该项法令，风波始息。

日子刚刚安静了两个月，翌年2月，洪兆麟又憋不住了，还想着捞钱。这次他不盯着市民了，他转向属官。他勾结陈炯明，把潮梅各属16个县的县知事，视各县的肥瘦，价分三等，好的县，4万大洋，次的3万，差的2万。此外，洪兆麟又出卖县以下的区长、警长职务，既网罗了党羽，又发了横财。

此后，洪兆麟还大肆拍卖官产，如柳衙巷的景韩寺、桥东的东岳庙、铺巷的武庙、镇台衙门的寅宾公馆、西门街的右营，还有西湖葫芦山等处，其时，被洪兆麟拍卖的官产，共有200余处。后来，为了掩人耳目，洪兆麟在西湖山南岩建了一座关帝庙，把那些无庙可祀的神像集中起来，名曰供人奉拜。

洪兆麟伙同陈炯明敛财的手法，无所不用其极。在此期间，他以筹集军饷为名，在潮梅各县，开设神庙、坟墓捐，神庙被分成甲、乙、丙三级收捐，甲级捐税100元，乙级捐税60元，丙级捐税40元，坟墓捐分两等，一等每坟1元，二等每坟6角，共收到700多万大洋；开办麻将捐，头一年收到6.2万大洋；将潮州善堂的义冢迁坟变卖；印彩票挨户推销；还有各种特捐、田亩捐、红白喜事捐，更荒谬的是连大小便也要缴纳粪溺捐；强迫农民种鸦片，并规定农民不管种植与否，都要上交烟税，仅此一项，就得到收入300多万大洋。

对待朋友熟客，洪也照样讹夺不误。坊间相传，潮州抽纱商人丁惠龙，就曾被洪兆麟讹夺出血。丁惠龙是潮州城外北厢新埔村人，幼失怙恃，家境清贫，与兄嫂相依为命，农忙耕种，农闲则往汕头，肩挑甘蔗，沿街叫卖。光绪二十年（1894），19 岁的丁惠龙结识了汕头福音医院美籍传教士莱爱力医生的佣人林赛玉，通过林赛玉，又认识了莱爱力的太太、女传教士纳胡德。其时，纳胡德正在将外国的抽纱技艺，传授给教会内的女信众。她看到丁惠龙为人憨厚，故推荐他到自己开设、经营抽纱的元兴洋行办事。丁惠龙耳濡目染，且得到纳胡德的信赖，很快就掌握了抽纱的加工技艺。后来，林赛玉与人合作，成立了彩成抽纱公司。

光绪二十六年（1900），丁惠龙征得林赛玉同意，承领一些布料来潮州试绣。绣品投放于城外布梳街一带的潮绣女艺人，这些心灵手巧、悟性过人、女红出众的绣娘，才思绽放，如得神助，把潮绣传统工艺，融入到西洋抽纱工艺中去，生产出一种糅合中外艺术的新型台布，博得了洋人的喜爱，其受热捧的程度，无法言状，其经久不衰的热销，则旺得不可开交。

丁惠龙卸下了全部农活，专门从事抽纱加工。光绪二十九年（1903），丁惠龙在陈桥埠开设丁发合绣庄，开创了潮州第一家抽纱加工商铺。

因为是县参议员，丁惠龙成了洪兆麟府邸的常客。有一次，他有事到西湖找洪兆麟，看见洪正在悠然自得地浇花，便在背后亲热地拍着他的肩头，口中尊称曰："洪师长，您在……"谁知话犹未了，洪兆麟突然翻脸大呼："抓刺客！"这样，丁惠龙遂以谋杀洪兆麟罪受尽缧绁之苦，后经潮州绅商程某说情，才以罚款 1 万大洋了结。

其时，洪兆麟筑湘园，强迫慰忠祠东边的 100 多户住户搬迁。

民国十一年至十四年（1922—1925），他以辟马路、修湖山为名，对西湖进行了一次修葺，作为自己的后花园。当时，涵碧楼、带湖轩、湖心亭等都是十一年时所建，北宋的熙春园、明代的梅花庄，也是这一年所修。后来，又先后建了渔庄、湖清亭、湖山旅馆、依绿亭、游目亭等景观，并在西湖通往湘园路的木桥桥头，竖起了"洪桥"的石碑，以示私有。

西湖山历来是潮州人民的坟山，千百年来，坟墓三重四叠，坊间俗语有"杂过葫芦山"，喻杂乱无章，漫无头绪。洪兆麟强令迁坟，若有留恋地脉不迁者，则要交大笔的胜景添建费，仅这一项，他又大饱私囊。本来，他还要把沿江、东堤、大街的旅馆、酒楼、妓院都迫迁到湖畔，形成众星伴月之势，但这些商号，认为不对客源流向，不肯搬迁，向他贿了重金，才不了了之。

其时，涵碧楼落成之际，洪兆麟在一楼大厅，为自己塑了一尊全身塑像，并为斯楼落成大宴宾客，还命人代撰一副对联，署自己之名，挂于二楼大厅之上。此联大言不惭，竟以苏东坡、韩世忠做比。联曰："爱他绿水青山，迹寄鸿泥，到此惜非苏学士；摒却金戈铁马，闲消驴背，登临犹忆韩蕲王"。

西湖经过如此一番整修之后，面貌焕然一新。与过去不同的是，木桥桥头，已配上两名荷枪实弹的卫兵。正当洪兆麟准备请人将西湖题匾为"湘湖"之时，潮州有识之士早已洞悉其奸。民国十二年（1923），名士王延康借筵席之便，题诗夸洪氏开辟西湖之辛劳，接着大书"公园"二字，意思此湖、此山，乃公众园苑，非私家之园林，这弦外之音，洪兆麟岂能不明。

洪兆麟在西湖莲池中心砌石坛为自己立石像，此举激怒了儒生林仔肩，他趁着树上的鸟粪屙在石像的嘴上，悄然在石像背后题上了四句打油诗，诗曰：

> 粪着将军唇，臭味知多少。
>
> 可怜吾潮人，觉悟不如鸟。

民国十一年（1922）4月，陈炯明倡议联省制，反对北伐，被孙文免去粤军总司令、广东省省长的职务。6月，洪兆麟随陈炯明通电，逼孙文下野，6月12日，孙文来到广东省财厅，召开新闻记者会，揭露陈炯明反对北伐的阴谋。孙文一贯主张北伐，以武力统一全国，彻底肃清军阀余孽，建设大同社会。陈炯明则主张"模范起信"，建设两广，联络西南，联省自治，把广东模式推广全国。

6月16日，在陈炯明的指使下，洪兆麟、叶举、杨坤如、李云复等，率4000叛军，强占广州石井兵工厂，包围且炮轰城北观音山（今越秀山）的总统府，企图置孙文于死地。人在老家海丰的陈炯明，得悉洪兆麟等已占领总统府，孙文撤到了白鹅潭的永丰舰上后，便回到广州，自任粤军总司令，命令洪兆麟重返潮州。民国十二年（1923）1月，陈炯明在与孙文领导的北伐军作战中失利，退出广州，遂盘踞粤东惠潮嘉一带。

民国十四年（1925）2月1日，第一次东征开始。东征，是广州国民政府为平叛、平乱，彻底消灭盘踞在惠州、潮州、汕头、梅县的广东军阀势力，统一广东革命根据地，巩固后方，为举行北伐做准备而发起的战役。

其时，第一次东征，中路军借助桂军刘震寰，左路军借助滇军杨希闵，右路军为粤军总司令许崇智。2月7日，许崇智部粤军第2师张民达师攻破淡水，并击退陈炯明部的多次反扑，直捣陈炯明的巢穴海丰，随后，次第收复惠来、揭阳、潮阳。3月7日，张民达师进占汕头，许济旅进驻潮州城，黄埔军校校长蒋介石、黄埔军校学生军教导团同日进入潮州城。

第一次东征的胜利，并未使广东革命根据地安宁。帮助孙文把陈炯明驱逐出广州的滇军司令杨希闵、桂军司令刘震寰，就是借重孙文的声望为自己扩大地盘的地方军阀，他们自视对孙文的政府有功，在广东抢地盘、任官吏、定税捐，开烟、开赌，无所不为。东征陈炯明时，左路、中路的滇军、桂军，却按兵不动，保全实力。3月12日孙文刚刚去世，杨希闵旋即前去香港，勾结英国。段祺瑞的北京政府，也派代表到香港，许诺杨希闵为广东军务督办，许诺刘震寰拥有更多的广西地盘，促其两人背叛广州国民政府。

当其时，张民达追击敌人于粤赣边，驻扎蕉岭，连续接到后方主任侯山关于广州事态的急电。4月4日，许崇智在汕头急电张民达赴汕，商议讨伐杨希闵、刘震寰的军机。5日，当张民达冒雨日夜兼程，船抵潮州城时，因大雨韩江水涨，潮汕铁路不能通车，为赶时间，张民达冒险乘船赴汕，船过湘子桥时，因水流湍急，被铁索绊翻，张民达及卫士多人遇难。张时仅39岁。

东征军在潮州的驻军闻讯后，立即组织潮安民众沿江打捞，一直寻捞到韩江出海口，数日无果。民国十五年（1926）2月，张民达的遗骸在潮安县七都祠沙滩发现，广州国民政府为表彰张民达的功绩，追赠他为陆军上将，举行隆重葬礼，建墓于广州东北郊（今先烈中路动物园西侧）。

就在民国十四年（1925）5月，杨希闵、刘震寰在广州发动叛乱，蒋介石率粤军、黄埔学生军，从潮安、汕头回师广州平叛，原潮梅镇守使刘志陆，乘机宣布独立，洪兆麟也从闽边，重进潮州。面对陈炯明、洪兆麟在惠潮一再侵扰、挑衅，并在潮州旧属实行清乡，广州国民政府决定第二次东征，这是一次不获全胜决不收兵的决战。9月29日，第二次东征军组成，国民政府精锐全部上阵：

东征军总指挥蒋介石，政治部主任周恩来，党代表汪精卫、胡汉民，第一纵队纵队长、中路指挥何应钦，第二纵队纵队长、右路指挥李济深，第三纵队纵队长、左路指挥程潜。10月14日，东征军攻占惠州，11月4日，东征军收复潮州、汕头，11月28日，再取五华、兴宁、梅县、大埔，又马不停蹄乘胜追击，直至闽边永定一带，至此，陈炯明残部流窜于闽赣粤边，再也无力袭扰东江。

东征军进入潮州城之后，11月9日，城内各界1万多人在西湖运动场隆重集会，欢迎东征军重进潮州城，25日，各界又在西湖隆重举行祝捷大会，庆祝第二次东征圆满胜利。

东征军在潮州时，潮州城的民情风俗、人文史地、山川形胜、饮食起居，让他们过目不忘。史载，总指挥蒋介石，就曾偕夫人，在随军苏联顾问、秘书长等的陪同下，于11月26日夜，参加省立金山中学在学校足球场举行的庆祝活动，并兴致勃勃的观看老正顺班的摘锦潮州戏《大义灭亲》、《孤儿救祖》、《竹箭误》、《掠水鸡》等。潮州城的底蕴、气脉、地利，也使黄埔军校高层心有所动，遂在潮州，兴办分校。何应钦在《分校成立之经过》一文中，曾说过"拟设分校于潮州"，"因见潮州位居韩江下游，与闽赣相毗连，物产丰富，交通便利"。其时，潮州城内，"地方辽阔平坦，风景艳丽，不少洋房大屋，庙宇祠堂，遍地皆是，驻兵之所无忧矣"。11月9日在西湖的各界欢迎东征军大会上，蒋介石也曾面对广场大众，慨然宣布曰："今后，我们在潮州还要开一个军官学校，一班是容纳原来的军官，一班是容纳潮州的青年"。

12月18日，黄埔军校潮州分校举行开学式，蒋介石兼任军校潮州分校校长，汪精卫任党代表，何应钦任教育长，周恩来任政治部主任，后民国十五年（1926）5月1日，何应钦接任校长，邓演达任教育长。分校校址设在李厝祠。

其时，3月间，第一次东征军入潮，为了使随军东征的第二期学生能补习课程，军校曾筹设潮州分校，不久，学生军奉命返回广州，分校也告结束。颇有意思的是，第一次东征军入城，政治部就设在洪兆麟刚起不久的涵碧楼，政治部主任周恩来，在涵碧楼题词号召人们，词曰："扰乱中国的两大障碍，一个是国际帝国主义，一个是国内武人政治，我们民众要期统一与和平，必须打破这两大障碍物。"题词行笔，颇有康有为惯用的那种碑体书风，遒劲潇洒，功力深厚，现仍存于涵碧楼。洪兆麟着人代笔的那副对联，也被东征军政治部一位同志的对联替换，新联简简洁洁，借景抒情，颇多豪气，联曰："挥戈拨云雾；把酒酹湖山。"与政治部一起，黄埔军校学生军办事处，也设在洪兆麟修葺的西湖钓游社花园内。

11月12日，分校开始招生，从国民革命军第3师、独立第2师、14师选考下级干部348人，编成学员队；从东江潮梅各属，招考中学生512人，编为入伍生大队。民国十五年（1926）6月1日，潮州分校第一期学员队348人全部毕业，待遇与黄埔军校第三期同等，分发到第1军各师见习。第一期入伍生大队入伍期满，正式升入学员队，称为潮州分校第二期；同时补入第1军下级军官50人，参加受训。12月底，潮州分校第二期毕业，与黄埔军校第四期同等待遇，毕业学生380人，分发到国民革命军各军，参加北伐。据黄埔同学会民国十七年（1928）初步统计，北伐战争中，潮州分校毕业生阵亡103人，负伤73人，均载入《荣哀录》。

风云际会，星光闪烁，《黄埔军校史料：1924—1927》、《黄埔军校秘史》、《黄埔军校》、《黄埔军校潮州分校概述》等书记载，黄埔军校潮州分校学员，戎马生涯之中，获上将、中将、少将军衔者，几近百人。而第一期学员中，有毛人凤、蒋志英、竺鸣涛，第二期学员中，有方靖、戴之奇、丘懋高等……

11月间，退至漳州的洪兆麟残部2000余人，为闽军所不容，被闽军张毅部缴械，张毅随即拨出 22000 元作为开发费，令洪部官兵离境，并要求洪兆麟返回湖南原籍。至此，洪残部消灭殆尽。然百足之虫，断而不蹶，洪兆麟乃一个贼心不死，不见棺材不落泪的人，他仍在想着另攀高枝，东山再起。就在他 12 月 5 日偕其妻及随从，由香港乘比亚士总统号轮船头等舱 53—57 号，秘赴上海，拟由沪转鄂，向北洋军阀吴佩孚求援之时，一个义士、赴死之士，正在悄悄接近洪兆麟。

当其时，洪兆麟乘坐的轮船上，有一个支持广州国民政府的国民党海员秘密工作小组，他们以前就经常探听陈炯明的军事情报。此时得知洪兆麟在船上，遂决定除掉。负责行动的是一个叫韦德的年轻船员，广东香山人，与孙文同乡，30 岁。7 日傍晚 7 点，轮船将驶入吴淞口时，韦德换上一身侍应生制服，进入洪氏包厢，突然抽出手枪，向洪连开 3 枪，1 枪中臂、1 枪中腿、1 枪中鼻，弹在颅内未出，洪顿时扑倒地上。电光石火之间，洪的亲随还未反应，自知难逃的韦德，已退后几步，举枪自裁。

船靠岸后，奄奄一息的洪兆麟，被紧急送进上海北苏州路的公济医院，延至 9 日傍晚 7 点毙命，终年 49 岁。12 月 13 日，广州海员总会和联义社，联合在广东大学大礼堂举行韦德烈士追悼大会，广州国民政府，国民政府主席、军委会主席汪精卫，国民党中执委吴铁城等，敬送挽联。

洪兆麟毙命的消息传到潮州，全城大鸣鞭炮 3 日，市民们纷纷来到西湖的涵碧楼和莲池石坛，砸毁洪兆麟的塑像和石像，将洪桥改名虹桥。与此同时，湖南宁乡县里，也有一个追悼会，在静静地举行，因为洪兆麟生前，曾为家乡做过一些善事，如修复宁乡县城的南门桥等，为乡里人所感激。在众多的挽联之中，王尧卿所作的挽联，甚为别致，联曰：

> 粤东追悼韦德，楚南追悼先生，月旦论公平，谁是英雄谁是贼；
>
> 海丰谓之忠臣，闽城谓之奸寇，星辰遭浩劫，有人欢喜有人悲。

是挽洪兆麟？是挽韦壮士？令人摸不着头脑，徒生无端之想象。此联之妙，就妙在这模棱两可，不知褒贬，让人揣测上。

潮州七日红

1927 年 8 月之前，潮州也如一个即将爆炸的大染缸。

抽纱工艺的迅速发展，向人们打开了一扇别样的大门，人们的日常生活，不经意间，有了不易察觉的缓慢变化。以往大门不出二门不迈的姿娘，开始慢慢聚拢到一起，围着花规，抽纱绣花。丁惠龙自从在光绪二十九年（1903）开设丁发合绣庄之后，营业蒸蒸日上，声誉与日俱增。民国十九年（1930），他与人合作，在汕头创设天祥洋行、港盛抽纱行，并在上海、香港、澳门以及澳大利亚、印度孟买等地，设立分支机构，经营抽纱业务。与此同时，还插足金融界，与人合作，在潮州城三家巷口，创立源发盛银庄，拥有流动资产 50 多万大洋，建起有两座大楼，置有百亩良田，显赫一时，成为潮州城有数的殷商。

其时，潮州城的抽纱行业，已经由独家专利经营，发展到多家竞争，洋人也通过合作或者合资的形式，在潮州办起了抽纱洋行，作为他们的代理商。先后在汕头开业的翁财源、华章、振潮、源昌、协成等公司，都具有相当的规模，他们争相到潮州来找代理商。此时，潮州的抽纱商号，已发展到115家，拥有女工7万多人，年创加工值400多万大洋。

参入抽纱绣花的姿娘，有年轻的、有半老的，她们再也无法待在家中了。以前，潮州姿娘都是在家打理家务，上市买菜买物，回来煮饭浆洗，无工作，无收入。现在，领到绣庄抽纱社投放的抽纱，有工作、有收入了，就好帮补家用。抽纱社投放抽纱，但稿样极少，通常要十几二十个人，才有一张花稿。这样花稿就要轮流传阅，姿娘、绣娘就要读稿、背稿，默记心中。有时候，大的抽纱台布，要几个人合绣，有的人挑破，有的人抽纱，有的人铰墘，有的人钉针，有的人绣花，每一道工艺，都有专人，都有熟手。这时，原本待在厝内的姿娘，势必踏出家门，几个人聚在一起，就近在一家地方大的厝间，一人一个花规，一个压花规的沙包，一支剪色纱的小剪，一绺五颜六色的色纱，几根大小不一的花针，大家共用一张花稿，和几张放花规的方凳或者条凳。

抽纱的姿娘通常都是聚在大厝大厅前的檐下。天井敞亮、采光好，夏日通风，冬日有暖阳。北方人管这种檐下叫廊下、大廊下，潮州人叫临趾、临止。临止之意，即：临界，且止；君来临，此为止。这是潮州人自古以来的礼仪、礼数、礼制，由来有二，其一，以前用仆人时，仆人有事找主人，来到厅前台阶或走廊前，要先止步立住，开口出声，候主人允许了，才可跨过厅门，踏入厅内；后辈找长辈、亲朋串门，自大门入，来到厅前，亦然。其二，家中的小姐姑娘，也不可随意跨出厅门，走下临止，出街上市；闺阁密友来临，到了檐下，也要出声说明，允许方入。"临趾"的"趾"，则意指厅门的墙脚、门脚，其意即已到此了，不能再近前了。潮州有一句熟语，曰："临止水，点点滴。"指下雨了，房檐下的雨水，点点滴滴，看得清清楚楚，明明白白，义喻清楚明白，不容混淆。

姿娘人凑在一起，就有趣了，梳妆打扮，暗中角力，胭脂香粉，这很正常，她们仅仅在一个头上，就做着七八种文章，打鬃垂发，盘髻束发，银簪骨簪，流苏珠坠，步摇金钗，最愉悦人的，便是插花。后生姿娘，插着红花，如月季、芙蓉，徐娘半老，便插一朵、两朵甚至整排芬芳的白兰、茉莉。于是应运而生的，是四时清晨，街市上那些老妇摆卖鲜花的摊档，和深巷内拎花篮声声叫卖的女孩。

姿娘成堆，那点家事喜好，也就瞒不住众人。家中有行船的夫君，最是明显。潮州行船，走上游，去梅州，一个来回，起码要七八天、八九天，走顺流，去汕头，一来一回，卸货装货，起码也要四五天、五六天。有时候，时日还要再久，等货、等事，一拖，就会半个月、二十天。这时，就有好事出现。行船的阿兄回来，就会直接寻到抽纱的厝前，不管白天晌午，直喊自家的姿娘，姿娘听到叫声，抬起头来，见是自家的男人，脸红红的，站起来，就跟着走。一起抽纱绣花的姿娘，看到天光白日，兄台来了，把她急急地叫走，知道回去是什么事，都吃吃地笑了。

不久，姿娘又返回来绣花，一群人心情荡漾，便拿她打趣。

风俗，就是这样不知不觉地改变。有人家中还有不大不小的孩子，碍事。男人也有办法，一下船，上码头，不忙回家，先从上水门入城，到白日路（今卫星二路），其时，这里有光华戏院，后改名白宫戏院，有乐群戏院，买两张日场即场的电影票，叫回姿娘，到了家中，就告诉孩子，电影好看，马上开演了，快去，迟了就看不到开头。

当时，西门的杏花胡同也有一家戏院，可是，离码头太远了。戏院是给文明人活动的地方，除了光华、乐群、杏花，潮州城内还有天仙、乐观、民族等几家。戏院不光做潮州戏，有的还放电影。以往，做潮州戏大多是游神赛会时，在露天广场，临时搭棚，给人群百众观看，不收门票。看戏的闻风而动，蜂拥而至，也无座椅，人们踮着脚尖，看着戏棚。棚上书生小姐，相公娘子，夫人老爷，莺声燕语，脂粉柳眉，英俊倜傥，好听哉，好看哉。这样毫无拘束来去自由地看戏，人们心满意足，还谑称：看踮脚戏、广场戏、土脚戏。戏出商演，是入民国之后的事，辟马路，起戏院，卖戏票，提倡文明看戏，做文明人，放电影，也是结合戏院的出现，才有的。

比戏院更麇集人烟的，还是茶楼酒馆。民国改元之后，虽说废府存县，但仍在潮州城设粤省第4军政府、潮州安抚使、潮州军务督办、潮梅镇守使、潮梅善后处、东区绥靖委员公署、第5区行政督察专员公署等。军政聚集，势必旺市。其时，潮州城内，食客、茶客，吃饭品茗的地方，多不胜数。民国初著名的有壶天、海珍、光华等酒楼，后来，营业做大了，海珍改名琦芳，光华改名瀛洲，这些酒楼，均有陪酒女。民国九年至二十七年（1920—1938），酒楼茶楼更为兴旺，新香、新潮、维新、乐天、柏珍、美珍、明春、陶春园等8家茶楼，常有妓女唱南词小调，招引顾客。8家茶楼之外，还有早香、成珍、鼎香、陶然、田记5家菜馆和吉成、吉盛、合成3家饭店。这些酒楼、茶楼、菜馆、饭店，多集中于太平路四狮亭至军厅巷一带，还有青天路（察院衙街）、太元路（状元亭巷），连接东平路（上东堤）。

民间曾戏称曰："无嫖无赌，不成州府。"一些荷包有几块银元、指上喜欢戴一个翡翠戒指的人，多想着这些节目。他们精于此道。当其时，潮州城内设有许多烟馆，清朝向贩卖鸦片烟者，征收鸦片烟税，民国时期，改名戒烟捐，意思是向贩卖者课以重税，寓禁于征，并把原来设立的开灯处，美其名曰戒烟处。潮州城内四门头，即四方城门，及各隅馆（锣鼓馆）头地界，较大的戒烟处有70多处，内中配备烟灯烟具，打牌吸烟，招牌高挂。吸大烟者可以在戒烟处吞云吐雾，高枕无忧。当时，较有名气的烟馆，有军厅巷的祥顺、四狮亭的进记；幽静的烟馆，有开元路香巷的卧云；高级的烟馆，有义安路管巷的别墅。除戒烟处外，还有一些小烟馆，多处于偏僻、僻静的小巷。

当局以戒烟之名，行贩烟之实，着实令人啼笑皆非，侧目以视。城内有人，仿《陋室铭》作《烟室铭》，对戒烟处作了绝妙的讽刺。其铭曰：

室不在雅，有烟则名；烟不在多，有吸则灵。斯是烟室，自我陶情。炼丹通竹管，吞云入梦乡。谈笑唯鸠形，往来尽烟丁。可以谈世情、说嫖经，无丝竹之乱耳，有披焙之劳形。祥顺军厅巷，进记四狮亭。君子曰：何戒之有。

更有可笑者，城内有某小姓的祠堂破塌，其子孙，竟利用来办烟室，有好事者，戏以长联嘲之曰："与祖宗呼吸相通，曾不愧香烟一脉；看子弟勤劳弗倦，亦居然灯火三更。"

当其时，烟、赌、妓三位一体，相辅相成，污染社会，祸害民众，故有三害之称。城内的赌场，名头较大的，叫银牌庄，俗称摊场，较小的叫麻雀场。赌捐由承包者投标征收，主要对象是银牌庄，按日、夜分两次收捐。银牌庄分布在车站、码头，或船舶集中的地方，如竹木门及东门。四门头及太平路闹市，银牌庄亦多有摊点。赌捐的征收标准，以所在地点营业的淡旺，分等级逐日征收。营业最旺的赌场，是四狮亭、青天路、太元路周围。较高级的赌场，是管巷的别墅，附设于戒烟处，乃显贵大人物聚赌的地方。民国二十一年（1932），银牌庄最旺时，有100余家，当年8月21日，城内成立潮安银牌业公会联合公司，聘请徐彰国律师为常年法律顾问。

六篷船式微以后，清末年间，官府允许设花艇于竹木门外韩江边，大小共有10余艘，专供游客狎妓娱乐。小的游艇，可容4个人打麻将牌；大的画舫，有雅间三四间，颇为讲究。入民国后，白日路桃巷，则有高级妓馆情天院。花艇、妓院、赌场、烟馆、酒楼，聚在一起，相隔数步，你来我往，互相呼应，故当时流传有民谣云："花艇韩江边，桃巷情天院，吃喝和泰丰，吹赌四狮亭。"和泰丰，是清末潮州最大的酒楼，"吹"是吹烟泡，能吹烟泡者，则是抽鸦片的高手。

其时，当局向妓院征收花捐，由捐棍郑某，投标承包征收，每月2000多银元。高级妓院在桃巷一带，中、低级妓院，则在白日路站巷一带，这里的地利，就是处于上水门与竹木门之间，毗邻韩江，人流络绎。后来当局在城堤扒了一个豁口，青天路（察院衙街）直通韩江，桃巷、站巷，与江边的交通，就更直接了。

花捐的收缴，亦有标准，按妓女的收入，逐月分级征收。甲级每月15元，乙级每月10元，丙级每月6元，丁级每月4元。并规定，凡妓女，都要在右衫襟别色绸花为标记，违者，按违反警律罚款。陪酒女每张花票（花捐）1.6元，附加教育捐0.16元，合计每张1.76元。茶楼唱小调的，每日打票同样1.76元。开筵席时，虽不在酒楼，凡叫陪酒女的，每次打花票1元。陈济棠时代为最盛，全城娼妓，有四五百个。最后，承包花捐的郑某，因为投标不中，为争面子，特设10余席酒席请客，把城内甲、乙级妓女100余人全部叫来陪酒，名为"大型开天观"，给每个妓女，打赏3元。

当其时，西风东渐，民智已开，民国的这种污浊遍地、藏污纳垢、腐朽丛生、不堪入目的糜烂社会现象，令怀抱有识之士、胸存鸿鹄之志者，必欲铲而除之。民国16年（1927）8月1日，南昌城爆发武装起义，旧藩台衙门、大士院街、牛栏车站、松柏巷天主教堂、新营房、百花洲等处守军营房，皆被起义军夺取。

民国十六年（1927）8月3日，南昌起义军开始撤出南昌，由赣入闽，南下广东，辗转至9月19日，11军第25师周士第部占领大埔三河坝，朱德率3000余将士扼守此战略要地，阻击李济深部钱大钧、黄绍竑的尾随追击。主力8000余人沿韩江高陂、隑隍，直逼潮州城。21日，大军压境，潮梅警备司令王浚撤离潮州，向揭阳、丰顺撤退。23日，南昌起义军占领潮州，周恩来、贺龙、叶挺、彭湃、郭沫若等同时到达。20军第3师周逸群部戍守潮州，司令部设于涵碧楼，政治部设于城南韩文公庙旧址及叩齿庵。

起义军一入城，随即组织政权建设，11军第24师政治部主任陈兴霖，为潮安县革命委员会委员长，政治部保卫局科长李国珍，为公安局长。傍晚，周恩来、彭湃分别接见潮安县委书记林务农，询问潮安的情况。根据彭湃的指示，潮安县委立即开会，部署建立区政权，恢复工、农组织和发展工农武装等工作。

9月24日，在城的工人，和城郊、枫溪、乌洋、浮洋、鹳巢、西林、仙乐、大寨、彩塘、宏安等地的农会会员，有的乘坐潮汕铁路的火车，有的步行，手执红旗，涌到西湖参加欢迎起义军和庆祝潮安县革命委员会成立大会。当日，起义军先头部队乘潮汕铁路火车进入汕头，随即成立汕头市革命委员会，以赖先声为委员长，郭沫若为交涉使，徐光英为公安局长。起义军在民权路大埔会馆设立指挥部。

史载，9月23日，起义军进入潮州之时，潮安县商会会长郑拱如与副会长林筑圃，带领商会全体职员，和城内各大行铺头家30多人，列队在竹木门街与民众一起夹道欢迎起义军。24日，郑拱如应起义军总部之约，前往涵碧楼，与周恩来协商筹措军饷事宜。起义军晓以大义，郑拱如也深明道理，把支援革命作为己任，欣然领受任务。其时商定，筹措大洋18万元。因时间紧迫，款项非小，立即筹齐兑缴，实有难度，郑拱如二话不说，只提出一个要求，分期缴款。周恩来同意，当场表扬郑拱如有胆略、有智慧、有见识。

回到商会，郑拱如即刻召集各行铺头家，商议筹款具体计划，拟定第1次缴交大洋4万元，第2次缴交6万元。因时局急遽变化，黄绍竑部已逼近潮州，潮安商会当即采取紧急措施，把向各商号摊派，改为由各银庄先行借支垫付。款项筹集之后，由商会主管财务的许若稚，带同乾元银庄职员洪炎、郑子雄、曾兴锦等人，星夜将巨款押解至涵碧楼，送交起义军总部。

9月26日，周恩来、贺龙、叶挺集中兵力6500人，挥师揭阳前线，部署汾水战役，迎击李济深部陈济棠、薛岳组成的东路军。30日，起义军在揭阳玉湖汾水村与陈济棠部激战，遭遇重创，无力再战，遂由普宁，撤向海陆丰。

南昌起义军自23日进入潮州，24日抵达汕头，至30日全线撤离，在潮州一带的驻扎、建政、宣传，掀起了一股热潮，史称"潮州七日红"。

三河坝分兵之后，朱德指挥部队与钱大钧部1万多人，激战3天3夜，部队折损600多人。朱德看与周恩来约定的时间已到，无需再坚守三河坝，当即命令部队撤出阵地，准备南下潮州与主力会合。10月4日夜，朱德率军自三河坝经湖寮、百侯，进入饶平北部山区上饶，设指挥部于茂芝全德学校。5日凌晨，闻悉当天农军进攻饶平县城三饶未克，即谕周士第率第9军教导团300多人，驰援攻克三饶。当晚，起义军撤回上饶茂芝休整。

6日早晨，从潮州突围的第20军教导团参谋长周邦采，带着沿途收容的200多人，辗转来到三饶，闻知朱德驻军茂芝，随即赶来会合。相遇后，朱德等才知道起义军主力失利，领导机关解体，周恩来、贺龙、叶挺等已经分散隐蔽分散突围了。这个消息，在部队中引起了很大的情绪波动，混乱和不知所措在所难免。经过一番紧急疏导，才稍有缓解。10月7日上午，起义军在茂芝全德学校召开重要军事会议，参加会议的有朱德、陈毅、周士第、李硕勋、王尔琢、周邦采、周梓昆等20多名团以上干部。会议讨论激烈，各种提法都有，甚至有解散部队的提议。但朱德意志坚定，当机立断，作出保留部队、"穿山西进，直奔湘南"的战略决定，陈毅也第一个表态赞成朱德的意见，愿意竭力辅助朱德，把队伍带好。

其时，茂芝会议排除南下海陆丰，发展力量，再攻取广州的前委原定计划，以及解散部队的错误提议，并提出，要找一块既隐蔽又有群众基础的立足点。据当时分析，粤、湘、赣边区，是属于"三不管"地带，而这一带农民运动搞得早，支援北伐战争很得力，基础好，可以作为立足之地。

鉴于当时李济深部已经麇集5个师约4万多人，从南、西、西北三面向起义军进逼，部队必须火速从东北方向沿闽粤边线穿插出去。事不宜迟，当天下午，起义军2500多人在朱德率领下，离开饶平茂芝，出柏嵩关，入平和，经闽西、赣南，进入粤北，转战千里，于民国十七年（1928）4月，在井冈山与秋收起义部队会师。

粟裕后来回忆道："我们既孤立无援又同起义军的领导机构前敌委员会失去联系，一切只能由朱德同志独立负责，当机立断作出决定。虽然下面的部队绝大部分都不是他的老部队，领导起来的确困难，但在千钧一发之际，他分析了当前的敌我情况，作出了正确的决策。"开国上将杨至成也有回忆道："每个人都在考虑着同样的问题：现在部队失败了，到处都是敌人，我们这一支孤军，一无给养，二无援兵，应当怎么办？该到哪里去？"参加过井冈山早期斗争的谭震林，也曾回忆道，如果留在三河坝的那部分力量不能保存下来，上了井冈山，仅凭秋收暴动那点力量，是很难保存下去的。

有军史专家言，茂芝会议是被低估的一个会议，它保存了南昌起义的火种，没有茂芝会议，就没有井冈山会师，其曰："如果没有茂芝会议，南昌起义的最后结局是不一样的，'彻底失败'、'全军覆没'，与'受到重大挫折'，几字之差，意义非凡"；"中国革命的道路选择，是不一样的，也许还会在到底是'夺取中心城市'，还是'农村包围城市'的十字路口，徘徊很长一段时间"；"就不会选择朱德这样的总司令"；"这支人民军队的雏形，就很难进行脱胎换骨的改造"；"就很难聚集一批战斗骨干、建军栋梁"。其时，经历过茂芝会议洗礼的，有朱德、林彪、陈毅、粟裕、许光达、周士第、杨至成、赵尔陆、赵镕、聂鹤亭、王云霖，以及烈士李硕勋、王尔琢、毛泽覃。

民国十九年至二十三年（1930—1934），中央苏区时期，一条秘密交通线，无人知晓、无人察觉、悄无声息地在闽粤边的大地运行着，沟通着上海与瑞金。秘密交通线称号曰："奉星社"，始建于民国十七年（1928），坚持到民国二十四年（1935）1月。

"奉星社"有正线和副线两路。其正线：从上海乘轮船到香港，交通站联络点为金碧酒楼；再从香港（或直接从上海）乘轮船到汕头，交通站联络点为镇邦街7号上海中法药房汕头分号，后改为海平路98号华富电器材料行；再乘潮汕铁路一小时一班的火车到潮州西门火车站，乘有篷人力车入城，经上水门街到白日路。潮州（潮安）交通站联络点为白日路横街的交通旅社，老板为吴寿庆，大埔人。与交通旅社肩并肩的还有一座新华旅社，都是四层的楼房。暂时休息，或赶不上班船留下来歇息，到取得船票后即赴东关轮船码头，乘韩江溯江北上的小电船到大埔茶阳，或者梅县松口；茶阳或松口又乘小电船沿汀江至大埔青溪下船，陆路至福建永定县，经西溪、半山、乌石下村、天丰、合溪、上杭、长汀到瑞金。在汕头，交通站会视情况，安排入住富林旅社、金陵旅社或者其他旅社。在茶阳则住同天饭店，在青溪则是永丰客栈。

副线是：从上海经香港至汕头、澄海、饶平、大埔、永定乌石下村、合溪、上杭、长汀至瑞金。其时副线不通车船，以徒步为主。民国十九年（1930）10月，组建中共中央交通局，吴德峰任局长，陈刚为副局长。中共南方局秘书长饶卫华在香港建立华南交通总站。12月，陈刚赴汕头镇邦街7号建立上海中法药房汕头分号，作为中央交通局直属的一个重要交通站，负责汕头至大埔这一段秘密交通线的安全运作；民国二十年（1931）5月以后，改在了海平路98号华富电器材料行。人员或者物资到了青溪，则由苏区国家政治保卫局执行部执行科长卓雄，率中央苏区武装便衣队接手，一直护送到中央苏区。

顾顺章、向忠发叛变后，二十二年（1933）1月17日，上海的中共临时中央决定迁往江西苏区，临时中央的博古、张闻天、陈云，还有周恩来、邓颖超、王稼祥、刘少奇、聂荣臻、邓小平、刘伯承、项英、董必武、瞿秋白、谢觉哉、徐特立、叶剑英、任弼时、左权、李德、伍修权、肖劲光、李克农、潘汉年、林伯渠、何叔衡、李富春、蔡畅、李维汉、杨尚昆、陆定一、张爱萍等200多名中共干部，都是通过"奉星社"这条秘密交通线接送到中央苏区的。"奉星社"还护送过无线电设备、技术人员、文艺名家，以及苏区人民每年必需的价值900万元的潮盐、600万元的布，及其他紧缺的物资。5年时间，人员物资，安全抵达，从无疏虞，从未失手，堪称一绝。

筑起新的长城

　　潮州的地震，历代屡屡发生，见诸史料记载的，便有 66 次。其中，北宋治平四年（1067）的地震，是最早见诸记载的，其曰："九月二十七日，漳州、泉州、潮州等处皆地震，潮州尤甚，地裂泉涌，压覆州廓及两县屋宇，死者甚众。"当其时，潮州还未析分出揭阳县，两县乃是海阳、潮阳。这次地震，震中位于北纬23.6度，东经116.5度。约600年后，明崇祯十四年（1641），同一个位置，又发生一次大地震。史书载之曰："十月二十四日夜，揭阳大地震，有声如雷，自西北至东南，倒墙坏屋。桃山、邹堂等处地裂山崩，压死村民。次日地生毛，赤黑色，长四五寸。自是至十一月十九日连震"。这次地震，震中也是位于北纬23.6度，东经116.5度。地震还是老地方，只不过从原来的海阳、潮阳，变成了析分出来的揭阳。

地震的原理，过去潮州人尚不知晓，民间通常唤作"摇地"，也有更形象的说法，曰"地牛换肩"。民国七年正月初三（1918年2月13日）7.3级的地震，是潮州地区有史以来，破坏性最大的一次"地牛换肩"。地震发生在是日下午2点7分13秒，历时20分钟。震带在泉州与汕头之间，作狭长形，与海岸线平行，位于北纬24度，东经117度，震级7.3级，震中烈度为10度。受震地方共有26处，面积达50多万平方公里，其中15处遭严重破坏，受损失最大的地方，当属南澳、汕头、诏安、潮安。潮州城内外的厝屋，全倒的十分之二，半倒的十分之四，电报局和义仓倒塌，潮汕铁路火车站及员工宿舍被毁。城内外地面震裂，西门外娘娘庙前寮厝面南河、地洼等地，臭水翻滚，裂缝窄者，1寸有余，宽者，则逾尺。北堤堤身松动，堤上龙母庙一带，裂开数丈，大水继至，鱼苗区穿泄异常严重，岌岌可危。北堤一堤，非同寻常，堵韩江之汛流，关系着潮安、揭阳、潮阳、普宁数县的田园及人们的身家性命，屏障约300平方公里，故民间有谚曰："崩南勿崩北，崩北官府无头壳。"谓南堤崩堤，损失尚可补救，北堤崩堤，非同小可，知府知县，会掉脑袋。

其时，城内死者，有数十人，城外死者，则达六七百人。此时佛祖也自身难保，开元寺后墙倾倒，寺内大佛右膝断坠，右肩脱裂。太平路牌坊多被震倒，如砖亭巷口的秋台坊（榜眼坊），这是砖石坊，军厅巷口的六贤坊，这是木坊。明万历年间，建于江东鲤鱼山上的三元塔，这里流急浪险，民间俗称急水塔，塔身七层八面，高15.3丈，砖石结构，其塔刹3000斤重的宝葫芦掉下来，塔顶一层半被震塌。

史书又载，当日下午 3 点 20 分、3 点 50 分，又各震 1 次，是夜至黎明，仍陆续震了 5 次。另有余震 22 次，计：2 月 5 次，3 月 2 次，4 月 2 次，5 月 6 次，6 月 2 次，10 月 2 次，11 月 3 次。

其时，正在省立金山中学（原潮州中学堂）任教的郑国藩，以自己的目击身受，作了一首题为《地震纪灾》的七言古体，诗曰：

> 戊午履端才三日，忽然簸撼雾尘生。
>
> 坊表摧颓墙壁倒，远近但闻呼号声。
>
> 洪水坌涌地绽裂，泥沙呿噷喷相并。
>
> 初疑共工不周触，乾坤扭解崩匉訇。
>
> 又疑彗星猛冲击，世界毁灭劫运成。
>
> 烛龙失曜六鳌逝，巨灵敛手孰支撑。
>
> 人物颠仆衢路上，四顾骇愕目空瞠。
>
> 老佛恻然舍身起，截断右膝将地擎。
>
> ……

郑国藩为普宁洪阳人，清末曾在汕头同文学堂教书，后到位于潮州金山顶的省立金山中学任教 30 多年。

凡有此等灾害，潮州的善堂，就出力最著。潮州原属各县，善堂广布。而潮州城内，历史最长的善堂，为永安善堂，创建于清同治六年（1867），规模最大的，为集安善堂，创建于光绪十二年（1886），知名度高的，为杏苑善堂，也创建于清代。

及至民国年间，全城共有善堂38间，遍布城内各个角落。各间善堂，由于财力、物力、人力有多寡之分，所办的公益慈善项目和规模，也有多少、大小之别，总而言之，他们不遗余力，所办的善事义举，不包括临时性、非常规的修桥造路之类，总起来说，有7类之多：

一是施医赠药。昔时贫富不均，穷苦人家度日艰难，若逢疾病，更是苦不堪言。善堂施医赠药，对于贫病交加之家，就像雪中送炭，暖心治身。城内最大的集安善堂，聘请的医生多负盛名，该堂每诊期接诊多达四五百人，每月赠药费用3000大洋。

二是施棺赠葬。在城外西北郊山地，各善堂都拥有可供赠葬的坟地，称为"义冢埔"。义葬坟墓，都在墓碑上刻逝者姓名、性别、编号，赠葬善堂各按收埋年月日登记注册。韩江的水尸、郊野的路尸、受处决犯人的遗尸，也均由善堂埋葬。当然，各堂有所分工。

三是施茶、赠衣、施粥。冬夏有别，依时而行。盛夏赤日，各善堂在城内各条马路、各处码头，以及行人多的路段，设施茶小亭、小摊，备茶水饮具供行人取用。寒冬风起，各善堂对贫苦人家，或路边乞丐，施赠棉衣或麻袋衣。岁暮年近，各善堂按腊月的大小，于廿六、廿七，或廿七、廿八两晚，在城区各段，搭棚施粥，为饥寒交迫之人，送点温饱。

四是义务消防。各善堂在救火这项公益上，所花力气最大。民国年间，城内拥有手摇消防水车的善堂有20间，组成义务消防队20支，没有义务消防队的善堂，遇到火灾时，也出动堂员带水枪、水桶、长柄钩镰等物，奔赴火场协助救险。其中，有一支由铺户独家组成的义务消防队，曰"郑义成（鞋店）消防队"，由该号员工自愿组成，并由头家郑云圃老先生，出资置办消防水车和器材。

五是防洪巡逻。潮州南北大堤，事关数县及潮州、汕头的安危，不容有失。韩江汛期漫长，水险不断，各善堂每逢韩江发大水时，就派堂员上堤巡视水情，轮流守望险段，煮夜粥送守夜人员。

六是岁暮施赈。年关前夕，由潮安县商会主持，各善堂协助，给城内贫民发放赈款，赈款由海外侨团及城内各大商号、殷户捐赠。此外，还有不定期的施赈，如民国三十五年（1946）和三十七年（1948），暹罗侨团赈款654.43万元、实叻（新加坡）济善善社赈款25亿元，均由集安善堂代发赈票，然后向商会领款。

七是救灾平粜。民国二十六年（1937），潮州一带闹粮荒，粮价飞涨，民生困苦。为了救灾，暹罗潮州会馆发起组织"潮州米业平粜公司"，购米运往潮州各地平卖，直至民国二十八年（1939）沦陷时才停止。其时，潮安按比例领来平卖米后，由县商会监督米业公会协同善堂，在城内按户发票，凭票购买。民国三十五年（1946）光复之后，暹罗潮州会馆成立"暹罗华侨救济祖国粮荒委员会"，购米来潮州放赈，自当年4月至12月，先后运来赈米8批，潮安分得分额占18%至21%不等，共分到赈米612.30万斤。这些赈米全数发放到贫民手中。

善堂的上层人员，多为绅商富户，他们组成董事会或理事会，决定堂务，慷慨解囊、急公好义；下层人员，则多为手工业者、手工业工人、搬运工人，他们倾情出力、挥汗奔走、自觉自愿、无有报酬，是无名英雄，坊间称之为"无名善士"；还有介于上下层之间的职司人员、工役，他们受雇于善堂，不计琐碎，走街跑腿，办理日常堂务。

在慈善救济方面，商会也不甘后人，他们成为一股力量，参加进来。潮州城西郊，原来有个启云庵（今潮州华侨中学校址），后来和尚他走，庵堂失管，成为一片废墟。潮安县商会和集安善堂，选择了这片庵堂废地，并征用其四周农田，作为筹建潮安贫民教养院的用地。贫民院于民国十八年（1929）开始做筹备，十九年兴建，二十一年竣工。全院面积18亩，东至人家美村，西至新埔村，北至朱厝坟，南由大门出柳波路至铁路，是一个交通便捷、环境优雅、气魄雄伟、规模宏大的慈善机构。

其时，贫民院四周建有围墙，从潮汕铁路柳波亭至柳波路，道路两旁种满柳树，风来柳条摇曳，柳枝依依。柳波亭挂有亭联，联云："柳色尽生机，到此无忘教养意；波罗同彼岸，入门应发慈悲心。"从柳波路入大门，大门上有"潮安县贫民教养院"八个大字。入大门后，两旁有两间警卫房，有警长和警士七八人，配步枪七八支。大门口有院警站岗，凡参观者，出入必须登记。

该院正面是两层的办公大楼，大楼后面有两列房屋，是总理室和职工宿舍。大楼后面还有一座大演讲厅，演讲厅后面，是一片草场，草场东、西面有两个大食厅和两个锦鲤池。草场后面是一列平房，中间是厨房，东边是厨工宿舍和贫民宿舍，西边是精神病人宿舍和方便室（太平间）。围墙两边，各开一个方便门。

入大门东畔，有一处幽雅凉亭，东边围墙后面，砌有一列反照，潮州人把照壁，叫作反照，这里设有医疗室、药房、医生宿舍；东边向西第 1 幢前段，为手工展销部，后段为手工工场，第 2 幢为贫民宿舍。西边前幢向东南一段，为贫民子弟学校，全校学生共约 80 人左右，贫民子弟读书免费，并供给书册。贫民院内，各条通路都打上红毛灰（水泥），路旁种上雪梅、马鬃草，雪梅剪得整整齐齐，空地种上四时花木，不时香气扑鼻，花开蝶来。这样的环境，经常吸引着游人前来参观。

进贫民院的贫民，都是社会上一些游民乞丐和无所依靠的人，其中，有些是自愿来的，有些是强制来的。贫民院收容的贫民，最多时达 300 多人。他们入院之后，不准自由出入，对他们的教养，主要是做一些小手工，如编藤竹器、糊火柴盒。贫民子女，则进贫民子弟学校读书。贫民院内，生病由院方施医给药。

民国元年（1912），潮州饶平人张竞生公费赴法留学，入读法国里昂大学哲学系。民国九年（1920），博士毕业一年多的张竞生，仍然逗留欧洲，丝毫未曾有回国的意思。此时，一份来自家乡的电报，送到了张竞生手里，时任国会议员、广东省政务厅厅长的邹鲁，代表潮属各县议员，敦请张竞生尽快回国，接掌潮州中学堂，以避免学校如同省立韩山师范学校，连同资产一起被收归省管。

11 月底，去国已有 9 年的张竞生，途经香港来到广州，其时，他曾向广东省长陈炯明上条陈，建议颁布限制生育的法规，引起陈炯明的反感。张竞生回潮州后，受聘于潮州中学堂校长，及至呈报省政府，妻妾满堂的陈炯明，看到张竞生的名字，记忆犹新，大为不悦，只同意他任代理校长。民国十年（1921）4月12日，广东省颁布《男女同校令》，张竞生立即行动，向社会发布招收女生入学的文告，通过考试入学的第1批女生共8人，其为：翟肇庄、戴若荀、戴若萱、张惠君、翁文璧、张文彬、蔡述秋、唐舜卿。

到学校才两个多月，他即把对于当时国内中学教育存在问题的思考，上书教育部，其上书之题目为《改普通中学制为分科中学或选科中学制的商榷书》。《商榷书》指出：课程设置务虚多不够实用；不能发达各个学生独具的才能；功课时间太多有伤学生脑力。而他提出的对策，便是在高年级进行适当的分科与选科。这个商榷书很快就得到教育部的批复，其曰："请愿书已悉，所陈改良中学校学制各节尚有见地，应送交教育调查会以备参考。"

民国十年（1921）9月27日，孔子诞辰日前夕，张竞生在潮州府学宫大成殿发布告别书，离开潮州中学堂，不久，北京蔡元培的校长室打来加急电报，聘请张竞生为北大哲学系教授。在沙滩红楼，北大海纳百川、有容乃大的气概和度量，开放与包容的作派和氛围，让喝过洋墨水、吹过欧陆风、淋过西洋雨的新派人物，有一种游子归兮的感觉。北大不拘一格、新旧咸集，也让张竞生感到鱼翔浅底、鹰击长空般的自在、舒心与惬意。在北京大学的讲堂，张竞生奉行知无不言的原则，他在课堂上公开讲授性学，提倡避孕、优生、节育和晚婚。其时，国内还民智未开，成法森严，此举，足以惊世骇俗矣。

更有甚者，民国十四年（1925），张竞生在出版的新书《美的社会组织法》中，提出一种国内前所未闻的主张，其曰：

> 应设立"避孕局"，凡一切避孕方法、药品、器皿等等，应尽力宣传与极便当地供应，务使人人有避孕的常识，家家有避孕的药品器皿。怀孕的准许于受孕一个月内到"避孕局"打胎，打胎不准私人进行。

在民国十六年（1927）初出版的《新文化》上，他又强调："制育不是绝育，制育的目的全在优种，以求人口素质的美善。"

张竞生在北大期间，率真直言，可谓领一时之先。他发起组织风俗调查委员会，并担任委员会主任，把性习俗列为调查内容之一。又成立"优种社"，征集性生活的经历。在征集启事中，他说明此项活动的3个目的：研究性的学问；改良和警策性习俗，以导入"性的正轨"；寻求医治性缺陷的心理与生理疗法。民国十四年（1925）冬天，张竞生在《北京副刊》发出了征集性史的广告，其广告题目别开生面，曰"一个寒假的最好消遣法——代'优种社'同人启事"。他以潮州人特有的行文手法，富有激情，善于鼓动，大意是天寒地冻，北风呼啸，百无聊赖，何以度日，最好的消遣法，就是提起笔来，详细且系统地记述个人的"性史"，主要共包括9项内容，云云。

民国十五年（1926）5月，他把征集到的性生活经历资料，编成《性史》（第1集）出版，引起了极大的轰动。在《性史》的序言中，张竞生以一贯的书生意气，激情澎湃地写道：

这部性史不是淫书，乃是科学及艺术的书……因为所写的皆是事实……把这些平常的妙事再变成人间更为完善的妙事，有些整理起来就变成极有价值的科学材料了，又有些点缀起来就变成为最艺术的事了。

他并指出性学与卫生学、优种学、社会学和艺术的密切关系，研究性学，是为了追求性欲的升华，又可达到优种的结果。

《性史》收集了一舸、江平、白苹、喜莲、苹子、乃诚、敬子7位女大学生的性经历，每篇之后张竞生都加上按语。书中进一步阐发他的观点。

其时，更早于《性史》的，是民国十二年（1923）4月29日，北京《晨报副刊》发表了张竞生新鲜出炉的一篇论文，其题曰《爱情定则与陈淑君事的研究》。陈淑君是汪精卫的小姨子、陈璧君的二妹，当时陈纬君去世，陈淑君北上求学、婚事自主，又毫不犹豫地选择嫁给了二姐夫、北大教授谭熙鸿。此事经人挑拨、教唆，遂成了一起社会事件。编辑孙伏园是新文化运动的一员健将，为了使读者对爱情有一个新的和较统一的认识，号召大家参加讨论。此举在社会上产生了强烈反响，来稿踊跃。从5月至6月，《晨报副刊》连续刊发讨论文章 24 篇、来信 11 篇，争论激烈，规模空前，影响深远，时称曰"爱情大辩论"。但在"爱情大辩论"的一则编前语中，孙伏园却颇为无奈地感叹，其曰：

> 本刊登载张竞生君《爱情定则与陈淑君事的研究》一文以来，本希望青年读者出来讨论。直至今日为止，已收到以下这许多篇。不过很使我们失望，里面有大半是代表旧礼教说话，可见现在青年并不用功读书，也不用心思想，所凭借的只是从街头巷尾听来的一般人的传统见解。中有错误及必须解释的地方，当于登完以后由张竞生君撰文答复。

轰轰烈烈持续了两个余月的"爱情大辩论"，虽然偃旗息鼓了，但风云际会，由孙伏园提供的这个辩论园地，却无意间促成了两段姻缘，一段是鲁迅与许广平，一段是张竞生与褚松雪。许广平以"维心投稿"的笔名，于 5 月 25 日在《晨报副刊》发表了题为《爱情定则的讨论之十》的讨论文章，鲁迅则于 6 月 16 日在《晨报副刊》发表了《关于爱情定则讨论的来信之四》，3 个半月后的 10 月，鲁迅与许广平相识于北京女子高等师范学校。

当其时，从鲁迅给孙伏园来信的字里行间，可以感受到他对于张竞生的爱情定则的主张，基本上持赞同的态度。他写于民国十二年（1923）10 月的《两地书》中，对张竞生曾有述评，其曰："关于张先生的伟论，我也很佩服，我若作文，也许这样说的。但事实怕很难……知道私有之念之消除，大约当在 25 世纪。"

民国十三年（1924），周作人在《沟沿通信之二》中，也曾提及，其曰："张竞生的著作上所最可佩服的是他的大胆，在中国这病理的道学社会里高揭美的衣食住以至娱乐等的旗帜，大声叱咤，这是何等痛快的事。"后来，李敖也曾说过，其曰："常州怪人刘海粟……主张公开在教室里做人体写生……人们把他跟写《性史》的张竞生，唱《毛毛雨》的黎锦晖目为'三大文妖'，可是时代的潮流到底把'文妖'证明为先知者。"

民国十六年至二十七年（1927—1938），是民间比较易于生活过日的岁月。其时，军阀割据、走马灯一样你出我入的混乱局面已成过去，政局相对稳定，币值比较平稳，物价浮动不大，韩江和潮汕铁路两条交通动脉，货畅其流，为市场带来了一定繁荣。

坊间有一句俗话，曰："大鸟飞高，小鸟飞低。"是说有能耐有能力的，在高处、显赫处谋生、高就；一般的平常的，也能在底层、低处糊口、将就。飞高的有飞高的本领，飞低的也必须有飞低的本钱（技艺）。潮州城内有一类"小鸟"，就把做饮食的本钱，发挥到极致。究其实，潮州人"嘴刁"的饮食习惯，就是一代一代，给这些"小鸟"们培育、养成，烙入脑海、植入骨髓的。这一类"小鸟"，是街头巷尾随处可见的熟食摊贩。

这一段安居乐业的日子，又因为使用铜板做辅币，对摊贩有利。其时，民间使用铜板与银元的比值，不是特别固定的十进制，有浮动,旺季时,铜板价高,或 9：1,或 8：1,小贩使用铜板计价,细水长流,能以旺养淡。所以,这一个阶段的小贩,特别有敬业精神,卖熟食类的小贩,尤为突出。他们大多选料考究,制作认真,品种推陈出新,食物档次提高。更有人精心思虑,调配方底,但求百里挑一,独占鳌头,力压众人。这一时期的潮州熟食、小食,真是佳味叠出,为一时之盛。

烧乳猪是烧烤类中的美食,看着色泽金黄,光可鉴人,肉香四溢,香味诱人。食则皮脆肉嫩,不焦不腻,爽滑可口,涎水满喉。城内卖烧乳猪的有好几摊,"烧猪松"比较出名。"松"是这个小贩的名字,行当加人名而成名牌。烧猪松每日上午巳时初上市,挑担到太平路闹市区贩卖,日未暮即已空担而归,生意奇好。后来,烧猪松开了一家潮州菜馆,成了头家。

厚朥蚝煎,是这个时期上档次的食物。"朥"即动物油脂。以往的蚝煎,猪朥仅用于抹鼎,其他的佐料皆缺,仅有一层薄如蝉翼的蛋液,盖于煎上。厚朥蚝煎颇有不计成本,以朥当水之势,且不但蛋品多用,还加鲜肉香肠、芫荽葱花。蘸料居然不止胡椒鱼露,还用上酒楼菜馆用的芥辣,真是色香味俱全。首先制作此项蚝煎的是状元亭巷口的阿肥,这种蚝煎在当时就叫"阿肥煎"。

在缺蚝的季节,阿肥又制作鲜虾韭黄大包、鸡肉大包、腊味香肠大包,把这种极普通的包点,推入美食的行列,阿肥也名声大著。其时状元亭巷一带,是赌场、烟馆、妓院林立之地,赌客、烟客、嫖客,都是口腹要求极高之人,潮州人所谓"乞者身,做官嘴"，就是讲这些身份不高、嘴上要求极高的人。所以阿肥的美食，颇有些应运而生的意味。

汤食类的美食，应推鱼丸虾饺汤。白的鱼丸，淡朱的虾饺，十数粒翠绿的葱花，一小撮黛青的芫荽，几滴澄黄的香麻油，一耳勺银灰的胡椒粉，在清冽异常的特制上汤中，载沉载浮，构成一碗赏心悦目的汤品。它比鱼更鲜美而无腥味，比肉更香甜而无腻气，清爽喜人之物矣。在太平路东门头北侧，有一摊鱼丸虾饺担，是较出名的小贩。这种汤食是夜宵类食物，卖者大多于戌时上市，当商店关门之后，昏蒙蒙的路灯，只是象征性的照明，给斯文人一个到食摊吃食的好机会。此时鱼饺摊生意最好，可称黄金时间。

在太平路北端石合利猪肉铺旁边，有一摊牛肉丸，此时也同样是斯文人云集，站在摊边，吃上一碗入嘴有反弹力的牛肉丸，蘸上浓香的沙茶酱，在正宗胡椒粉的夹攻下，有人吃得满头大汗，有人吃得泪水直流。

鱼生是夜宵类的佳品。每年深秋至来年春初，是食鱼生的季节。鲩鱼在这个季节最是肥美。鱼生摊从下午4点许就将鲩鱼剖开剥皮，去掉头、骨、尾、腹，把鱼肉片挂在当风之处，让寒风一直劲吹，到晚上，鱼肉片由嫩变脆，毫无腥味，这时配上一小碗麻油花生腐乳酱，麻油要多，佐以芫荽、杨桃片、萝卜丝、花生粒、芹菜段、金不换，清爽可口，妙不可言。鱼片粥是鱼生的殿后军，有此必须有彼。卖鱼生的摊档，都是送货上门，第二天才来收款。若鱼肉片不鲜美，就别想收钱。所以，从未听说过不鲜美的鱼生。

潮州有一种小食，为别处所无，名曰"起酥"。起酥是用猪脒和面粉，略加酵母，菜刀切两小片粘合，下油锅炸后，似发酵又未发酵，似蓬松又不蓬松，因面粉和猪脒加油炸，其香其脆，无法言说。与起酥类同的是油炸桧，潮州话叫油糟粿。油炸桧寓将秦桧夫妇下油锅之意，所以本城的油炸桧，是两片相贴的块状，其形状与含义相一致。油炸桧是用水和面粉，加酵母，下油锅后，起酵而变得蓬松。潮州的油炸桧与外地的油条有所区别，油条大而长，可以当主食，油炸桧则只有火柴盒大，且只是配早糜佐餐的菜点。起酥更小，只有大拇指大，是配工夫茶的小点。

其时，油炸桧每条一个铜板，有批发，每百条80个铜板，穷苦人家的小孩，迫于生计，每日天蒙蒙亮，就到油炸桧铺取货，头顶小竹箶，挨街挨巷地叫卖，"油糟粿"的叫卖声，和脚下的木屐声，合成潮州城独具韵味的晨曲。

一个小孩，如若在晨早能卖出100条油炸桧，就有20个铜板的收入，折大洋1角6分多，可供一个人一日的糊口之用。多数小孩，卖完油炸桧之后，即到报社领报纸卖，随即，"《大同报》、《大同报》，嬲事二三块（道）"的喊声，在路旁街边，清脆地响起。

满城皆有的饺面摊，令人常常大快朵颐，4个铜板一碗饺汤、面汤，3个铜板一碗粿条汤，价钱是如此的便宜，汤水是如此的好喝，居然还是肉骨汤。打碗脚（空碗事先下调料叫打碗脚），抹在碗底有一小撮鲜肉酱，几粒葱花、芹菜珠，几粒冬菜、炸蒜茸，几滴新磨芝麻油，一小匙上等鲜鱼露。碗底的鲜肉酱经沸腾的汤水一冲，即冲即熟，香气扑鼻，深锅的饺、面、粿条起碗，加上一小匙肉花香菇汤，撒一小撮热辣胡椒粉，一碗热气腾腾的汤食，就捧到食客面前。有人计算了一下，一碗汤食从下料到起碗，共做9个动作，碗碗如此。

凡卖鱼饭的熟食摊上，往往也摆卖着一两只熟龙虾，其时龙虾的身价不高，只是小饮小酌的酒料，普通得很，每斤只要6个铜板，约合5分大洋。鱼饭则是潮州一带独有的熟食，其他海区绝对没有。鱼饭的做法，既简单易行又讲究细节：猛火，大锅深汤，汤是高浓度的盐水，煮沸；将鱼洗净，连腮带肚，摆放在特制的鱼筐头中，筐头约25厘米宽，12厘米深，摆鱼有许多诀窍，有直排着放，有横排着放，一层鱼，撒一层盐，一筐头鱼，大约有五六层，撒盐可以使鱼与鱼之间有空隙，煮鱼时，沸汤能快速地渗入每一条鱼的鱼身，使一筐鱼均匀地受热。煮熟的鱼，鱼目突出，鱼肉紧实，鱼身坚挺，鱼色光泽。出锅之后，须用盐汤在筐面淋上一遍，去掉沸汤泡沫，然后斜放在地上，使筐头内的盐汤，迅速地流掉、晾干。

鱼饭的鲜美，难以言表，其盐汤的蒸煮浸渍，促使鱼肉中的糖分甜度，缓慢释放，这种独特的鲜甜美味，未食之人，无法想象。考鱼饭的得名，或因煮鱼像煮饭，故名；或因往昔，渔民缺米，无以为炊，煮鱼当饭，用以饱腹。

潮州的老辈，专注口福，什么时令食什么鱼，什么时令食什

么蔬,都有专门讲究,其编成的时令鱼谣,堪称食鱼指南,谣曰:

> 正月带鱼来看灯,二月春只(黄姑鱼)假金龙。
> 三月黄只(雀)遍身肉,四月巴浪身无鳞。
> 五月好鱼马鲛鲳,六月沙尖上战场。
> 七月赤棕穿红袄,八月红鱼(鲱鲤)做新娘。
> 九月赤蟹一肚膏,十月冬蛴脚无毛。
> 十一月墨斗收烟幕,十二月龙虾持战刀。

潮州的海鱼,以饶平洗洲岛或海山岛一带的为最好。这一带的渔妇,在产蚝的季节,也常常到潮州城内卖蚝,蚝是鲜蚝,连壳一起,现卖现撬。这些渔妇,生长海边,体魄壮硕丰腴,风韵独具,不同寻常,有轻薄者,把她们唤作"撬蚝"。后来,这个词被借用了,凡是在热闹地方,对姿娘施以"咸猪手"的恶人恶行,都被人称为"撬蚝"。

民国二十七年(1938)9月间,日本集中海陆空三军,由大鹏湾强行登陆,攻陷广州。此时,我国沿海,北自辽东湾,南至东京湾(今北部湾),绵远7000余里之海岸线,尽在日本舰队的封锁之下。当时,全恃汕头为国际交通之唯一吐纳港口,军需品等一切物资,皆从香港输入,汕头成为转运国内各省之孔道。日本为严密封锁我国沿海各口岸,断绝一切国外接济,乃倾其海陆空力量,急于进占汕头。惟因妈屿口太狭、海水太浅，妈屿外近澄海一带，又多浅滩，稍有深水，则红罗线暗礁森列海底，且密布水雷防卫，难以飞渡。日本海陆军既失效用，唯恃空军轰炸。其时，驻防妈屿的国军水雷队队长，竟被日本人重金收买，暗将水雷的电线斩断。

日军获悉登陆无虞之后，遂于民国二十八年（1939）6月20日，从下午2点起，采用中央突破战术，海陆空同时发动，以飞机40多架，轮番轰炸汕头、潮州、澄海各地。21日上午9时许，日军先派两架水上飞机，降落于汕头港内，市民误以为日机受伤迫降，跌落海面，群趋于潮海关前，驻足探望。随后，日海军3艘战舰，也直进妈屿口内，从容停泊于潮海关及怡和、太古两洋行前，以为水面监视。民众至此，始察觉日军深入，大祸临头，争相奔避，唯恐不及，全市顿成大混乱之情形。许多市民，蜂拥向先前筑就的避难路，落荒逃难。

20日晚，日军以电船1艘，满载海军陆战队300余人，化装成难民，直进澄海属的新港，驻新港的国军以暗夜有电船入港，大声查问；日军利用吴品三、曾柏崇旧部的败类为向导，即用潮州话回答，伪称汕头商民，恐飞机轰炸，合雇电船避难回乡。国军认为港外水雷密布，固若金汤，且查船上各人，俱无武器，便任其驶入。当时正好韩江下游潦水盛涨，电船直抵下埔溪，先在下蓬蛋家园登陆集中，由飞机空投武器枪械及大批太阳旗，遍插于草地，布作疑阵。

21日凌晨5点，日军分由韩江澄海大牙渡码头和查家园码头，强渡到对岸潮安庵埠梅溪登陆，国军保安团第5团第1营营长杜若率队激烈阻击，至11点卒不支，退入庵埠官里乡，庵埠赐茶庵、企坎水池亦同时被日军占驻。

梅溪既陷，妈屿口外的日军，即利用橡皮艇持续冲进新港，其先头7艘，载满陆军，由新港经下埔溪至梅溪，接济先行之兵，其余大队橡皮艇，在新港实施登陆，与守军保安团第5团发生激战而取胜。日军既登新港，遂径向汕头进逼，国军独立第9旅旅长兼潮汕警备司令华振中，下令死守。其时，自新港至纪厝海墘、充公达砂尾一带，炮战激烈，硝烟蔽天。保安团第5团第3营营长李平殉难，汕头军警陆续由避难路撤入蓬洲所内。21日午，华振中指挥部设于蓬洲龙泉岩翁襄敏书院；21日晚8点，国军放火，退出蓬洲。

史载，进攻汕头、潮州等地的日本军，为侵穗日军第21军团104师团132旅团和第5舰队海军陆战队共10000多人，飞机40多架，舰艇40多艘。6月22日，日军陆海军各部队，才全数正式登陆汕头。登陆汕头日军最高长官为第132旅团长兼粤东派遣军司令官后藤少将，入汕部队为饭岛大队长、富田大队长、德花炮兵大队长、大赖户大队长、厚地大队长、竹内联队长等。

日军入汕，随即将沟通各县的道路，用铁丝网封锁，由广州街至崎碌一带划为戒严区，不准通行，一切军用品，俱集其间。沟通内地的道路，仅开放一路由回澜桥至潮州城，一路由中山公园至澄海，一路往潮、普、揭的安宁码头。

民国二十八年（1939）6月21日早晨7点，日机一批35架，飞临潮州城上空示威，随即向潮州城及周围村庄、潮汕铁路、护堤公路和韩江沿岸、竹竿山、云梯山、乌洋山，狂轰滥炸，投弹200多枚，炸毁庐屋200多间，炸死炸伤民众100多人。22日至24日，日机连续轰炸潮州城区多处目标。及后几天，日机配合日军的行进，在前头轰炸，并空投日本膏药旗，制造恐慌气氛。

24日至27日，集结在庵埠的日军2000多人，在麾利大佐、龟井中佐、田中九少佐的指挥下，分3路沿铁路线、护堤线和韩江水路，向潮州城进攻。铁路线一路1000多日军，沿路旁村庄搜索前进，靠近鹳巢车站时，遭独立第9旅626团1营的阻击，激战近2小时，双方各有伤亡，1营2连连长刘宗汉阵亡。1营撤走后，日军继续前进，在乌洋、枫溪又遭到阻击。护堤线一路约400人，未遏抵抗。韩江水路，日军装铁甲加艇尾机的橡皮艇60余艘，载兵600余人，逆流而上，至公婆树时，遭到守军的阻击，因在水上，无掩蔽物，又不明陆上情况，倒退回凤仪洲畔，停歇一日一夜。6月27日晨，日军炮兵马队，幡旗招展，在崎岖不堪的铁路线上，缓慢开进潮州西门，其余护堤路日军、韩江水路日军，也分别从南门、东门进城，潮州城遂告陷落。

其时，日军由于兵力不足，只能占领汕头、澄海、南澳全域，其余各县，则均有大小不同地域，相继被日军占领。潮州至汕头沿潮汕铁路一带，仅由澄庵警备司令部派一个中队驻在彩塘，以控制大寨至庵埠的路段，从金石到枫溪一段，仍为国军据守。日军在护堤公路的春城楼、云步、乌树、龙湖、东凤、朱角院、鳌头、梅溪、赐茶、龙尾设 10 个据点，以沟通护堤公路，这是日军从潮州至汕头的唯一交通线。

潮州城在沦陷初期，四门不通，交通断绝，商店倒闭，百业凋零。稍后，日伪政权勒令商店复业开市，日军对潮州城的交通封锁，也有所松动，先后开放了几条通路。从南门出城，经过几个岗哨，到春城楼后，沿护堤公路到云步，这是初期的第一条通道。城内居民，要去东、西、北 3 个方向，也只能先向南走 10 里路，再向后转。如要到意溪，本来就在北堤对岸，搭乘渡船，咫尺之间，方便之至，现在却必须从云步渡韩江西溪到江东，经柚园到亭头，再渡韩江东溪至田心的大码头，经田心、福塘、仙田、溪口，再第 3 次渡韩江北溪，沿黄田山脚，经黄金塘、洗马桥，到东津，最后抵达意溪，全程约 35 公里，而须多次过渡、周折，更难以计程。

其后开放的几条通道，打索上埔哨口、桥东铺尾乌豆园哨口、北门堤顶哨口，等等，莫不如是。这些通道，是城内居民，在死亡线上挣扎的谋生之路。他们从仙田、溪口、官塘一带运进番薯，从浮洋、龙湖一带运进大米，从桂坑、河内一带运进木柴，都是当时城内的救命之物。其时，进城的物资，日伪是不禁的，出城物资，则不允许通过，人们只能用化整为零、蚂蚁搬家的办法出哨；成批量的，则须贿通日伪的密侦、警探、联防队等，在其保护之下，偷运出境，其品种有棉纱、棉布、汽油、旧轮胎、香烟等。

　　日子过得确实煎熬、憋屈、苟且，了无生趣、无可奈何。其时，城内人出哨，须出具良民证；到外地避难要回城的人，须事先托城内亲友代办良民证。到国统区的人们，要在缓冲区把良民证寄存于亲友家中，再到文祠石门的潮安县商会，或到归湖葫芦市的三荣商会开路条。三荣乃上荣乡文祠石门市、中荣乡归湖仙洋市、下荣乡归湖葫芦市，都是战时的临时乡公所所在地。开具了路条以后，方能到内地的兴宁、梅县、大埔等地。在国统区兴梅一带的人们，要回潮州城，则须把居留地所发的义民证，寄存于缓冲区的亲友，再取回原寄存于亲友的良民证。当时，葫芦市有一间兴利号转运行，经常为往来的城内人保存"义"、"良"两证，称便一时。

　　当其时，日军初占潮州，在潮州城北面山地，对韩江实行军事封锁，致使韩江上游，航运中断。民国三十年（1941），韩江上游的货物运输，为国统区的工商业界所接通，他们尝试用船运与肩挑相结合的水陆联运方式，竟获成功。其时，所开拓的3条通道，一是韩江水运到大埔的高陂中转，用人力肩挑，经三饶下黄冈；一是从韩江水运到丰顺的隬隍中转，用人力肩挑到汤坑，并由此集散；一是从韩江水运到潮安的葫芦市中转，用人力肩挑到河内的东乡，再转运到澄海一带。是时，上游来货，多为大米、土纸、白纸、土碗、香粉、桐油；回货，则是盐、糖、咸菜、咸鱼、菜脯。运至葫芦市的货物，有一小部分从意溪，流入潮州城内。

世事的变化，真是令人扼腕、叹息、黯然。当初，人们兴高采烈、满怀希望地拥戴修建铁路，造福民生，而今，又担心铁路之便捷、迅速，会给日军带来方便，于我不利。民国二十七年（1938）10月21日广州沦陷之时，出于阻敌之虑，独立第9旅旅长兼潮汕警备司令华振中，下令破坏潮汕铁路，但受到铁路董事长张福英的阻拦。张福英打电报给华振中的上司余汉谋，请求勿毁铁路，余汉谋也发电报制止华振中，但华振中坚持不馁，结果，先毁了汕头至庵埠一段。延至日军占领庵埠的前几日，又毁掉浮洋至庵埠一段。二十八年（1939）6月22日至24日，潮州城至浮洋沿线区、乡，号召农民出力，进行全面破坏，全部铁轨、枕木，拆掉搬走，所有路基，都被掘成一个坑接一个坑。23日夜间8点，又把几台机车、几十节车厢，淋上汽油，放火焚烧，机车主体用炸药炸毁。与此同时，潮州城内最大的振光发电厂，也浇上汽油，放火燃烧，锅炉、发电机等，也一并炸毁。是夜，潮州城内城外，但见烈火冲天，人声沸腾，全城陷入无比紧张惶恐之中。

其时，政府当局，也在日军登陆之前的一两个月，发动沿线各村农民，不给日军行军、辎重、给养方便，把护堤公路、安黄公路、安揭公路，掘坑连片，把掘出之土，就地垒筑，形成一道道坚实的小土围，阻塞公路行车。大部分公路桥梁，也泼上汽油，放火烧掉。临战之时，潮州城内的太平路、西马路等，都被掘出一个个大坑，人们只能在人行道上行走。

民国二十七年（1938）7月，在南澳岛，中国军队打响了广东抗日的第一枪。南澳，是闽粤之咽喉，潮郡之屏障。日军继攻陷金门、厦门之后，于二十七年（1938）6月21日占领南澳。当时潮州一带，驻军最高长官是国军第62军157师师长黄涛。在日军占领南澳之后，黄涛下令枪毙了临阵脱逃的营长，逮捕了弃职潜逃的县长，并连夜召开军事会议，作出乘敌立足未稳，组织义勇军渡海收复失地的决策。

从7月10日起，黄涛连续几天组织分批渡海成功。7月17日，营长吴耀波带领500名义勇军，通过南澳县抗日自卫中队队长李居甲等人的引路，一举攻克南澳县城隆澳，吹响广东收复失地的号角。其时，日军对广东虎视眈眈，南澳之利，恰如跳板、桥头堡、抢滩地，其必不甘心失败。日军缓过神来，调集大批兵舰和军队，在战机的配合下，进行反扑。18日至20日，义勇军连续三日多次击退日军的进攻，并退守黄花山。21日，日军又出兵2000多人，分三路围攻黄花山，而环岛的日军兵舰40多艘，在飞机指示目标之下，不断炮轰义勇军阵地。

三昼夜的浴血苦战，义勇军坚忍不拔、坚不可摧。防线在日军轰炸下被毁，即分散藏于山洞，继续与敌周旋，绝不放弃。最后，黄涛认为已达到消耗日军的目的，下令义勇军撤回大陆。南澳此役，历时20多日，歼敌500多人，写下了广东军民抗日光辉的第一页。其时，吴耀波获抗战时期国民政府最高奖章青天白日勋章，升为团长；黄涛于南澳之役后不久，升任62军军长。

日军侵占潮州城后，华振中即千方百计筹划反攻潮州城。其时，华振中任独立第9旅旅长后，把旅部设于潮州城中山路李厝祠，并与青年抗日同志会建立了良好的关系。民国二十八年（1939）5月，青抗会在潮州城举行声势浩大的集会和游行，华振中亲临大会并讲话，激励青年们树立抗战必胜的信念。华振中其人，能武又能文，且懂宣传和政工，会后，他仿照潮州民谣，创作民歌，让独立第9旅政工队到处演唱，宣传抗日。在他的允许支持下，青抗会派出4支战时工作队，在潮汕铁路沿线乡村，开辟游击支点，成立军民合作站、政工队、随军服务队，为部队供应生活资料，当向导，救护伤病员，使潮州大地，到处都有抗日的人民。华振中创作的民谣，最著名者，有《同心协力上战场》，其词曰：

> 天上月娘月光光，照我潮州好地方。
> 而今来了日本鬼，害我家散人又亡。
> 日本鬼子似豺狼，占了城市占村庄。
> 强奸妇女劫财物，又杀我家好儿郎。
> 倭寇杀害我爹娘，倭寇杀害我夫郎。
> 如今有家归不得，寡妇孤儿哭断肠。
> 国仇家恨实难忘，同心协力上战场。
> 杀尽倭寇雪国耻，抗战胜利回故乡。

华振中还亲自编写了《独9旅旅歌》，其词正义凛然，慷慨激昂，高风亮节，其曰：

独9旅，尚义节，官兵相爱紧团结。

士气壮如虹，军纪坚如铁。

对民众，尚亲切，对友军，要提挈，保国卫民心热烈。

守住岗位瞄准枪，头颅可断不投降。

一枪至少驳一个，死中求生图自强。

民族出路只一条，拼命把倭寇杀绝。

还我山河争自由，我旅精神永不灭。

华振中的亲民抗战，备受好评。坊间相传，民国二十八年（1939）"三八"节，华振中应邀到西湖绿杨村茶居，为金山中学女生讲抗战形势，话毕，华振中摘下白手套，伸出手掌当谜语，并曰："猜中者，由我奖给一学期学费。"有才思敏捷的女生，名方真妹，当即站起曰："军民合作。"方真妹猜中获奖，军界民间，齐声叫好，同受激励。

民国二十八年（1939）7月上旬，华振中对反攻潮州城作出了具体部署：独9旅625团负责攻取潮州城内的日军警备司令部；保安4团负责切断护堤公路，防止汕头日军来援，并主攻南门竹铺头日军；预备6师主攻潮州火车站和葫芦山；625团一部和自卫总队、潮安县自卫团主攻笔架山；627团从北面攻打竹竿山。此役，反攻总兵力约6000多人。

7月15日，距潮州城沦陷时仅18日，夜间12点，反攻之仗打响。625团团长伍少武临阵指挥，部队经新桥路直插城区，从义安路、昌黎路、文星路包围日军司令部及各个据点，激战持续，双方伤亡重大。至 17 日，日军从东门、南门调兵支援，625 团遭受夹攻，只得向新街头、西马路方向后撤，在打银街至西门古一带，与日军展开猛烈的巷战。日军组织几次冲锋，都被顽强地打下去。翌日，日军追至新桥路头，控制布梳街，625 团继续坚持巷战。驻守南门的日军绕过南校场，实施包围，把守新桥路尾、火车站、葫芦山的日军，也集结于西门外阎君宫和三利溪畔，配合南门来的日军，分段截击，日军炮兵，增援而至，向新桥路炮击。战况如斯，敌众我寡，625 团遂突围、撤走。

其时，方外之人的一则佛讯，则极大地振奋了潮州人民。民国二十六年（1937）农历二月十九，观音菩萨诞辰之日，开元寺岭东佛学院创办法师之一，29 岁的和尚释智诚，在庵埠灵和寺后座右厅闭关，刺舌血书《大方广佛华严经》。其头一关，称为般若关。至四月初八释迦佛圣诞，开始刺舌血。是时，世事纷纭，战云密布，华北华南，铁蹄声疾。法师发宏愿曰："为求世界和平，人民安乐，不惜生命，献出舌血，敬书《大方广佛华严经》一部，誓为圆成，不愧佛子，不负师长教养之恩。"闭关的地方为 1 厅 2 房，约 60 平方米。正厅置 1 桌 1 椅，为写经之用，右房辟佛坛，左房作卧室，厅门窗门，由 12 位信徒用 12 把锁头锁着，并贴上咒语封条护法，与外界隔绝。一尊头戴钢盔、身披战甲、手执金刚杵的韦陀菩萨，立于写经台的左侧。韦陀为佛教第一护法，降魔伏妖，辅正驱邪。

闭关处的门外，专门设一个小窗口，供弟子们传送斋菜斋饭、生活用品，早晚两顿，过午不食。每晨以利刃刺舌，滴血于碟，约 2 白玉令。白玉令是潮州工夫茶杯的雅称，再和以清水，以血为墨。而每书一字，则合掌默诵，诵曰"南无大方广佛华严经"。一笔不能苟，字字须端正，毋许错漏增减，亦求校对谨严，每日 1000 字，日日如是。当书至 10 万多字时，发觉字迹变黑，特致函请教印光大法师。减少食盐之后，果然字字鲜红光亮。此时已完成 50 多万字。

二十八年（1939）夏日，日军麾利大佐不知从何处探听到智诚法师在灵和寺闭关写血经的消息，即密令夺取。其间一次，日军小队长与翻译，从写经台抄走血经，被智诚舍身夺回。其时，小队长抽出军刀想威吓智诚撒手，刀锋向后一扬，突然"铿锵"一声，刀尖似被什么物件卡住了，喷出一束火花。小队长转身想拔出长刀，再施威吓，可是一声霹雳，一道闪电，小队长看清刀尖竟插在韦陀菩萨的钢盔之上，一个愣怔，不禁浑身一阵冷战，其凶狠顿时化为无比惊悸。

此间的斗智斗勇，难以尽叙，几次挫其锋芒，令人欣慰。之后，为免再受干扰，智诚法师致函闽南佛学院的神田慧云法师，神田慧云是一位日本来华参禅的著名高僧，智诚把写经、护经一事略作叙述，甚得慧云的赞赏与支持。智诚把慧云的回函，贴于写经处的门口，就此再无日军到来骚扰。

民国二十九年（1940），几经劫难，历时 3 年 1 个月，血经终于写成。整部血经，共 81 卷，70 多万字，智诚法师在跋文中写道：

智诚幸生中国，又复出家，万劫难遇。今已遇此无上法宝，遂于丁丑年四月初八，发心刺舌血，敬书《华严》，全部计字七十万有奇。寒暑无间，写此全经，冀佛加被，龙天保佑，未遭魔障。闭关三载，始获写成。

斯部血经，迄今仍存于开元寺，乃全国、全世界所有血书经典中，最完整、完美的一部。

第九章 时代洪流

- 火焰社的火焰

- 于无声处

- 落花流水春去也

- 如今风物冠南方

火焰社的火焰

　　民国十四年（1925）11月，周恩来推荐澄海中学校长杜国庠，任省立潮州金山中学校长。其时，他站在金山脚下，沐着越过城墙，自东北来的江风，对满操场的金中师生说道："大家喜欢潮州人来当校长，就推选一个潮州人；这个人学问好，道德也好，他就是杜国庠。"

　　当其时，虽然张竞生北去北大，但潮州大地，新文化运动，仍然风起云涌，不绝如缕。杜国庠，就是其中比较出色的带头者之一。其时，同样振臂一呼、跟随者众的，还有李春涛、王鼎新、李春蕃（柯柏年）、许唯心、许美勋等，都是领一时风骚的人物。他们通过组织文学社团，出版刊物报纸，兴起新文学创作热潮，推动潮州地区新文化运动的开展，孕育了一批知名作家和文化人。

　　民国十二年（1923），潮州地区最早的新文学社团"火焰社"

成立，其成员有许美勋、丘玉麟、洪灵菲、戴平万、冯瘦菊、曾曼尼、罗吟甫等 53 人，火焰社出版了文学刊物《火焰》周刊，刊登于当时的《大岭东报》副刊。《火焰》周刊由冯瘦菊和许美勋轮流主编，先后出版了 100 多期，发表了"五四"之后各地创作的优秀短篇小说、新诗、散文、随笔、独幕剧、评介和翻译作品等，还曾编辑过"苏俄新进作家高尔基"等一系列专辑。

冯瘦菊的妹妹冯岭梅，笔名冯铿，15 岁时便在汕头的报纸副刊发表作品。16 岁时，还未到参加火焰社的年龄，却经常为《火焰》周刊撰稿，她曾经于民国十四年（1925）1 月至十五年（1926）11 月 3 日，在《岭东国民日报》"文艺"副刊，以《深意》为总题，连载一年多，发表了 100 多首抒情诗。民国十八年（1929）到上海以后，她与"左联"50 多位发起作家之一的许美勋，结为了夫妇。夫为潮安彩塘宏安人，妇乃潮安枫溪云步女。当其时，上海滩头，有不少来自潮州的热血男女。民国二十年（1931）2 月 7 日，24 岁的青春年华，她在上海龙华，与李求实、柔石、胡也频、殷夫 5 个人一起，被秘密枪杀，史称"左联五烈士"。鲁迅获悉之后，愤而写下了不朽名篇《为了忘却的记念》。

民国十五年（1926）秋天，郁达夫在编完《创造月刊》创刊号之后，应郭沫若之邀，乘班轮离沪赴广州，任中山大学文科教授。10 月 19 日，轮船停泊汕头，他即登岸，欲访留日的同学彭湃、李春涛，同行的还有黎锦晖的弟弟黎锦明。其时，黎锦明西装笔挺，年轻气盛，颇为矫健，而郁达夫则身穿长衫，面容瘦白，像似一个商人。他们由许美勋、冯瘦菊带着，来到招商路一横巷 1 号火焰社的通信处。斯时，许美勋在这里编《汕头星报》，火焰社便借其为通信处。郁达夫翻看了《火焰》周刊的几首新诗，颇为礼貌客气地说："比《创造月刊》还办得好。"此前，郁达夫看未看过《火焰》周刊，不得而知，但对火焰社肯定已有所了解，才会有对《火焰》周刊的赞美之词。

其时，彭湃任广东省农民协会潮梅海陆丰办事处主任，办事处设汕头市志诚路17号。郁达夫来到这里，恰好彭湃外出，未遇，只见到其间的妇委会书记吴文兰。交谈中，郁达夫掏出名片，顺手拿过毛笔，将名片右上角的北京大学教授6个字涂掉，说道："彭湃最讨厌这些衔头。"走出办事处，4个人穿街过巷，街路上人来人往，嘈杂喧嚣。许美勋怕郁达夫印象不好，解嘲道："这些小路，太脏。"郁达夫则翩然一哂曰："城市都是这样，有大马路，便有小街陋巷。光明与黑暗，原是互相依存交错，这叫城市的阴影嘛。"

当其时，火焰社与国内各新文学团体，如上海创造社、天津浅草社、北平文学研究会、语丝、未名社等，均建立了联系，互赠刊物。言语之间，许美勋、冯瘦菊表达了火焰社社员们对创造社的好感，对郁达夫的倾慕。文人相亲，其情也切，其声也轻。郁达夫细细听着，忽有所感，提笔挥写，其诗云：

> 五十余人皆爱我，三千里外独离群。
> 谁知岭外烽烟里，驿路匆匆又逢君。

郁达夫和黎锦明离开汕头后不久，郁达夫又在广州，给许美勋邮寄一首七律，诗曰：

> 侏儒处处驰肥马，博士年年伴瘦羊。
> 薄有文章传海内，竟无饘粥润枯肠。
> 敢夸邻女三秋望，忝受涪翁一瓣香。
> 升斗微名成底事，诗人到处倍凄凉。

民国十六年（1927），安徽霍邱（今金寨）人蒋光慈、安徽芜湖人钱杏邨（阿英），与广东潮安人杨邨人，在上海北四川路、老靶子路附近，开了一家新书店。人们看到，书店的招牌，是用一幅白竹布做的，上面用美术体写着两个很大的字"春野"，用图画钉按在门内左边的墙壁上。此是画家徐迅雷的设计和手笔。至于书店的取名"春野"，则有一段由来。其时，3个人在讨论了开书店的步骤后，就谈到了书店的名字，由于彼此间意见不一，争论了好长时间，也莫衷一是。就在大家都有些厌倦之时，钱杏邨翻了翻桌上一本新出的杂志，蒋光慈斜目一瞥，里面有两句古诗，乃白乐天的《赋得古原草送别》句："野火烧不尽，春风吹又生。"就高声喊，有了有了，就叫做"春野"吧。接着解释，说，从某种积极的意义看，这"野火烧不尽，春风吹又生"，正象征着我们目前的情景，与将来的前途呢。钱杏邨、杨邨人皆拍手称妙，店名便在哈哈笑中，确定无疑。

除了店名，贴在墙上的，还有书店的"招股章程"，上面明明白白地写着:"本店资本额定3000元,分300股,每股10元,由发起人承担半数。"说来奇怪,这新书店的生意,竟然相当好,而蒋光慈、钱杏邨、杨邨人有了春野书店这个背景,对外活动也变得容易、方便,不仅有外来资本源源加入,钱杏邨、杨邨人还将自己的著作,卖给亚东书局,从而获得几百元的稿费,转过来再作为股金,投入书店。

春野书店的资本金,眼看着日益雄厚,3个人的心气,也一日日地提升。民国十七年(1928)1月1日,《太阳月刊》正式创刊,钱杏邨、杨邨人都成为这份刊物的编辑,这也是"太阳社"名称的由来。其时,所谓的"社"并无组织、职员之类的名目,只不过要发行刊物,便需要有一个机构、名堂罢了。《太阳月刊》出版不久,三大将蒋、钱、杨便深深感到,如果不组织一个联合战线、不标明旗帜招募同志、不张开双臂充实力量,将不足以立足文坛。于是,以三大将为核心,正式成立了"太阳社",社员还有王艺钟、徐迅雷、洪灵菲、林伯修(杜国庠)、楼建南(楼适夷)、戴平万、夏衍、殷夫、孟超、刘一梦、冯宪章、任钧、童长荣、祝秀侠、顾仲起等,潮州人占了三分之一。

民国十七年(1928)5月20日,太阳社成员洪灵菲、戴平万、林伯修(杜国庠)等几个潮州人,又组织成立了"我们社",他们一边参加太阳社的活动,一边创办《我们》月刊,跨社发表创造社和太阳社成员的作品,包括理论主张、文学创作,由晓山书店出版,我们社成为当时一个与太阳社、创造社都有密切关系的文学社。

戴平万出生于韩江畔的归湖，洪灵菲出生于韩江畔的江东，林伯修出生于韩江畔的莲阳，3个喝韩江水长大的潮州人，在苏州河畔携手，在海派文坛翱翔。

此种风气，真是让人感到天翻地覆，推陈出新。以前，上海街头，人们看到的是潮州商人的背影，而20世纪20年代，上海街头，人们看到的，是潮州文人的身影。当其时，潮州街头，也时时处处，皆有文化人的履踪。民国十九年（1930），潮州成立了一个大型诗社，曰"壬社"，其成员来自潮梅15属，当时誉为"岭东三杰"的侯乙苻、刘仲英、石铭吾，都是壬社的成员。壬社社长为饶锷，他有一个儿子，名饶宗颐。壬社其他成员有：辜师陶、杨光祖、黄海章、詹祝南（詹安泰）、王显诏、杨睿聪、郭餐雪等。

饶锷曾作《壬社序》记载其盛，序曰：

诗文结社，自昔有之……最著者，如明季之复社、清末之南社，声气之广几于波靡全国。吾潮自明以来，诗人肩背相望，而立社聚讲，以余所知，则有贞社、达社承复社之风；韩社、壶社继南社之后而不佞，十年前亦有瀛社之倡。

由此可见，文人相亲，以诗文而结社，在潮州有悠久的历史。

其时，方兴未艾、轰轰烈烈的新文化运动，重新把沉寂已久的民间歌谣，带进文学的殿堂。北京大学的刘半农、沈尹默、周作人，发起歌谣征集，成立歌谣研究会，出版《歌谣》周刊。自北至南，自东向西，其风之盛，席卷全国。天南地北，大河上下，许多思想激进的民俗学者，全心投入，身体力行，收集、编印民间歌谣，南有钟敬文的《客音情歌集》，东有顾颉刚的《吴歌甲集》。受其影响，潮州的有识之士，如丘玉麟、金天民、林培庐，都很快地各个编出了潮州歌谣集子。

民国十六年（1927）4月，周作人为林培庐编的《潮州畲歌集》作序，序文收入周氏的《谈龙集》一书。同一年，丘玉麟编的《潮州歌谣集》面世，周作人也为丘玉麟的歌谣集作序。林培庐、丘玉麟都是燕京大学的学生，老师为学生出的书籍作序，乃天下第一等快事。后来，杨方笙在《潮州歌谣》一文中有过评论，其曰："1927年，北大毕业，其时任教于金山中学的丘玉麟编辑、整理、出版了第一部《潮州歌谣集》，称得上是筚路蓝缕之作。"

金天民其人，与林、丘二位不同，林培庐为揭阳人，丘玉麟乃潮安人，而金天民原籍浙江绍兴，童年时因八国联军侵华，避兵乱而随双亲辗转落户潮州，其能够热心留意搜集潮州歌谣本身，就是一件了不起的事情。并且，金天民的《潮歌》一书，其整理出版的时间，与丘玉麟的《潮州歌谣集》，非常非常接近，而许多歌谣能互不重复，确实难能可贵。而二书在歌谣的收集数量上，保存了更多的原始资料，恰更似是日月同光，双璧争辉。

其时，潮州城内，有两家报纸，他们的营销策略和办报手腕，比之其他报纸，有独到之处。《建设报》是民国十七年（1928），由陈政等人创办。民国初年，他曾出任福建永定县长。副社长郑新煌，十七年（1928）任潮安县教育局长，因仅有中学学历，不久就辞职。总编辑陈光河，与陈政同乡。编辑吴荣弘，彩塘院前人。

经理卢儒通，河内西都人。记者有黄家瑜、郑义之。社址设于铁巷2号已署黄公祠内。该报每天出版一中张，刊载中央和省的电讯和地方消息，有时加印画报一小张。校对沈敏，不时写一些潮州城内街道杂谈和地方掌故，有可读性，多期连载。

《建设报》社长陈政，是潮安县知名度较高的人物，与各乡士绅、豪强连成一气，活动于全县各个角落。这样一来，自然而然，就形成了一个以《建设报》社为活动场所的"建设派"。

民国十九年（1930），陈去非任潮安县教育局长。意溪人张可群被派任该局总务主任。张可群是中山大学修业生，颇有文才。次年（1931）8月，韩山师范学校训育主任张美淦调任教育局长，他与张可群是同乡人。当时，正是地方自治运动蓬勃发展的阶段，为了方便联系各方面团体头面人物，争取相当的地位和力量，张可群遂与教育局长张美淦、县立第一中学校长陈行成、县中训育主任钟勃等意溪人，商定创办《大光报》。张可群被推任社长，总编辑吴君懋，副总编辑赵文瑛，编辑张亦文、黄云湖、李新哲等，记者张毓华、许醒五、黄家瑜，经理赖爱德。又聘请名儒、前清秀才戴先俦，韩山师范高中师范科教师詹安泰，金山中学教师宋万里等为特约撰述，不时发表诗词散文。《大光报》设于柳衙巷张厝祠，阵容庞大，人物众多，久而久之，人们称之为"大光派"。

戴先俦，别字贞素，笔名贝丝，是取"贞素"二字的各一部分。先前火焰社正旺的时候，他也是《火焰》周刊的健将之一，其儿子正是戴平万；他的一个外孙女名饶芃子，也是文艺这一行出身，国内比较文学的开山者之一，1987年至1995年，任暨南大学副校长。

詹安泰数年之后，到中山大学任教授，出任中大中文系主任。临走之时，特别推荐青年学者饶宗颐到韩山师范接他的课。及至2008年，广东省评选岭南文化世家，几经筛选，共评出了3户文化世家：广州刘逸生家族、潮州詹安泰家族、东莞容庚家族。《岭南文化世家传记》也随之出炉，分别有：《风雅出家教 家风世代传：广州刘逸生家族》、《治学续家风 文质两炳焕：潮州詹安泰家族》、《五代书香传 一门两大家：东莞容庚家族》。

当其时，《大光报》每天出版一大张，篇幅较大，内容也多，既侧重教育方面的宣传，亦刊载各地电讯与地方新闻。还有一个副刊园地，经常发表戴先侪以贝丝为笔名写的文言小品。后期有张美淦、钟香勃（钟勃）撰写的"长光里"专栏。这个专栏从设置伊始，就十分重视吸引读者，有点语不惊人死不休的意思。取材多是潮州流传的某些掌故和一些基层人物的趣闻，偶尔也披露一些权势人物的隐私，加以调侃和讽刺。他俩笔锋犀利泼辣，文字生动感人，尤以钟香勃的作品为甚，常常间杂坊间耳熟能详的方言俚语，令人忍俊不禁。专栏以虚构的"长光里"为人物出场和活动背景，文中人物有大脚冯、小三姨（潮语音"小"，疯子之意）、流涎秦、雄保太爷、炉底炭财主，等等。整个专栏，以长光里龟散为煞尾，滑稽诙谐，戏谑多趣，共有二三十篇，赢得全体读者的广泛喜爱。不久，即印成专辑发售，销路甚好。文中，"不识阿雄保"、"炉底炭，块块透"等语句更成了潮州城内城外，人人皆知、人人运用的熟语。

《建设报》和《大光报》，两派的前台人物，其出生地、年龄、出身、经历、社交以及社会地位，皆有所不同。前者是地方出名的士绅，为各乡豪强说话。后者大多出身于教育界，有的还是教育机关的头面人物，中学校长、主任，其工作人员，也多从事于教育部门。

由于派系不同，办报宗旨有别，为扩大实力，争取读者，两报之间，免不了互相攻讦，并在政界不断物色或扶植自己的代表人物。一次，省参议会行将选举，每县须选出参议员1名，参加省参议会。事先，建设派因基层乡公所较多，选举其派系的人任省参议员就较有把握，而大光报派从政的势力，极为薄弱。选举的结果，当然是建设报派占优势，其支持的头面人物吴伯言中选。吴伯言系彩塘院前人，人称吴三爷。

又有一次，县参议会选举县参议长。两派的议员人数，不相上下，其中个别是骑墙派，要看两派拉锯的情况，再做最后的决定。当时，官塘乡的李振智，原在韩山师范修业，年前，刚任县政府自治科科员，因此对各乡人事，颇为熟悉。虽然他才30多岁，但建设报派认为他可以利用，急于拉拢，并行许愿。李振智回答干脆，曰："要我站在你们一边，应选我为县参议长。不然，我就选边，支持另一派。你们勿予责怪。"建设报派便答应他的条件。李振智是一个没有什么声望的人，只是施展手腕，就达到了目的要求，当了县参议会议长，真是咄咄怪事。

20世纪二三十年代，上海的街头，不单活跃着潮州的文学人士，也活跃着潮州的电影导演、电影演员。这些潮州电影人，有的是居于上海的世家子弟，有的则是从潮州搭船而来的青年。其时，潮州久沐海外洋风洋气，十里洋场上海，较之本省省会广州，对潮州人有着更大的吸引力。

民国二年（1913），中国电影史上第一部故事片《难夫难妻》（又名《洞房花烛》），由潮阳人郑正秋编剧，与张石川联合导演。剧本以潮州地区封建买卖婚姻习俗为题材，片长约40分钟，轰动一时。以后，郑正秋还于民国十二年（1923），创作了中国电影史上第一部正剧长故事片剧本《孤儿救祖》，影片上映时，在与外国片的竞争中，占据上风。郑正秋之子郑小秋，在《孤儿救祖》中，扮演主角孤儿余璞，成为了我国第一位少年电影演员。

民国十九年（1930），潮安人陈铿然，导演用蜡盘发音摄制的有声电影《虞美人》，成为中国有声电影的序曲。《虞美人》是中国的第一部有声电影，陈铿然在导演时，必须拿着秒表，一方面揿着有不同暗示的铃，候准时间对口型；一方面看着秒表，指挥演员开口和动作。郑正秋、郑小秋大名鼎鼎，人们十分熟悉，陈铿然则不然，人们对其知之甚少。

辛亥年间，武昌枪响，易帜换旗，一元更新，进入民国。当时，电影还被大多数人目为一种消遣性的游戏，甚至还拿它与伶人类比，从事电影，不但要担风险，还被人所不齿。陈铿然在一派不看好中，逆流而上，其曰，电影乃"新生之综合艺术，描写人生之艺术，有普及教育之功也"。鉴于这种认识，他不畏舆论漩涡，心甘情愿地投身于银幕。

陈铿然乃属于青年出道。民国十四年（1925），从潮安踏入上海不久，只有十九岁的他，即在上海创办友联影片公司，担任经理。这年 5 月 15 日，上海日商纱厂资本家枪杀工人顾正红，引起了中国人民的强烈抗议，紧接着，5 月 30 日，英国巡捕在南京路向徒手的群众和学生开枪，制造了震惊全国的"五卅惨案"。陈铿然激于义愤，实时实地拍摄了这一时期上海人民反帝斗争的实况，剪辑成为两本长的纪录片《五卅沪潮》。影片由陈铿然监制，刘亮禅、郭超文摄影，徐碧波编写字幕说明。

《五卅沪潮》的拍摄备尝艰苦。当其时，在 5 月 30 日事件发生后仅 1 小时，陈铿然与摄影师刘亮禅，由司机胡廷芳驾车，飞速赶到南京路现场，眼疾手快，冲着巡捕房门前，抢拍了一些正在洗掉血迹的镜头。6 月 2 日，到南码头同仁辅元堂拍摄死难烈士镜头，当时停尸室内光线太暗，死难者面部拍不清楚，他们急中生智，爬上屋顶开了临时天窗；下午，拍摄了同济大学全体学生抬尹景伊烈士的棺材游行街市；后来又拍摄了白克路宝隆医院内、山东路仁济医院内重伤受难者的许多镜头。

其时，这两座医院周围满布着武装岗警，极难进去，是医院的医生们帮忙，把摄影器材藏在手提药箱内带进去，摄影人员，也乔装护士、助产士，混了进去。病房外虽有人巡逻，但他们得不到医生的允许，不能进入病房。所以拍摄重伤者的镜头时，不致受到阻碍。影片还摄取了上海大学被封闭、学校罢课与学生沿途演讲、工商界散发传单、商店罢市、群众集会等珍贵镜头。

当其时，上海的影片公司已有数十家，但除了友联的这部影片，和长城画片公司拍摄的短片《上海五卅市民大会》外，就再也没有同类题材的影片了。此片是友联摄制的第一部影片，也是陈铿然漫长银幕生涯的起步。

和陈铿然同乡的陈波儿，则影剧双栖，技压群芳。民国十八年（1929），陈波儿参加创造社创办的上海艺术剧社，主演过话剧《梁上君子》、《炭坑夫》、《街头人》、《爱与死的角逐》、《西线无战事》。民国二十三年至二十七年（1934—1937），陈波儿以其出色的演技，先后在明星、电通等影片公司主演影片《青春线》、《桃李劫》、《生死同心》、《八百壮士》等。

山雨欲来，东北告急，华北告急，中国告急，偌大中国，摆不下一张书桌。抗日救亡运动期间，陈波儿跟随宋庆龄、何香凝、鲁迅、蔡元培、周恩来、郭沫若等，致力于爱国社会活动，参加中国民权保障同盟、妇女俱乐部、妇女抗敌后援会，率领上海妇孺前线慰问团，赴归绥、百灵庙、平地泉，慰问抗日前线将士。往返经北平时，编、导、演了《女记者》、《汉奸的子孙》、《黎明》、《放下你的鞭子》、《保卫芦沟桥》。

让人铭记不忘的还有潮阳人蔡楚生。民国二十一年（1932），蔡楚生独立执导的第一部电影《南国之春》面世。民国二十三年（1934），其自编自导的电影《渔光曲》，在上海首映时，连续84日，日日爆满，日日座无虚席。其电影《都会的早晨》、《新女性》、《迷途的羔羊》、《孤岛天堂》、《一江春水向东流》，等等，独特的电影语言、凄美的电影画面、勾魂的电影音乐，让人沉思久久，没齿难忘。

蔡楚生其人，注定神奇。其 7 岁时，在潮阳乡下入的私塾，受旧式启蒙教育，打的是传统文化的根基。12 岁时，被其父送到汕头，在蔡家与人合资开办的杂货店当学徒，19 岁时，在汕头参加店员工会，组织进业白话剧社，自编自导自演，并试写文章和绘画。民国十八年（1929），23 岁的蔡楚生来到上海，辗转之后，进入明星影片公司，担任郑正秋的助理。潮州人就是这样，读书亦能成才，自学亦能成才。

就在文学人士、电影人士纷纷踏足上海之时，潮州的绘画人士，也不甘人后，他们背起行囊，飘然而至沪上。这些青年学子，痴迷海派，追寻任伯年、吴昌硕、蒲华、虚谷，也仰慕刘海粟，听多了他的故事，愿做他的门徒、弟子。

说起来，潮州的绘画，自有悠久的历史。在潮州绘画史上，迄今能见到的最早的署名绘画墨迹，是明代吴殿邦的墨兰。斯图兰叶飘举，山岩盘踞，行笔苍老秀润，气势雄浑阔大，完全可以与元代赵孟頫、明代周天球的兰竹相媲美。清初陈琼画的飞禽，是潮州空前绝后的杰作。其雄鹰图，画一雄鹰企立海边礁石之上，抬头远眺，气魄雄伟，脚爪之鳞状、大腿之羽毛、目珠之玻璃质感、喙尖之坚硬锋利，都描画得生动逼真、栩栩如生、呼之欲出。与明代林良的双鹰图相比，鹰的雄姿造型较为工细，因而质感更胜一筹。

潮州绘画，受海派之影响最深，其次闽南。闽派画家房修，于清康熙年间（1662—1722），从福建迁居潮州城内马房巷。坊间相传，房修来潮，颇引人注目，因为其与众不同，"入城十三担画稿"，可见其创作力之旺盛。房修居潮，曾设帐课徒，传授闽派画法，黄璧、陈琼、李灿、赖焦等，均得其亲授。

受海派之影响，首先也是因为海派画家进入潮州。19世纪、20世纪初之潮州城，不但吸引洋人，也吸引众多域内的艺术家，他们到潮州落户，以图发展。其时，南京杨国崧便于清末，举家迁居潮州，落户潮州新街府仓巷。杨国崧与任伯年亦友亦师，收藏任画甚多。其子杨栻，绘画承接家传，直入任伯年之室。次子杨械，画也大气，民国二十年（1931），兄弟俩作品，均入编《岭东名画集》。杨氏父子三人，均是潮州专业画家，存世作品颇多，一看便知是海上任氏真传，三人的艺术活动，对岭东地区，影响殊深。饶宗颐是杨栻的入室弟子，一直念念不忘作画功夫乃起源于杨师画室。2004年为杨栻画集所作序中，其曰："余年十二，亲炙先生之门"，"家藏名作，任画尤多，供余泛览。故余自少为擘窠书，能站立抵壁作山水大画，实植根于是"。饶宗颐后来曾任西泠印社社长。

潮州学子到上海求学绘画，开先河者，是潮州城内的王显诏，民国十一年（1922），他进上海大学美术专科班，民国十三年（1924）毕业后回潮州执教。其墨竹誉播全国，在一次沪上笔会画竹，上海的画竹名家请王显诏率先开笔。其次为揭阳林受益，民国十二年（1923）进上海美术专科学校，师从刘海粟、潘天寿等，三年毕业，刘海粟题其画，曰"高秀苍浑"。再为揭阳刘昌潮，民国十六年（1927）考入上海美专，民国十九年（1930）毕业，以墨竹行时名世。再者潮州城黄家泽，民国十六年（1927）进上海新华艺术大学，翌年转入上海美专，师从刘海粟、王个簃、诸乐三。其时，潮州学子就读上海美专者，就有 100 多人，其中名头较著的，还有陈文希、王兰若、李开麟、许良琨、杨思园、郑奕辉等。这批学子，沟通了上海与潮州的画学关系以及人际关系。

民国二十年（1931），由孙裴谷、范昌乾、高振之牵头，在汕头文华图书公司出版了《岭东名画集》，名士吴子寿在画集的序中写道："他日岭东画家作品，抗衡于域中。"岭东画家聚集而成为一个流派、画派——岭东画派，遂于此形成。其后，广州艺专校长、国画家胡根天看过这个流派的一个画展，曾曰："从这个画展，可以看出岭东画风与岭南画风的不同，有它的独特艺术风格。"

岭东画派早期的画家，有高振之、李君可、黄史庭、张铁生、孙裴谷、林天均、陈斗生、杨国崧等。中期的画家，有王显诏、佃介眉、李魁士、林允等。晚近的代表性画家，有李开麟、赖少其、郑辅宣、罗铭、郭笃士、王兰若、林逸、黄独峰、谢海燕、陈大羽、蔡公衡、许奇高、孙文斌、刘昌潮、林受益、杨之光、杨思园、陈望等。晚近的画家，多出生于 20 世纪之初，其时，中国画所面临的纷繁复杂的社会巨变，正好贯穿了他们的艺术创作全过程。

这也正是斯地画家之幸，岭东国画，因与海派"联婚"，而上了层楼，发生了质的变化。有专家言："百年来岭东这批学海派的画家、画作，呼之为'岭东画派'也未尝不可。他们同一地域（岭东），同一时代（20 世纪），有共同思想（追求传统笔墨），有共同师资（上海画派），这些条件足以构成一个画派。"美术史家孙克亦言曰："过去只知岭南不知有岭东，岭东应与岭南并存，岭东作品更有传统笔墨。"

民国十八年（1929），全国第一次美术展览在上海开幕，王显诏一组5幅作品入选，其为《韩山红棉》、《湘子江城》、《双旌飞瀑》、《涸溪塔影》、《韩祠橡木》，这是他作为一个艺术家步入现代中国画坛的最重要标志。当年4月，王显诏以入选者的身份，应邀到上海参观第一次全国美展，海上名家王一亭、哈少甫、陈小蝶为王氏代订山水润例，其曰，王显诏山水润例，"整幅3尺18元，4尺24元，5尺30元，6尺38元，8尺60元。屏条每条照整张6折，扇页6元，花卉照山水润减半。己巳仲夏，陈小蝶、哈少甫、王一亭同订"。

王显诏艺术生涯中努力的方向，在于恢复对传统艺术精神的信仰，他全面的传统艺术修养，更加突出地表现在他的诗文创作上。当时，国内的几大主流美术刊物，如《中国美术会季刊》、《国画月刊》、《湖社月刊》等，经常能看到他的诗文之作。其时，上海有正书局于民国十九年（1930）出版刊行的《王显诏山水画册》第1册，有于右任题签，吴湖帆、吴徵、胡汉民、章炳麟、蒋梦麟、谭泽闿等名流题词；民国二十五年（1936）潮安陈说义编次，翌年5月汕头市自强印务公司印行的《题王显诏先生法绘诗词集钞》，其中，题诗词者，有叶恭绰、顾颉刚等32人，题跋语者，有林风眠、黄宾虹、刘海粟、蔡元培等16人，题断句者，有俞平伯、柳亚子、徐悲鸿、陈树人、冯友兰等34人，总共82件题语，可谓盛极艺林。

　　有专家言："王氏的艺术活动区域并非如王远勃、谢海燕处于中国经济文化的中心地区，僻处海隅而又能够引起天下名流的普遍关注，这固然缘乎他的交际能力，但也不能排除其深湛的艺文造诣具有不同凡响的魅力。像王氏这样'名满天下'者，当时潮州画坛似乎还找不到第二人。"

　　民国二十七年（1938），由黄家泽发起，几个从上海美专学成归来的府城人王显诏、吴维科等联手，一起在潮州城中山路湘园共同创办潮州艺术学校，黄家泽兼任校长。时值抗战时期，救国图存为第一要义，艺校师生绘制了大幅的宣传画，举办抗日漫画展，组织歌咏队，积极开展抗日救亡活动。

于 无 声 处

　　民国二十一年（1932），陈济棠与李宗仁、白崇禧等组织西南政务委员会和西南军事委员会，与蒋介石的南京国民政府抗衡。民国二十五年（1936），陈济棠失败，广东还政中央。当时，广东各区的绥靖委员兼管军事和行政，与中央政制不符。10月16日，依照行政院颁行的条例和《广东省地方自治改进大纲》，撤销东区绥靖委员公署，将原来的东、西、南、北、中5个绥靖区，改设为广州市和9个行政督察区。第5区行政督察专员公署驻潮安，以胡铭藻为专员，辖潮安、潮阳、揭阳、澄海、饶平、惠来、普宁、丰顺、南澳等9县及汕头市、南山管理局；不久之后，还增加了管辖东沙群岛。原属潮州的大埔县，改隶第6区行政督察专员公署。

　　民国二十五年（1936）年底，第5区行政督察专员所驻的潮安县，总人口为626336人，其中潮州城常住人口62508人，加上流动人口有10万人。其时，全县虽有耕地50多万亩，但产量不高，又有部分耕地种植经济作物，所以常年缺粮，年均有3—4

个月青黄不接。民国二十八年（1939）日军占据以后，缺粮情况日益严重。民国三十二年（1943）碰上百年不遇的大旱，稻田失收，更是出现了不忍目睹、惨绝人寰的大饥荒。

当其时，春旱露头，奸商即囤藏粮食，米价暴涨。3月，大米每斗（20斤）30多元，5月涨至700多元。一段时间，手头有钱，也买不到米，米市基本歇业，米店普遍关门，一片凄凉景象。

起始，有点财产的人，百般忍痛，贱价变卖产业以换取粮食。价钱最贱时，1亩耕地只换几百斤大米，1房好厝只换几百斤番薯。奸商、无良地主发灾难财，富上加富。家中四壁萧然、无物变卖的人，到处找寻食物，采摘野菜充饥，青金叶、香蕉头、猪母菜、金狗仔、刺苋、苦菜心，甚至马粪中未消化的残渣，也都被人采食。最严重时，癫蛤蟆、蚯蚓也有人吃。听说，汕头市还有人卖"马肉"，其实，是卖人肉。据传，潮安枫溪，就有1个饿得欲疯的人，在其死去的女儿身上，割肉烹而食之。

一批一批的人，选择扶老携幼，外出逃荒，多数人逃往兴梅，或江西、福建等地。江西、福建成立救济粤东移民委员会，到江西救济委员会登记的潮、澄、饶难民达7万多人，到福建救济委员会登记的达2万多人，未登记的人更多。经不起折磨，死在路上的，不计其数。路上的雨亭、寺庙，经常见到饿殍。潮州城内，有一批人，到处流浪，找食物吃。青壮者，见有人手拿着能吃的，抢过来，塞入嘴中，转身就跑；老弱者，找不到吃的，只能在寺院庙堂门口，奄奄待毙。开元寺山门前，每日躺着二三十个待毙之人，死了1个，善堂便收走1个。

城乡到处有人丢弃婴儿、小孩。设于开元路汀（州）龙（岩）会馆内的育婴堂，在北门、道后、南门几个主要路道，放置几个木橱，让人把弃婴放在橱内，每日再派人，把这些弃婴挑进育婴堂。但活的一担一担挑进来，死的一担一担挑出去。其时，副霍乱跟着大旱流行，死的人就更多了。

死了这么多的人，全靠集安、报德、崔福德几家善堂的收埋队收埋。最严重的阶段是4月份，收埋队经常是一次抬两个棺材，常常是抬一个大的，上面加一个小的，再抬不及，怕就会挨街塞巷了。在道后的城墙边，有时候堆积着七八个甚至十多个敛了死人的棺材。死人太多，棺材不够用，就用床板或铺窗板，随便钉成棺材，钉不牢固，抬死人时，尸体的手或脚，有的就露在外面。有时无有棺材，只好把死人装入麻袋。有的收埋队想出一个办法，做一个坚固的棺材，把死人抬到荒野，倒出来埋掉，再把空棺材抬返重用。

桥东一带因为未有善堂，好些人家，全家人死了无人收埋，等到日本投降后，逃难的人回来，才发现有一些破厝内，留下了一堆堆白骨。其时，日军以宣抚班出面，假惺惺地以"组合"会社的名义，在义安路载阳巷李厝内分配口粮，每日清晨排队者千人以上，然而"僧多粥少"，大多数人得不到分配，空手而归。据统计，当时，潮安县全县饿死6万多人，其中潮州城内饿死12900多人，枫溪镇内饿死5300多人。其他县市，饿死也是不计其数。

民国三十四年（1945）8月15日，侵华日军投降。9月15日，潮州城光复，第 5 区行政督察专员公署迁回潮州城。其时，抗战名将、任第 5 区行政督察专员的陈克华是潮安古巷象埔寨人，他带着工作人员，也一同入城。不数月，由于货币贬值，物价飞涨，市面开始出现买空卖空、转手图利的投机倒把行为。投机者把大米、仁油、红糖、纱布等商品和黄金、白银（大洋）、港币作为特殊商品，炒买炒卖。炒买炒卖者聚集于潮州城商业区的几个角落：东门头炒"牛"（港币）、炒白银（大洋）和黄金；开元路炒大米和纱布；东堤炒红糖和仁油。投机者仅凭成交的货单，认单不认人。其时，每日的市场价格，为一小撮买空卖空的投机者所操纵，行情的涨跌，则听汕头来电，由汕头的投机者报知港币及金价。

汕头光复则在 9 月 28 日。9 月初，第 7 战区司令长官余汉谋，派第 12 集团军副总司令徐景唐任国民政府汕头前进指挥所主任，前来主持受降诸事。闽粤边区司令部司令欧阳驹，任汕头前进指挥所副主任。9 月 15 日，潮州、汕头各地日军，全部解除武装，送入礐石集中营；伪军则集中听候整编。当其时，中国战区划分为 15 个受降区，汕头被确定为第 3 受降区，余汉谋为受降主官。汕头前进指挥所设于外马路 131 号，原为国际俱乐部，是一座洋商会馆，建于光绪二十二年（1894），为汕头的外国人聚会、娱乐的社交场所。日军侵入汕头后，侵占该楼，改名东亚会馆，成为了日本人的娱乐场所。

人们急切地等待日军签降仪式的到来，从不可一世，到不齿于世，人们急于想看到他们此时的嘴脸。9 月 28 日 9 点，中国战区第 3 受降区，在汕头前进指挥所 2 楼大会客厅，举行接受日军投降仪式。会场布置庄严而典雅，出席者共数十人，第 63 军 186 师师长张泽深，手携照相机不断拍照。参加受降仪式的徐景唐中将，身着海陆空军礼服，威仪堂堂，气概雄壮。投降日军代表有日军第 23 军（南支那派遣军）参谋长富田直亮少将、少野修少将、山冈中佐、佐濑少佐。

受降仪式上，投降日军代表富田直亮，首先向中方受降代表徐景唐中将致敬，接着向徐景唐报告身份，其曰："奉日军 23 军司令官田中久一中将之命，代表其前来汕头，向中国第 7 战区司令长官余汉谋上将投降，并受领一切命令。"

徐景唐中将答曰："本人以第七战区汕头前进指挥所主任之地位，代表余司令长官接受日本第二十三军司令官田中久一中将之投降。"徐景唐并向田中久一颁布《第一号命令》，富田直亮接受了命令，表示即转田中久一"切实遵行"。

日军投降，最高兴的莫过于人民群众。过去被日伪汉奸欺压，腰不敢挺，步不敢大，苦不堪言。现在好了，反过来了，也要让他们有"好果子"吃。民国三十五年（1946），第 5 区各县政府接到命令，将所有拘押的汉奸案犯，移解汕头。潮安县政府奉令，遂于 1 月 26 日，将在押的吴得、吴君玉、赖松年、曾乂、卢贻智等 30 多名汉奸，押解至汕头，移交给肃奸机关点收和处置。而在此前民国三十四年（1945）的 11 月 3 日，作恶多端的伪潮安县警察局长、闽侯人范燮，因罪大恶极被执行枪决。

接着潮安县政府于 3 月，立即启动在中山公园（今西湖公园），湖山之下，正对虹桥，建立忠烈祠和抗日阵亡将士纪念碑。纪念碑处于小广场中，背靠森然青山，方形尖顶，底座圆坛，其基座 3 层，下大而上小。碑身立于基座之上，自下而上，逐渐收窄收尖，似利刃、似刺刀，直指青天；似精神、似忠魂，遥望星汉。

基座四面嵌有 4 方石碑，乌油麻石打磨，洋洋千余言的碑文，历数斯地斯军斯民抗战之功，乃出自陈克华的手笔。陈克华岭东同文学堂、保定军校、北京大学法科出身，抗战之中，率第 66 军 160 师，参加淞沪会战、南浔会战、粤北会战、桂南会战，战功卓著，为家乡父老所爱戴。

坊间则用各种各样信手拈来的形式，对付伪职。民国三十四年（1945）秋天，驻庵埠的日军投降后撤走，国民政府的政权和军队尚未进来，完全处于无政府的真空状态。此时，多年来一直饱受汉奸伪警欺压的人们，摩拳擦掌，自发把伪警"监管"起来。这些伪警在众目昭彰之下，龟缩家里，成为瓮中之鳖。

当其时，沦陷期间伪警特别多。仅一个庵埠镇（龙溪区），就有 1 个警察局和 3 个分驻所，伪警达 100 多人，其中还有一些是女警察。这时，群众一旦有机会泄愤，就拿这些伪警出气。大家想揪哪一个出来痛打，就揪哪一个。这些以往为虎作伥、作恶多端的人，现在才知道被打的滋味。

在庵埠的伪警中，最横行霸道的小头目，有两兄弟，人们在背后给他们起花名绰号"水鸡"、"蛤鸠"；两姐妹，背后喊她们的花名"白菜""格蓝"（芥蓝）。这几个坏蛋，挨打最重。

有一日，水鸡在庵埠水吼桥上被人群打落桥下的庵江，躯体顺流漂凫而下，庵江是韩江支流，江面狭窄，两岸群众纷纷砸下石头，不时见到鲜血染红溪水。半死半活的水鸡，凫水至距庵埠4里外的乌角桥时，再被人用大石砸毙。

抗战胜利之后，经济看起来有些复苏，社会也趋向稳定，各项事业，开始走上正轨。民国三十五年（1946）3月16日，郑绍玄正式就任第5区行政督察专员。4月29日，第5区年度行政会议决定："鉴于修志之不容缓，爰提议编纂潮州新志一案，经会议一致通过，并定于7月1日成立潮州修志委员会，推郑绍玄为主任委员，负责修志事宜。"5月23日，区公署以教社字第256号文呈报省政府，此后着手做准备工作。6月3日，已初步拟好修志委员会名单、进行步骤、经费编制。7月1日，成立潮州修志委员会，聘两广监察使刘侯武的秘书、南华学院教授兼文史系主任饶宗颐，为副主任委员兼总纂，并于7月10日由郑绍玄发出聘函。7月29日，广东省政府主席罗卓英指令曰："关于编修潮州府志暨筹印先正丛书一节准予备案，书成后，应备检一部呈缴备查。"至此，《潮州志》编修工作，万事齐备，即告肇始。

饶宗颐主纂的《潮州志》，其组织机构、篇目设置、资料征集、编写分工、经费筹措、印刷发行，事事都是创举。志书名称，因以原潮州府范围，包括潮安（海阳）、潮阳、揭阳、饶平、澄海、普宁、惠来、大埔、丰顺等9县，以及行政区划调整以后，从中划出产生的南澳县、汕头市、南山管理局，共10县1市1局这样的区域修志，初定名《潮州府志》，后认为不妥，议改为《潮州新志》、《潮州初志》或《潮州志》，最终定为《潮州志》。

潮州修志馆初设于潮州城的专署之内，11月，考虑汕头已是交通中心，改迁到汕头市同益后路6号，后又再迁到汕头市民生路7号。潮州修志委员会聘请的顾问，都是一时的翘楚，有邹海滨（邹鲁）、刘侯武、罗卓英、萧吉珊、陈绍贤、温丹铭。主任委员1人，初由郑绍玄出任，郑卸任以后，不再由行政专员任，由退居的原两广监察使、潮阳人刘侯武担任；副主任委员1人，一直由饶宗颐担任；委员156人，都是各县、市、局政要，以及鸿儒硕彦。

潮州修志编纂委员会的总纂及分纂，都是当时的社会名流，饱学之士，卓然大家。如温丹铭原系广东通志馆主任，林超系中央研究院研究员，吴楚碧系国会前议员，翁子光（翁辉东）原系韩山师范学监、代理校长、大埔县长，苏乾英系国立暨南大学教授，王荣系珠江水利局水文站站长，释宽系广州六榕寺及潮州开元寺方丈。

民国三十七年（1948）3月11日，修志委员会向行政督察专员公署报告称："全志三十部门，广延专家从事编纂。匝岁以来，成稿三分之二，都二百万言，更假以一载之功，可以观成。"1949年3月，修志委员会向行政督察专员公署报告曰：

各部门先后成稿，决定本春付梓，估计全书印行二千部，以时价计算约需港币十万余元。现本会除分别函请各界人士踊跃认购外，谨奉样本一册呈请钧署察核，准予令饬所属各县、市、局政府转饬各区乡公所学校分别订购（每单位最少认购一部），俾集腋成裘，早付剞劂，以竟全功，实感公便。

同时，修志馆还言简意赅，向社会和各方贤达发出一纸通告《潮州志发售预约简章》，其称："本志以仿宋字体精印线装连史纸八开本，分订五十册，共五千页一万面，外附精制地图一册（包括州图及各县分图等）。本书定价港币二百元，预约作八折计算折实一百六十元。"可以说，各位方家贤达的苦心，应已结成甜果了。

《潮州志》的纂修，在当时，确是全国罕见的创举。1949年，先前曾任民国铁道部长，其时正担任广东省文献委员会主任的硕儒叶恭绰，得悉《潮州志》告竣付梓，惊喜交集，欣然为之作《潮州志序》，其曰："盖民国建立后，吾粤以旧府属为范围新编之方志，此尚为第一次也"，"有此精心结撰之作，所谓鸡鸣不已，凤举孤骞，诚空谷跫音，荒年颖秀矣"，"潮人士此举，殆有裨全省，而非止岭东一隅之幸"。

民国三十五年（1946），沦陷时疏散到凤凰、古沟、意溪的省立金山中学、省立韩山师范学校、县立一中等，都陆陆续续迁回到潮州城。原设于中山路湘园的潮州艺术学校，也复办且迁至不远处的李厝祠，并改名义安中学，仍由黄家泽任校长。其时，学校重新组建，经费困难，遂决定演剧筹款。这项活动得到了韩山师范学校教师郑奕辉、陈惠衡、张元敏等人的支持，演出了吴祖光的四幕话剧《朱门怨》。许多热心话剧的人士如杨秀楠、邢德安、曹瑶贞、林作顺、黄梅岑以及韩师、义安二校的学生，都参加了演出，演出收入均作为义安中学的办校经费。

话剧的现实效应、宣教效应马上被敏感的人们发现，比之潮州戏演出的才子佳人、帝王将相，话剧更直接切入时局，直面人生，痛陈弊事。潮安县救济院的院长戴若瑄、副院长杨秀楠，看准曹禺《雷雨》的振聋发聩，遂于民国三十五年（1946），组织排练、演出，他们力邀金山中学的教师吴藏石、洪应镳、黄寒水、刘声茂、陆柏屏为艺术指导，后来，在白日路光华戏院公演，效果绝佳。

在光华戏院公演的话剧还有曹禺的《北京人》，由程祥导演、郑茂熙负责绘制布景，潮安县立一中的师生参加演出。他们演出的还有程祥导演的曹禺的《日出》。

话剧这一时尚艺术，让人们知微见著，改变了世风，受到热烈欢迎。金山中学在此期间，更是一鼓作气，接连排练演出了吴祖光的《朱门怨》，洪谟、潘子农的三幕喜剧《裙带风》，陈白尘的三幕喜剧《升官图》；韩山师范学校，则排练演出了吴祖光的三幕喜剧《捉鬼图》。这些话剧，像一声声远天惊雷，于无声处，发出轰响。

落花流水春去也

　　金山中学的师生，热衷于排演讽刺喜剧，确实有现实的考量。这所学校，当时是潮州各属的最高学府，教师中相当部分都有欧美日的留学背景，其他的也都有上海、北平、广州的高等学历。潮州沦陷，学校经短暂的停办之后，于民国二十九年（1940）下半年，搬到凤凰的福南小盆地复办。

　　其时，凤凰隶属于饶平县，山高路陡，交通阻塞，偏僻荒凉。但群山环拱的福南小盆地，却山清水秀，茶香米白，且是附近有名的侨乡，文化氛围不亚于某些县城，学校借用为校舍的冠敏家庄，颇为气派堂皇。不久，又扩借哈溪圩（凤凰圩）的市亭为教室，3层楼的陈悦记茶行为校本部和部分教师宿舍，再借用茶行北侧的一座旧四合院为教室，冠敏家庄就成为了学生宿舍。

凤凰与饶平县城三饶，仅数箭之遥，山民朝夕往来，消息传闻，息息相通。民国三十二年（1943）7月，饶平县县长刘竹轩上任伊始，贪污舞弊，鬻官害民，搜刮钱财，中饱私囊，引起社会各界人士的公愤。刘迫于民众的强烈抨击，不得不挪出一些小钱财，在三饶建了一间难民收容所。收容所落成剪彩前夕，贴出了一副对联，其联曰：

> 收无靠同胞，莫先于残病；
> 容有难大众，奚后此疲癃。

由于言不由衷，假仁假义，故于当夜，竟被县城有识之士，大张旗鼓，换成：

> 瘦竹千竿，横扫直扫，扫金扫银扫国币；
> 冗轩一角，日烹夜烹，烹色烹肉烹民膏。

"瘦"、"冗"二字，为"收容"的谐音，竹轩之名，直嵌于联额。此联一出，不胫而走，顿时传遍整个饶平县。不久，用竹轩之名作冠首，抨击当时官场的黑暗，在饶平县比比皆是。有上联曰"竹筒空空，无钱想做官免讲"；其下联则曰"轩斋阔阔，有意思鬻爵可来"。又有一副，其上联云"竹篙打潭，大蟹小虾叫痛"；下联云"轩署宴客，贪官污吏开心"。

其时，当局上峰，慑于民怨，只好通电饶平全县各区乡，拼凑起一个"对刘清算委员会",并拟对刘进行罚款,用这笔钱在三饶建一个正气亭,以儆效尤。但毕竟官官相护,刘被调往省民政厅进行所谓反省后,一走了事。

像这样的事例,让金中的师生们,倍感警惕。民国三十六年(1947)10月,一个周末,仅因一个事端,差点又酿成一次学潮。其时,金山中学高一下学生刘汉瑞,到乐观戏院观看演出。后排坐着的,恰好是第5区行政督察专员公署警卫排的两名士兵。这两个人先是将二郎腿挂在刘汉瑞的座椅,并将烟灰吹到他的面上。当刘汉瑞回首阻止其行为时,他们发现仅是一名金山中学学生,非但未加收敛,更用燃着的烟头,将刘汉瑞的衣背燃穿。刘汉瑞与其论理,他们即行退场,然后纠集10余名士兵,趁散场刘汉瑞行出门口,一拥而上,群起用枪口捅刘,致刘身负重伤,肋骨骨裂。

而在此前的数月,金山中学高二下的学生冯尧远、陈枢信二人,在归湖的曲湾村准备搭电船返校,船员看只有两名学生,便不靠码头,致二人翌日才能搭船回校。第2日登上电船之后,冯尧远向票房交涉,要求票房人员一起到校,说明他们迟到的因由,遭票房人员拒绝和恶骂。船主还自恃与专员同乡,和票房人员将冯揪倒。陈枢信急返校告知同学,全班同学闻讯,奔赴码头,拟揪船主到校道歉并赔偿医药费。此举使船主不满,扬言欲串通专署警卫排,伺机报复。

刘汉瑞被打事件传至学校,全体同学极为愤慨。当夜,全校同学群集于开元寺内空地,主张到警卫排擒凶。校方闻知,急忙阻止，还锁上学校大门。同学们更为愤怒了，即席成立紧急行动委员会，推选何培尧为总负责人，洪定武、林厚生为副总负责人，各班派两名代表，参加紧急行动委员会。是夜10点，紧急行动委员会在开元寺后殿召开会议，决定：

宣布从明日起罢课抗议；以学生自治会名义，向第5区专员郑绍玄提出4项要求，限3日内答复：一是严惩凶手，赔偿医药费，郑绍玄登报道歉，保证今后不再发生类似事件；二是派代表慰问刘汉瑞同学；三是上街张贴标语，通电潮属各校，争取社会同情和各校支持；四是聘请律师，准备打官司。

罢课第3日，《岭东民国日报》记者以《学生何辜！遭此毒手，请看刘汉瑞伤痕》为题进行报道。舆情汹涌，社会沸腾，百姓哗然。郑绍玄通过学校，答复如下：凶手送法院，依法处理；赔偿医药费；由郑绍玄发表《告金中同学书》，对管束不严，表示歉意；今后将管教部属，不再发生类似事件。同时，希望同学们早日复课。

其时，学校将《告金中同学书》油印分发并张贴公布。《潮安商报》也同时登出。校方还分别发函给家长，祈请敦促学生早日返校复课。是时，韩山师范、潮安一中、汕头礐石中学、汕头聿怀中学都来函支持，并准备罢课声援。同学们认为凶手送法院是官样文章，不可轻信，决定继续罢课。

学校出动校长、主任及多位教师，分头找紧急行动委员会成员谈话，婉劝大家尽早复课。第6日，郑绍玄通过学校转告同学：法院审理时，可派学生代表参加。在学校的再三规劝下，同学们同意复课并自行解散紧急行动委员会。

郑绍玄也是饮韩江水的人，其籍丰顺县留隍九河，民国十六年（1927）毕业于广州中山大学农科，曾当过大学教授。在第5区历任行政专员中，是唯一一个无任何军方背景的人。在其任上，除了主持修编《潮州志》，还明知时局堪虞，现状与前景均不乐观，然仍知其不可为而为，竭尽所能，为家乡的战后重建，多做实事。其时，在经过深入的调研之后，他利用存留于公署内的美国战后援助物资，以工代赈，征集民工，兴办了当时潮属地区急需的三大建设项目：一是引韩江水入榕江的大型水利工程“龙空涵”，此举在潮州城北堤头的竹竿山下，开凿涵洞，引韩济榕，当年，实属伟哉壮举；二是重建扩建省立金山中学，煌煌黉宫，为斯时潮地之最高学府，9县1市1局学子争读的名校；三是建设潮留公路，开辟潮州城至留隍一线，让历来只有水路，未有公路的深山老区，能听到汽车的喇叭，能见到汽车的样子。此三大建设项目，对于战后千疮百孔的潮州大地，犹如一场及时的透雨。

光复以后，先前沦陷时避难到兴宁、梅县一带的潮州人，又纷纷返回。了无生气的城内，又一点一点恢复了生机。晴雨表是货郎担，潮州人叫摇鼓担，因为货郎在挑担穿街过巷时，往往摇动手中的拨浪鼓，代替吆喝叫卖。货郎担来了，说明城市的机能康复了。货郎担卖的多是姿娘人的用品，有针线、顶戒、胭脂、香粉、刨花（朥投）、头绳、鬃网、手帕、粉巾等等小商品。主顾大多是低门浅闺的小媳妇、大姑娘，其时习俗，买菜都是菜贩挑担上门，有的歇在巷口、巷内，供人挑选，有的直接穿堂入舍，直至厨下，送到灶间，所以更别说其他的了。姿娘只要听到拨浪鼓声，就会雀跃而出，在门口探头大喊，谓："药鼓担、药鼓担。"不知从何时起，"摇"给她们念成了"药"，轻声念成了重声。当然，摇也好，药也罢，货郎兄都无所谓，只要知道是叫他唤他就行了。30多岁、40来岁的半老徐娘也会跟着光临，一时间摇鼓担前姿娘云集，笑语声喧。到了民智日开，姿娘上街买物已渐成风气、习以为常，城内的摇鼓担才始告结束。菜担则一直到20世纪60年代前期，还依然如故。

卖家用品的贩子，也适时而出，他们卖的大多是筲箕、竹笼、扫帚、木锅盖之类。冬季来临，则盛卖筛斗、蒸笼诸物，供做粿之用。逢年过节之前，还有卖大钱银锭、元宝香烛等冥金冥物，供人拜神祭祖。当时，还有卖散装火柴枝的，这是西门外励华火柴厂的不合格品，或断梗、双药、无药，不能装盒，只好论斤论两地卖。买者还真的多，不知是穷、是俭。有卖点灯的火水油担，火水油当年叫洋油，贩者知道你的用量，夜间几点点灯、几点熄灯、日微朗几点早起点灯、几点天光吹灯、灯芯捻得高、低，他都心中有数，所以按时到各家门口叫卖，买者大都端出油将用尽的油灯，就灯添油，绝少用瓶购用，一家人，也仅有一盏二盏洋油灯，多了，消费不起。有人更甚，用不起油灯，用松明照明，就是用油脂多的松木，劈削成小块，插在门上龛上，点燃照明，松明摇曳不定，松烟浓浓有形，倒是燃着的松脂，微微有香，与人安慰。

卖柴薪、木炭的小贩，最是辛苦，他们要起早摸黑到山里购货，然后肩挑担子，走山路到城内贩卖，其所得不过是挑运的工钱而已。其中辛苦，他们自知，所以解嘲，曰"换嘴食"，意即出把苦力，换口饭吃。像这种日做日食，无法积蓄的小贩，在城内日日能看到的，还有箍桶、补锅、染衫、剃头。

收旧铜旧锡的贩子最让人不齿，铜锡金属打造之物，众所周知是贵重之物。而这些贩子极尽所能，就是让人不明就里，贵物贱卖。城内有一巨室，起家于清代咸丰，盖大厝于同治，至民国后家势日渐衰落。其有不肖子孙，偷出家内的物件去卖，有一次将一个金鸟笼当做铜鸟笼给卖掉了。

补碗的就明明白白做人。补碗只是一个由头、叫法，修补的，都是名瓷、名器，并非真的补碗。试想一个家庭日常用碗，价值几何，补了是否合算。所以有这类工夫手艺的，挑明了是为富贵人家服务的。还有一类接屐脚的，是为贫贱人家服务。一双木屐屐底磨损欲穿，而屐皮棕索又完好未断，于是削好几块木料接上，又能再穿一段时日。

经过日本人的侵略掠夺，明清以降潮州人的旺势大赚、财大力雄，消逝了好多，有钱人变少，穷苦人变多，谋生已非易事，有饭便是弥陀。城内振发棉店有一个季节工，半年做小贩，半年做弹棉工，他在工场的白粉墙上，用木炭写着四句"张打油"，其曰：

> 六月炉边铁匠，三冬海外渔翁。
> 岂是不知寒暑，只缘业在其中。

浅浅白白，道出了普罗大众无奈的生存况味。

民国三十四年（1945）8月15日，日本宣布无条件投降。国民政府从收复沦陷区之日起，就"功德无量"地宣布法币1元，兑换汪记政权所发行的储备券200元。其时，日本投降的前夕，法币与储币之间的比兑，民间的兑换价为1：40，政府的这个见面礼一送，潮州人民手中的储币，一下子就被劫走了80%。随着政权的风雨飘摇、日薄西山，法币的币值，也跟着江河日下。民国三十七年（1948），政府发行金圆券，用1元金圆券，可以兑换法币300万元，真是前门送虎，后门入狼，来了一个更大的恶性通货膨胀。更令人不可思议、不可接受的，价值为法币300万倍的金圆券，流通不到一年，就信用破产，商民拒收。市场上只认外币和以米易物、以物易物。此时的行行业业，已陷于进退两难、无计可施之中：不做买卖，则坐吃山空；做买卖，则卖出去，货币疯贬，收到手的钱购不回等值的货而亏蚀一空。

金融至此，已成了一个死结，很难解开。坊间百态，更令人叹息、蹙眉。金圆券发行后的一日，一个大食兄（谓食量大）到东门头的粿汁摊吃粿汁，一吃就吃三碗。所谓瞬息万变，就是这种时候的注解。头一碗的价钱，比第二碗便宜，第三碗的价钱，又比第二碗贵，看明白了，这是不讲道理彻头彻尾的逐碗涨价。何以如此？就因此地是黄金、港币、大米三个以街为场的中心地段，这个粿汁摊的小老板，对大米的行情特别敏感，消息来源特别灵通，大米一涨价，粿汁价格就紧跟着水涨船高，这在他是天经地义，绝不手软、绝不含糊。春江水暖，这种小贩，可算是市情民生的温度计了。

在这种千奇百怪，糗闻丛出的年月，也有的小商小贩，不明底里，不知深浅，乘币制贬值之机，而超前涨价，意图收割浮财。其时，坊间频频爆出"放息条"的新闻。把钱银借贷给别人，收取利息，坊间叫做放息条。此时，利率奇高，吊人胃口。从 10 日 1 尺，即 10 日的利息，是本金的 10%，逐步涨到 10 日 1 丈，即 10 日的利息，是本金的 100%。有钱银放息条的小商、小贩，一辈子从来未食过鸭脯。"从来未食过鸭脯"是潮州俗语，义喻这么好的食物、事物，你从来都未品尝过、参与过、亲历过。这些人面对如此高的利率，只知其利不知其弊，以为是发财之道、生财捷径，就倾其所有全放出去。如此往复若干次，利上加利直滚下去，真是喜上眉梢、乐在心头。谁知好景不长，到了金圆券成为废纸之时，只好哭丧着脸把花花绿绿的纸币，拿回家当柴烧。也有的留有幻想，总觉得有朝一日还有用，到 1950 年以后，才把这些废币卖给做爆竹的。有一段时期，爆竹一响，金圆券上的头像就四分五裂、飘撒空中，煞是好看。

当其时，最难耐的是城内那些烟瘾重的人。城内车站、码头、四门头的香烟摊，抗战前卖的是英美烟草公司和南洋兄弟烟草公司的香烟，沦陷时期，卖的是潮州颐和卷烟厂的香烟。此时，卖的则是美国的黑猫、海军、黑人等牌子的香烟，有的还是一包十支装的，显然是军用剩余物资的倾销。如此一来，把颐和卷烟厂逼上绝路。潮州人只好吸这种不对口味的香烟，因为其他香烟买不到了。

金融失守，货币失信，此等与四万万五千万人民直接交关的钱根，一旦失控，就犹如江河之决堤，一泻而不可收拾，这才是万劫不复的黑暗深渊。当年，也曾经有过乐观之时，可惜，若回光返照，续命而已。

民国二十一年（1932）陈济棠执政广东时，曾把中央银行改为广东省银行，同时发行 1 元、5 元、10 元的广东省大洋券，民间称之曰"青纸"，连续几年，金融安定，物价平稳。当时的足金牌价，金铺挂牌每两（司马秤）56 元。此时是民国时期潮州商业的极盛时期。

民国二十四年（1935）10 月 3 日，国民政府财政部实施新的币制，宣告白银收归国有，以中央、中国、交通三家银行的纸币为法币。其时，陈济棠执掌广东军政大权，对抗中央，决定以广东省银行发行的大洋券、毫洋券，以及广州市立银行的凭票为法币，以大洋券一换一，与财政部竟收白银回笼。斯时，广东因连年物价安定，人心无忧，人们持银兑换纸币，为数甚众。民国二十五年（1936）7 月 18 日，陈济棠还政中央，国币开始流入潮州，面额有 1 元、5 元、10 元三种，辅币有 1 角、2 角两种。然潮州仍以大洋券为本位交易，国币按中央规定加二交收。到民国二十七年（1938），潮州才改以国币为本位，大洋券以每元八成三三的比值，照常流通。

民国三十一年（1942）4 月，国民政府为增加筹码，应付急需，将二十九年（1940）印刷、一直未曾使用的代替关税计算单位的关金券（全称曰"海关金单位兑换券"），面额分1元、5元、10元三种，作为法币，按1元比国币20元的比率，同样流通。这样，国民政府变相发行大钞，从此物价开始波动。

民国三十七年（1948），市面上流通的国币，面额愈来愈大，有50元、100元、400元、500元，以至于1000元、2500元、5000元、10000元。关金券面额有20元、50元、100元、250元、500元，以至于1000元、2000元、5000元，5000元的关金券，等值于国币10万元。大面额钞票的出笼，使得400元以下的钞票，受到淘汰，不能通用，500至2500元降为小钞，5000元以上才算大钞。这一年的5月5日，国币在潮州市面的交收已经基本绝迹。大宗买卖，商号以白条单相抵，尾数方以国币填补；小额食物，概以米换物；批发以港币为本位结算。

民国三十七年（1948）8月19日，国民政府颁布《财政经济紧急处分令》，打着整顿金融、重新统一货币、抑制通货膨胀的旗号，实行币制改革，发行金圆券。金圆券每元代表纯金0.22217克，后来修改为0.44437克。其时，政府大力推行，按1元比国币300万元的比率，限期于当年11月30日收回国币。开始发行时，比率的计算是：1美元兑金圆券4元，1港元兑金圆券0.75元，1两黄金兑金圆券200元。可是潮州8月25日才开始发行，仅仅两天的时间，物价就上涨了1倍。

1949年2月8日，行政院南迁到广州，金圆券失去了信用，面额不断增大，物价步步上涨。4月6日，金圆券面额又增至500元、

1000 元，发行后，一周内，物价上涨了 50%。当年 4 月，潮州城内有商号自印代港币 1 至 5 角的辅币。其时，金融已陷入极端之混乱，金圆券断崖式地贬值，物价持续地飞升。港币 1 元，涨至等于金圆券 8 万元。5 月 2 日和 5 月 10 日，广州国民政府又分别推出面额 10 万元及 50 万元的金圆券，外币价格随即上升 1 倍。此时，潮州各地均以谷物、银元、港币为交易单位。至 6 月，政府因再也无法控制金融，允许民间行使银元，每元兑港币 8 元。

1949 年 7 月 3 日，广州国民政府又颁布《银元及银元兑换券发行办法》，规定银元每元含纯银 23.49348 克，银元券为十足兑换券，金圆券 5 亿元兑换银元或银元券 1 元。银元券面额有 1 元、5 元、10 元、50 元、100 元 5 种，辅币有 5 分、1 角、2 角、5 角 4 种。银元券与其他通货的比兑，黄金每两为 82 元，1 美元为 1.6 元，1 英镑为 3.54 元，1 港元为 0.26 元，并取缔港币的流通，着令一切机关和市面交易，概以银元券为本位。但银元券已经与政府一样，失去了信用，无人问津，在潮州流通殊少，市面交易仍以港币、银元、铜镭、大米为计算单位。而金圆券早在这年的 6 月之间，就变成了废纸。

有人做了统计，民国三十七年（1948）12 月上旬，中白米每石（200 市斤）售价金圆券 400 元，至翌年 5 月上旬，售价便高达 750 万元，物价上涨近 2 万倍。

1949 年 4 月，广东省政府省务会议通过决议，把全省由 9 个行政区，扩编为 15 个行政区，原第 5 区所辖的 9 县 1 市 1 局，析分为两个行政区，即第 7 区辖潮阳、陆丰、普宁、惠来、南山管理局，共 4 县 1 局，专署驻潮阳；第 8 区辖汕头市、潮安、揭阳、澄海、饶平、丰顺、南澳，共 6 县 1 市，署治驻潮州城。东沙群岛划归海南管辖。民国三十七年（1948）1 月 1 日就任原第 5 区行政督察专员兼保安司令、绥靖总指挥的喻英奇，受命转任第 8 区行政督察专员等各职。

6 月，国民党陆军第 12 兵团从江西溃退下来，兵团司令长官为胡琏，人们称其为"胡琏兵团"。其时，一起南来的，还有江西省省长兼保安团司令方天带领的江西省保安团，这些军队合起来的人数，在潮安境内，就有 3 万人以上。胡琏兵团是蒋介石的嫡系部队，原来驻扎在江西上饶一带，辖第 10、第 18 两个军，总兵力约 5 万人，一贯为蒋介石所倚重。蒋介石浮海赴台以后，密令胡琏退出江西，取道闽粤边界的潮州、汕头、诏安、东山等地，渡海赴台，并从台湾派出台湾新军 1 个师，前来接应。其时，蒋介石的这个密令，连在广州的代总统李宗仁都不知道，李宗仁严令胡琏死守上饶，胡琏却于 6 月拔腿就走，路经瑞金、汀州，直奔潮州而来。其一路上，连遭解放军、游击队的截击，损兵折将，兵员锐减。为了掩人耳目，胡琏把队伍改编为洪都、抚河、会昌、上饶 4 个支队，并于沿途到处拉丁补员。

胡琏兵团进入潮州城后，立即向潮安县政府要粮、要钱，搞得当时的县长洪之政狼狈不堪、焦头烂额、穷于应付。其时，城内有报纸披露道：

潮州大军云集，潮安县政府每日应拨驻县部队军粮食米，计有：广州绥靖右翼指挥所6700市斤，第12兵团18军3100市斤，新编第1军2100市斤，第321师部8000市斤，第12兵团部军政学校4326市斤，合计71026市斤，折谷880市石。洪兼县长，以截至9月15日止，供应驻军军粮已达124万市斤。而潮安为缺粮县份，际此青黄不接，对于如许庞大军粮，实属无力负担。民粮既已搜尽，军粮势难再供。不拨则贻误战机，欲拨又无从筹措。司农仰屋，巧妇难炊。绕屋彷徨，不知所措。

胡琏兵团驻扎潮州期间，随其一起南来的江西省政府，也流亡潮州，江西省政府的办事机构，设于中山路卓府。5月下旬，潮州街头，所有的铺户摊贩，都拒收拒用关金券、金圆券、银元券。自知来日无多的喻英奇，于5月30日，悍然在潮州城南门外南校场枪杀受香港地下组织派遣，前来潮州、梅县进行策反的国民政府原陆军中将陈侃、少将梁一飞。10月21日，胡琏兵团最后一批主力撤离潮州，在汕头乘军舰去往台湾。10月22日，中国人民解放军闽粤赣边纵队第2支队、第4支队，占领潮州。

如今风物冠南方

　　韩江是一条奇特的河流，她从闽赣的山地流来，流到这一片叫做三角洲的地方，就流出了一座国家的历史文化名城潮州，流出了一座中国的特区汕头。一千零几十年前，南宋大诗人杨万里，在来潮州的路上，所见所闻，有所感想，遂写下了《揭阳道中》，其诗曰：

> 地平如掌树成行，野有邮亭浦有梁。
> 旧日潮州底处所，如今风物冠南方。

　　一千余年的岁月过去，杨万里的感慨，仍犹在耳。今天，我们漫步潮州街头，仍然感到很多不可思议。义安路头，明朝唐伯元故居羊玉巷的对面,有一条巷曰"宰辅巷"。宰辅,乃指辅政大臣,古往今来,通常指的都是宰相。史学家钱穆,披沙沥金,在《中国历代政治得失》中曾经讲到,为什么叫宰相,因为古代贵族之家,最重要的事是祭祀,而祭祀时最重要的又在于宰杀牲畜,所以,替贵族管家的,叫宰。秦汉一统天下之后,化家为国,代替皇帝管理国家的人,就叫宰相。一条深巷,冠名宰辅,悠悠岁月中,有多少历史迷雾,让人踏破铁鞋,至今未解。

太平路下市头的名巷"灶巷",曾经令人抓破头壳,不得要领。通衢大道,最热闹之所在,为何名"灶"?如此通俗、如此市井?有专家言,灶巷应该是开元寺斋堂的所属地、所在地,灶,当是开元寺香积厨的灶。此是一说。也有故老相传,说在明初建巷之时,曾在巷中挖出古人煮盐熬盐的土灶多处,故为巷名。此说倒可服人。因为,灶巷离开元寺山门远矣,昔日僧人过早堂、过午堂,食一餐早斋、一餐午斋,要出入山门,鱼贯着过街过巷,到寺外的另一处地方去,似不可能。

历史上的潮州,已经给岁月模糊了,就像一张老相片,洇了、湿了、潮了、霉了,初看似很清楚,实却隐隐约约,不很真切。2004年4月,潮州太平路牌坊街动工修复,22座牌坊,鳞次栉比,重现于世,屹立在古城中轴线上,就像一条业已洞开的时间隧道,来者不拒,把人引向杳渺的过去。

穿行在这样一条大街,人们总是禁不住停下脚步,流连于这些标志性建筑、小品式建筑,观赏、品读、沉浸其间。有建筑史家,将这种中国式牌坊与西方的凯旋门相对应。其实,牌坊在中国,已经有数千年的历史了，作为纪念性质、旌表性质的建筑，不过是明清以降，五六百年的时间。

白云苍狗，岁月不再。今天，我们已经看不到先秦时代的城市了，但是文献记载，周代的城市，实行的是闾里制。那时候，牌坊，曾经是城市布局和规划中，一种必要的设施和街巷的标识。当其时，天子王城附近的区域，被称作郊区，稍远些的地区，则称为甸区，这两区统起来就称为王畿。其时，郊区的居民，是五户为"比"，五"比"为"闾"；甸区的居民，则以五户为"邻"，五"邻"为"里"。今天，我们还一直在广泛使用的郊区、邻居、比邻，就是从那个遥远的年代传下来。

敢于把历史还原，为过往存真，也是校验后来人的胆识和魄力。看到这些牌坊，看到牌坊承载的种种演变和沿革，依稀，也能看到时光隧道最深处，古人趔趔趄趄的步履和轨迹。从成书于春秋末期、战国初期的《考工记》，我们可以看到，其时，周代闾里的周围，都设置有一道方形的围墙，实际上，这是一种城中之城。围墙内这些格局大致相等的土地，被称为"里"或者"坊"；而"闾"，则在后世中，逐渐转化成了门的意思。当其时，等级森严，雷池妄越，在门的开与设，也能感受到。昔时，居民的宅门只能开在坊巷之内，能直对着大街开门的，少之矣！在汉代，要万户侯的府第，在唐以前，则要么是三品以上大员的府第，要么是寺庙的山门。

在潮州看着这些牌坊，看着这些牌坊背后传递出来的信息，总是让人心旌摇荡，神追前人。唐代以前，对于坊门的管理，是异常地严格，每当落夜，梆声响起，都要立即关闭，禁止通行，以利于防卫。

当其时，坊门的形制，倒不是十分讲究，大都是因地制宜，在两边豁口各竖起一根望柱，望柱上架一根横梁，这样便形成了门框，中间再加上门扇。为了便于人们的往来、寻找、识认，梁枋上会悬挂上写着坊名的牌匾，这样，也许就是后来牌坊门的原始形态了。坊门之上，古人称其为"表闾"，明清以后牌坊的旌表功能，可能这就是其源头。

时代车轮，滚滚向前，能保留城市文脉、保留城市肌理的古城，不多了，一座潮州城，让我们还依稀能看到唐宋的影子。开元寺、叩齿庵、西湖山的亭址、摩崖的刻石……依然是原地原位，风雨不改。

唐以前的里坊制，我们虽然看不到了，宋之后的街巷制，在潮州，仍然保留如初。

坊墙在宋代被街市取而代之以后，坊门作为街区的一种标志和装饰，自宋以降，仍在潮州的街巷沿用至今：义井坊、甲第坊、石牌坊、下东平坊、桂芳街坊、郡城义仓坊，多着呢。这些坊门的屹立，让我们仿佛能嗅到古人丝丝的气息。以往，宋代的坊门，常常在两边望柱的上端，髹黑漆以防蛀，因此称之为乌头门或棂星门。明代之后，坊门的造型和用途，陡然间发生了巨大的变化，变成了今天，我们徜徉在潮州牌坊街上，看到的这一座座古朴典雅、飞脊重檐的牌坊。

这是历史留给我们的一串记号、信号，告诉我们，它是如何走过来的。这样一种脱胎换骨的变化，我们在文化史上，不也是常常不期而遇。对于这种已然失去了本体实用意义、却演化成了某种艺术载体的物件，文史专家曾给我们列举出好多例证，书法是这样，漆器是这样，陶瓷是这样，牌坊，也是这样。梁思成就曾经说过："牌坊为明清两代特有之装饰建筑，盖自汉代之阙，六朝之际，唐宋之乌头门、棂星门演变成型者也。"阅读着潮州街头这样一座座无言而内涵深蕴的牌坊，我们能不佩服古人让石头表达的聪慧和想象力。

广济桥失修久矣，它独标一格的样子，百多年来，只留在传说和民谣里。2003 年 5 月，广济桥时来运转，其动工修复，修旧如旧，让我们又看到了它高蹈超迈的原貌。如今，在广济桥头，陈列着六根修桥时从江底打捞上来的石梁，这些不知何故，长年沉没江底的历朝石梁，都是庞然大物啊，长约 18 米，宽约 1 米，厚约 1.2 米，重约 50 吨。面对着这些巨大的石梁，犹如把一座八百多年的古桥剖开，游人们屏声静气，神摇意迷，惊叹着昔年昔日，土法上马、设备简陋，古人是如何做到，把这样巍然的石梁，架设到桥上做桥梁。广济桥的楼台亭榭、市桥风貌，固然引人，它的施工强度、难度，造桥创意，不也一样令人肃然。蹀躞在这座举世无双、重楼叠阁的广济桥上，谁能想到，千禧刚过，百业正兴，潮州人修桥造路，修的竟是这样一座人无我有的桥？

当年，陈尧佐辟建韩文公祠，并没有想过，一千年后，会有人举行纪念活动。1999 年，潮州发行"韩文公祠建祠 1000 年纪念折页"；2014 年，又举行"纪念丁允元迁建韩文公祠 825 周年文化活动"。一座祠宇的长盛不衰，并非自然而然，一蹴即至，端赖一方人民，发自内心，由衷热爱，百般呵护。透过这束时间隧道的聚光，折射的是潮州人世代相传的心性、良知和情怀。如今，企立侍郎阁前，韩山韩水依旧，恍若千年岁月依依不变。然天下攘攘，又能有多少这种千年不易的感恩戴德，人心向暖？

就是韩山脚下的这一条韩水，广济桥畔的这一脉韩江，水至清兮人至淳，山至美兮民至诚，山水民风让人动容。2017 年 12 月 17 日，全国首届"最美家乡河"揭晓，广东韩江、陕西渭河、山东沂河、江苏丁万河、重庆璧南河、湖北汉江、甘肃疏勒河、浙江永安溪、福建木兰溪、广西下枧河，入选"全国十大最美家乡河"。一条河流，因为文化、因为故事、因为生态、因为情怀，唤起人们的乡愁，唤起人们对美好山水的汩汩感情。

历史逝去了，就不会返回。多少人在疼惜，宋以前的府第，烟飞灰灭，荡然无存。就在南方的潮州，一座北宋的许驸马府，却在许氏世世代代的子孙，抱团聚居，保存下来。嘉定七年（1214），南宋探花姚宏中的探花第，也在龙湖的民居深处，安身无恙。那些失去的，使人嗟吁扼腕，未曾失去，更使人倍感珍惜、宝贵。潮州城内，成片成片的古居大宅，保存完好，这是对家园的一种守护，也是对祖先的一种敬畏。

1989 年 10 月，潮籍作家秦牧，曾写下一篇散文《敝乡茶事甲天下》，潮州工夫茶的掌故、传说、故事、源流、风俗，状写得栩栩如生，引人入胜。大家手笔，积之又厚，身在其中，自然不同凡响。无独有偶，据说也是在 20 世纪 80 年代末期，日本茶道研究会，发起探寻乌龙茶的源头，一路溯源，溯到福建安溪。他们对安溪的茶农又提出问号，安溪乌龙茶的源头，又来自哪里？后来，刨根究底、寻根探源，一直寻到了潮州凤凰山脉东部大质山西坡的石古坪。大山深处，崇山叠岭，云遮雾绕，一番田野踏勘调查，最后认定，乌龙茶的发源地，在凤凰山石古坪。

历史眷顾潮州，潮州人也不敢懈怠，除夕元宵祭祖、清明上山扫墓，雷打不动、天经地义。每当腊月将尽、清明欲到，高铁、高速，浩浩荡荡，都是从广州、深圳，返乡的人流。祭祖和扫墓的仪式和仪式感，已经深深地烙印在每一代潮州人的心灵上。椿庭萱堂，血缘亲情，牢牢地将每一个潮州家庭，缠绕在一起。

历史的书页一经打开，就再也合不上了，书页的翻开、掀动，带来了城市的生机、生动。就在离陈桥贝丘遗址不远的池二村，2004年5月，建成了一个占地12.73万平方米的人民广场，这是潮州的城市客厅，旱地音乐喷泉、水池音乐喷泉、水幕电影、下沉广场、露天舞台，一一布摆。博物馆、文化艺术中心、剧院、潮州工艺精品馆，环人民广场建成。

2019年11月，建筑面积18万平方米的城市商业综合体"财富中心·南风里"，在池湖贝丘遗址附近落成。远古的原始，和现代的时髦，相交相接，既匪夷所思，又理所当然。当人们了解了这段掌故，反而觉得最正常不过，感知过去，品味当下，憧憬未来，有何不可？

当年，黄尚书黄锦助郝尚久反清举事，失败后逃避清兵追捕、避难去往桂坑石庵的半路，2020年9月，入驻了潮州万达城城市综合体。占地 38.78 万平方米的万达城·文旅项目，4 年后落成，会是什么样子呢？

幸甚至哉，潮州大地，东风频仍，日新月异。2017 年 12 月，第三批国家考古遗址公园名单和立项名单公布，广东"笔架山潮州窑考古遗址公园"入选。而今，在韩江边笔架山潮州窑考古遗址不远，腾瑞中心大厦刚刚落成，站在 190 米的高楼眺望，山海之内，郁郁葱葱，昔日之旧貌，如今皆新颜。

一千余年前，与杨万里接踵来到潮州的，还有参知政事（副宰相）龚茂良，他在欣然命笔的《题惠来驿》诗中，吟之曰：

晴云欲午常挥扇，晓雾生寒又着绵。
自是岭南多气候，日中常有四时天。

是啊，不但古人来到这里顿觉新鲜、奇异，时人，不也觉得这方土地，时时出新、时来时新吗！

参考书目

1. 潮州市地方志办公室古瀛志乘丛编、饶宗颐总纂：《潮州志》（第一册至第八册，加卷首、志末各一卷、），2005 年。

2. 潮州市地方志办公室古瀛志乘丛编：明·嘉靖《潮州府志》，2003 年。

3. 潮州市地方志办公室古瀛志乘丛编：清·顺治《潮州府志》，2003 年。

4. 潮州市地方志办公室古瀛志乘丛编：清·康熙《潮州府志》，2000 年。

5. 潮州市地方志办公室古瀛志乘丛编：清·乾隆《潮州府志》，2001 年。

6. 潮州市地方志办公室古瀛志乘丛编：《永乐大典》卷0五三四三·潮字，卷0五三四五·潮字，2000 年。

7. 潮州市地方志办公室古瀛志乘丛编：《古今图书集成》一三三三——一三四二卷潮州府部汇考，2001 年。

8. 潮州市地方志办公室古瀛志乘丛编：《雍正广东通志潮事选》，2002 年。

9. 潮州海外联谊会编、饶宗颐总纂：《潮州志补编》（第一册至第五册），2011 年。

10. 潮州市地方志办公室编：《潮州史志资料选编·古城概览》，2003年。

11. 潮州市地方志办公室编：《潮州史志资料选编·名城胜迹》，2003年。

12. 潮州市地方志办公室编：《潮州史志资料选编·史事考述》，2004年。

13. 潮州市地方志办公室编：《潮州史志资料选编·轶闻传说》，2005年。

14. 潮州市地方志办公室、潮州市外事侨务局编：《潮州史志资料选编·海外潮人》，2004年。

15. 潮州市地方志办公室编：《潮州》季刊，2018年第1期～2019年第4期，共8册。

16. 潮州市潮州文化研究中心编：《潮州文化研究》季刊，2017年第1期～2020年第4期，共16册。

17. 潮州市文化局、潮州市文化志编写组编：《潮州市文化志》，1989年。

18. 潮州市文化局、潮州市戏剧志编写组编：《潮州市戏剧志》，1988年。

19. 潮州市水利局、潮州市水利志编辑组编：《潮州市水利志》，1998年。

20. 潮州市名城办编：《潮州牌坊街》（缺年）。

21. 潮州市党史研究室编：《潮州八年抗战》，2005年。

22. 潮安县龙湖镇政府、潮安县政协文史委编：《龙湖寨文化史谭》，2005年。

23. 潮州市地方志办公室、潮州市志编辑部编纂：《潮州市志》，广东人民出版社1995年版。

24. 潮州市文化古城保护建设委员会编：《潮州历代诗选》，广东人民出版社1987年版。

25. 潮州市地方志办公室编：《新韩江闻见录》，汕头大学出版社 1995 年版。

26. 潮州市地方志办公室编：《潮州通览》，花城出版社 1999 年版。

27. 张培忠著：《文妖与先知——张竞生传》，生活·读书·新知三联书店 2008 年版。

28. 陈贤武编著：《潮州广济桥》，暨南大学出版社 2019 年版。

29. 吴荣青著：《潮州的书院》，艺苑出版社 2001 年版。

30. 詹树荣主编、吴荣青著：《韩山书院史稿》，深圳报业集团出版社 2019 年版。

31. 李炳炎编著：《宋代笔架山潮州窑》，汕头大学出版社 2004 年版。

32. 丘陶亮著：《枫溪陶瓷》，广东人民出版社 2005 年版。

33. 达亮著：《潮州开元寺》，广东人民出版社 2005 年版。

34. 潮州市社会科学界联合会编，雷楠、陈焕钧执笔：《凤凰山畲族文化》，海天出版社 2006 年。

35. 詹树荣主编、林炜璇副主编：《潮州茶叶与工夫茶道》，羊城晚报出版社 2020 年。

36. 黄梅岑著：《潮州街道掌故》，广东旅游出版社 1991 年版。

37. 陈锦荣编著：《潮州赏石宝典》，广东旅游出版社 2009 年版。

38. 陈跃子著：《针路图》，广东人民出版社 2011 年版。

39. 林淳钧著：《潮剧闻见录》，中山大学出版社 1993 年版。

40. 陈历明著：《〈金钗记〉及其研究》，广西师范大学出版社 1992 年版。

41. 李煜群著：《潮州传统建筑格局与吉祥图案释义》，花城出版社 2015 年。

42. 詹树荣主编、李煜群编著：《潮州古建筑样式与构件装饰内涵解析》，花城出版社 2016 年。

43. 王刚、王星编：《纪念王显诏先生诞辰一百周年》，香港天马图书有限公司，2002 年。

44. 丘玉卿、丘金峰编著：《潮汕历代书画录·潮州市卷》，汕头大学出版社，1993 年版。

45. 杜松年著：《潮汕大文化》，中国科学技术出版社 1994 年。

46. 叶春生、林伦伦主编：《潮汕民俗大典》，广东人民出版社 2010 年版。

47. 陈春声著：《明清之际潮州的海盗与私人海上贸易》，中华书局《文史知识》月刊 1997 年第 9 期。

48. 黄挺著：《潮州王门学派》，中华书局《文史知识》月刊 1997 年第 9 期。

49. 曾骐、邱立诚著：《潮汕与浮滨文化》，中华书局《文史知识》月刊 1997 年第 9 期。

50. 马明达著：《元修〈三阳图志〉和〈三阳志〉》，中华书局《文史知识》月刊 1997 年第 9 期。

51. 张长民著：《〈幼幼新书〉与古代儿科学》，中华书局《文史知识》月刊 1997 年第 9 期。

52. 庄义青著：《唐宋时期潮州的陶瓷生产和外销》，中华书局《文史知识》月刊 1997 年第 9 期。

53. 黄梅岑著：《潮州三山史迹》，潮州市文化局文艺创作基金会编印，1991 年。

54. 陈历明著：《潮汕胜迹述略》，汕头地区文物管理站编印，1982 年。

55. 陈传伍、林海卫著：《韩江三角洲史话》，潮州市政协《潮州文史资料》第 11 辑（缺年）。

56. 陈贤武著：《黄埔军校潮州分校》，潮州市政协《潮州文史资料》第 17 辑 1997 年。

57. 兆声著：《潮州城锣鼓馆点滴谈》，潮州市政协《潮州文史资料》第 17 辑 1997 年。

58. 蔡子翔著：《潮汕沦陷回忆录》，潮州市政协《潮州文史资料》第 17 辑 1997 年。

59. 陈贤武著：《他把一生献给艺术——记中国早期电影拓荒者陈铿然》，潮州市政协《潮州文史资料》第 18 辑 1998 年。

60. 许振声著：《潮城小贩素描》，潮州市政协《潮州文史资料》第 18 辑 1998 年。

61. 许振声著：《建国前潮州城神权社会一瞥》，潮州市政协《潮州文史资料》第 22 辑 2002 年。

62. 阿崇著：《三十年代潮安〈建设报〉和〈大光报〉杂忆》，潮州市政协《潮州文史资料》第 22 辑 2002 年。

63. 魏萱著：《红色地下交通线路经潮州的原因和史迹考证》，潮州市博物馆《潮州博物馆笔谈》（2）2011 年。

64. 邱胜利主编：《茂芝会议论文集》，饶平县苏区文化研究会（北京）、饶平县党史办公室编 2017 年。

65. 新加坡潮州八邑会馆编、蓉子著：《老潮州》，友联书局 2009 年版。

66. 曲利明、阮华端主编：《中国木雕——广东卷》，海峡书局 2014 年版。

67. 金子松著：《木雕的创作与积累》，岭南美术出版社 2018 年版。

68. 广东省文联、广东省民间文艺家协会编、郑振强、郑鹏编著：《广东彩瓷·潮彩》，岭南美术出版社 2010 年版。

69. 潮州市地方志办公室古瀛志乘丛编：清·康熙《海阳县志》，2001 年。

70. 潮州市地方志办公室古瀛志乘丛编：清·雍正《海阳县志》，2002 年。

71. 潮州市地方志办公室古瀛志乘丛编：清·光绪《海阳县志》，2001 年。

72. 潮州市地方志办公室古瀛志乘丛编：清·康熙《饶平县志》，2001 年。

73. 潮州市地方志办公室古瀛志乘丛编：清·康熙《饶平县志》（廿四卷本），2002 年。

74. 刘禹轮、李唐编纂：《民国新修丰顺县志》，汕头铸字局梅县分局誊印 1943 年。

75. 吴思立编纂：《大埔县志》，广东省中山图书馆（油印）1963 年。

76. 清·光绪朝《潮阳县志》，1942 年重印。

77. 清·嘉庆朝《澄海县志》，（台湾）成文出版社影印本 1967 年。

78. 民国《揭阳县正续志》（为清·乾隆朝《揭阳县志》、光绪朝《揭阳县续志》合编），刊行于 1938 年，1981 年重印。

79. 清·乾隆朝《普宁县志》，（台湾）成文出版社影印本 1974 年。

80. 清·雍正朝《惠来县志》（残缺），1930 年重印。

81. 汕头市地方志编纂委员会编、王琳乾、邓特主编：《汕头市志》，新华出版社 1999 年版。

82. 汕头市史志编委会编：《汕头百年大事记（1858--1959）》，汕头市史志编委会誊印 1960 年。

83. 潮州地方志办公室编：《潮州二千年》，潮州市地方志办公室编印，1991 年。

84. 广东革命历史博物馆编：《黄埔军校史料：1924--1927》，广东人民出版社 1982 年版。

85. 王辉强主编：《黄埔军校秘史》，青海人民出版社 1995 年版。

86. 阎文庄、王云山、廖加强、胡荣卿编著：《黄埔军校》，华艺出版社 1994 年版。

87. 丘懋高撰：《黄埔军校潮州分校概述》，政协广东省委员会文史委、广东省革命历史博物馆合编《黄埔军校回忆录专辑——〈广东文史资料〉第三十七辑》，广东人民出版社 1982 年版。